"社会工作硕士专业丛书"学术顾问委员会

主　任：王思斌

副主任：谢立中　陆士桢　张李玺　徐永祥　关信平　史柏年

学术顾问委员会成员（按音序排列）：

蔡　禾　陈光金　陈树强　陈　涛　高鉴国　顾东辉　雷　洪
林　卡　刘　梦　马凤芝　彭华民　钱　宁　沈　原　史铁尔
隋玉杰　田毅鹏　田玉荣　王　婴　向德平　熊跃根　薛新娅
张　曙　张文宏　张友琴　钟涨宝　朱眉华

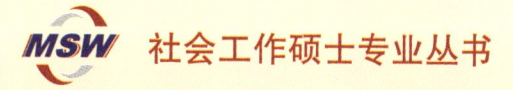

MSW 社会工作硕士专业丛书

MSW 社会工作硕士专业丛书

减贫与发展

Poverty Reduction and Development

向德平　黄承伟　主编

社会科学文献出版社
SOCIAL SCIENCES ACADEMIC PRESS (CHINA)

本书系教育部哲学社会科学发展报告建设（培育）项目"中国反贫困发展报告"（11JBGP038）的研究成果

目录

| 第一章 导论 | 1 |

第二章 贫困的界定、结构及其测量	17
第一节 贫困内涵与外延的拓展	17
第二节 贫困类型与特征的识别	25
第三节 贫困测量与结构分析	30
第四节 贫困规模与分布	40

第三章 贫困研究的基本理论	54
第一节 自由主义与福利主义的争论	54
第二节 经济学、社会学、政治学对贫困的辨识	66

第四章 发展视域下的贫困问题	98
第一节 工业化与贫困问题	98
第二节 城市化与贫困问题	107
第三节 市场化与贫困问题	115
第四节 全球化与贫困问题	123

第五章 全球减贫与发展实践	131
第一节 发达国家的贫困治理	131
第二节 发展中国家的减贫行动	136
第三节 转型国家的减贫道路	142
第四节 国际发展援助	147

第六章　中国减贫与发展道路　　152
第一节　中国减贫与发展道路的历程　　152
第二节　中国减贫与发展道路的内涵　　161
第三节　中国特色减贫与发展模式　　167

第七章　中国减贫与发展的新阶段　　184
第一节　新阶段中国减贫与发展的背景　　184
第二节　新阶段中国减贫与发展的特点　　186
第三节　新阶段中国减贫与发展的战略　　195
第四节　新阶段中国减贫与发展的路径　　202

第八章　中国减贫与社会建设　　209
第一节　社会建设及其减贫内涵　　209
第二节　社会建设的内容与减贫　　213
第三节　社会建设的主体与减贫　　217
第四节　社会建设的途径与减贫　　220

第九章　科学发展观与中国减贫发展　　232
第一节　从传统发展观到科学发展观　　232
第二节　区域均衡发展与减贫　　239
第三节　协调发展与减贫　　248
第四节　可持续发展与减贫　　258
第五节　社会治理与减贫　　264

参考文献　　274

后　记　　293

第一章　导论

时下,将"贫困"与"发展"两个社会科学的基本概念放在一起思考,显得既紧迫,又十分必要。众所周知,发展研究兴起于20世纪50年代。[①] 但在很长的时间里,发展更多地被想当然地设想为应对贫困问题的不二法门,认为只要某一国或者某一地区的经济发展了,贫困这样的社会问题,就会自然而然地得到解决。回溯贫困治理的缘起,尽管我们可以将"贫困治理"的实践追溯到英国13世纪的社会行政,以及15世纪的《济贫法》,贫困问题的提出也的确与西方现代社会的兴起有关联,但毫无疑问,关于贫困的思考,始终从属于经济发展的支配性话语(Fraser,1982)。在贫困治理的早期实践中,目标始终被设定在让更多的劳动稳定地融入资本主义体系,治理贫困是为了经济发展。可以说,这一点在数百年间几乎一脉相承,只不过战后发展研究兴起,更为广泛地将劳动、资源、土地等都毫无遗漏地统御在其框架之内,空间的阔度也由民族国家拓展为世界体系。

第二次世界大战以后,整个世界被区分为三大体系。"发展"一词往往是从欠发达地区和国家之"所非"和"所缺"来界定的(Corbridge,2002),这些"所非"和"所缺"包含工业化、市场化、城市化、教育、民主、科学、卫生等,所有这些问题的破解,都将希望寄托在经济发展的基础上。从而,将经济发展等同于发展的全部内容就构成了战后发展研究的理论重心。按照上述发展主义(Developmentalism)的理论逻辑,欠发达地区的发展与减贫自然被界定为实现所谓的现代化。发达世界为欠发达世界提供的种种蓝图,建基于对发展

[①] 在后文中也将提出关于发展的思考,几乎和现代社会一样久远。随着资本主义世界的兴起,知识界出现了"发展研究的古典阶段",这一时期,发展的主要意涵在于理解经济社会世界的巨大变动,发展更多地是对于沉寂、稳固的农业封建社会而言。虽然我们必须承认,古典发展理论为20世纪发展研究的兴起提供了直接的理论素材,但学科化、体系化的发展研究却是起自20世纪中叶,其目标直接设定在为后发展国家提供值得期待的方案——即使后来证明这种宣称显得疑点重重。

问题的线性化处理，认为发展是处在一个历史的时序中，欠发达国家可以通过模仿发达国家走过的道路，最终实现繁荣（田毅鹏，2009）。虽然西方发达国家的扩张在欠发达国家遇到了强烈的批评和抵抗，但欠发达国家的经济学家为本国经济发展开出的处方显然依旧是发展主义的。以普雷维什为代表的拉美经济学家，虽然反对以李嘉图国际分工理论为中心的发展学说，但其提出的进口替代型工业化策略，也并没有为拉美国家的繁荣提供终极的方案（Prebisch，1950）。反而导致了拉美国家在20世纪70年代陷入经济低迷、债台高筑、社会矛盾剧增的困局。

发展主义学说，在其实践层面，被包装成形式多样的观念和制度，如自由市场、外向型经济、依附发展（dependent development），甚至在以东亚发展经验为基础的发展型国家（developmental state）理论体系中，发展主义的基本要素也清晰可辨（许宝强，2001）。随着发展主义学说在后发展国家的失灵，知识界掀起了全面反思和清算发展主义各实践版本的热潮。质疑的声音大致可以归结为如下几个问题："发展是什么？究竟为谁或者为什么要发展？什么在发展？经济增长是否就等同于改善人们的福利，提高人们的生活质量？经济增长过程中，不同社群付出的代价又是什么？对弱势群体（如原住民和女性）的影响又如何？除了'现代化'和'工业化'以外，有没有另类的发展（或者'不发展'）的道路，能直接改善人们的生活？谋求发展有什么政治含义？"（Wallerstein，1991）从这一系列的诘问，我们可以清晰地理解，发展并没有带来其所承诺的社会进步，尤其是对于欠发达地区、弱势社群、弱势人群而言，发展主义实践对其生活境遇的改善，是尤为有限的。那么，未来，减贫与发展的关系又将如何理解？我们是否可以构想出一种益贫式的发展道路？这种益贫式的发展道路，通过怎样的制度设计和政策选择来实现？这一系列问题构成了本研究的理论出发点与核心关切点。

否思（unthinking）发展的浪潮，更多地站在"解构"的立场（李胜，2009），但完全将贫困归咎于发展，则显然是荒谬的。我们需要理性再思（rethinking）的是，发展过程中，哪些群体暴露出更多的脆弱性？发展是否能够有效地促进贫困问题的治理？如果能，又应该怎么去理解发展的益贫机制？女性、生态、民族这样一些视角，对于理解发展与贫困的关系，又提出了何种问题？我们将如何去回应？等等。让我们再次回到一开始提出的观点，"时下，将'贫困'与'发展'两个社会科学的基本概念放在一起思考，显得既紧迫，又十分必要"——无论从世界贫困治理的格局，还是从中国减贫道路的新阶段来看，都是如此。

一 否思发展：以贫困问题为中心

或许很少会有一个社会科学概念，像"发展"一词，如此令人着迷，又如此歧义丛生。迄今为止，发展依然是争论不已的话题。根据《朗文高阶英语词典》的注解，发展是变得更大、更好、更强、更先进的过程。人们对于发展总是抱有种种美好的情感。然而，当涉及"How to"的时候，问题就变得复杂起来，林林总总的发展学说，你方唱罢我登场，绚烂之极，却又大多转瞬即逝。

据沃勒斯坦的考证，"发展一词有两个不同的含义。一是指生物有机体的生长过程。巨大的橡树源自橡树小小的果实。一切有机现象都有生命或自然发展过程。他们以某种方式开始生命，然后生长和发展，到最后死亡。……社会经济方面的类比也是十分明显的。民族或国家或社会以某种方式（在某个地方）开始，然后成长或发展。……发展还有另外一个与其说是生物的不如说是算数的含义。发展的意思通常只是'更多'……获得'更多'，就是发展，这是普罗米修斯式的神话，是一切欲望的实现，是享乐与权势的结合……作为一个历史体系的资本主义世界经济，使这些欲望在社会上首次合法化"（Wallerstein, 1991）。

可以见得，"发展"不仅用于描述事物发展变化过程，同时还负载着人们对于现代社会的一种美好情感，一种价值观念，乃至一种信仰。但揆诸历史，不难发现，发展之复杂性远不止于此，诚如知名学者埃斯科巴（Arturo Escobar）所言，发展是现代社会的一种"发明"（Escobar, 1995）。这一部分，我们将简单地回顾发展一词，逐渐成为一种关于进步的意识形态的历史过程，并大致梳理20世纪80年代以来，知识界对这种观念的否思与清算。

（一）古典发展理论

追溯现代社会兴起的历史进程，构成了发展学说最直接的经验来源。社会科学的古典时代，正是在从农业封建主义到工业资本主义社会变迁中，最早阐释了发展的意涵。无论是亚当·斯密所言的"市场自发性秩序"，卡尔·马克思主张的"历史辩证法"，还是韦伯和涂尔干热衷的"社会转型"与"社会分工"，均从不同的视角回应着"现代社会的起源"这一历史命题。

在亚当·斯密之前，已经有众多学者对英国的资本主义究竟如何发展提出了各自的观点。但毫无疑问，所有这些学说，包括斯密的经典论述，都绝非对经验现实的朴素描写，而是呈现为特定阶级的意识形态话语。明确这一点尤为重要，因为这关涉到我们后文将要提到的否思发展的一个关键性问题，即"谁的发展"。因此，不妨让我们对这一时期的主要声音做一次简单的回顾。

作为英国早期商业资本家代表的重商主义者，坚信通过国家的干预来解除束缚在贸易和商业上的封建枷锁，建立适当的规则以避免恶性竞争，保护自由贸易，并建立行会组织，支持本国商业集体和其他国家的商业集团的竞争，从而实现贵金属的积累，增加本国的财富。然而，好景不长，重商主义的观点，在农民和新型商业资产阶级的怨声和愤怒中，迅速失败，甚至危及君权的地位。在此背景下，重农主义者又积极主张开放贸易体系，反对特权性的垄断，认为农业的发展才能为一国的持续增长提供基石。显而易见，无论是重商主义的观点还是重农主义的信仰，均是出自特定阶层的经济利益诉求，并且都保持着相当的实用主义倾向。就此而言，亚当·斯密的确是独到的。其理论出发点，不是实用主义的庸俗学说。按照亚氏的设想，人类理性的恰当运用将成为理解发展的不二法门。斯密注意到一种"一般的道德模式"，其中包含着理性个体适当的欲望和行动，这些"适当欲望"所驱动的"适当行动"将在"看不见的手"的作用下推动社会分工的发展，促进市场自发秩序的生成，理性经济人必将推动整个国家的繁荣发展。亚氏的论著，无疑会成为经典。尽管亚氏的观点在之后经萨缪尔森等经济学家的阐释已经与其本意相去甚远，但亚氏之重要在于其所提出的问题，即市场经济与发展和贫困之间的联系。

涂尔干、韦伯和马克思，是社会学古典时代的三位经典作家。吉登斯教授坦言，社会学的诞生，本身就是现代性的一部分。虽然涂尔干、韦伯与马克思分别开启了社会学领域的实证主义、人本主义和马克思主义三大理论传统，其论述的角度各异，但整体而言，三位作家的言说对象都是启蒙运动、工业革命、法国大革命的影响下开启的现代世界。涂尔干从孔德实证哲学、德国有机体理论（滕尼斯）和盎格鲁—撒克逊传统的政治经济学汲取理论养分，从社会分工开始其对"发展"的观照。[①] 涂尔干认为欧洲社会走出传统以后，并不会走向崩溃和瓦解，而是逐渐变成一个新的结合体，新的结合体必然以新型的社会整合为基础，一种个人主义为中心的"有机团结"正在形成的过程中。这种线性的社会发展观，经过帕森斯的引介和发展，最终成为现代化理论的重要组成部分。与涂尔干不同，韦伯从人类行动的意义世界寻找理解"发展"的线索，韦伯关注

[①] 有论者指出，道德是涂尔干终身关注的学术命题。诚然，涂尔干所书写的年代，政治领域中，法兰西第二帝国垮台，共和派开始着手建立政府，并于1877年取得成功，但新政府刚刚成立，江山未稳，旧的封建秩序复辟之心不死；经济领域，新兴的资产阶级构成了经济成长的主要动力，但带来了严重的社会分化，压迫和贫困问题凸显；思想领域中，各种关于"秩序"的观念，也彼此竞争。在此背景下，涂尔干的写作自然带着强烈的秩序诉求和道德关怀。涂尔干希望秩序和道德建立在对于社会的科学认识基础之上。然而，"秩序和道德"这一命题，也同样是回复社会发展中的秩序问题。并且，涂尔干对社会发展（变迁）中的失范问题始终保持着理论热情。

的议题颇广，从意义世界的理性化、组织形式的理性化，到政治领域的理性化等。同样，韦伯还关注资本主义的文化、宗教、城市等；这些伟大的创见，也被后继研究者不断阐释和拓展，最终汇入发展主义话语之中，只是韦伯思想对资本主义的忧虑和批判色彩被淡化了许多。马克思主义社会学对于"发展"的理解，是最具批判性，同时又最具启发性的，虽然在发展主义的话语中，马克思的传统被合情合理地忽视了，但后面我们将看到，从依附理论到否思发展的思潮，都从马克思那里继承了宝贵的理论资源。马克思对资本主义体系的所谓发展进行了严肃而深刻的批评。或许我们可以说，马克思第一个提出了"谁的发展？发展为了什么？"的问题。在马克思主义的经典著作中，随处可见对于资本主义生产关系和政治体系毫无保留的批判。无产阶级的贫困化，是马克思主义的经典命题，资产阶级的意识形态霸权也为其后继者葛兰西所进一步阐发。

在这里，我们无意系统检视知识界对于现代社会兴起的种种观点，仅想阐明的是，古典发展理论是对发端于欧洲的现代文明给人类世界所带来巨大变革的理论表达。同时，我们还想强调一点，古典发展理论虽然有发展出对整个现代社会理解的理论诉求，但或多或少地保留了发展研究的"空间"维度——即使非常有限。然而，在发展主义话语的表述中，"空间"的维度，完全被拉平和抹去了，历史成了线性的历史。

（二）发展主义学说及其实践

第二次世界大战以后，伴随着世界格局的变化，以美国为首的西方发达国家开始主导整个世界的发展格局，与此相应，发展理论进入了一个新的阶段。杜鲁门主义，以古典发展理论为模板，将其包装成全新的版本——发展主义学说，诚如埃斯科巴所言："杜鲁门主义开创了理解和操纵世界事务的新纪元，尤其对于那些关注经济欠发达国家（less economically accomplished countries）的人。其意图野心勃勃：让全世界去复制当时'先进'社会的种种特征——高度工业化和城市化，农业技术化，生产和生活水平迅速提高，现代教育和文化价值观广被采纳。"（Escobar，1995）

发展主义学说之内涵已经远非一般意义上的社会发展与社会变迁，"而是一种以民族国家为主体，以'跃进式'、'赶超式'发展为主要方式，以西欧和北美现代化模式为蓝本而掀起的现代化运动"（田毅鹏、陶宇，2010）。我们可以从以下几个维度来认识发展主义学说的基本观点：

第一，发展的含义是通过欠发达国家之"所缺"和"所非"而界定的。在发展主义学说的语境中，发展意指社会各领域的现代化。以市场化、城市化、工业化、理性化为核心指标的发展主义学说建构了一整套测度发展程度的指标，欠发达地区之所以欠发展，在于其经济领域市场化程度低，城市化比率不高，工业在国民经济体系的比重有限，管理、行政以及人的意识领域理性化程度不足。因此，发展就意味着欠发达地区的发展道路，目标在于推动政治、经济、社会乃至文化意识形态领域的现代化转型。

第二，发展是线性的，欠发达国家可以通过模仿发达国家的道路实现繁荣。发展主义执着于发展富有超时空性质的普遍主义模式，其时空观可以简单概括为：历史是线性演进的，而空间则是无关轻重的因素（吕方，2010）。诚如田毅鹏教授所言，"从空间上看，以往各种社会发展理论对社会发展模式所做的研究和概括都具有'空间同质化'特点，普遍缺乏对不同空间特殊性的分析和关注"（田毅鹏，2009）。既然存在普遍主义的发展模板，那么欠发达国家就完全可以照搬西方发达国家的经验，实现自身的繁荣。

第三，经济发展将会带来社会的进步，社会问题将通过发展得到解决。虽然发展主义也承认，发展意味着政治、经济、文化、社会诸多领域的进步，但在发展主义学说的理论文本中，经济发展具有决定性的地位。值得注意的是，经济发展又被发展主义学者界定在自由主义及其变种的范围之内来理解。政治民主化、教育发展、女性地位、生态保护、贫困治理等议题，在发展主义学说里面，均从属于经济发展，并认为随着经济的发展，这些问题可以自然而然地得到解决。

第四，发展是理性中心主义的，这一点尤其体现在组织管理系统和知识体系方面。虽然发展主义也承认在自发市场之外的经济成长动力，如国家主导的发展，但对经济与社会领域的理性统治，却是一致的。行政治理采取自上而下的分层治理科层体系，经济组织的规模化、效率导向、理性设计被认为是发展的必需，而非正式的社会联结方式要么被禁绝，要么被视为缺乏效率。在知识体系方面，科学中心主义具有强劲的影响力，科学知识成为发展唯一的可靠基础，而地方性知识则处于边缘化的地位，并面临着堪忧的传承危机。

第二次世界大战以后，世界的发展格局为欧美发达国家所主导，发展主义话语变得炙手可热。在发展主义学说的指导下，资本主义生产体系在全球范围内扩张。[①] 然而，在经过了二十余载的艰辛探索之后，接受了发达国家兜售的发展主

[①] 这一过程包含着更为复杂的政治考虑。西方发达国家为了满足对国际化商业的需求，需要打开第三世界的市场，构建一个自由的全球贸易体系。而欠发达国家，尤其是刚刚摆脱殖民统治的国家，有着强烈的发展诉求，迫切需要为自己寻找一条通向"繁荣"的道路，新上台的执政精英，更期望在这一过程中，巩固自身的地位。在这样复杂的动因结构作用下，发展主义至少在政治层面，成为发达国家乐意输出而发展中国家乐意接受的方案。

义道路的后发展国家大多陷入经济低迷、债台高筑、社会矛盾丛生的境地。所谓"发展"并没有实现其承诺，反而使得拉美等国家陷入了长期的贫困。在此背景下，拉美知识界开始了对现代化方案的反思，并尝试重构新的发展思维，"依附理论"正是在这一背景下产生。

结构主义经济学家普雷维什等人从反思工业国家与拉美国家的关系入手，在他们对战后经济圈的理解中，"中心—外围"结构是一个关键的解释工具。"之所以会有现在的差别……主要是因为世界经济体系的两个部分在市场的周期性波动中扮演了不平等的角色。其中一个部分扮演了主动的角色，而另一个部分扮演了消极被动的角色"（Pinto & Kňákal, 1972）。结果，强大的中心不仅驱动着整个经济系统，而且还发展了更宏大的技术主导型工业，这反过来又巩固了他们的主导地位（普雷斯顿，2010：175）。在普雷维什之外，依附理论还有一些颇具启发的版本，这里不一一列举。依附理论家对拉美的发展道路做出了"另类"设想，如脱钩（de-link），出口替代型工业化等。但其实践并没有收到非常好的效果。

（三）"否思"发展的思想浪潮

20世纪80年代后期，世界范围内掀起了一场声势浩大的"否思发展浪潮"，无论是联合国还是民族国家，无论是知识界还是非政府组织，在关注"发展"的同时，更为倾向于反思发展所带来的社会后果（田毅鹏，2009）。"否思"发展从诸多维度展开，甚至我们很难简单地概括出"否思"发展浪潮的理论脉络，或许一个恰当的表述是，"否思"发展在于重新肯定被发展主义学说所湮灭的维度，是发展领域的第二次启蒙运动。

"发展"到底是指路明灯，还是幻象？尽管马克思主义者在发展研究的古典时代，已经开始以劳动价值理论为基石，展开了对资本主义剥削和异化劳动的批判，但在整个资本主义世界经济的上升期，马克思主义的声音在西方世界里面逐渐被遗忘。然而，随着发展主义学说、依附理论实践的失败，以及东亚经济的奇迹，关于发展的反思进入了一个新的阶段。"否思"发展，首当其冲是反对将"发展"等同于经济增长，再将经济增长等同于美好生活的观念。"否思"发展的作者们认为，发展主义将丰富而多元的人类需求和自然生态，化约为单一的向度，仅仅从经济的角度来考量（许宝强，2001），这一点本身就显得疑点重重。惯常被用来度量经济成长的指标，诸如GDP、GNP，很难囊括人类经济社会生活的实际样态。女性劳动、互惠经济等形式，往往被这些统计指标排除在外，而后者对于美好生活来说，颇为重要——尤其是一些人类学家对欠发达社会的田野研究，更是强劲地支持了这一观点（塞林斯，2001）。同时，这类经济指标，对于理解不同社会群体的生存现实，几乎乏善可陈。我们很难从这些抽象的数字中，看到不同群体的贡献及其生活境遇，尤其是在数字的增长伴随着社会贫困差距扩大的时候。更为严重的问题是，经济中心主义只计算收益，而对发展的代价视而不见。不断消失的物种、雨林，不断恶化的气候条件和生态环境，不断边缘化甚至面临传承危机的地方文化等，统统不可能体现在这些数字游戏中。

埃斯科巴发现，欠发达和发达，以及发展这样一些观念，源自第二次世界大战以后发达资本主义世界对第三世界的意义建构和文化标签化。将他者标签化为落后的、有待推动发展的，那么自然而然，他者就成为需要被治理的对象。这一点在对待地方性知识方面，颇具代表性。马格林对第二次世界大战后坦桑尼亚的研究堪称经典。在马格林看来，在实践层面上西方科学知识与本土技艺具有互补的关系，"技艺"属于一种不确定的知识体系，但在科学主义话语体系下，科学知识往往被认为是优于本土技艺的，技艺往往被看作劣等的知识，甚至连"知识"都算不上（Marglin, 1990）。在此背景下，"科学知识"大规模贬低和取代地方性技艺，这将使得我们在未来面对不确定方面的能力下降。以现代农业为例，马格林指出，现代农业发展模式的一个逻辑支点是承诺科技能够为大多数人带来富足。只要高科技不断投入农业发展领域，人们的生活状况就能够得到改善。但现代农业的实践，却总是"拆"理论鼓吹者们的"台"，现代农业不仅因农药和化肥滥用，而带来了严重的环境污染，使得土地性质发生了不可逆的变化，而且对小农的生存构成了挑战，对原住民的社群文化构成了强劲的冲击。

发展对于女性的影响，是否思发展思潮中，又一靓丽的理论视角。必须承认，在发展的过程中，妇女确有她们的特殊角色和需要。欠发达地区推进发展的过程中，对于这一点却很少有回应。女性主义者认为，发展主义学说对于下述问题始终缺乏思考：是什么因素导致妇女在生存上面临诸多困难？妇女在发展过程、生计活动中，是否只是被动的受害客体？是发展造成了妇女的苦难，还是不发展？帕帕提以第三世界女性千差万别的生存策略和需求为基础，提出要重新肯定女性在当地社群生活中的重要贡献，同时也塑造出了有别于发展主义学说所传达女性意象的积极主体——女性不是被动的、受害的、有待被拯救的，而是具备各种本地知识和才干的积极主体。

（四）以贫困为中心"否思"发展

可以说，"否思"发展的思潮，从发展主义学说所忽视的所有视角出发，全面清算了发展主义的预设、概念体系和理论框架。我们可以清楚地看到，20世纪60年代以来的后现代解构主义对于"否思"发展思潮的影响。接下来，我们将更为直接地从贫困问题的角度，做一些具体探讨。

在发展主义学说中，贫困问题被理所当然地"遗忘"了。说贫困问题被发展主义学说遗忘了，并不是说在发展主义的理论框架中没有论及贫困问题。恰恰相反，正如前文所指出的，第二次世界大战后的发展主义学说积极地塑造第三世界国家贫困与落后的形象，并试图通过现代化的方案解决贫困问题，认为只要发展了——尤其强调经济发展，贫困问题将会自然而然地得到克服。虽然从操作层面上，发展主义学说也强调对于贫困地区和贫困群体的发展干预，如发展援助项目，但这样的治理显得既虚有其表，又不得要领。至关重要的是，我们应该看到，无论是西方发达国家，还是后发展国家，贫困问题始终是痼疾，并且不断呈现新的样态。在欠发达国家，贫困非但没有得到实质性的缓解，随着一系列发展项目的实施，反而经历了一个社会分化加剧，贫困群体生活面临更多不确定性的时期。而即使是在发达国家，城市贫困问题，少数族裔、有色人种的贫困问题，始终没有得到很好的治理。可见，发展与贫困之间的关联性，绝非如发展主义学说所言。贫困问题的治理，既与发展有着千丝万缕的联系，又具有自身的独特性。

以自由主义为中心的发展主义学说，并不能为贫困治理提供有前途的方案。发展主义学说中，自由主义一直占据经济发展问题研究的统领性位置。[①] 西方发达国家积极鼓吹自由的世界贸易体系，并踊跃地向欠发达国家输入自由经济的理论和组织制度，营造出一种只要自由市场得到发展，经济就能够出现繁荣局面的意象。而从贫困治理的经验来看，自由市场的拓展，往往是不利于贫困群体的。在广大的欠发达地区，贫困的农户更多地是以小农经营为主，大规模的市场化，使得原子化的小农暴露在严酷的经济逻辑面前，并且一旦市场经济的逻辑取得支配性的地位，这些地区原有的互惠经济形式及其相应的社会整合方案将会面临解组的风险。所以，我们强调，要慎重对待市场力量在贫困治理方面的影响，借用市场机制，但同时更要防控市场风险对贫困群体的挑战。

以科学主义为教条的发展主义学说，可能带来非预期的后果，加大贫困群体的风险。科学知识在发展主义者的信仰中显得根深蒂固。然而，实际的情况是，科学往往成了一种迷思。科学哲学和知识社会学不断发出告诫，科学也仅仅是为我们提供了一种认识和解释世界的方式，但在发展主义者那里，科学本身成了一种教条。科学采用一种对象化的思维方式，一切事务都需要置于科学

---

① 当然，发展主义的一些版本中，也强调国家的角色，但国家的行动被严格地限定在推动自由市场方面。只是到了20世纪80年代，东亚经济的崛起，才迫使发展主义学说不得不慎重回应发展的国家视角问题。

的观照之下，如果不能以科学的眼光去解释，那么要么不是被贬低，要么就是从根本上将其斥为不科学的。前文我们讨论的地方性知识相对于科学的命运，即是如此，我们也一再强调，地方性知识是基于应对不确定性的知识，这些知识体系的消逝，可能会使得我们在未来缺乏应对不确定性的能力，发展的想象力也因此枯竭。此外，发展主义学说将科学意识化，在蒙昧与科学的二元分野中阐释科学，实则背离了科学之本意。科学原本就是不断完善自己的解释能力的，而在发展主义的话语体系中，落后地区被视为蒙昧的、缺乏科学的，发达地区则想当然地享有了加冕科学桂冠的特权。因此，一些缺乏对本土情景深度认知的所谓科学，得以在欠发达地区大规模地推广，一些最终导致了不可逆的社会损伤和生态灾变，使得这些地区贫困人口未来的生存与发展的基础被破坏殆尽。

在贫困治理方面，发展主义学说缺乏底层视角、空间视角、文化视角。贫困治理被简化为经济发展，这原本就是吊诡的。即使在发展主义学说内部，存在对边缘群体、贫困群体的关怀，但这种关怀也更多地是接受了发展主义学说的前提，即去空间化、对象化、同质化的。贫困问题的复杂性，其重要的一方面就是贫困问题的多元性。贫困唯有置于特定的时空情景、文化场域中才能够得到理解，并且走出贫困的方式也相应是多元的。在发展主义的解释体系中，贫困群体往往被视为蒙昧的、被动的、有待拯救的、需要被发展的；丝毫没有从理解贫困出发的耐心，甚嚣尘上的仅仅是一种盲目自信的乐观，即只要接受了发展主义的观念，并践行之，贫困问题将顺理成章地得到治理。

二 再思贫困：以新发展主义为视角

否思（unthinking）发展的浪潮，更多地站在"解构"的立场（李胜，2009），我们也看到发展的批评者，将气候变化、生物多样性的减少，以及贫困问题，归咎为发展主义（Bodley, 2008）。但完全将贫困归咎于发展，则显然是荒谬的。我们需要理性再思（rethinking）的是，发展过程中，哪些群体暴露出更多的脆弱性？发展是否能有效地促进贫困问题的治理？如果能，又应该怎么去理解发展的益贫机制？女性、生态、民族这样一些视角，对于理解发展与贫困的关系，又提出了何种问题？我们将如何去回应？等等。让我们再次回到一开始提出的观点，"时下，将'贫困'与'发展'两个社会科学的基本概念放在一起思考，显得既紧迫，又十分必要"——无论从世界贫困治理的格局，还是从中国减贫道路的新阶段来看，都是如此。接下来，我们将围绕着上述几个问题展开初步的讨论。

（一）重新理解发展与贫困治理之间的关系

在新发展主义的知识语境中，发展的模式是多元的而非一元的，发展不仅意味着可测度的经济社会指标，更强调通过不断的社会创新来改善贫困群体的环境，提升贫困群体的能力。"发展"一词，首先强调存在多元的发展模式，发展和减贫，都需要在具体的时空情景和文化场域中来理解。同时，需要看到，现有的贫困治理模式，将可能对贫困群体的生活产生一些非预期的后果，这些后果需要得到足够的重视。贫困问题与发展既存在千丝万缕的关联，又是一个相对独立的问题域。随着市场化、工业化、城市化和全球化的拓展，贫困治理的形势将变得越来越严峻。一些新贫困问题将会出现，发展需要对这些问题保持一定的敏感，建立相应的社会保护机制。在贫困治理方面，发展固然是贫困治理的基本进路，但绝不存在普遍的发展模式能够解决所有的贫困问题。贫困治理道路的选择，应该建基于对贫困群体生活世界的深刻理解之上，提升贫困群体的主体能力。

（二）如何构想一种"益贫式"的发展？

"益贫式"的发展（pro-poor development），是一个新近出现的概念。在对发展主义学说的批评中，很多学者指出，以GDP和GNP为效标的发展评价体系，掩盖了数字增长下的贫困群体扩大化与贫困群体生活境遇恶化，并且将其主要归咎为社会分配机制的缺陷。"益贫式"发展则肯定贫困人口参与发展，并据自身的贡献而获取收益的权利，追求"增长的速度和形式能够提高穷人参与增长，为增长做出贡献的能力并因而受益。因此各项政策应该促进经济增长的速度及其形式，亦即提高穷人作为行为人和受益人参与增长的程度，因为两者是相关的，对长期增长和可持续的减贫至关重要"[①]。其中的关键在于对贫困群体增能和赋权，即一方面提升贫困人口参与到经济发展中的能力，另一方面赋予其发展的主体性地位，鼓励其通过自身的努力实现脱贫目标。"益贫式"的发展，体现在行业政策、金融政策、基础设施投入等诸多方面，经济的发展更多地服务于贫困群体生存境遇的改善。

（三）生态、性别、民族视角对发展与减贫的启示

贫困问题复杂性，很大程度上源自贫困的多元性特征。在过去的几十年间，一般性的贫困问题已经随着不断加大的政策性投入得到了较大程度的缓解。但进入新的时期，随着贫困人口的分布特征发生变化，贫困问题的治理变得更为复

---

① OECD：《促进益贫式增长：政策陈述》，http://www.oecd.org/dac/povertyreduction/45415179.pdf。

杂，主要的贫困人口分布区，同时也是生态脆弱区或生态保护区，和主要民族聚居区。一方面，贫困的治理面临着生态的约束，贫困治理的目标还应该考虑到文化多元性的保护。但另一方面，独特的地方性资源和地方性知识也有望开启"另类"的贫困治理道路。时下，已有不少学者开始从绿色减贫、旅游减贫等方面构想一种兼具生态价值、经济价值、社会价值与文化价值的减贫道路。性别视角是新发展主义思潮的另一贡献。女性在发展中的主体性是怎样体现的？发展政策和发展项目的设计如何回应女性的需求？发展如何推动女性进步？这些不仅具有女性主义者所宣扬的"平等"、"解放"等政治意义，更具有实实在在的现实意义。有论者指出，在城乡构造变动，农村男性劳动力大量进入城市、工业部门的背景下，农村地区出现了劳动力女性化的特点，因此，发展政策的设计不仅要体现女性价值的要求，更要契合贫困社区的实际。

（四）贫困治理机制的创新

如果说发展主义学说的实践过程中，通过一系列的发展援助项目，涉足了贫困的治理领域，那么这里我们想说的是，发展主义为中心的贫困治理往往采取的是自上而下的视角，贫困地区和贫困人口被建构成需要得到治理的对象，是有待发展的，甚至是等待拯救的。这样的奇谈怪论在实践层面面临着巨大困难，体现为发展项目的设置、发展政策的推行，往往与贫困社区、贫困人口的需求背道而驰。更为严重的是，一些社会工程的实施竟带来了意想不到的风险。对此，政治人类学的泰斗詹姆斯·斯科特教授提醒我们要重新认识国家的视角，尤其要警惕同质化、对象化的治理方式（斯科特，2011）。友善的西方学者也提醒我们白人悲悯而慷慨的捐献，如果不能有效地与贫困群体的需求对接，那么发展援助终将变成白人的负担（伊斯特利，2008）。在这些卓越著作的启发下，贫困治理机制的创新，成为近年来贫困研究领域的焦点。[①]

这里，我们对再思贫困做了初步的讨论，在后面关于科学发展观与中国减贫新阶段的思考中，我们将进一步深化，同时在全书的写作中，这个问题也将得到持续的回应。

三　科学发展：贫困治理的能力建设

在过去的二十余年间，中国所取得的减贫成就为整个世界所瞩目。改革开放

---

① 在本书中，我们将对贫困治理的传统视角如贫困标准的讨论、贫困治理的目标瞄准、经济发展与贫困做相对淡化的处理，不是说这些问题不重要，而是在此之外的一些题目对于重新认识发展与减贫的关系，显得至关重要。

以来，中国的扶贫开发事业取得了举世瞩目的成就。在新千年的第一个十年中，全国592个国家扶贫开发工作重点县人均地区生产总值从2658元增加到11170元，年均增长17%；人均地方财政一般预算收入从123元增加到559元，年均增长18.3%。农民人均纯收入从1276元增加到3273元，年均增长11%（未扣除物价因素）。到2010年底，我国农村居民的生存和温饱问题得到了基本解决。[1] 尤其值得一提的是，2008年，中国率先实现了联合国千年发展目标关于贫困人口减半的内容，为世界反贫困事业做出了巨大贡献。回顾中国扶贫开发的独特道路，可以发现，我们取得了诸多宝贵的经验。新西兰前总理、现任联合国开发计划署署长海伦·克拉克女士盛赞中国"将她的人民从贫困中以前所未有的速度脱离了出来"，并呼吁各国分享中国的减贫经验（克拉克，2011）。进入新千年的第二个十年，中国减贫道路进入了一个全新的阶段。"连片特困地区"[2]成为我国扶贫开发工作的主战场。虽然中国扶贫模式取得了巨大成功，但新阶段，中国贫困治理道路的基本问题发生了重大的转变。当我们理性地检省既往的扶贫模式，思考其在新阶段扶贫开发中的适应性时，将会发现，既往的贫困治理方式，既存在一些值得认真总结和传承的宝贵经验，同时也面临着一些全新的挑战。因此，对于中国减贫道路的总结与思考，不仅能够直接服务新阶段的贫困治理实践，更为重要的是，科学发展观指引下的中国减贫道路，在连片特困地区的减贫工作中，将为整个世界提供理解发展与减贫问题的全新经验和理论视角。

新千年伊始，在借鉴新发展主义思潮，反思与总结中国发展道路的基础上，我国提出了科学发展观这一崭新的理论命题。具体而言，科学发展观包括四个方面的内容。首先，科学发展观是以人为本的发展观。发展依靠人们的共同努力，发展也将最终服务于人的发展，增强个体参与发展，并从发展中提升自我的能力。其次，科学发展观是全面的发展观。科学发展观反对经济中心主义的发展理念，主张经济、社会、文化、生态的全面发展。再次，科学发展观突出协调发展。协调发展包括区域之间、行业之间、城乡之间的协调发展，强调发展不能扩大社会的差距，而是要致力于缩小三大差距，推动共同富裕。最后，科学

---

[1] 《中国农村扶贫开发的新进展》（白皮书），2011年11月26日。
[2] "连片特困地区"指的是新时期我国绝对贫困人口的主要分布区，是新阶段扶贫开发工作的主战场。根据新颁布的《中国农村扶贫开发纲要（2011—2020年）》，这些区域包括六盘山区、秦巴山区、武陵山区、乌蒙山区、滇桂黔石漠化区、滇西边境山区、大兴安岭南麓山区、燕山—太行山区、吕梁山区、大别山区、罗霄山区等区域和已明确实施特殊政策的西藏、四川省藏区、新疆南疆三地州。

发展观主张可持续的发展。可持续的发展不是涸泽而渔，而是注重发展的持久性，注重当代人的发展不损害后代人发展的基础和利益。总而言之，科学发展观标志着中国发展道路步入了一个全新的阶段。以科学发展观为理论基础，结合新时期的贫困治理形势，我们认为至少可以从以下几个方面来理解中国未来的减贫道路。

（一）坚持多元的减贫模式

在既往的贫困治理实践中，虽然我们取得了宝贵的经验，但在具体扶贫开发实践中，以发展主义为理论基础的经济中心主义依然占据着主导地位。具体表现为，在贫困治理目标的设定方面，更多地强调数字层面的收入水平提高，却对贫困人口及贫困社区的可持续生计与自我发展能力缺乏敏感。在贫困治理方案的选择方面，重视通过项目选择推动产业发展，而对生态视角、社区内部二元分化①、传统文化保护等关注不足。在发展道路的选择方面，同质化的发展方式较为普遍。所谓同质化的发展模式，指的是不同自然地理条件、资源禀赋、生态约束、文化特点及经济社会基础的区域推行的是大致相同的发展形式。既往的贫困治理实践中，往往陷入"规模化"的迷思（斯科特，2011），片面追求发展的规模，而与贫困地区自身的特点结合不够。规模化发展固然有自身的优势，例如能够有效降低单个农户或社区与市场进行对接的交易成本，提升产业的竞争优势。但规模化发展有赖于特定的基础，在农业发展领域，现代规模农业的基础不仅在于现代农业科技系统和农业化工系统的发展，更为重要的是规模化的农业生产适宜于发展基础大致相似的区域。但我国大多数的贫困地区，属于资源禀赋差异巨大、生态高度脆弱（但成因各异）、经济社会文化异质性强烈的区域，从而就导致了同质化发展模式的失灵，产生了诸多非预期的后果。在贫困治理的实践中，很多基层工作者和贫困农户都有着共同的困惑，政府往往在一段时期内大规模推广某一特定的项目，但这些项目多以失败告终。非但不能成为贫困社区和农户可持续生计的基础，反而浪费了珍贵的反贫困资源，并导致政府公信力的贬损。更为甚者，一些发展项目不顾当地的自然地理条件和生态环境约束，项目的失败，不仅意味着前述后果，更为严重的是，原有的生产体系难以恢复，生态也发生了不可逆的恶化，未来发展的基础丧失殆尽。因此，我们主张，伴随着扶贫开发工作主战场转移到"连片特困地区"，切合实际的做法是推行多元化的发展道路。"多元发展理论"强调发展的时空约束，发展的可行方案取决于对不同区域自然

---

① 这里所言的社区内部二元分化，指的是经济中心主义的贫困治理模式，导致了贫困地区、贫困社区贫富差距的扩大化。

地理条件、历史文化特征、资源禀赋和生态约束的综合认知。"连片特困地区"不同于一般性的贫困，片区之间，甚至片区内部都具有较强的异质性，同时在资源禀赋上也具有独特性，契合当地特点的发展道路选择成为决定贫困治理成功与否的关键因素。

（二）注重参与式发展

从社会层面，新时期的贫困治理要肯定社群和底层视角。在新自由主义大行其道的全球化时代，欠发达国家的社会科学家和西方的左翼学者纷纷将目光更多地投向发展研究的底层视角（subaltern perspective）。底层概念，最初源自葛兰西的《狱中札记》，葛氏用 subaltern class 的概念来表述那些在当时欧洲社会被主流排斥处于社会边缘、从属性地位的社会群体。20 世纪 60 年代，美国社会学界将发展中处于弱势地位的群体称作 under class，特别是围绕着城市发展中的贫困问题，形成了一些经典的研究成果。在政治人类学领域内，这一理论视角取得的成就最为显著，形成了以斯科特的底层抗争研究与印度底层政治社会研究相辉映的理论景象。而在发展研究的领域中，底层视角也不断得到强调，肯定文化的差异性，肯定贫困社区、人口（尤其是女性人口）的主体性，不断出现在发展研究的著作中。这都为我们以全新的视野构思新阶段贫困治理的道路提供了理论素材。社群的视角同样举足轻重。在政治哲学领域中，社群主义与个人主义形成了长期的理论对垒，既往的发展与贫困治理实践，在发展主义学说的主导下，也往往强调个体中心主义，而社群的力量却始终不是重点。20 世纪 90 年代以来，"社区主导的发展与减贫"成为理论界的重要关切，必须承认，社群的团结、凝聚、动员能力对于贫困治理的有效开展是非常必要的，尤其是在涉及一些公共物品的供给方面，更是如此。

（三）体现文化自觉

从文化层面，新时期的贫困治理要注重"文化自觉"。"文化自觉"指的是"生活在既定文化中的人对其文化有'自知之明'，明白它的来历、形成的过程、所具有的特色和它发展的方向。自知之明是为了加强对文化转型的自主能力，取得决定适应新环境、新时代文化选择的自主地位"（费孝通，2003）。20 世纪 90 年代末，费孝通先生以一系列疑问句提出了"文化自觉"的理论命题："我们为什么这样生活？这样生活有什么意义？这样生活会为我们带来什么结果？也就是说人类发展到现在已开始要知道我们的文化是哪里来的？怎样形成的？它的实质是什么？它将把人类带到哪里去？"（费孝通，1997）关于"文化自觉"的追问可以从贫困的角度做出这样的解读，即减贫与发展道路的选择，首先需要解决的问题是"我们从哪里来，能到和要到哪里去"。文化规定着我们的生活，包含着文化持有者对于"幸福"、"发展"、"和谐"等概念的解释体系。因此，要谈论减贫与发展，首先要对特定群体、特定文化有自知之明，对其所珍视的价值、内心的期盼有深切的认识。具体到"连片特困地区"的贫困治理，以民族地区贫困群体为中心的发展观念是何物？从文化多元一体的格局来看，民族地区的发展道路的选择，有着怎样的依据和潜在优势？我们认为，在迈向"连片特困地区"贫困治理的道路上，文化自觉将是"发展想象力"的重要来源。这就要求既有的贫困治理模式做出相应的调整，不是单纯的经济中心主义治理、对象化治理和同质化发展，而是建立在对"连片特困地区"经济特点、社会构造、文化心理等方面综合认知的基础上，把握此类地区贫困治理在更为宏观的社会发展语境中的位置，寻找具有文化生命力的治理方式。

（四）追求人与自然的和谐

从生态层面，新时期的贫困治理要追求人与自然的和谐。乐施会支持的一项研究显示，新时期95%的中国贫困人口分布在我国的主要生态脆弱区，贫困问题与生态脆弱问题具有高度的地理耦合性。在上一个农村扶贫开发"十年规划"期间，这一问题已经引起了政府和知识界的关注，主张将扶贫开发工作与生态治理和防灾减灾工作有机地结合起来。特别是，连片特困地区的贫困治理的目标，需要与生态恢复和生态保护的目标相协调。"生态友好型"的贫困治理道路、"绿色减贫"的理念，无疑是我们理解"连片特困地区"减贫与发展问题的另一重要维度。生态约束，将成为影响新时期中国减贫道路选择的重要因素，在发展项目的选择上，如何对生态、灾害的视角具有敏感性，可能成为一个项目成败之关键。

第二章 贫困的界定、结构及其测量

厘清贫困的基本概念与基础理论是认识减贫和发展的基石。随着认识的深化，贫困概念的内涵与外延不断拓展；依据不同标准，贫困类型的划分多种多样，各有特征。不同的贫困线下，贫困人口数量有别，结构有异。

第一节 贫困内涵与外延的拓展

贫困是一个动态的、历史的和地域的概念，其内涵的认知总体上经历了由单一维度向多维度的发展过程，即由收入贫困拓展到收入、能力、权利、福利以及心理感知等多方面的贫困。

一 贫困的内涵

（一）贫困内涵的发展

从社会保障和社会救助的角度去研究贫困问题，如果从英国的布什和朗特里的早期著作算起，迄今已经有一百年左右的历史。早期的贫困内涵大多从经济意义上理解，即物质生活资料匮乏，强调物质和收入的绝对数量，它以收入和消费为主要关注的指标，它与人类基本生存要素的不足有关。从这个意义上说，贫困是收入和消费处于贫困线以下的个人和家庭难以维持其基本生存需要的一种生活状态。劳埃德·雷诺兹在《微观经济学》中说："所谓贫困问题，是说在美国有许多家庭，没有足够的收入可以使之有起码的生活水平。"（雷诺兹，1986：430）国家统计局认为："贫困一般是指物质生活困难，即一个人或一个家庭的生活水平达不到一种社会可接受的最低标准。他们缺乏某些必要的生活资料和服务，生活处于困难境地。"（叶普万，2006）

随着时间和空间以及人们思想观念的变化，单一关注收入和消费的贫困含义遭到了较多的批评。此后，理论界把个人能力和社会公平也纳入贫困界定中，更倾向于运用相对指标来度量贫困。20世纪70年代以来，有关贫困的研究从注重物质匮乏转向对各种社会综合因素的研究，即从收入和消费拓展到其他基本需要，包括各类资本、尊严和自由权，能力贫困、权利贫困是这一时期拓展新领域的具体体现。中外学者对能力贫困的理解有多种。世界银行发布的《1990年世界发展报告》将贫困界定为"缺少达到最低生活水准的能力"（世界银行，1991：68）。阿玛蒂亚·森认为，贫困必须被视为基本可行能力的被剥夺，而不仅仅是收入低下（森，2002：85）。胡鞍钢将贫困划分为收入贫困、人类贫困和知识贫困。收入贫困是指缺乏最低水平的、足够的收入或支出。人类贫困是指缺乏基本的人的能力，如不识字、营养不良、缺乏卫生条件、平均寿命短等。知识贫困是指缺乏获取、交流、应用和创造知识与信息的能力，或者缺乏权利、机会与途径获得这一能力。贫困人口不仅收入低下，缺乏人类发展能力，而且缺乏知识资产和获得知识与信息的能力（胡鞍钢、李春波，2001）。康晓光认为，贫困是人的一种生活状态，在这种生活状态中，人由于不能合法地获得基本的物质生活条件和参与基本的社会或活动的机会，以至于不能维持一种个人生理和社会文化可以接受的生活水准（康晓光，1995：7）。

随着研究的深入，贫困的内涵不断向脆弱性、社会排斥等维度拓展。世界银行认为，"贫困是风险、面临风险时的脆弱性以及不能表达的自身需求和影响力"（世界银行，1991：26）。王佐芳、赵群等认为，贫困的拓展定义主要包括四方面内容，资产、易受损害性、社会关系建构，以及贫困人口自己演绎的贫困道理。其中，资产除收入外，还有生产性资本（如土地、房屋、财产拥有），人力资本（如劳动、教育或技能、性别、健康），社会资本（如互惠互利的家庭、亲属、邻舍与社会人际关系），公共资本（如政府及集体提供的公共服务与设施）及其他无形资本（如信誉、地位、影响力），等等（王佐芳、赵群等，2003）。易受损害性或脆弱性是指一些因素能削弱人们应对贫困和灾难的能力，使其抵御冲击的能力减弱，从而更容易陷入恶性循环的贫困中。社会关系建构则使贫困个体或贫困社群不能通过经济机会或国家扶贫工作改善他们的贫困状况（赵群、王云仙，2011：5）。在此基础上，联合国开发计划署提出"人文贫困"的概念，极大地拓展了人们对贫困的理解空间——贫困被定义为缺乏人类发展所需的最基本的机会和选择，包括"健康长寿的生活被剥夺、知识的匮乏、体面的生活的丧失以及缺少参与等"（UNDP，2001：14）。例如，有学者认为贫困不仅仅指收入低微和人力发展不足，它还包括对外部冲击的脆弱性，包括缺少发言权、权利和被社会排斥在外（世界银行，2001b：15）。

从贫困内涵发展的轨迹看来，经历了一个从狭义向广义不断拓展的过程，即由收入贫困向能力贫困、权利贫困、人文贫困拓展；从注重物质贫困研究向精神贫困的转变；从单一性指标向复合性指标衡量的转变。

（二）贫困的特性

概括中外学者对贫困的理解，贫困有以下几种特性。

（1）从历史演进的角度看，贫困呈现动态性、历史性。虽然在某个时期贫困是静态的，但从纵向或历史演进的角度看，它是一个动态的、历史的概念。随着客观环境，尤其是经济发展水平的变化以及公众对最低生活水平理解的变化，贫困及其表现相应变化。同一时期的不同国家，由于生产力水平的差异，对贫困的衡量标准则不同。同一国家的不同历史发展阶段，贫困的标准和界定也因生产力发展水平的不同而有所不同。

（2）从贫困成因和表现形式看，贫困表现为复合性和多元性。贫困与"落后"或"困难"联系在一起，它包括"经济、社会、文化"乃至"肉体的和精神的"各个方面。一般来说，随着贫困成因和性质的认知变化，贫困的多元性特征更加突出。除了人均收入水平外，可用来刻画贫困特征的还有一系列其他社会指标。例如，从生活质量进而从影响人力资本形成的因素来看，贫困人口通常具有教育水平低下、健康状态差、营养不良、卫生条件恶劣、饮用水缺乏及死亡率高等特征；从生产条件和生态环境进而从影响物质资本形成的因素来看，贫困地区往往具有耕地、水源、空气和其他自然资源质量低劣、流失及退化，以及地理上与外界处于隔绝状态等特征。

（3）从贫困衡量标准及其界定看，贫困具有公众普遍认可的客观社会性。贫困是低于"最低"或"最起码"的生活水准，这种"最低"或"最起码"是得到社会普遍认可的。贫困标准的制定，就是根据社会公众认可的标准开出的维持最低生活需要的一张"清单"。

（4）从贫困的实质看，贫困的核心是能力欠缺。从表象上看，贫困首先表现为"低收入"，但就其实质看，是缺乏"手段"和"能力"，是能力贫困。

综合贫困内涵的发展和贫困的特性两个方面，我们认为贫困是指由于制度性因素和非制度性因素造成的使个人和家庭不能获得维持正常的物质和精神生活需要的一种状态。这种状态在宏观层面上表现为区域或国家最基本的发展需要受到限制，其典型特征是其需要满足状态低于正常水平。

二 贫困的外延

从贫困的程度和贫困的范围来看，贫困可以划分为绝对贫困和相对贫困，狭义贫困和广义贫困两大类。

(一) 绝对贫困和相对贫困

一般来说，将贫困分为绝对贫困和相对贫困是理论界与实践界常用的划分。

绝对贫困的概念最早由英国的朗特里（Rowntree）和布什（Booth）提出，此后中外学者分别对此进行了探讨，代表性的观点如下。

（1）绝对贫困就是低于维持身体有效活动的最低指标的一种贫困状态。这种最低指标"是勉强维持生存的标准而不是生活的标准。在确定这种贫困线时，运用的是最大限度节俭的原则。在对家庭生活做这种最低指标的估计时，应遵循这样的规定，即除了为维持身体健康而绝对必需购买的物品外，其他一切都不能包括在内，而且所有购买的物品必须是最简单的"（Rowntree，1941：102－103）。

（2）"绝对贫困标准想要明确的是维持生存所必需的、基本的物质条件。"（鲁德斯，1989：327）

（3）"贫困最通行的定义是年收入的绝对水平，多少钱才能使一个家庭勉强过着最低生活水平的生活，这就是绝对贫困。"（雷诺兹，1986：432）

（4）绝对贫困被认为是一个客观上的定义，它建立在维持生存这个概念的基础上，维持生存就是延续生命的最低需求，因此低于维持生存的水平就会遭受绝对贫困，因为他没有足以延续生命的必需品……绝对贫困是指某人或某家庭的状况低于这样一个贫困线，其实际价值是固定的，不随时间变化而变化，绝对贫困线是基于最低消费标准，基于必需的人体热量吸收的食品（Alcock，2006：102－104）。

（5）绝对贫困者是指在一定的社会生产方式和生活方式下，个人和家庭依靠劳动所得和其他合法收入不能维持其基本的生存需要，生活不得温饱，劳动力的再生产难以维持，这样的个人（或家庭）被称为贫困人口（或家庭）（国家统计局，1990）。

（6）绝对贫困是泛指基本生活没有保证，温饱问题没有解决，简单再生产不能维持或难以维持（童星、林闽钢，1993）。

（7）贫困可作两种划分：①将贫困户分为第一次贫户和第二次贫户。"第一次贫户（Primary Poverty）：即虽以全部收入也无法获得维持肉体能力的最少限度的必要物质之家庭。""第二次贫户（Secondary Poverty），即以全部收入只能维持肉体能力的家庭。"②将贫穷的人分为贫困者、极贫者和赤贫：贫困者（Poor）是指"缺乏自己的资力，虽有断断续续的收入或定期性的小额所得，但是却无法过着最基本的独立生活的人"。极贫者（Very Poor）是指"无法充分过着一般国民生活水准而独立生活的人，如无固定的所得者"。赤贫（Lowest）则是指

"最下层的贫困者，什么东西也没有"（江亮演，1990：90）。

中外学者对绝对贫困的描述虽然有所不同，但实质一样，即绝对贫困是指收入难以维持最低限度的生活水准。因此绝对贫困又叫生存贫困。

绝对贫困概念的基础就是"绝对性"，即不能满足维持最低生存生理需要的收入水准和物品量，它通常是通过一定的经济指标（如人均纯收入、家庭年收入）来加以明确界定。其特征主要表现为：在生产方面，贫困人口或贫困户缺乏扩大再生产的物质基础，甚至难以维持简单再生产；在消费方面，贫困人口或贫困户的低微收入难以满足衣食住行等人类基本生存需要，生活得不到温饱，劳动力本身的再生产难以维持。

绝对贫困具有一定的使用范围，对发达国家而言，由于人们生活水平普遍较高，处于绝对贫困状态的人占的比例很小，即使由于突发性的或其他原因使其陷入绝对贫困也能很快得到政府和社会的救济，因而绝对贫困是暂时的。但对不发达国家而言，仍有相当数量的人的生存问题没有解决，政府又没有足够的能力帮助他们，因而绝对贫困的概念更具现实性，它能更准确地刻画出这些贫困者的生活境况。

相对贫困是比较而言的贫困，中外学者的代表性观点如下。

（1）"相对贫困想要明确的是相对中等社会生活而言的贫困。"（鲁德斯，1989：328）

（2）"相对贫困就是年收入相对低于全国全部家庭的平均数。"（Alcock，2006：432）

（3）"相对贫困是一个较为主观的标准，一个相对的贫困定义是建立在将穷人的生活水平与其他较为不贫困的社会成员的生活水平相比较的基础上的，通常这包括对作为研究对象的社会的总体平均水平的测度。"（Alcock，2006：106）

（4）"相对贫困是指某人或家庭与本国平均收入相比……相对贫困线随着平均收入的不同而不同。"（世界银行，1996：1—4）

（5）"相对贫困是指相比较而言的贫困，即生活水平最低的那一部分人（如占人口的5%）为处于相对贫困的人口，有的机构和组织曾将收入只及（或少于）总体收入的三分之一的社会成员视为相对贫困人口。"（李明锦，2002）

（6）"相对贫困是温饱基本解决，简单再生产能够维持，但低于社会公认的基本生活水平，缺乏扩大再生产的能力或能力很弱。"（童星、林闽钢，1993）

一般来说，相对贫困具有以下四个方面的特征。

第一，贫困是相对的。它是与一定的变化着的参照系相比而言，比较的对象是处于相同社会经济环境下的其他社会成员。

第二，贫困是动态的。贫困的标准随着经济的发展、收入水平的变化，以及社会环境的变化而不断变化。

第三，贫困的不平等性。它描述的是社会不同成员的收入差距和分配上的不均等。

第四，贫困的主观性。它依赖于一定的主观价值判断加以确定，如有的国家把收入最低的5%的人口定为相对贫困人口，有的国家则把这一比例提高到10%或20%；有的国家以全国人均纯收入的一定比例作为贫困标准；有的国家则以中等收入水平的一定比例作为贫困标准。世界银行的专家认为，收入低于平均收入水平的1/3的社会成员便可视为相对贫困人口。由此可见，贫困标准的确定具有明显的主观偏好。

实际上，关于贫困两种划分以及孰是孰非的争论已整整持续了一个世纪。绝对贫困、相对贫困并不是一个固定的概念，它们的内涵或外延不断变化。一方面随着整个社会经济的发展，用于确定绝对贫困所依据的"生活必需品"的范围会有所扩大，这就使它具有了相对的意义。另一方面，仅仅说相对贫困是相对社会平均生活水平的观点也并不全面。在一个社会中，有可能大多数人的生活水平都很低，其社会平均收入亦不过仅能果腹，甚至有可能会低于一般认为的维持生存的需要；同时，在另一个社会中，人们普遍很宽裕，大家都以车代步，但也可能有少数人因种种原因没有汽车；在上述这两种社会中，仅仅以相对社会平均收入的方式来衡量贫困，便会产生许多问题。因此，相对贫困终究还必须有一个合理的内核，这就使它也有了绝对的意义。

绝对贫困是相对的，而相对贫困是绝对的。这也正是反贫困阶段性与长期性的理论依据。

（二）狭义贫困和广义贫困

狭义贫困仅仅指经济上的贫困，反映维持生活与生产的最低标准。这种贫困的概念只包括物质生活的贫困，而不包括精神生活的贫困。处于这种贫困状态中的人所追求的是物质生活上的满足，希望得到的是与社会其他成员相等的收入、食品、燃料、衣着、住房及生存环境，他们注重这些东西在量上的满足。

一位美国经济学家说："现代关于美国贫困和印度或西西里岛的贫困最显著的区别是，在美国穷人可以从大多数人中明确地区分出来。在印度，你不必努力去寻找穷人，他们一向到处都是。在美国，穷人是极少数，不容易被富裕的大多数人注意到。"（付民，1995：43）显然，他们所指的贫困实际上是一种狭义上的贫困。

狭义贫困具有下述三个方面的特征。

第一，贫困是直观的。它可用一定的实物量作为判断标准，主要反映的是生活水平，而不是生活质量。

第二，贫困是绝对与相对的复合概念。它既表现为实物需求量的绝对数量，又表现为这种需求量与社会其他成员的比较及其增长变化情况。

第三，贫困可以用一系列经济指标来衡量，而不涉及其他非经济因素。

根据马斯洛的五层次需求理论，人类首先需要满足的是基本的生理需求，尤其是物质生活的需求，只有当这一层次的需求得到满足后，人们会渐次形成更高层次的需求，尤其是精神文化生活方面的需求。对于广大不发达国家而言，所面临的最大问题首先是物质方面的贫困。因此，狭义贫困对不发达国家更具现实意义，反贫困也以反狭义贫困最为迫切。

广义贫困是指除狭义贫困之外的包括社会方面、环境方面和精神文化方面的贫困，即贫困者享受不到作为一个正常的"社会人"所应享受的物质和精神文化生活。他们不仅处于收入分配最底层，而且在社会中所处的地位也极其低下，他们无力控制自己所处的生活环境，面临着来自社会上的强势群体的欺压，以及社会的歧视和不尊重，他们不仅在经济收入方面被"社会剥夺"，而且在就业、教育、发展机会、健康、生育、精神、自由等个人发展和享受方面的权利也被"社会剥夺"。广义贫困在经济发达的资本主义国家表现最为典型。

著名发展经济学家 M. 吉利斯对广义贫困作了较为全面的经典的解释。他认为："贫困不完全是对绝对意义上的生活水平而言，它的真正基础在心理上。穷人指的是那些自认为是社会中的一部分，但又感到被剥夺了与社会中另一部分人同享欢乐权利的人（用心理学术语，另一部分人是穷人的'参照群体'）。由于教育和通讯的发展，参照群体会扩张。在早先，农民至多把自己的地位和村庄里的头面人物相比较。而现在，他们正越来越向往他们本国城市上层人物的生活标准，甚至开始注重那些富强国家现代化的生活标准。因而这种失落感会愈加强烈起来。"（吉利斯，1989：230）由此可见，广义的贫困强调更多的是精神贫困，而且这种贫困和物质贫困相比更痛苦、更难受，同时也是最容易被人们所忽视的一种贫困。

和狭义贫困相比，广义贫困具有下述四方面的特征：

第一，广义贫困是物质和精神的"双重贫困"。物质贫困可用一系列具体的量化经济指标加以衡量；而衡量贫困的精神因素的确定则难以具体量化。

第二，广义贫困是一个动态的、相对的概念。一方面物质贫困和精神贫困都是与社会中大多数人的生活状况相比较而言，另一方面随着整个社会生活水平和意识形态的变化，贫困的衡量标准也会相应发生变化。

第三，贫困是继发性的。随着物质贫困的逐渐改善，精神贫困就会逐渐出现，相比较而言，消除精神贫困比消除物质贫困难度更大，任务更艰巨。

第四，贫困特别是精神贫困具有较大的隐蔽性，不容易被社会大多数人所发现。

（三）学术界对贫困外延划分的最新理论研究

近来，对贫困外延划分做出具有相当学术价值探讨的具有代表性的学者首推汤森（Townsend）和香港学者莫泰基。

1. 汤森的认知

1993年，汤森在《贫困的国际分析》（*The International Analysis of Poverty*）中，在传统的绝对贫困和相对贫困"二分法"的基础上，进一步将贫困划分为三个层次，即维持生存、基本需求和相对遗缺。

维持生存是指收入仅仅能维持体能的最低限度的生活必需品的需求。

基本需求包括两个方面，首先是一个家庭个人消费的最低需求，包括足够的食物、住房和衣着，以及某些家具和设备；其次是公共服务，包括清洁的饮水、卫生的环境、公共交通和保健、教育和文化设施。

相对遗缺是人们对社会生活的某些条件或环境的一种感受，而这些条件或环境是他们认为应该得到而实际上没有得到的。

2. 莫泰基的认知

香港学者莫泰基在1993年出版的《香港贫穷和社会保障》一书中，将贫穷分为绝对性贫穷、基本性贫穷和相对性贫穷三个层次。

绝对性贫穷是指那些缺乏维持起码生存所需的最低限度的物质条件，在该生活状况下，不但衣食住行是极度缺乏，而且有危及生命。生活在这种状况下的人大都被认定为必须急切救助的"贫穷者"，即人们通常所说的"赤贫"。

基本性贫穷，即一些穷人不会有饥饿问题出现，也不会危及生命。他们的物质条件已能满足生理上的需要，但在衣食住行方面，常常会出现捉襟见肘的情况，生活不稳定。他们属社会上的最底层；其生活为该社会一般人所认定的"没有人性尊严的生活"，他们会受到该社会大多数人所同情并愿意协助施救。和绝对性贫穷不同的是，这一层次的物质生活标准会因时间、文化和社会组织而有所变异，但不一定跟随经济发展，特别是国民收入的增长而改善。

相对性贫穷是与整体社会的经济发展水平特别是与该社会的国民收入和工资水平连接在一起。那些贫穷人士可以分享社会的繁荣成果，当国民收入或工资上涨时，他们可以从社会保障待遇中得益。莫泰基进一步指出，人不是常常依靠衣食住行等基本物质生活条件而生活的人，而是一个社会性的人。因此，他提出相对性的概念，重点在于强调贫穷者的社会参与能力。

汤森和莫泰基的"三分法"的创见在于，它更为详细地分析了贫困的实际状况，指出了介于绝对贫困和相对贫困之间还有一部分上下浮沉、处于不稳定状况的贫困者。

此外，西方学者对贫困外延研究的另一重要进展是，提出隐蔽贫困问题。他们认为，相对贫困虽然涉及的范围较之绝对贫困更为广泛，但仍有许多贫困问题不能涵盖在内。因而，他们将绝对贫困和相对贫困都不能涉及的贫困人口、贫困现象、贫困问题称为"隐蔽贫困"。隐蔽贫困也可以视为一般的贫困统计指标所反映不出来的贫困或隐藏在一般人均指标内部的贫困。

目前，发达国家对隐蔽贫困的研究，主要集中在以下几个方面。

第一，妇女的贫困。如在高收入的家庭中，妇女的收入可能很低，妇女在低收入家庭中比男子体验的贫困更深刻、更严重。

第二，儿童的贫困。

第三，少数民族、少数种族的贫困。如失业者和低收入者多数集中于少数民族和少数种族，他们过着贫苦的生活。

第四，为获得一定的生活水平所花费的时间在以往的贫困线中没有计算。隐蔽贫困所反映的是西方发达国家在高收入水平内部所隐藏的贫困问题。但在我国，由于经济总体发展水平低，大面积、集中连片的贫困地区多，因此，现阶段还难以顾及对隐蔽贫困问题的研究。

第二节 贫困类型与特征的识别

贫困是一个多维现象，也是一个十分复杂的问题，按照经济学的一般理论，贫困是经济、社会、文化落后现象的总称。根据不同的划分标准，可以将贫困分为不同类型。

一 依据反映生存状态的生活质量指标进行的分类

（一）绝对贫困和相对贫困

绝对贫困又称生存贫困，是指在一定的社会生产和生活方式下，个人或家庭依靠劳动所得或其他收入不能维持最基本的生存需求，衣食不得温饱，劳动力本身再生产难以维持。

相对贫困是指比较而言的贫困，一方面指随着时间变迁和不同社会生产、生活方式下贫困标准的变化而言的贫困，另一方面指在同一时期不同社会成员和地区之间的差异而言的贫困。

表 2-1 绝对贫困与相对贫困的比较

贫困类型	特征识别	共同点	不同点
绝对贫困	①它以贫困线为衡量标准,低于贫困线就是绝对贫困;绝对贫困的国际标准由下线标准和上线标准以及区间范围组成,下限标准以下为赤贫人口。 ②贫困线就是购买基本的必需品或维持最低限度生活需要的最低收入水平。这里的必需品一般包括人体最低需要摄取的食品,以及最简单的衣物、住房等,这些只是为了维持最基本的生存需要。 ③强调贫困的客观性和绝对数量。 ④绝对贫困是可以消除的。	缺乏足够收入来维持一种社会认可的生活标准的状态。	绝对贫困只是为了维持最基本的生存需要,而相对贫困是相对于社会上的其他收入而言。
相对贫困	①相对贫困是以社会平均生活水平为衡量标准,它是介于贫困线和社会认定的某种平均水平间的一种生活状态。 ②相对贫困的出发点是人们之间收入的比较和差距,它是低收入者解决了温饱问题,是相对于全社会而言表现出来的贫困状态。本质上已经与分配不公、生活质量下降及其引起的精神痛苦等因素联系在一起。 ③强调在一定区域范围内人的生存质量和水平的相互比较,具有一定的主观偏好,它依赖于一定的主观价值判断加以确定。 ④任何社会都存在相对贫困。		

(二) 狭义贫困和广义贫困

狭义贫困仅指经济意义上的贫困,即生活不得温饱,生产难以维持,是一个传统的经济学范畴。在国际上通常采用恩格尔系数去判定人们生活水平的高低或贫富的层次。恩格尔系数是指人们全年食物支出金额与总支出金额的比率。即:

恩格尔系数 = 全年食物支出金额/总支出金额

依据这个系数,联合国提出了一个划分贫困与富裕的标准,即恩格尔系数在 60% 以上者为贫困,50%—59% 为温饱,40%—50% 为小康,30%—40% 为富裕,30% 以下为最富裕(朱力,2002:430)。

广义的贫困除狭义贫困的内容外,还包括社会、文化等意义上的贫困,以及营养不足(营养不良)、人口平均寿命短、婴儿死亡率高、文盲人数众多等(王尚银,2005:208)。

(三) 长期贫困与暂时贫困

暂时贫困是指处于贫困状况的一部分人从收入上看低于贫困线,但他们由于储蓄或能够借钱,因此消费水准却高于贫困线。这种贫困是由于自然灾害、疾病或其他突发性事件造成的。贫困持续时间一般为几个月或少于 1 年。

表 2-2 狭义贫困与广义贫困的特征识别

贫困类型	特征识别
狭义贫困	①狭义贫困只包括物质生活的贫困。 ②贫困是直观的。它可以用一定的实物量作为判断标准,主要反映的是生活水平,而不是生活质量。 ③贫困是绝对与相对的复合概念。它既表现为实物需求量的绝对数量,又表现为这种需求量与社会其他成员的比较及其增长变化情况。 ④贫困可以用一系列经济指标来衡量,而不涉及其他非经济因素。
广义贫困	①广义贫困是物质和精神方面的"两重贫困"。 ②物质贫困可用一系列具体的量化的经济指标加以衡量;而衡量贫困的精神方面的因素则难以具体量化。 ③广义贫困是一个动态的、相对的概念。一方面物质贫困和精神贫困都是与社会中大多数人的生活状况相比较而言,另一方面随着整个社会生活水平和意识形态的变化,贫困的衡量标准也会相应发生变化。 ④贫困是继发性的。随着物质贫困的逐渐改善,精神贫困就会逐渐出现,相比较而言,消除精神贫困比消除物质贫困难度更大,任务更艰巨。 ⑤精神贫困具有较大的隐蔽性,不容易被社会大多数人所发现。

与暂时贫困相比而言,长期贫困是指处于贫困状况的这部分人,他们无论是收入还是消费都低于贫困线,他们没有储蓄也无法借钱来维持高于贫困线的消费水平。它具有的特征是这种贫困状态已经存在了很长时间,或经过长时间仍不能脱贫,其持续时间至少是 5 年以上,虽经扶贫也难以脱贫(世界银行,1991:26)。

二 根据贫困的成因分类

根据生活质量的决定因素或贫困成因可以将贫困分为三种类型:制度性(结构性)贫困、区域性贫困和阶层性贫困(康晓光,1995)。

制度性贫困是指由于社会制度决定了生活资源在不同地区、不同区域、不同群体和个人之间的不平等分配,从而导致特定地区、区域、群体或个人处于贫困状态。区域性贫困是指在相同的制度安排下,由于各个地区在自然条件和社会发育程度方面的差异,从而导致特定区域生活资源供给的相对缺乏,贫困人口相对集中。阶层性贫困是指在相同的制度安排下,在大约均质的空间区域或行政区划内,某些群体、家庭或个人,由于身体素质较差、文化程度不高、家庭劳动力少、生产资料不足、缺少社会关系等原因,而导致获取生活资源的能力较差,从而陷于贫困状态。

表 2-3 制度性贫困、区域性贫困、阶层性贫困的特征识别

贫困类型	贫困的成因	贫困的特征
制度性贫困	制度的刚性作用而导致部分群体被排斥在体制之外而导致的贫困。	①政府是政策制定的主体。 ②具体的制度包括分配制度、就业制度、财政转移支付制度、社区服务和分配制度、社会保障制度等。 ③政策、制度的作用范围为整个社会或某个群体；政策在资源分配中起决定性作用。 ④政策范围外的区域、群体或个人享有的生活资源低于社会生活需要的平均水平。 ⑤从宏观层面体现致贫原因；致贫的外生性和刚性特征。 ⑥制度的变更是贫困人口脱贫的关键。
区域性贫困	①贫困是由于区域间先赋的自然条件差异造成的，如自然资源在地区间分布不均。 ②在自然资源和地理差异基础上形成的社会发展水平的不同而造成的相对贫困。	①贫困人口相对集中在某个区域内，区域内贫困人口的同质性相对较强。 ②从宏观层面体现致贫原因、致贫的内生性。 ③体现了贫困的长期性。 ④经过努力可以脱贫。
阶层性贫困	由于个人内在因素在阶层内相对较差而致贫。	①它是在某个群体或区域内由于个人因素而导致的贫困，更多地体现的是致贫因素的异质性。 ②从微观层面体现致贫原因。 ③个人综合因素的提升是脱贫的关键。

三 从扶贫战略研究角度进行分类

吴国宝等将贫困归结为两种类型：一种是资源或条件制约型贫困，通常表现为宏观上的区域性贫困；另一种是能力约束型贫困，通常表现为个体贫困。当然，还可以根据两种贫困的制约程度，将贫困细化为若干亚贫困类型。

表 2-4 资源型贫困与能力约束型贫困比较

贫困类型	分类	原因	特征
资源或条件制约型贫困	资源型贫困分为边际土地型贫困和资源结构不合理型贫困	边际土地型贫困是由私人对土地的投入形成的收益难以弥补所投入的支出导致的。资源结构不合理型贫困是由资金缺乏或交通、通信、能源等基础设施落后导致的。	①资源型贫困更多的是从宏观层面来体现资源在区域上的分布不均。 ②先赋条件的劣势、历史机遇的区域差异。

续表

贫困类型	分类	原因	特征
能力约束型贫困	丧失劳动能力导致的贫困和缺乏专业技能引起的贫困。	由于意外事故、突发性事件、先天遗传等因素导致丧失劳动能力；个人教育程度低、综合素质低、观念的落后等个人内在因素而致贫。	更多地体现的是微观层面的个体间的素质差异和机会的不均等。

四 根据贫困的内涵层次划分

根据贫困内涵的层次，贫困不仅指收入贫困，还包括人类贫困（如教育、健康贫困等）、知识贫困（如信息贫困等）以及生态贫困，这四类贫困体现出递阶层次的形式：收入贫困体现经济发展向度，人类贫困体现人类（社会）发展向度，知识贫困体现知识经济社会发展向度，生态贫困体现可持续经济社会发展向度，逐层递进（胡鞍钢等，2009）。

收入贫困是指物质条件贫困，缺乏最低水平的、足够的收入或支出。用两个指标进行衡量，即国内贫困线以下人口及贫困发生率，国际贫困线以下人口及贫困发生率。收入贫困直观性强，易测量，政策主导性强，作为单一贫困标准具有局限性（胡鞍钢等，2009）。

人类贫困是指生存状况的贫困，缺乏基本的生存能力（胡鞍钢、胡琳琳，2004）。人类贫困包括教育贫困、健康贫困、交通贫困及住房贫困等，用4种贫困8个指标进行衡量。人类关注教育、健康（卫生）等问题，直接关系到人类发展指数的提升。其中：①教育贫困定义为无法获得小学以上的教育，教育贫困人口是文盲人口与小学教育人口的总和，用文盲率和小学人口比例两个指标衡量。②健康贫困定义为健康危险因素得不到有效控制或基本健康权利受到剥夺的情况（林毅夫，2004）。健康贫困可以用婴儿死亡率、产妇死亡率、轻体重儿童比例及新农合未覆盖率等指标来衡量。③住房贫困定义为无法获得现代房（即钢筋混凝土结构和砖木结构房）。住房贫困人口的房屋主要为土木房、毡房、茅草房等。用农村现代房未占有率来衡量。④交通贫困定义为贫困人口基本交通条件被剥夺的现象。

信息贫困是指人们缺乏获取、交流、应用和创造信息的能力，或者缺乏权利、机会与途径获得这一能力。第一类信息贫困是传统信息贫困，包括2个指标，即电视和广播未普及率。第二类是现代信息贫困，包括3个指标，即电话未普及率及互联网未普及率，其中电话未普及率包括固定电话未普及率与移动电话未普及率。

生态贫困是基本生存环境的贫困。它是由于生态环境不断恶化，超过其承载能力而造成不能满足生活在这一区域人们的基本生存需要与再生产活动，或因自然条件恶化、自然灾害频发而造成人们基本生活与生产条件被剥夺的贫困现象，主要包括气候贫困、资源贫困等，生态贫困是一种间接的贫困形式，不易测量，要通过不同的衍生贫困形式反映出来。国内外尚无明确的指标来衡量生态贫困，定性分析远多于定量研究。政府目前所采用的统计口径，往往将自然生态环境脆弱区域的大部分人口作为生态贫困人口。

表2-5 四类贫困特征的识别

贫困类型	贫困测量指标	向度体现	四者间的关系
收入贫困	国内贫困线以下人口及贫困发生率、国际贫困线以下人口及贫困发生率	体现经济发展向度	四类贫困体现出递阶层次关系
人类贫困	文盲率、小学人口比例（教育贫困）；婴儿死亡率、产妇死亡率、轻重重儿童比例、新农合未覆盖率（健康贫困）；农村现代房未占有率（住房贫困）；基本交通未占有率（交通贫困）	体现人类（社会）发展向度	
信息贫困	电视未普及率、广播未普及率；互联网未普及率、固定电话未普及率、移动电话未普及率	体现知识经济社会发展向度	
生态贫困	自然生态环境脆弱区域的大部分人口、安全饮用水	体现可持续经济社会发展向度	

第三节 贫困测量与结构分析

一 贫困测量

贫困测量包括"贫困线"、"贫困人口"的测量两个方面，其中，"贫困线"的测定是基础，确定"贫困人口"是目的。有学者认为，在测量贫困时，首先要解决两个问题：一是贫困线的划分，也就是要说明谁是穷人。目前解决这一问题的方法主要有营养摄取法、基本需求法、生活质量法、相对标准法。二是如何依据贫困线来测定一个国家或地区的贫困状况。解决这一问题的最常用的方法是计算贫困率和贫困差异指数。我国目前通常采用贫困率法。

(一) 贫困线的概念

史蒂格利兹（Stiglitz）说：贫困线（poverty line）是指"最低维持生活水准的所得"。贫困线亦称最低生活保障线，是指为度量贫困而制定的针对最起码的生存条件或者相对社会中等生活水平的差距所做的定量化的界定。因为贫困定义本身的模糊性，我们无法直接给贫困线定量。所以，一般都是用一个或若干个与贫困高度相关又可观察、可测量和可比较的社会经济指标来表示贫困的程度。而用个人或家庭的收入或支出来衡量一个人或一个家庭是否贫困是最常见的做法。

学术界认为，可以用个人或家庭的收入或支出的某一个数额作为区分绝对贫困、基本贫困和相对贫困的界线。童星、林闽钢将这3条界线分别命名为特困线（活命线）、温饱线（贫穷线）和发展线（脱贫线）。有学者把上述3条线略作调整，称为生存线、温饱线和脱贫线。对于这3条线的界定是：生存线，满足最起码的生理需求的最低费用，低于此线则威胁生命；温饱线，满足最基本的生活需求的最低费用，低于此线则不得温饱；脱贫线，达到基本上能自给有余的最低费用，高于此线则摆脱贫困。

(二) 贫困标准（贫困线）

衡量个人、家庭或某一地区贫困与否的界定标志或测定体系，称为贫困标准或贫困线。在贫困线的测定过程中，由于人们对贫困的认识和理解不一致，因而确定贫困标准的范畴，测量贫困的方法，计算贫困的单位等方面也有明显的不同。但大多数人认为，界定贫困都必须考虑最小需求量和收入。世界银行的《发展中国家面临的贫困问题：标准、信息和政策》中，对通常用来作为测量贫困的标准设置了7个指标，即人均收入、家庭消费和人均消费、人均食品消费、食品比率、热量、医学数据、基本需求七个方面。但这些指标的设置本身存在许多不足，难以形成一个规范、严谨的全面反映贫困问题的数学公式。为此，大多数国家采用的是在计算人类生存的最小需求量的基础上转化为价值形式的最低购买力来测定，如果一个人的收入低于最小需求量即形成不了这一购买力，那么它就陷入了贫困。所以，人均收入被用来作为测定贫困线的主要指标。

但对最小需求量的界定，各国意见也很不一致。在一些国家被认为是最必需的物品和服务，在另一些国家被看作奢侈和富有的象征。国际劳工组织在1976年通过的"行动纲领"对此作了如下表述：第一，为家庭私人消费提供一定的最低必需品，即足够的粮食、住宅、衣物以及一定的家具；第二，社会为所有居民提供基础服务设施，如饮水、卫生、公共运输、保健、教育、文化设施等。同时包括让贫困居民参加反贫困政策的制定和实施，并为他们提供就业机会，以取得收入，树立自尊心。根据这一定义，各国都可以列出一个"最低需求量"的清单，并以一定的货币量表现出来。但由于受各种因素的影响，各国的贫困标准肯定不处于同一水平，更谈不上有统一的国际标准，正如森所言，"那种在一个给定的社会中，存在着一致性的贫困线的假设是对事实的歪曲"（森，2001：41）。

（三）贫困线制度

贫困线制度是围绕贫困线而制定的社会救济制度，也称"基本生活保障制度"，其核心内容是由政府向低收入者提供在金额上足以满足基本生活需要所需的救济金以及其他帮助。其内容主要包括：

（1）设定贫困线的目的就是保证被援助对象的基本生活需要，以保证生活水平低下者基本生存条件和劳动力再生产及维持社会稳定。在发达国家，设定贫困线已经超出了原来的意义，它已经不仅仅是济困扶贫的措施，而且是社会调节国民收入再分配的一种手段。通过这种办法，使低收入者与高收入者之间的收入差距趋于缩小。同时，各国都在不同发展时期不断调整贫困标准。

（2）贫困线要保护的范围具有严格的界定。凡是生活水准达不到国家规定贫困线标准的，都有权利享受政府救助，一旦收入超过该标准，救助便自动解除。

（3）贫困线是用科学方法确定的。确定贫困线的前提是某时某地人们所需生活必需品的绝对水平，但也应考虑生活必需品在不同国家生产力发展水平、生产水平、生活传统及人们的生活习惯等个性因素。测定贫困线的方法通常有三种，其一是收入法，即根据人们的收入状况来确定。计算公式为：贫困线＝饮食支出占家庭总支出的比率×适量的饮食价值。其二是直接法，即以人们基本生活必需的货物和服务来确定。其三是根据恩格尔系数加以确定。

（4）救济贫困的主体是政府。救济贫困的资金来源于政府的财政收入，可靠性强。

（5）救济贫困一般由政府的社会保障部门主管。在一些国家设置了专门的扶贫机构。

（6）贫困线制度具有立法保证。

（四）贫困线的测量方法

学者们关于贫困的测量方法的讨论集中于"贫困线"的提出和评价两个方面，不可避免地关涉"贫困对象"的确定。回顾贫困研究的上百年历史，学者们提出的贫困线的方法众多，在学术界和政府中广为应用并受到较多评价的方法主要有以下几种：

1. 国际上度量贫困线的常用方法

童星和林闽钢列举了 12 种度量贫困的方法，包括收入等份定义法、收入平均数法、商品相对不足法、热量支出法、基本需求法、恩格尔系数法、超必需品剔除法、总支出与总收入之比法、编制贫困指数法、数学模型法、主观最小收入定义法、主观最小消费定义法，对这 12 种方法的进一步划分是依据荷兰的奥迪·海根纳斯和克拉斯·得沃提出的三种测量贫困的视角，即客观相对贫困标准、客观绝对贫困标准和主观贫困标准。

第一，客观相对贫困标准。所谓客观相对贫困标准是指从事实上看，某些人的生活低于社会上其他人的生活水平。测定的基本途径有两个，即收入定义和商品定义，具体的办法有：收入等份定义法、收入平均数法、商品相对不足法。

第二，客观绝对贫困标准。所谓客观绝对贫困标准是指从事实上看，某些人的生活水平低于一个确定的最小值。测定的基本途径有两个，即确定贫困线和编制贫困指数，具体方法有 7 种：热量支出法、基本需求法、恩格尔系数法、超必需品剔除法、总支出与总收入之比法、编制贫困指数法、数学模型法。

第三，主观贫困标准。鉴于构造客观贫困标准的困难，20 世纪 70 年代以后理论界开始了"自我感觉生活需要不足"的贫困测量。常用的方法有两种：主观最小收入定义法、主观最小消费定义法（童星、林闽钢，1993）。

2. 阿尔柯克的 3 种度量贫困的方法

彼特·阿尔柯克所著的《认识贫困》一书提出了三种确定贫困线的方法（Alcock，2006）。

第一，标准预算法（Budget Standard）。标准预算法通常建立在（每周）采购一篮子商品的概念的基础上。先算出维持基本生理功能所需要的营养量，然后将这些营养量转换为食物及数量，再根据其市价算出相等的金额，即为贫困线。

第二，收入替代法（Income Proxy Measure）。阿尔柯克的"收入替代法"与莫泰基的"食费对比法"的实质相似，即最低饮食费用，再除以恩格尔系数的贫困值（如 60%），贫困线 = 最低饮食费用/恩格尔系数，其优点在于简单易行、便于操作，以及可与社会平均生活水平挂钩。缺点在于固定的标准不可取，所反映的贫困过于绝对；所得的标准通常偏低进而测出的贫困线往往偏低；将恩格尔系数的 50% 或 60% 作为贫困标准用于一般的研究或作为国家比较是可以的，但将其用作一个国家或地区与社会救济相关的贫困线则过于粗略。

第三，剥夺指标法（Deprivation Indicators）。剥夺指标法是汤森在 20 世纪 60 年代关于英国贫困问题的著作中提出来的。这种方法的理念基础是需求的满足和不足是相对应的。这种被排除在日常生活方式之外的相对需求是可以客观地确定和度量的。

3. 莫泰基提出的 4 种度量贫困的方法

莫泰基在《香港贫穷与社会保障》中提出了 4 种最常用的确定贫困线的方法（Alcock，2006）。

表 2-6　贫困测量方法的操作及争端

测量方法	操作化	评点
市场菜篮法（Rowntree 首创）又称标准预算法	确定一张生活必需品清单；据市场价格计算其现金额，求出贫困线；人均月收入低于贫困线以下的家庭成员为贫困人口。	优势：绝对性； 争端：菜篮内放什么物品及由谁决定。
剥夺指标法（Townsend 提出）又称生活形态法	制定生活标准基本指标的清单；据指标遗失情况判断家庭生活类型；生活贫困家庭的收入为贫困线；贫困家庭成员为贫困人口。	优势：主客观贫困相结合； 不足：生活指标制定有专家主观判断之嫌。
食费对比法（Orshansky 提出）又称恩格尔系数法	家庭收入—支出调查；食物支出占可支配收入 30% 以上的户为贫困家庭；利用食物支出除以 30% 计算贫困线；贫困家庭的成员为贫困人口。	优势：客观反映贫困家庭的消费结构； 不足：收入替代点的确定具有武断性。
国际贫穷标准线法（国际经济合作组织提出）	家庭月均收入的一半作为该地区的贫困线；月人均收入低于贫困线的家庭为贫困家庭，其下成员为贫困对象。	优势：易于比较和调整贫困线； 不足：贫困标准较易受经济影响和政府操纵。

上述各种测量方法存在一些基本相似之处，主要表现为以下两个方面。

第一，操作上的两个阶段性。各种方法总体上均分为两个阶段：首先，确定贫困线，即以家庭或个人的基本生活费为标准，确定一条居民最低生活标准线——贫困线；其次，确定贫困户和贫困人口，就是以贫困线为标准，以"家庭"或"户"为收入测量单位，区分出贫困家庭或贫困户，其下的所有人口，不分性别、年龄、个人可支配收入数量一律被视为贫困人口（金一虹、刘伯虹，1998）。

第二，"家庭内贫困分布不均等"的理论假定。以"家庭"为"收入测量单位"和"贫困衡量单位"的方法，不管家庭中的个体成员实际可支配收入是否超过贫困线，或实际生活水平是否高于贫困生活形态，一律将其视为贫困对象。显然，其中暗含一个理论假定，即"消费资源在家庭成员间的分配均等"。换言之，"家庭内基本生活资源的消费在成员间不存在等级之分"（Alcock，2006）。

4. 度量贫困的新思路——综合法

在反思上述各种方法片面性的基础上，学者们努力寻求能吸取"众家之长"的测量方法。唐钧提出"综合法"（唐钧，1998），融四大基本方法（市场菜篮法、剥夺指标法、食费对比法、国际贫穷标准线法)为一体。

第一,用生活形态法来确定"贫困的一群",确定中国不同社会、经济发展水平地区的贫困家庭的生活形态,并以此找出符合这些生活形态的贫困群体。

第二,分析一般市民和贫困户的收入和消费,求出生活必需品的菜单,再用市场物价来较为客观地求得最低生活保障线(包括生存钱、温饱线和脱贫线)。

第三,为方便实际工作者,今后对最低生活保障线进行调整,将贫困线与社会平均(中位)收入挂钩;同时求出当地贫困家庭的恩格尔系数。

二 贫困结构分析

(一)贫困结构的理解

吉登斯思想中的结构指的是规则和资源,结构可以在实践中表现出来,但不是具体实践的外显模式,而是一些记忆中的规则。结构本身也不是具体的存在,它没有时间和空间的边界,它必须以知识的延续或实践的延续才能生存(Giddens,1984:17)。从这个意义上来说,贫困结构是以生存贫困为内核,与随着社会经济发展而拓展的能力贫困、人文贫困等各个层面,它通常在区域结构、家庭结构、民族结构、性别结构等方面以复合形式表现出来,其表现出来的具体指标因国家、区域的不同而不同或在相同指标下的指标指数存在差异。

1. 由表及里的三层结构

联合国教科文组织亚太地区办事处曾经对于贫困现象进行了分层研究,确定为三重结构:表层来看,贫困可以说是"不能获得最低的生活水平",而"贫困线"的含义就在于将能获得最低生活水平的人同不能获得的人区别分开。中层来看,贫困则主要是能力贫困,贫困者在人的发展基本领域能力欠缺。深层来看,贫困则同更深刻的文化和精神生活的贫乏与落后有关,这主要是人的多方面潜力不能得到全面的发挥(联合国教科文组织亚太地区办事处,1999:2—7)。贫困地区除了具有普遍性贫困结构外,还具有其特殊的结构特征。

2. 区域分布上渐趋"三元化"

从结构上看,相对贫困将成为贫困的主体,贫困人口的结构渐趋"三元化"(许飞琼,2000)。从世界各国减贫实践看,随着国民经济持续发展,衡量贫困的水平指标呈刚性发展并日趋高位化,赤贫人口在数量上会持续减少,国民的生活水平会不断提高,绝大多数城市居民将进入小康与富裕生活状态。然而,经济持续发展也必然带来收入水平与生活条件的变化。衡量贫困水平指标必定会呈现高位化,进而使相对贫困人口所占的比重不断加大。1985年,农村贫困线为人均年纯收入200元,到2000年增长到625元,2011年是2300元;城市贫困线在

"八五"期间为人均年收入1086元,到1996年上升到1671元(尹世洪,1998:196)。事实上,经济越发达,贫困线水平愈是高位化。如香港地区1993年的贫困线为3500港元,1997年上升到5000港元,5年增长近43%。因此,贫困线水平趋向高位化是贫困问题与贫困救助制度发展的基本规律。这一规律带来的另一现象就是许多原来不属于贫困人口的低收入者在收入增长不够快的情况下,将迅速落入贫困阶层,使相对贫困加大,同时在城乡贫困线趋高的情况下,贫困人口的结构趋向三元化,即乡村贫困人口、城市贫困人口和城乡间流动的贫困人口三元并存。

3. 贫困的性别结构

女性作为一个特殊群体,其贫困问题往往被忽视。例如,在贫困统计当中,人们通常只注意贫困人口总数、贫困程度等指标,却没有分性别统计。这种统计忽视了家庭的不均质性,忽视女性贫困现象的特殊性。事实上,女性是贫困群体中需要优先关注的。曾对14个发展中国家其中包括6个亚洲国家(孟加拉、巴基斯坦、尼泊尔、印度尼西亚、菲律宾、越南)进行的调查显示,贫困家庭中女性与男性的比例为116:100,贫困女性明显高于男性(陶春芳、蒋永萍,1993:3)。

在发达国家,贫困研究特别注意女性户主单亲家庭。戴维·波普诺在《社会学》中,把单亲家庭的贫困问题当作一个重要的社会事实进行研究。美国家庭中1/4的家庭为单亲家庭,而这些单亲家庭中的单亲父母87%是女性。戴维·波普诺认为,"没有工作的最大的穷人群体是那些待在家做家务看孩子的人,这些人主要是没有丈夫的女主户"。在最幸运的时候,她们成为"福利母亲",但她们很难摆脱这种处境,她们往往不能扔下孩子去工作,也可能由于健康原因或教育、技能等因素而失去机会。在中国,这方面的研究很少,但随着社会的发展,对于类似的研究的需求一定会显现出来(林志斌,2001:227—228)。

(二)贫困结构的具体表现

一般来说,贫困具有普遍性结构特征和特殊性结构特征之分。普遍性结构特征是从贫困分层角度来说的,其适用范围广泛;特殊性结构特征是针对其区域差异而表现出来的独特贫困结构,其实质是各层次贫困以具体指标的形式表现出来。

国内外各地区的特殊贫困结构存在差异,主要是由于地域差异带来的采用衡量指标的不同及指标的表现指数的差异,然而,忽视其指数差异能找到一些共性。我国贫困结构的变化及具体表现如下。

1. 区域上的三元化趋势

中国的贫困结构类型变化呈现多元化的特征,从贫困人口的结构构成看,中国剩存贫困人口的结构将呈现"三元化"趋势,即形成由农村贫困人口、城市贫困人口和城乡间流动的农民工贫困人口三元并存的格局(陈瑞计,2006)。

2. 少数民族的贫困

由于生活方式和发展水平的差异,少数民族与人数较多的汉族相比处于相对贫困状态。

从全国来看,我国的贫困人口分布呈现明显的地域特征,贫困发生率向中西部倾斜,贫困人口集中分布在西南大石山区、西北黄土高原区、秦巴山区、青藏高寒区,其中的绝大部分是少数民族聚居。少数民族聚居在自然条件恶劣、交通通信不便、偏远的内陆和边境地区。在少数民族8省自治区中,除广西壮族自治区外,其他都是内陆地区;除贵州省、青海省和宁夏回族自治区外,又都是边疆地区,高寒、边疆、贫穷,形成了中国少数民族地区少、边、穷三位一体的特征。不利的生存条件和长期闭塞的环境,使这些民族地区社会经济发展相对滞后,相当一部分人口处于绝对贫困状态。在全国2135个县级行政单位中,少数民族县占近30%,在国家扶持的592个贫困县中,有275个少数民族的自治县,占到了贫困县总数的43.4%。1986年全国大规模扶贫伊始,在全国划定了18片贫困地区,包括国家和省定的699个贫困县,其中少数民族贫困县141个,占贫困县总数的20%,如果按照人口计算,少数民族贫困地区的人口则占到40%,而要按照面积计算,少数民族贫困地区的面积则占了一半以上(沈红,1992)。1993年列入《国家八七扶贫攻坚计划》的国家重点扶持的592个贫困县中,少数民族贫困县有257个,占43.4%。其中,属西部民族地区的就有221个,有贫困人口2163万人,占全国贫困人口总数的26.82%;其中,内蒙古、广西、贵州、云南、青海、宁夏、新疆的贫困分布率(贫困县占各地区总县数的比重),分别是36.90%、33.73%、60%、59.35%、35.90%、44.44%和29.41%,远远高于全国平均27.27%的水平(郑长德,2003)。在国家重点扶持的数百个贫困县中,少数民族贫困县约占42%(且不含西藏自治区所辖的贫困县),在中国,整个少数民族地区,总体上都属于不发达地区,除绝对贫困之外,更有大量相对贫困现象体现为不同民族之间尤其是少数民族与多民族之间的差距。

西部少数民族贫困的另一个特点是少数民族人口和贫困人口在空间分布上重合。例如,1996年,我国少数民族的贫困发生率为20.1%,汉族仅为6.4%;少数民族人口占总人口的比重不足9%,但却占绝对贫困人口的45.05%。1996年底,贵州629万贫困人口中的80%是少数民族,极贫人口329万几乎全部是少数民族;宁夏南部山区60%以上的贫困人口是回族;云南贫困人口的85%是少数民族,全省26个边境县有16个是贫困县,贫困人口绝大多数是少数民族;

西藏33万贫困人口中的90%以上是藏族。全国"三界"（国界、省界、陆界）贫困县共438个，占全国贫困县总数的56.52%，而其中西部民族地区就有153个，占"三界"贫困县总数的34.9%（郑长德，2003）。

在西部各省中少数民族贫困结构在地域分布、贫困发生率等方面也存在差异。例如，云南省的贫困人口主要分布在乌蒙山地区、滇东南地区、横断山地区，这三个地区占据了云南70%以上的面积；列入《国家八七扶贫攻坚计划》的有73个贫困县，占全国贫困县的12%，占全省总县（市）的57%；全省尚未解决温饱的650多万人，绝大多数分布在自然条件差、社会发育程度低的少数民族地区和偏远山区，这些地区交通闭塞，信息不灵，流通不畅，文化科技落后，经济开发和发展商品生产难度较大。云南省是全国少数民族种类最多的边疆省份，拥有25个少数民族，人口1399万，占全省总人口的35%，占全国少数民族地区总人口的12.7%。独有的世居少数民族15个，居全国第一位。又如，位于贵州省中南部的黔南布依族苗族自治州，辖2市10县，其中有6个国家扶贫开发工作重点县。境内居住着布依族、苗族、水族等36个民族，总人口超过394万，其中少数民族人口约占56%左右，总面积26197平方公里，平均海拔997米，是一个较为典型的少数民族地区（李卫英，2009：51—52）。

民族地区贫困结构在教育方面的表现为：文盲率高，受教年限普遍低于全国平均水平，其中少数民族地区女性的受教年限处于全国最低水平。据滇西南12个民族贫困县调查，文盲、半文盲率高达45%—55%，许多特困级村高达70%—80%（雷吟天，1996）。在大多数少数民族地区，其人口中受教育程度低于全国平均受教育水平。例如，在甘肃省临夏回族自治州，约有20%左右的适龄儿童不能入学；云南、贵州、青海，少数民族人口的文盲率甚至要比全国平均水平高出数十个百分点，其中少数民族妇女的文盲率就更高了。在贵州省3个自治州的农村，每年约有20万左右的新文盲产生；全省少数民族人口仅有6%左右的人从事工商业或半工半农的职业。少数民族地区的科技人员与各种专门人才奇缺；文化设施与卫生设备也相对落伍；交通阻塞，信息不灵。这些与贫困相纠葛的现状，都难以在短期内彻底改观（周毅，1998）。另外，根据樊怀玉等（2002）的研究，西藏的成人文盲率高达66.18%，其他成人文盲率较高的省区也多为西部的民族省区，例如青海（23.32%）、甘肃（25.64%）、贵州（24.46%）、云南（24.34%）、宁夏（23.32%）等，最低的新疆（9.77%）也仅列全国第8位；西部地区居民平均受教育年限大大低于全国的平均水平，而西藏（3.50年）仅是全国平均水平（7.01年）的一半。1999年，全国女性的平均受教育年限比男性少 1.2 年，贵州却高达 1.75 年；全国的男性比女性受教育年限高 18.3%，差异最大的贵州省高达 33.9%，西藏高达 33.5%，青海高达 32.4%；全国的女性成人文盲率为 21.6%，已高于男性成人文盲率 8.8% 的水平，但西藏的女性成人文盲率高达 74.6%，其他较高的省区还有青海（41.5%）、贵州（36.4%）、甘肃（35.1%）、云南（33.3%）、宁夏（31.9%），男女成人文盲率差异最大的地区分别是贵州、青海和甘肃（郑长德，2003）。

3. 女性贫困

农村女性贫困问题，前已陈述。根据中国妇联 1990 年的全国抽样调查资料，中国农村男性的年平均收入为 1518 元，女性的年平均收入为 1235 元，只相当于男性水平的 80%（陶春芳、蒋永萍，1993：3）。城市中的女性贫困日益凸显。1990 年全国大样本量调查中，男性和女性的工资收入具有明显差距（见表 2-7）（林志斌，2006）。

表 2-7 城市家庭丈夫和妻子的个人月收入分布（中国社会科学院人口研究所，1994）

单位：%

收入	合计	1—100 元	101—200 元	201—300 元	301—400 元	401—500 元	500 元及以上
丈夫	100	2.58	41.83	36.35	11.81	4.57	2.87
妻子	100	6.79	54.11	28.51	7.13	2.22	1.24

4. 贫困家庭结构

目前，我国的农村贫困人口大部分居住在少数民族地区和边远山区。随着我国经济发展水平不断提高，农村家庭结构趋向单一化发展，人员数目逐渐减少。1990 年和 2000 年人口普查数据显示，我国家庭结构变化的态势表现为：一人户比重由 6.32% 上升到 8.56%，一对夫妇的比重也由 6.48% 上升到 12.96%，核心家庭的比重却由 67.31% 下降到了 56.02%，三代和四代直系家庭的比重变化不大，但是三代和四代复合家庭的比重均有所降低（黄健，2010：1）。

与家庭结构趋同，家庭的贫困结构主要表现为：一人户家庭主要以老年人贫困为主，复合家庭比结构简单的核心家庭更容易发生贫困。贫困在这些家庭结构中的具体表现，如在广西马山县少数民族地区家庭结构简单的农村家庭发生贫困的概率较低，而家庭结构复杂的农村家庭发生贫困的概率较高。在民族地区的农村家庭中，单人家庭与残缺家庭多以老年人贫困家庭为主，他们丧失了基本的劳动能力，只能依靠救济度日，他们需要的是完善的社会保障制度和社会及周围人群的关爱。在农村核心家庭中，贫困发生概率较低的原因在于他们有合理的劳动力比例，没有沉重的抚养赡养包袱，只要生产经营得当过日子不是问题，在政府倾斜扶贫帮助下他们有能力在短期内摆脱贫困困扰。在人口众多的农村直系家庭和复合家庭中，家庭成员多、劳动力比例低、繁重的抚养和赡养包袱，以及病患烦恼犹如四座大山压在他们身上，人均收入难以大幅度提高，发生贫困和返贫的概率很高（黄健，2010：32）。

从区域结构、民族结构、性别结构、家庭结构来看，我国的贫困人口集中在：边远农村、少数民族、女性、复合家庭，其中最贫困的群体为边远农村复合家庭中的少数民族女性。

第四节 贫困规模与分布

对于贫困量化的研究由来已久，众多学者主要想解决两个问题：一是如何设定贫困线，反映社会可接受的最低生活标准；二是贫困线设定之后，落在贫困线以下的人所遭受的贫困程度度量。由于世界各国国情的差异，以及对贫困认识的分歧，加之贫困测量方法的复杂性，目前国际上还没有统一测量贫困的方法。各国和有关国际组织从各自研究目的和制定政策的需要出发，按不同的方法设定贫困线标准，测算贫困规模和程度。因此，对于同一国家的贫困状况，不同组织有不同的评价结果。

一 农村贫困规模与分布的确定

贫困规模是用来描述贫困状况的一个因素，贫困状况可以用贫困率（或贫困发生率）、贫困规模来衡量。贫困率是指处于贫困线以下的人口或家庭的比例。贫困规模指贫困人口数量的多少。因此，贫困率和贫困规模都取决于贫困线的取值，且对贫困线的取值非常敏感。

一般地把贫困分为绝对贫困和相对贫困，也有学者进行了四种划分，即绝对贫困、相对贫困、收入贫困、人类贫困等。绝对贫困是指个人或家庭依靠劳动所得和其他合法所得不能维持基本的生存需要，即生活收入水平不能达到最低生理的状况。相对贫困是指相对于一般社会成员的生活水平而言，即生活水平低于社会公认的基本生活标准的状况。收入贫困，是指个人和家庭收入不能满足基本生存需要或不能达到一般社会成员的公认的基本收入水平。人类贫困是指失去或者被剥夺享受人类发展基本福利的机会和选择性。我国现行的贫困线分为绝对贫困线和相对贫困线。

（一）中国农村贫困线的确定

1. 我国农村绝对贫困线的确定

中国现行的农村绝对贫困线是用恩格尔系数法计算出来的。恩格尔系数是支出比例法，是指食品支出占全部消费支出的比例。按国际粮农组织提出的标准，若恩格尔系数高于 0.6 即属于贫困。首先确定一个最低食物支出标准，用这一标准除以贫困家庭的恩格尔系数，便得到了绝对贫困线。具体计算方法如下：根据 1984 年全国农村住户调查资料，按每人每天摄入热量 2100 大卡计算，确定了 12 类必需的食品消费项目和数量（每人每年）。结合调查得来的相应价格水平，计算各项食品消费量和相应混合平均价格计算的最低食品消费额之和，计算出最低食品费用支出。据计算，1984 年农民人均最低食品费用支出额为 119.73 元，再用最低食品费用支出除以恩格尔系数 0.6，所得商即是贫困线。1984 年农村居民的贫困线为 119.73 元，除以 60%，为 199.6 元。1984 年农村居民贫困线确定后，再根据农村物价指数的变化，计算出 1985 年以后各年的贫困线。中国的贫困标准是一个绝对贫困标准，2005 年的农村贫困线只能保证一人一天的消费是 1.87 元（王兢，2007）。中国主要年份农村贫困标准见表 2-8。

表 2-8 中国主要年份农村贫困标准

年份(年)	贫困线(元/人)	年份(年)	贫困线(元/人)
1984	200	2004	668
1985	206	2005	683
1986	213	2007	785
1990	300	2008	1167
1995	530	2009	1196
2000	625	2010	1274
2003	637	2011	2300

表 2-8 显示，随着经济发展水平的不断提高，中国的农村贫困标准也在逐步提高。从 1984 年到 2005 年，中国的农村贫困标准从 200 元提高到 683 元，增加了 2.415 倍。国家统计局农调总队在 1986 年对全国 6.7 万户农村居民收支情况进行调查的基础上，经测算，1985 年中国农村贫困标准为 206 元之后，根据物价指数变动逐年调整，1990 年为 300 元，2000 年为 625 元，2004 年为 668 元，2005 年为 683 元，2008 年为 1167 元，2009 年为 1196 元，2010 年为 1274 元。2011 年中央扶贫开发工作会议将农民人均纯收入 2300 元（2010 年不变价）作

为新的国家扶贫标准，也就是人均日收入1美元，这个标准比2009年1196元的标准提高了92%。

2. 中国农村相对贫困线的确定

第一，比例法。

这一方法是把全体居民按收入从低到高排序后，规定其中某一比例的最低收入群体为贫困群体，他们当中的最高收入即为贫困线。一般是把占全体居民总数10%的最低收入群体作为贫困群体。有的发达国家采用相对贫困标准是不管物价和经济走势如何，都把20%的最低收入人口视为贫困人口和扶贫对象（王兢，2007）。若按比例法计算，根据农村居民户调查资料将户收入分组（五等分或七等分），其中最低收入户（通常占全部居民户的5%或10%）为贫困户，贫困户中家庭平均每人全部年收入的上限即为贫困线。

第二，收入比例法。

世界经济与合作发展组织提出，以一个国家或地区社会中位收入或平均收入的50%—60%作为这个国家或地区的贫困线，若收入低于该标准就可以认为是处于贫困状态，其家庭、人口为贫困家庭和贫困人口，我国一般是以人均收入的50%作为贫困线（王兢，2007）。比如，我国2005年农村居民人均纯收入为3254.93元，那么，农村地区的贫困标准则为1627.47元。

2006年以前我国的贫困标准是根据20年前的情况测算的。随着经济社会的不断发展，特别是居民消费和福利标准的变化，这一标准日益暴露出诸多弊端。首先，与国际通用的标准相比，中国的贫困标准明显偏低。世界银行的贫困标准是以1985年平均购买力即人均每天最低消费1美元，年收入低于375美元即为贫困（按国际可比价格计算），而2005年中国农村贫困标准是人均年收入683元，即人均每天1.9元，仅是国际绝对贫困标准的22.2%。其次，贫困标准本身的问题。中国政府定义的贫困人口为人均纯收入低于当年贫困线的人口，该方法没有考虑纯收入计算中有形资产（如秸秆、生产工具等）的贡献，也没有考虑农民家庭消费支出的货币化。因此中国政府统计的农村贫困人数相当保守，不能完全反映中国农村的实际贫困状况（贵州财经学院欠发达地区经济发展研究中心，2009：38—39）。2006年以后逐步提高农村贫困标准，2011年11月29日中央扶贫工作会议的召开，决定新的扶贫标准是2300元，按照现在人民币对美元汇率，2300元跟国际上每天1美元的标准差不多，但以购买力来跟国际比较的话，2300元的标准实际上略高于国际标准。不过有学者发表评论认为新的扶贫标准还是很低，因为从纵向比较，1985年，中国将人均年纯收入200元确定为贫困线，到最新标准的2300元，26年来提高了约11.5倍，但同期的GDP在

26 年间增长了近 56 倍;从农村人均收入的角度来比较,1985 年,中国农村人均收入为 397.6 元,2010 年中国农村人均收入超过 5500 元,25 年增长了近 14 倍。对比这些数字,最新调整的贫困线标准,不但赶不上国家 GDP 的增长速度,连农民人均收入的增长速度也没赶上(童剑,2011)。

(二)农村贫困规模与分布

1. 农村贫困规模

表 2-9　2000—2011 年贫困人口规模及贫困发生率(按低收入标准衡量)

年份	贫困线(元/人)	贫困人口(万人)	贫困发生率(%)	减少人数(万人)
1978	100	25000	30.7	—
1984	200	12800	15.1	12200
1985	206	12500	14.8	300
1986	213	13100	15.5	-600
1990	300	8500	9.6	4600
1993	317	8000	8.7	500
1995	530	6540	7.1	1460
2000	625	9422	10.2	2882
2001	625	9030	9.8	392
2002	627	8645	9.2	385
2003	637	8517	9.1	128
2004	668	7587	8.1	930
2005	683	6432	6.8	1155
2008	1196	4007	4.2	313
2009	1196	3597	3.8	410
2010	1274	2688	2.8	909
2011	2300	1280	—	—

根据《中国农村贫困监测报告(2011)》,2010 年农村贫困标准为 1274 元,比上年增长 78 元;2010 年农村贫困人口为 2688 万,比上年减少 909 万,贫困发生率为 2.8%,比上年下降 1 个百分点(国家统计局住户调查办公室,2012:12)。2011 年中央扶贫开发会议把扶贫标准提高到 2300 元后,对应的扶贫对象规模约为 1.28 亿人,占农村户籍人口比例约为 13.4%。

2. 农村贫困分布

中国贫困的区域性特征明显,1986 年国务院根据地域分布规律和特点,把相对集中的贫困县归为 18 个贫困片:位于东部地区的沂蒙山贫困区与闽西南、闽东北贫困区，位于中部地区努鲁儿虎山贫困区、太行山贫困区、吕梁山贫困区、秦岭大巴山贫困区、武陵山贫困区、井冈山和赣南贫困区、大别山贫困区，位于西部地区的定西贫困区、西海固贫困区、陕北贫困区、西藏贫困区、滇东南贫困区、横断山贫困区、九万大山贫困区、乌蒙山贫困区、桂西北贫困区。这18个贫困片又分为6大贫困类型，即黄土高原丘陵沟壑区贫困类型，东西部平原与山地接壤地带贫困类型，西南喀斯特山区贫困类型，东部丘陵山区贫困类型，青藏高原贫困类型，蒙新干旱区贫困类型（张岩松，2004：168）。贫困区域的确定不是一件很容易的事情，标准和范围随着社会经济的发展都处在变化之中。中国1986年确定的18片贫困地区，这是一种打破行政区域的划分，在很大程度上只具有理论上的意义，缺乏操作上的可行性。

"八七"扶贫攻坚时期，国家按一定的标准确定592个扶贫工作重点县。这些重点县全部分布在中西部地区，区域特点更加明显。丘陵地区占18%，山区占68%，平原地区仅占14%。

2011年《中国农村扶贫开发纲要（2011—2020年）》重新确定了我国连片特困地区：六盘山区、秦巴山区、武陵山区、乌蒙山区、滇桂黔石漠化区、滇西边境山区、大兴安岭南麓山区、燕山—太行山区、吕梁山区、大别山区、罗霄山区等区域的连片贫困地区和已明确实施特殊政策的西藏、四川藏区、新疆南疆三地州是扶贫攻坚主战场。

从我国贫困县（旗、市）的空间分布来看，我国的贫困县绝大部分都是分布在山区或高原山区，特别是群山连绵区，更是呈现集中分布的状态。贫困地区在空间分布上呈现与生态脆弱地区高度耦合的格局。除去少数呈现离散分布的县之外，我国集中连片分布或基本呈现集中连片分布的贫困县共计373个，可以分为乌蒙山区、横断山区、秦巴山区、六盘山及陇中南地区、武陵山区、吕梁山区、太行山区、大小兴安岭南麓、南疆地区、三江源地区、桂黔川滇毗邻地区、赣南地区、琼中地区共计13个片区，约170万平方公里，1.19亿人，其中1.04亿乡村人口（贾若祥、侯晓丽，2011）。

1978年以前，我国2.5亿贫困人口分布在全国各个地方，地区差异不是很明显，但随着社会经济发展的不平衡和贫困人口的减少，我国农村的贫困分布也发生了显著的变化，这种变化主要表现在以下三个方面。

第一，地域分布（国家统计局住户调查办公室，2012：13）。

从地域分布上来讲，贫困人口逐步向西部和边远地区集中。2000—2010年，中西部地区尤其是西部地区贫困发生率下降较快。十年间，中部地区由8.8%下降至2.5%，西部地区由20.6%下降至6.1%。2010年，全国东部、中部、西部贫困人口分别是 124 万、813 万和 1751 万,贫困发生率分别为 0.4%、2.5% 和 6.1%。2000—2010 年,西部地区贫困发生率明显高于中部和东部,农村贫困人口的三分之二仍集中在西部地区。2000—2010 年,分区域全国贫困人口的分布情况是西部地区占比由 60.8% 上升至 65.1%,贫困人口进一步向西部地区集中。

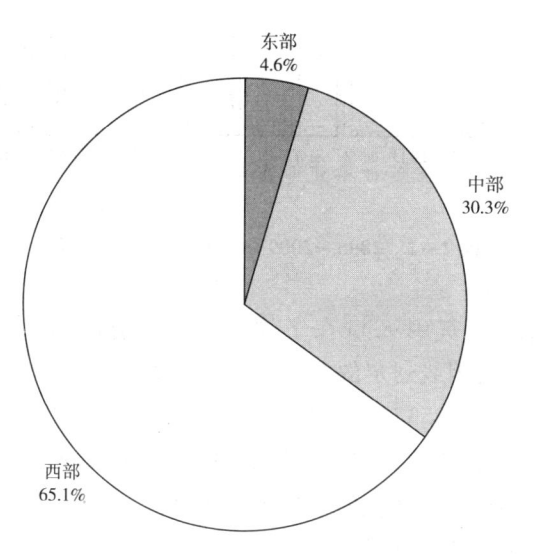

图 2-1 分区域贫困人口的分布情况

第二,省份分布(国家统计局住户调查办公室,2011:8—9)。

2009 年贫困发生率在 1% 以下的省份有 9 个,分别是北京、天津、辽宁、上海、江苏、浙江、福建、山东、广东;在 1%—5% 之间的省份有 15 个,分别是河北、山西、内蒙古、吉林、黑龙江、安徽、江西、河南、湖北、湖南、广西、海南、崖庆、四川、宁夏;5% 以上的有 7 个,分别是贵州、云南、西藏、陕西、甘肃、青海、新疆。贫困发生率最高的是甘肃省,为 18.7%。

2009 年贵州、云南、甘肃三省的贫困人口在 300 万之上,陕西、四川、河南等 9 省的贫困人口在 100 万至 300 万之间,内蒙古、吉林、黑龙江等 19 省的贫困人口在 100 万之下。2009 年多数省份的贫困发生率呈下降态势,其中降幅在 10 个百分点以上的省份有 16 个,贫困人口减少 10 万人以上的省份有 15 个。但是,由于北方严重干旱等原因,山西、吉林、黑龙江贫困人口较上年有所增加。

第三,地势分布。

从地势分布上来讲,贫困人口逐步向高山区集中。2009 年全国平原、丘陵和山区农村的贫困发生率分别为 1.9%、2.5% 和 6.5%,分别比上年下降 1.3、

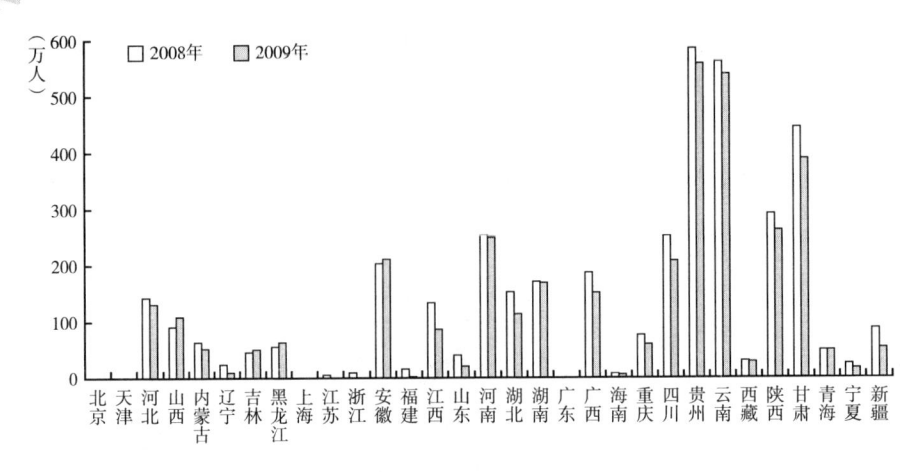

图 2-2 2008—2009 年分省贫困人口状况

0.5 和 0.5 个百分点。贫困人口在平原、丘陵、山区的比重分别是 23.5%、23.6%、52.9%。以贫困线划定的贫困村为 24002 个（除云南、西藏），占民族自治地方贫困村总数（38537 个）的 62.3%。云南整村推进以自然村为单位，全省有 6513 个自然村已完成整村推进扶贫规划，西藏有 61 个乡已完成整乡推进扶贫规划。少数民族群众生产生活条件进一步改善，农牧民收入增加，生活质量提高，经济社会各项事业发展进步。

3. 少数民族地区贫困规模与分布

从民族分布上讲，贫困人口逐步向少数民族聚居区集中。西部 12 个省、市、自治区目前仍属欠发达地区，生态环境脆弱，基础设施落后，产业结构单一，群众生活困难，经济和社会发展水平远远滞后于全国，贫困人口减少的速度远远要小于东部地区和全国平均水平。农村贫困人口的分布更加向西部省份集中，这种集中不仅表现为数量上所占的绝对比重，也表现在贫困深度比其他地区严重，贫困特征也更加复杂和多样化。

目前我国的贫困分布表现出非常明显的垂直分布特点，单从国定贫困县来说，592 个县中有 384 个是山区县，占到总数的 65%。我国 55 个少数民族的 90% 以上人口分布在贫困地区，涉及 4 个民族自治区、24 个自治州、44 个民族自治县。少数民族占全国人口的 9%，但在剩余的绝对贫困人口中占到 40%，而且大多数生活在最深度的贫困中。在国定贫困县中，少数民族自治县也占到 40%。在 20 世纪 90 年代中期，人均收入低于 400 元的国定贫困县中，四分之三是民族自治县或自治地区，而人均收入低于 300 元的国定贫困县中，民族自治县占五分之四（国家统计局住户调查办公室，2009：61）。

据国家民委对民族自治地方农村贫困监测结果分析,2010年末民族自治地区农村贫困人口1481万人,比上年减少474万人;贫困发生率12.2%,比上年下降4.2个百分点(国家统计局住户调查办公室,2012:59)。

第一,民族自治地区(国家统计局住户调查办公室,2012:59—61)。

首先,贫困面大,贫困程度深。2010年,民族自治地方低于1274元标准的农村贫困人口为1481万人,占全国农村贫困人口(2688万人)的比重为55.1%,比2009年(54.3%)上升0.8个百分点。民族自治地区的贫困程度比其他地方更严重,2006—2010年五年民族自治地方的贫困发生率分别是18.9%、18.6%、17.6%、16.4%和12.2%,与全国同期贫困发生率(6.0%、4.6%、4.2%、3.8%和2.8%)相比,分别高出12.9、14.0、13.4、12.6、9.4个百分点,民族自治地区的贫困发生率远远高于全国同期的贫困发生率。

其次,贫困人口逐年向民族地区集中,但减贫速度快于全国。2006—2010年,民族自治地区农村贫困人口占同期全国农村贫困人口的比重分别为44.5%、52.2%、52.5%、54.3%和55.1%,呈逐年上升趋势。2006—2010年五年民族自治地方的贫困发生率逐年下降,且与全国相差百分点数值自2006年后逐年减少。

最后,生存条件较差,解决贫困问题的难度大。据不完全统计,2010年末,民族自治地方因灾因病返贫人口为226.4万人,返贫率为15.3%,比2009年(14.1%)上升1.2个百分点;有1870.8万人未解决饮水安全问题(含饮水困难人口),缺乏基本生存条件需异地搬迁的对象有71.4万户、266.8万人(除广西、贵州)。

表2-10 全国与少数民族地区贫困规模

指标名称		2006年	2007年	2008年	2009年	2010年
贫困人口(万人)	全国	5698	4319.5	4007.0	3597.0	2688.0
	民族自治地方	2534.7	2254.8	2102.4	1954.7	1480.8
	所占比重(%)	44.5	52.2	52.5	54.3	55.1
贫困发生率(%)	全国	6.0	4.6	4.2	3.8	2.8
	民族自治地方	18.9	18.6	17.6	16.4	12.2
	与全国相比(百分点)	12.9	14	13.4	12.6	9.4

第二,民族八省区[①]贫困情况(国家统计局住户调查办公室,2012:60—61)。

根据国家统计局对全国31个省(区、市)7.4万个农村住户的抽样调查中

---

① 民族八省区包括内蒙古自治区、宁夏回族自治区、新疆维吾尔自治区、西藏自治区、广西壮族自治区五大少数民族自治区以及少数民族分布集中的贵州、云南、青海三省。

民族八省区调查数据的统计分析，2010年末，民族八省区农村贫困人口为1034万人，比2000年减少2110万人；2000—2010年，民族八省区贫困人口占全国农村贫困人口的比重由33.4%上升到38.5%，呈上升趋势。

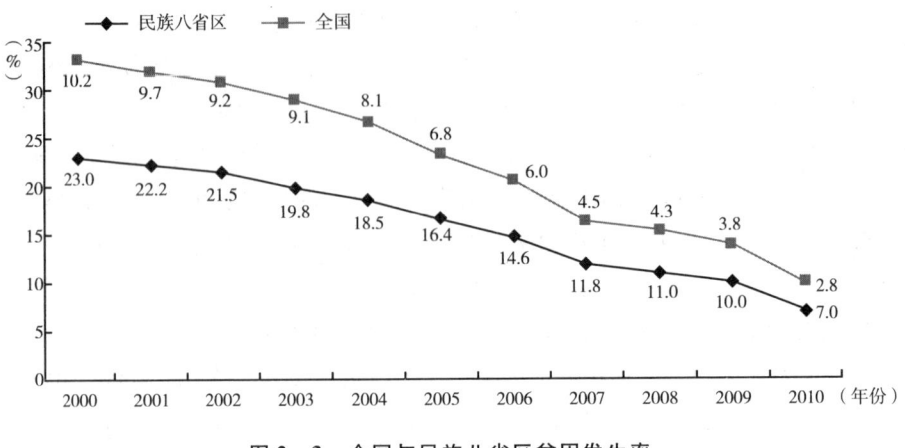

图2-3 全国与民族八省区贫困发生率

二 城镇贫困规模与分布

（一）城镇贫困线的确定

城镇贫困线的确定是一个很复杂的过程，而且对于城镇贫困概念的界定，不同学者有不同的观点。

1. 城镇贫困概念的界定

国内学者对城镇贫困的界定经历了单一性向综合性转变的过程，具体包括以下两种观点：第一种观点从经济学的角度出发，认为城镇贫困是纯粹的物质生活困难，即个人或家庭生活水平达不到社会可接受的最低标准，缺乏某些必要的生活资料和服务，生活处境困难，这种观点强调绝对贫困（王丽敏，2011）。第二种观点认为城镇贫困不仅是物质的短缺，主要表现为缺乏一定的资源，缺乏本应得到的平等权利（包括就业权、受教育权、住房权、医疗权等），由此在一定时期处于基本生活水准之下的状况（洪朝辉，2003）。其中知识、信息和文化的贫困更是城镇贫困阶层发展的主要障碍。也有的学者从食物的短缺、其他生理需求的缺乏和社会情感的匮乏三个层面总结（慈勤英，1998）。可见，第二种观点已转变为从经济、社会、文化等多个角度的综合理解。

2. 城镇贫困线

中国地区发展的差异较大，各个城市的财政状况不同，建立全国统一的

"城镇贫困线"比较困难，大多数学者主张依据各个城市的情况，采用绝对和相对标准来测度城市贫困（胡永和，2011：82）。

我国政府自1995年以后采取的城市贫困标准就是"最低生活保障线"，确定方法有市场菜篮法、恩格尔系数法、国际贫困标准和生活形态法。

第一，市场菜篮法。市场菜篮法又称标准预算法，它首先要求确定一张生活必需品的清单，内容包括维持社会认定的最起码的生活水准的必需品的种类和数量，然后根据市场价格来计算拥有这些生活必需品需要多少现金，以此确定的现金金额就是贫困线（关键，2002）。

第二，恩格尔系数法。恩格尔系数法建立在恩格尔定律的基础上，首先确定一个最低食物支出标准，用这一标准除以恩格尔系数贫困值（即0.6）便得到了绝对贫困线。国际粮农组织提出了一个数据，恩格尔系数在60%以上的属于贫困，所以用这个数据求出的消费支出即为贫困线（关键，2002）。

第三，国际贫困标准。国际贫困标准实际上是一种收入比例法，经济合作与发展组织提出，以一个国家或地区社会中位收入或平均收入的50%—60%作为这个国家或地区的贫困线。

第四，生活形态法。生活形态法也称剥夺指标法，它首先是从人们的生活方式、消费行为等生活形态入手，提出一系列有关贫困家庭生活形态的问题，让被调查者回答，然后选择出若干剥夺指标，再根据这些剥夺指标和被调查者的实际生活状况计算出贫困门槛，从而确定哪些人属于贫困者，然后再来分析他们（被剥夺）的需求以及消费和收入来求出贫困线（唐钧，1997）。

城市相对贫困标准，根据社会其他成员的生活水平来确定一个相对贫困线，《国际贫困线法》基本上以一个地区中位家庭月收入的50%—60%作为该地区的贫困线。也有把家庭抽样调查资料按照收入水平从高到低排序，然后按一定百分比分成若干等，其中收入水平最低等级者即为贫困户（赵晓彪等，1998）。

国家统计局过去一直采用调整基期贫困线法测算城镇贫困人口规模，最近几年，开始参考使用国际上主流的贫困测算方法马丁法测算城市贫困情况。调整基期贫困线法就是以3—5年为一周期，把周期内第一年作为基期，用基本需求法和恩格尔系数法综合测算一个贫困线，周期内以后各年用价格指数进行调整，来测算贫困情况。上述两个方法的主要区别是：调整基期贫困线法，在一个周期内全国采用了同一个贫困线，测算结果可比性强，方法直观、操作简便，但是该方法没有考虑到各地区的消费特点、物价线与现实基本生活需求及消费构成之间的偏差，从而影响测量结果。马丁法采用数学模型测算贫困，不同地区采用不同标准,对现实判断比较客观,但计算方法复杂,需要用大量的住户调查资料。只有开展城市住户调查的地区才能运用这种方法,使用有一定局限性(崔巍,2008)。

总的来说,我国对于城镇贫困线的确定跟不上贫困概念的发展,城镇贫困概念已经从单纯的经济角度转为多个角度的综合理解,但对于贫困线的设定仍然是从收入支出的经济学角度出发。

(二) 城镇贫困人口的规模

1995 年国家统计局曾经就城镇贫困人口规模提出一个基本估计,即城镇贫困居民约为 2428 万人,贫困户为 659 万户(唐钧,2003:35)。民政部则是按照基本需求法来确定最低生活保障标准,进而估算城镇贫困人口总量的。中国社会科学院按照 2010 年的《中国统计年鉴》估算,2009 年城市贫困人口约为 5000 万人。

表 2-11　各年份我国城镇贫困人口数

年份(年)	2000	2001	2002	2003	2004	2005	2006	2007	2009
贫困人口数(万人)	1400	1170	2064	2235	2201	2233	2241	2270	5000

根据民政部的估计,2000 年全国城镇居民中"应保未保"的对象将近 1100 万,加上已保的对象 300 万,城镇贫困人口总量达到 1400 万。从 2001 年起,全国各个城市的低保标准都进行了上调,相应地城镇人口数量也出现了明显的增长。2002 年,城镇贫困人口数量达到了 2064 万人,2003 年贫困人口数量则达到了 2235 万人(民政部政策研究中心,2003:303)。至 2004 年,根据社会保障部公布的资料,中国最低生活保障基本实现了应保尽保。因此,领取城镇居民最低生活保障金的人数可以看作目前政府公布的贫困人口规模。根据民政部的统计资料,全国已领取最低生活保障金的城镇贫困居民人数,2001 年为 1170.7 万人,2002 年为 2064.7 万人,2003 年为 2246.8 万人,2004 年为 2205 万人,2005 年为 2234.2 万人,2006 年为 2240.1 万人,2007 年为 2272.1 万人,2008 年为 2334.8 万人,2009 年为 2345.6 万人,2010 年为 2310.5 万人,2011 年为 2276.8 万人,2012 年为 2143.5 万人。不过,一般的观点认为,低保线与理论的贫困线并不一致,因为低保线的确定受政府财政支付能力和意愿的制约,一般情况下都低于理论贫困线(胡永和,2011:84)。因此,可以肯定地说,2200 万的低保人口数明显低估了中国的城镇贫困人口数。2011 年 8 月 3 日,中国社会科学院在北京发布 2011 年城市蓝皮书《中国城市发展报告 No.4》。该蓝皮书称,虽然中

国绝对贫困发生率呈现逐年下降趋势，但相对贫困，特别是城市相对贫困发生率却逐年升高。

(三) 城镇贫困分布

1. 城镇贫困人口的构成

对于城镇贫困的研究，由于我国长期存在的城乡差距，一直到20世纪90年代中期，中国的贫困仍然被认为主要发生在农村，政府的反贫困政策也着眼于解决农村贫困问题，尤其是绝对贫困问题。而所谓的城镇贫困人口通常是指"三无"人员，即无劳动能力，无经济来源，无法定的赡养人、抚养人和扶养人。因此，这个时期的城镇贫困问题还只是极少数人面临的问题。

随着20世纪80年代开始的城市经济体制的改革，国有企业改革的深化，"减员裁员"改革政策的实施，"三个人的活五个人干"的用工方式被彻底打破，原来企业内部的大量冗员被推向社会，隐性失业公开化，造成大量工人下岗或失业。由于城市体制改革步伐加快，以至于还没有准备好相应的社会保障和救济制度，就面临潮水般的下岗和失业（姚雪萍，2007）。这一时期，对于城镇贫困问题的讨论还仅仅局限在有城镇户口的城镇居民中。2003年"追薪风暴"事件的发生引发了人们对城镇另一个贫困群体"农民工"的关注。

农民进城在20世纪80年代并没有对城市就业产生很大压力。但进入20世纪90年代以后，由于城市企业有了自主用工权，可以招收农民工，而农民工的低成本对企业产生了较大的吸引力，从而形成了农民工与城市工的竞争。在用工需求量有限的情况下，劳动力供给增加，增加了就业难度。这样，一方面是城市企业需要清理大批冗员；另一方面又有大批农民工想挤进企业。因此就造成了城市下岗、失业人员的急剧增加，使贫困问题凸显。

自20世纪90年代后期，中国城镇贫困人口就由传统的"三无"人员，转变为多元性的贫困群体。主要包括三类：第一类是下岗失业人员、低收入退休人员及他们的家人。这个群体最早被称为"城镇新贫困人口"，他们是城镇贫困研究以及城镇贫困救助政策所关注的主要对象。第二类是在职人员及家庭。这个群体主要包括个体经营者、在非正式部门就业的低收入居民、城市改造和发展过程中的失地农民等。他们的共同特点是文化程度低、无固定工作、收入低下，这些家庭成员在计划经济时期由于长期在以国有企业和集体企业为主的正规体制之外，大多都没有参加基本社会保险。第三类是从农村流入城市的进城务工者。这个群体由于其身份和地位的特殊性目前并没有被纳入城镇贫困救助政策的范围之内。因此，又被称为"城市边缘贫困人口"（胡永和，2011：89）。而被称为"老贫困"的传统"三无"人员是社会的弱者，不管过去、现在还是将来，都是社会救助的对象。不过这类人员在总人口中所占比例相对较少，而且人数相对稳定。从2004年到2007年各年度《民政事业发展统计报告》数据显示，"三无"人员人口数基本是95万左右，占城镇低保总人口数的4%。

2. 城镇贫困人口的分布

城镇贫困不同于农村贫困，农村贫困一般是指绝对性的贫困，主要发生在生态脆弱区，例如山地丘陵区、干旱缺水区、致病水土区、沙漠边缘区等地区。而城市贫困是一种相对性的贫困，是由于体制改革、社会转型以及保障制度不健全等因素形成的产业群体性贫困。

从城镇贫困人口总的分布来看，由区域性、行业性贫困向区域性、行业性、社区性贫困并存转化。贫困不仅分布在煤矿、森林等资源型城市和军工、纺织等弱势行业，而且出现了一批贫困城市，这些城市的就业量减少，国内生产总值不升反降，进入自身能力低下与外部机会稀缺的恶性循环。区域贫困日益格局化，而社区性贫困又显现令人担忧的趋势（张艳萍，2007）。

首先，从地域分布看，我国中西部地区的城镇贫困者的绝对数量和比例都高于东部地区。亚洲开发银行专家组的报告显示，我国西北部城镇中的贫困率最高，为全国平均水平的两倍，而东部城镇中的贫困率最低。一些研究者还指出，城市贫困人口除了主要集中在中西部地区之外，在内陆地区、三线地区、计划体制控制严格、国有企业集中的矿产和制造业产地，如东北、内蒙古等地，城市贫困者的比例也较高。

其次，从行业分布看，城镇贫困化人口主要集中在纺织、煤炭、机械、轻工、森林工业和军工业。这些行业或者是传统的劳动密集型产业，或者是计划体制下发展起来的缺乏市场竞争力的行业，或是以消耗资源为主的某些基础产业，或是技术低下的小型商业、服务业和手工业。另外，一些研究者将城镇贫困的行业分布与地域分布结合起来分析，认为资源型城市中贫困问题严重是我国目前城市贫困行业及区域分布的一个重要特点。例如赵雪雁认为城市贫困主要集中在经济不景气的亏损企业和停产、半停产企业较多的中西部地区和东北地区，贫困人口主要分布在制造业、农林牧渔业、采掘业、社会服务业和商业餐饮业等行业（赵雪雁，2004）。

最后，社区性分布。近几年来，随着农民工大规模地向城市转移，城市的拆迁改造和住房商品化的实施，使城市出现了贫困的集聚地即城中村、城中镇等边缘社区。有学者认为这类社区人口是通过"分异人群"产生的，这些人群由经济体制改革和住房分配制度改革形成，经济因素成为分异的首要因素，同时这种分异人群逐渐转变为贫富差异，由此导致了城市贫困人口的区域化分布现象

（吕露光，2004）。贫困社区主要有两类：一类是由流动人口主要由农民工组成的社区，另一类是城市户籍贫困人口组成的社区。这种社区又包括绝对贫困社区和相对贫困社区，而绝对贫困社区，在国外叫"贫民窟"，国外学者把我国的绝对贫困社区叫"棚户区"，这种棚户区同城市中日显尊贵的富人聚集区边界越来越清晰，对照越来越鲜明，深化了居住分层现象和贫困的区域性特征，使社会分层程度更加显性化，范围更加扩大化（张艳萍，2007）。

另外还有一些学者提出了城镇贫困人口的年龄分布。学者以江西、武汉等地的调查数据为基础，通过计算这些省的贫困人口年龄分布的平均年龄、中位年龄以及众数年龄，发现贫困人口分布在40—49随机这个年龄区间上，以此推断全国城市贫困人口年龄分布呈现一种中年贫困现象。

本章阐释了贫困内涵与外延的演变，总结了贫困的不同类型，并梳理了贫困测量的基本方法。总体而言，随着学术界对贫困认知的深化，贫困的内涵与外延均得以丰富，多维贫困的复杂性得到呈现。在这种背景下，拓展贫困类型的划分并丰富贫困甄别的基本方法与测量工具是未来贫困研究的发展趋势。

第三章 贫困研究的基本理论

贫困理论是认知贫困成因并推动反贫困治理的理论与实践工具，并随着学术研究以及反贫困实践呈现不断丰富与深化的发展趋势。由于贫困是十分复杂的现象，关于致贫原因以及贫困治理并未形成统一的理论认知，促进不同理论派别、学科之间的对话与融合是贫困理论发展的趋势。当前，贫困研究出现不同的理论争论，并集中体现为自由主义与福利主义之争。此外，不同学科对减贫与发展的认知各有特色：经济学认为，贫困是资本和能力不足；社会学认为，贫困是个体和结构的冲突；政治学认为，贫困是利益差距及利益剥夺。

第一节 自由主义与福利主义的争论

一 自由主义的主张

"自由"是一个非常复杂的概念，不同的思想家赋予"自由"不同的含义，如霍布斯从自由的原意，即一种不受限制的状态来界定自由；黑格尔从自由的来源即被认识的必然来界定，即"内在的必然性就是自由"；孟德斯鸠将自由归结为人的一种能力或权利，特别指为法律所规定和保护的权利；哈耶克从个人行动自由的角度，认为自由乃是人的一种状态。自由是人类所追求的终极价值，但自由主义则是西方国家流行的意识形态模式。自由主义信奉个人主义和自我利益，即首先考虑国家和社会，认为社会的目的是为了个人，国家应该为个人服务，而不是个人利益服从国家利益（王彩波、靳继东，2004）。从自由到自由主义的发展历程中，"自由"被赋予现代意义，自由主义也被划分为古典自由主义和新自由主义两个阶段。并且，古典自由主义更为纯粹和自由化。

（一）古典自由主义的贫困理论

古典自由主义产生于18—19世纪，其代表人物有洛克、亚当·斯密、边沁、穆勒，主张自由竞争，强调国家不应干预经济。

1. 洛克的贫困观

鉴于欧洲长时期宗教战争的痛苦经验，洛克首先提出了政教分离的原则，从此把宽容变成了治理贫困与处理宗教关系的新原则，开辟了一个政治上不受宗教控制、宗教上也有了良心自由的新时代。此外，洛克认为人类先后经历了自然状态和政治社会两个阶段，在自然状态中只有存在许多缺陷的私力救济，使得人们不得不建立国家实行公力救济（何永军，2007）。

2. 亚当·斯密的贫困观

洛克开创了古典自由主义的先河，而亚当·斯密则掀开了古典经济自由主义的篇章。亚当·斯密的《国富论》科学地阐述了个人和国家致富的基本原理，也阐述了个人和国家贫困的原因在于土地和其他财产私有以及政府通过法律对贫富之差的保护。

亚当·斯密在《国富论》中指出，需要靠劳动过活的人，其工资至少须足够维持其生活。在大多数场合，工资还得稍稍超过足够维持生活的程度（陈传胜，2011）。但是，当下的英国最下层普通劳动者工资太低，难以养活妻子和儿女。斯密同情国内的贫困者以及被英国压迫和掠夺的殖民地下层人民的贫困生活，呼吁不要减少维持贫困劳动者的资金，应该让贫困阶层活下去。

斯密在《国富论》中指出，由于土地产权私有、货币产权私有，农民没有这两种产权，只有劳动所有权。农民只有靠劳动谋生，这就是其贫困的根源。工人的贫困是资本积累所致。

3. 古典自由主义的评析

马克思认为古典自由主义的经济学者从整体而言是宿命论的经济学家，如果进一步分析又可分为古典派与浪漫派两类。

马克思分析古典自由主义学说中关于贫困问题的分歧时，认为以亚当·斯密、李嘉图为代表的早期古典自由主义者对于贫困现象不是视而不见，不过他们真心地认为只要经济发展了、财富增加了，就能解决贫困问题。斯密认为只要社会是进步的、财富是增加的，那么"贫穷劳动者"的生活就会变好。斯密认为，"正是处在进步状态下，即在社会不是已经达到极端的时候，而是在社会不断进步和发展的时候，贫穷的劳动者即社会大多数人的生活状况似乎是最快乐和最舒适的"（斯密，2005：74）。也就是说，古典派的重点在于倡扬自由、在于追求财富的增加与社会的进步，最重要的是他们认为自由与平等是一致的，在他们看来，有了自由（形式上的）就会有人的平等（实质上的）。

马克思同时代的浪漫派认为弱势群体是竞争中的失败者，是劣等的群体。

社会的法则就是适者生存，既然社会是商品经济的社会，是一个权责自负的社会，那么个人便要对自己负责，而且只能由自己负责，个人的命运如何，就要靠个人的奋斗与命运的垂青了。因此，谁若在竞争中失败了，那只能怪自己能力不行或运气不好，与他人和社会无关。弱势群体的存在是人类社会中的普遍的现象，是一个不能彻底解决的问题，因而社会与他人对弱势群体就应该任其自然。

（二）新自由主义的贫困理论

1. 新自由主义的内涵

新自由主义认为，自由市场经济会平稳运行，会稳定地生产出更多的财富。作为一种复杂的理论和思想体系，"新自由主义"既有左翼、右翼之分，又有广义、狭义之别（刘迎秋，2009）。"左翼"倾向比较突出的"新自由主义"（Neo-liberalism），是一种具有现代特征的"自由主义"。它产生于20世纪20年代，强调"积极自由"，主张给自由加入"不同于过去"的新内容，承认并强调政府参与调节和管理经济的积极意义。随着实践的发展和理论的演进，这种"新的自由主义"被赋予了"现代自由主义"、"社会自由主义"的含义，并演变成罗斯福新政（the New Deal）、英国工党意义上的左翼（Leftwing）"新自由主义"。"右翼"倾向较为明显的"新自由主义"（Neo-liberalism）强调"继承"或"模仿"传统"自由主义"，主张减少政府对经济生活的干预，因而具有明显的"消极自由"特征。其时兴和发展是在发达国家普遍陷入"滞胀"甚至危机之后。

广义新自由主义（Broad sense of neo-liberalism），通常是指20世纪70年代以来发展较快，并先后成为主流经济学重要组成部分的多种新兴经济学分支和思想流派的理论观点、政策主张的总和，包括奥地利学派、芝加哥学派、理性预期学派、新制度学派，以及公共选择理论、产权经济理论、新增长经济理论，等等。狭义新自由主义（Narrow sense of neo-liberalism），指以哈耶克和弗里德曼为代表的经济理论、政策主张和社会思潮，主要由奥地利学派和芝加哥学派的经济理论，特别是他们的政策主张和思潮组成。狭义新自由主义与广义新自由主义之根本不同，在于它更加强调恢复亚当·斯密的"看不见的手"，更加重视市场及其自组织的功能和调节作用，更加主张限制或取消政府干预经济生活。因此，狭义新自由主义是一个具有明显"市场原教旨主义"倾向的政策思想流派（弗里德曼、弗里德曼，2008）。哈耶克的限制政府干预经济活动的政策主张和弗里德曼关于"自由选择"及其"去政府"倾向，是狭义新自由主义的本质内涵。

2. 新自由主义不同学派的贫困主张

(1) 现代货币学派

现代货币学派代表人物是密尔顿·弗里德曼。弗里德曼反对国家干预，鼓吹自由放任的信条，认为市场自发力量可以使资本主义经济自然地趋向均衡。他认为，资本主义经济的动荡都是由于实行政府干预市场经济的错误的财政金融政策造成的，提出"自然失业率"的概念，即在没有货币因素干扰的情况下，让劳动力市场和商品市场的自发供求力量发挥作用时所应有的、处于均衡状态的失业率。在贫困方面，弗里德曼认为，高效率来自市场竞争，如果对低收入者给予"最低生活水平的维持制度"，会挫伤人们的劳动积极性，最终有损于自由竞争和效率，因此，反对向低收入者发放差额补助的社会保障制度，但是完全取消又会遭到社会公众的反对。为了既救济贫困，又不损及竞争和效率，弗里德曼主张采用负所得税。通过负所得税，既帮助低收入者维持最低生活水平，又不挫伤人们的工作积极性（王志伟，2002）。

(2) 供给学派

供给学派是 20 世纪 70 年代中期在美国出现的一个反对凯恩斯主义有效需求理论、特别强调供给方面的新自由主义学派。供给学派的贫困主张有：第一，减税不会加剧贫富悬殊。认为持久地降低税率，将会刺激储蓄，提高储蓄率，从而增加商品和劳务的供给。商品和劳务供给的增加，将会开辟新的税源，并使税收总额随总产量的增加而增加，财政将会保持收支平衡，一切经济活动将正常地、顺利地进行。减税政策就是长期的经济稳定政策。在他们看来，减税可以使富人更富，但同样能使穷人增加收入，所以那种担心减税有碍于"均等化"的顾虑是没有根据的。减税既可以增进效率，又不会有碍于"公平"。第二，社会福利的税收效果是，选择工作所获得的收入与选择领取救济金所获得的收入，两者在数量上非常接近。社会福利金、社会安全保障、失业补偿金所得转移的社会福利制度，实际上是"鼓励那些不工作的人，打击在工作的人"（柯卉兵，2006）。如果说补偿有任何一点价值的话，并不是它能满足社会总需求，而是它能提供一个绝对的最低所得，使人们不致因不幸遭遇而挨饿。但是，当人们认为依赖失业补偿金为生胜于从事工作为生时，显然这就是对社会福利制度的一个重大扭曲（阮凤英，2004）。

3. 新自由主义的评析

在经济理论方面，新自由主义核心理念为"三化"。一是"自由化"，认为自由是效率的前提；二是私有化，认为私有制下人们能够以个人的身份来决定我们要做的事情，从而成为推动经济发展的基础；三是市场化，认为离开了市场就谈不上经济，无法有效配置资源，反对国家干预。

新自由主义的基本理念是："人性论"上它采取了极端个人主义的立场，认为每个人都是理性的人即"经济人"，都是为了追求自己最大的利益。"社会论"上哲学基础和价值观前提仍然是个人主义，认为尽管无数个人在社会中联合起来，但绝对没有组成新的本体。与社会相比，最高的价值、尊严都应属于个人，因此，个人的幸福优先于社会的幸福。"自由论"上主张自由至上论，极端推崇个人自由，推崇个人权利而限制公共权利，推崇个人主义而贬低集体主义。"产权论"上，主张自由化，强调自由市场、自由经营，而且坚持认为私有制是自由的根本前提，私人企业是最有效率的企业；"政府论"上推崇有限政府论、"最小国家"论，认为每个人都追求自己的利益，国家不包含任何公共性；"全球观"上极力鼓吹以超级大国为主导的全球一体化，即以超级大国为主导的全球经济、政治、文化一体化，全球资本主义化。

学术研究认为，新自由主义并不是发展中国家的治国良方。

(三) 不同主义的贫困理论之争

1. 古典自由主义与新自由主义

古典自由主义坚持以"市场"为第一性，排除政府行为的影响就成了经济活动的前提条件，政府唯一要做的就是充当经济的"守夜人"（唐彬，2006）。它对贫困问题持自由放任的主张，且对社会救济持否定态度，并认为①贫穷与懒惰有关，社会对于贫困的责任应当让位于社会对于穷人的压制；②济贫行为不是使穷者富，而是使富者穷，它能够制造出一个穷人的世界，使人人变得懒惰与傲慢，极易摧毁当时英国的制造业。

新自由主义的贫困主张和理念概括起来主要有五个方面。①崇尚自由，公开反对社会公平和分配正义。他们认为由市场带来的资源分配和财富分配是最为公平和有效的。任何人为的财富分配要求都会导致社会失去前进的动力。任何缩小贫富差距的分配正义主张，都会对个人自由造成极大的危害。②强调个人责任和市场作用的发挥，反对国家和政府的干预。③反对强制性保险，提倡有选择性的保障制度。④主张削减社会福利，倡导社会保障领域内的竞争。新自由主义者认为，社会福利是"滞胀"形成的主要原因，应当减少社会福利（万福前，2003）。⑤主张改革福利政策，实行激活性劳动就业政策。在工作日益变得不稳定、失业增加、贫困范围扩大的情况下，新自由主义者主张实行激活性劳动就业政策（宏量，2002）。

从某种意义上说，新自由主义是对古典自由主义的继承和发展，或者说新自由主义是古典自由主义的回归。比较新自由主义和古典自由主义对贫困的解说，比较两者在有关贫困理论方面，我们可以看出，新自由主义极大地强调由自由放任的市场行为去解决贫困和社会保障、福利问题，至于政府的作用也大大地被削弱。

2. 自由主义与干预主义

目前，对贫困和减贫的研究，经济学存在自由主义与干预主义之争。如前所述，此争论源自经济学自由主义大潮迭起对凯恩斯的质疑。

（1）二者的伦理立场并无差异，均秉持了人类传统的、基本的伦理，确认社会（国家）有义务保障、救助必须得到保障和救助的人。

（2）二者对市场经济作为基本经济制度的正当性、效率性均持信仰性立场。市场经济的效率——帕累托效率，经过阿罗德布鲁定理的强化，不仅成了经济学的共识，而且成了全人类的共识。

（3）二者对个人自由作用及意义的认识也无差异，皆持肯定性立场。自由是创新的基础，鉴于熊彼特定理，创新是经济增长之源。扩大政府机能，恰恰是使个人积极性创造性能"得以充分发挥的必要条件"（凯恩斯，2005：291—292）。

（4）干预主义者确认市场的基础性作用，自由主义也确认部分干预的作用。

自由主义和干预主义实际上是你中有我，我中有你。二者的差异（争论）仅仅在于：干预程度或自由（市场）程度的多少问题，其实质是——这一"多少"决定了效率。实际上，二者的方向与目标是一致的。都在探寻贫困和社会保障的道路，只是所循路径有所不同。

二　福利主义及其困扰

福利主义与减贫密切相关，是在西方社会中形成的一种倡导政府通过高税收及完善的社会福利制度为公民提供高福利（如增加国民收入、保障个人安全、提高社会福利等）的理论与政策主张。福利主义的本质是劫富济贫，即主张政府加强社会财富再次分配而满足公民基本社会福利需求，尤其是满足社会弱势群体维持生存和发展的最低社会福利需求。

（一）福利主义理论发展脉络

1. 中世纪基督教中的福利思想（17世纪之前）

"爱上帝、爱邻人"是基督教的两个基本信条。教会宣扬"善功得救"，宣称贫穷是不可能也不应当清除的，因为它为千千万万渴望拯救的信徒提供了施舍的对象：穷人。中世纪，施主关心的是自身灵魂的救赎，行善、施舍不再是爱心的自然表露，而是进入天堂的必要条件，因此，他们不在乎接受救助的是谁，也不在乎施舍出去的物品是否达到了济贫的效果（向荣，1999）。在中世纪的基督教思想中，由于穷人是联系此岸世界和彼岸世界的中介，他们在尘世中的地位似乎必不可少，所以，他们的贫困被解释为一种必然性和合理性，是一种自然的社会现象（蒋守明，1997）。这种贫困的神圣化，导致许多虔诚的穷人被钉在社会底层的十字架上。此外，"慈善虽然是一种善心，是一种情操，却无法持久，因为它不是经常的，也不是固定的"（郑功成，2002b）。

2. 个人行动福利理论向贫困结构主义理论转变（17世纪至第二次世界大战前）

17世纪前后，欧洲圈地运动造成了大规模的贫困问题。此后，随着工业革命的迅速发展，贫困问题日益突出。由此贫困理论从个人行动福利理论向贫困结构理论转变。

（1）个人行动福利理论

个人行动福利理论的基本观点是人人都享有天赋的自由和平等权利，不受约束的自由和自主地寻找个人需要的满足是实现个人权利的保证，因此，个人必须对自己负责，而且也只能对自己负责（钱宁，2004）。个人行动福利理论认为产生贫困的原因在于个人不适当或缺乏生产性的行为，因此政府对贫困群体的救济被认为是一种施舍和恩赐。该理论经常将陷入贫困者刻画为缺乏能力与道德、满足现状、缺乏远见、及时行乐的丑恶形象，并将其与种族主义的解释交织在一起，认为他们正在破坏整个福利系统（冯希莹，2009）。

个人行动福利理论中隐含着社会达尔文主义思想。一些学者认为社会救济会导致贫困落后，只有自由竞争、自然淘汰，才能促进社会发展。洛克提出了"劣等处置"原则，"劣等处置"原则即是说无论采取何种措施，该措施都不该使劣势者的境况好于最差的非劣势者的境况（李建华、张效锋，2010）。边沁也提出了"劣等处置"的两个原则，即"工业强迫"或者工作检验，以及邻居恐惧原则（郭家宏，2009）。麦卡洛克认为，"济贫院内的贫民应当感到他的处境要比自食其力的工厂劳工要差一些"（Fraser，1982：46）。

个人行动理论也隐含一定的贫困功能主义思想。功能主义贫困观的基本视角是贫困乃社会功能之需要。

（2）贫困结构主义理论

从19世纪末开始，社会各界渐渐认识到，一方面市场经济条件下的失业、贫困并非完全由个人原因所致，而是社会问题；另一方面，社会经济结构已经发生巨大变化，个人与传统生活互动网络（血缘群体、地缘群体关系）出现松动甚至脱离。这两方面综合作用的结果是个人生活风险加大，个人抵御生活风险的能力减弱。为此，必须以某种方式建立社会"安全网"帮助个人抵御生活风险（杨伟民，1996）。在这种社会背景下，个人行动福利理论转向了贫困结构主义理论。贫困结构主义的理论观点是：贫困是由社会原因造成的，因此社会要对穷人摆脱贫困负责。贫困结构主义理论的主要代表有马克思阶级理论、费边社会主义理论、新自由主义理论等。

马克思主义理论认为制度结构的障碍造成了机会不平等、冲突和资产阶级对穷人的长期压迫，而这种失调行为是贫困的根本原因（冯希莹，2009）。制度造成贫困是经典马克思主义理论的精髓。马克思认为，在资本主义制度下，贫困的根源在于生产资料的不平等占有。

费边社会主义认为，贫穷不仅是个人的事，更是社会的事，摆脱穷困过上具有人的尊严的生活是每个人的权利，必须保证每位国民的最低生活标准。政府是一个理想的、可用来为社会服务的工具，政府有责任和义务组织各种社会服务。韦伯夫妇认为，社会中的每一个人都是社会整体中的细胞，都发挥着自己的作用。贫困首先是打击个人，损害社会细胞，进而侵蚀其他社会机体，直至整个社会受到影响。他们从社会整体观念出发，强调全社会对贫困的关注，而有能力在全社会范围内进行调控的只有国家，因此他们强调贫困这个巨大的社会问题必须也只能由国家出面控制、管理和协调，"我们必须有一个全国统一的机构来管理济贫问题"（曹婉莉、杨和平，2009）。

新自由主义认为贫困者并不是无能的、不负责任而懒散的弱者。广泛存在的贫困是财富分配不公正的结果，其根源是人力和资本的浪费以及机会的不平等。社会改革的目标应是尽量扩大使人们成为"适者"的机会。政府应采取一切必要的措施干预经济生活，按社会的需要实行某种程度的财富转移，援助患病的人、老年人、寡妇、孤儿和失业者，以确保每个人获得真正的自由（杨立雄，2003）。

马克思阶级理论、费边社会主义、新自由主义虽然均认为社会原因是个人致贫的主要原因，但在如何摆脱贫困上，马克思认为工人阶级联合进行革命推翻资本主义制度是摆脱贫困的根本途径，而费边社会主义和新自由主义更强调政府在减贫中的作用。

3. 福利主义思想（第二次世界大战之后）

20世纪30年代，经济危机使国家干预理念在社会福利领域得到了确立，由国家保护国民免于市场风险和社会风险成为国家观念中不可分割的组成部分，成为"政权合法性和政府权威的依据之一"（杨山鸽，2009）。福利主义思想成型并在第二次世界大战后的几十年里成为主导西方的思想之一，其发展经历了福利国家主义和多元福利主义两个主要阶段，它认为社会（包括国家和政府的大社会）应该为公民提供基本的社会福利，以保障公民的生存与发展。

国家福利主义思想建立在"公民权利"这一概念基础之上，公民权利的社会福利观的形成，是现代社会福利与工业革命时期的传统社会福利的根本区别（钱宁，2004）。公民权利（the status of citizenship）是指这样一种个人和社会（国家）的关系，个人被赋予正当的理由向社会（国家）要求得到某种能够保证自己和其他社会成员一样的地位和待遇，以使他获得一种自由与合法支配某些社会资源来满足自己需要的能力；对国家来说，则要承担起保证个人与充分自由来进行他作为一个"私人"和"公民"（社会成员）所需要进行的正常活动的责任。

国家福利主义思想关于减贫的主要观点是：资本主义制度下自由市场经济是产生贫困的根本原因；为了克服由自由市场带来的恶性后果，政府应当为贫困群体提供社会福利来减低或避免出现人们的命运由市场主宰而造成的贫困现象；政府应当通过基于税收和转移支付的"劫富济贫"政策来实现以上理念（徐月宾、刘凤芹等，2007）。在国家福利理论中，社会承认其对个人的生存、发展及追求幸福负有责任，但也存在过分强调个人权利和集体责任，忽视个人责任对集体的义务等问题（钱宁，2004）。

多元福利理论建立在对福利国家理论批判的基础之上，该理论基于西方福利国家在实践中面临人口老龄化、核心家庭增加、失业问题严重等一系列社会问题而导致政府的福利承担能力减弱这一社会事实之上。多元福利理论认为，从社会福利和社会政策的视角来看，在一定的文化、经济、社会和政治背景中，个人得到的福利首先来自市场经济制度和家庭制度，国家提供的社会福利和家庭提供的家庭福利可以分担社会成员在遭受市场失败时的风险（彭华民，2006）。但国家在社会福利供给中所扮演的角色不能替代家庭制度与市场所扮演的角色。多元福利理论强调在面对福利国家的危机时，通过福利多元组合安排，将国家的全面福利提供转变为社会诸多部门的福利混合式提供；在社会不同部门参与下，重现家庭、小区和其他非正式组织的作用，从福利国家转型到福利社会，化解福利国家的危机（彭华民，2006）。在福利国家向福利社会转变的过程中，分权（decentralization）与参与（participation）是实现社会福利多元化的途径。

当前，福利多元主义理论在社会上造成了一些影响，但福利国家理论在社会上仍然占主导地位。对政府在社会福利尤其是社会救助中扮演主导角色的强调仍然是主流，各种新兴理论可以看成是对福利国家理论的优化和完善。

(二) 福利主义的困扰

1. 公平与效率的困扰

公平与效率问题是困扰福利主义的核心问题之一。福利主义主张通过税收即社会财富再分配来满足弱势群体的社会福利需求。有学者认为追求公平必须以牺牲效率为代价,如阿瑟·奥肯提出的"漏桶原理"(奥肯,1999:89—116)。但有更多的学者提出公平与效率并不一定是对立的,二者可以相互统一。从公共政策的视角看,发展是公平和效率统一的前提。因此,福利主义中的公平与效率的冲突可以通过支持弱势群体,尤其是贫困群体的发展来克服。但是福利主义中含有"收入即是福利"这一基本假设阻碍了贫困群体的发展,因此,在福利主义中,公平与效率仍然处于矛盾与对立的状态。福利主义中含有"收入即是福利"这一基本假设,贫困的内涵是不充足的消费,因此解决贫困问题的思路即是让贫困个体和群体的消费变得充足起来(冯希莹,2009)。从反贫困的视角看,以收入为本的社会福利政策范式注重维持穷人最基本的生活权利,而满足不了穷人的发展权利(冯希莹,2009)。这种福利观背后的观念是"只为最不能自助的人提供帮助"(杨团,2000)。这是因为以收入为本的社会福利理念具有一定的选择性,它将穷人不能拥有一定数量的资产作为贫困个体及群体瞄准的选择性规范。这样的结果是:一方面,政府对于穷人的收入支持仅能满足他们最基本的生活需求,这种现状使得他们不可能依靠福利政策爬出陷阱;另一方面,福利国家对于非穷人的资产性分配又加快了他们财富积累的速度,无形中再次拉大了穷人与非穷人的贫富差距。可见,当政府提供给穷人的福利转支仅以收入形式存在时,将永远不能使穷人变富(冯希莹,2009)。

此外,在当前仍然占主导的福利国家理论和政策实践中,公民将安全系数系在国家身上,国家将安全责任揽在自己身上,这种责任倒置的情况也阻碍了贫困个体的自我发展,造成了公平与效率的矛盾(徐延辉、林群,2003)。从国家的角度来看,国家介入个人生活的程度越大,个人对国家保护的依赖性就越强,个人对未知世界的适应能力就越差,而"对未知事物的适应能力,是一切进化过程的关键"(哈耶克,2000:85)。国家与个人确实是一种相互依赖的关系,但是这种依赖必须有一个明确的界限,以便保证国家和个人都能各尽其职。这个界限就是政府的活动不能妨碍或代替个人的努力与发展,政府的职能只是为个人发展创造起点公平和过程公平的条件,至于结果是否公平则要看个人的天赋与努力是否达到成功所需要的水平(徐延辉、林群,2003)。弗朗西斯·福山认为,在福利国家的建设过程中,国家摆错了自己的位置,代替个人履行了许多责任,如对单亲家庭进行补助的方案,实际上是把养家的责任从缺失的父亲那里不公平地转移给了纳税人,这种方案实行的后果是使福利国家充当了"父亲"的角色(福山,2002:151)。

市场体制下,贫困被认为不是由市场经济的制度造成的,而是贫困群体未能被市场特别是劳动力市场所包容的结果,所以减贫政策的目标是通过增强人们适应市场经济变化的能力来摆脱贫困(徐月宾、刘凤芹等,2007)。因此,从公平与效率的角度来看,目前西方福利主义面临的困扰之一是,在政府部门逐渐从"父爱主义"(Paternalism)传统角色的撤离过程中,市场经济的功能如何能确保个人自由与社会公正所需的物质基础,在不损害公民基本权益的前提下如何使"最弱意义的国家"(Minimal state)成为经济发展的推动器而非绊脚石,使各主要社会利益群体最大可能地达成对福利的共识(熊跃根,1999)。

2. 权利与责任的困扰

福利主义一直关注"权利与责任"。学者们主要关注国家在社会福利供给中应当承担怎样及多大限度的责任?公民个人应当享受怎样的社会福利并且在享受权利的过程中对社会发展应当承担怎样的责任?

关于减贫,济贫时代的主流思想是国家或政府没有责任对贫民进行救济,对贫困的救济仅仅是一种施舍;贫民接受社会救济以承担一定责任为条件。济贫时代贫困个体与国家之间在权利与责任的关系上并不对等。第二次世界大战前后,早期福利主义思想——马歇尔"社会权利"理念——在社会中成为主流思想,社会权利观念强调了政府和集体的责任,却忽视了个人对国家和集体的义务,这种情况在社会救助中尤为突出。早期福利思想中的个人与国家之间权责关系的不对等忽视了这种不对等会产生的道德风险。社会福利尤其是社会救助具有一定的准公共物品性质,它是一种选择性供给,可能把一些社会救助对象排除在供给的范围外;同时,准公共物品性质使得社会救助具有额外福利的特点,由于个体在享受这种福利时没有担负起对应的责任,容易导致搭便车现象(徐延辉、林群,2003)。

为了解决早期福利主义中公民个体与国家之间权利关系的不对等所造成的问题,有学者提出了"第三条道路"理论。该理论提出了"国家为个人谋福利,个人为国家谋福利",更加关注就业能力提高的"社会投资国家"概念(肖巍、钱箭星,2008)。"第三条道路"认为,责任是健全社会的基石,它是个人的,又属于社会。社会行动的目的不是要用社会或国家的行为代替个人责任,而是通过改善社会来促进公民个人自我完善。与此相应,作为个人都要积极回报社会的关爱,为社会和他人承担义务,真正实现基于现代意义的社会公正——"有予有取",即机会、权利共享,风险、义务共担(张静、张陈,2004)。

"第三条道路"理论有一些新颖的政策主张,这些政策中包含促进弱势群体尤其是贫困群体自我发展的主张,这些主张在实践也取得了一些成效。但是,"第三条道路"理论中也存在许多缺陷不足,其中对贫困影响最大的一点是它"除了信奉市场的能力之外,没有明确的经济政策",这是第三条道路理论的致命之处(安东尼·吉登斯,2000:23—26)。

国家与贫困个体在责权关系上的不对等会造成很多问题,而使用何种方式使得责权关系对等仍然是困扰福利主义的一个难题。

3. 福利供给与需求的矛盾

社会需要及其满足是社会福利的核心问题之一。无论是福利国家还是发展中国家均存在福利供给与福利需求之间的错位问题,这是困扰福利主义的主要难题之一。

首先,存在弱势群体的福利需求得不到有效满足的问题。社会福利制度的再分配性质,使得贫富分化、社会分层和社会不平等等结构性要素在福利制度体系中被模糊掉了。由于缺乏自我表达能力,那些边缘化群体在"先有需求表达然后社会志愿回应"的福利社会中处于劣势地位(金家厚,2011)。除此之外,社会福利基本上都有着对"公民资格"的要求,实际上排除了那些由于没有公民身份的居民(比如保留原国籍的移民)享受社会福利的资格。但没有公民身份并不等于没有需求,相反这些人往往是一些非常需要帮助的弱势群体。

其次,在福利供给的多元主体中存在职责不明的情形,这造成了一些社会福利供给中供给主体的缺位。福利国家在市场力量的冲击下日渐衰落,市场力量正在改变教育、医疗卫生、住房、退休保障和其他"福利"构成要素的供需条件。经济因素正在减少人们对政府物品和服务的依赖,使他们更乐于接受民营化方式来满足需求(萨瓦斯,2002:9)。在这种背景下,出现了贫困治理主体多元化的局面,这些主体主要包括政府、市场、社会组织、社区等。然而,弱势群体尤其是贫困群体由于参与市场的能力十分有限,因而无论在就业还是消费上均存在被排斥的现象;社会组织、社区等主体掌握的资源有限,在贫困治理的多元格局中扮演着十分有限的角色;政府在这种格局中有很大的可能性存在摆脱自身责任的倾向,因此有些学者对贫困多元治理持一定的怀疑态度。

4. 福利污名的困扰

很多学者认为福利主义造成了"福利污名"的负面效果。福利污名意指整个社会大环境给劣势群体贴上特殊标签,以其处于弱势境况为耻,同时在给他们提供福利时相伴随的人格尊严的玷污及自尊心的伤害(李建华、张效锋,2010)。

福利污名主要出现在社会救助中,其通常被认为是社会救助遵循了选择性原则的结果。在选择性原则下，受益资格是通过对个人需要家计调查，调查被认为造成了福利污名（祝建华、林闽刚，2010）。同时，家计调查型的福利项目也常被认为带有侮辱性。就家计调查的本质而言，它把社会分成施予者和接受者两个不同的群体，不利于社会整合，这成为形成福利污名的直接原因。从接受者这一群体来看，他们在申请社会救助时就处于社会弱势状态。

第二节 经济学、社会学、政治学对贫困的辨识

一 经济学：资本与能力

对贫困问题研究，可以划分为两个层面：一种是从微观层面研究个体（个人或者家庭）的基本需求，以此来考察致贫原因以及如何摆脱贫困状况的理论，可称为微观层面的个体贫困理论；另一种是从宏观层面，研究一个国家整体贫困发生的原因以及如何打破贫困陷阱，实现国家的工业化和现代化的理论，可称为宏观层面的发展战略贫困理论（楚永生，2008）。过去几十年，贫困研究的经济学视角随着贫困内涵及外延的不断拓展经过了视角转换的过程：由宏观层面的物质视角转向中观层面的人力资本视角，再转向微观层面的社会资本视角，以及以对这种转变过程进行批判性构建为基础的可行能力视角。

（一）贫困研究资本视角的思想渊源

贫困研究资本视角的思想渊源是古典经济学派及马克思主义的贫困理论研究。

对贫困问题的资本视角关注，最早可追溯到古典经济学派，主要的代表人物有配第、斯密、李嘉图等，其中斯密的研究更具有代表意义。斯密在《国富论》中对资本的积累进行考察时，提到了伴随财富的增加而出现的贫困问题，并提出了自己的解决思路和方法。斯密认为工资的低下是导致工人贫困的真正原因，所以他主张大力增进国民财富，适当提高工人工资，来改善工人生活状况。斯密以后，庞巴维克、马歇尔等仍然没有突破古典经济学派对资本的定义，也没有对贫困的分析提出实质性的见解，那些认为资本具有生产效益，可以用资本来获取利益的研究学派仍然忽视了工人的被剥削状况所导致的贫困。

马克思和恩格斯在古典政治经济学研究的基础上，指出了资本的本质，也给出了消灭剥削、消除贫困的办法，即消灭资本主义、消灭剥削，实现制度的更替，建立共产主义社会。与其说马克思是从资本视角分析贫困，不如说他更注重制度。贫困是制度所致，而资本只是制度层面的工具，因此，马克思对资本和贫

困的解读只停留在了制度视角,也没有把贫困分析从物质视角发展下去。

(二) 资本内涵拓展下的贫困研究视角转换

1. 20 世纪 50 年代物质资本视角下的发展战略贫困理论

发展战略贫困理论是西方发展经济学研究的重要领域。西方发展经济学关于反贫困战略理论与模式的提出,首先基于发展经济学家对发展中国家贫困根源的探索和贫困问题的表述。20 世纪 50 年代,发展经济学的主要任务就是集中探讨发展中国家贫困的原因和摆脱贫困的出路。发展战略贫困理论的重要结论之一是经济发展缓慢或停滞不前、人均收入水平低下的根源在于缺乏资本和投资。美国经济学家拉格纳·纳克斯、纳尔逊、哈维·莱宾斯坦和瑞典经济学家冈纳·缪尔达尔是这些理论的主要阐释者和建立者(赵曦,2000:49)。

(1) 纳克斯的减贫理论

1953 年,纳克斯 (R. Nurkse) 在《不发达国家的资本形成》中提出了"贫困恶性循环理论"(Vicious Circle of Poverty),认为发展中国家之所以贫穷,不是因为国内资源的缺乏,而是由于其收入水平的低下,处于一个恶性循环之中。纳克斯在论述其恶性循环理论时主要从供给和需求方面给了了清晰地解释和说明,一方面供给会陷入"低收入→低储蓄能力→低资本形成→低生产率→低产出→低收入"的恶性循环;另一方面,需求也会由于低收入导致"低收入→低购买力→投资引诱不足→低资本形成→低生产率→低产出→低收入"的恶性循环。纳克斯理论的核心在于,发展中国家要解决贫困问题,必须大力发展经济,扩大投资,促进资本的形成,只有具备了充足的资本,才会使恶性循环转为良性循环。

(2) 纳尔逊和莱宾斯坦的理论解释

纳尔逊 (R. Nelson) 于 1956 年发表了《不发达国家的一种低水平均衡陷阱》,考察了人均资本与人均收入、人均收入和人口增长之间的关系,并综合研究了人均收入与人口增长的不同速率与国家资本增长的密切联系,从而形成了低水平均衡陷阱理论 (Low Level Equilibrium Trap)。这一理论认为,如果一国的人均收入比较低,而且人口也在持续增长,那么由于人口的增长,即便国民收入在增加,也会被人口的增长抵消,除非人均收入足以维持生计,并且国民收入的增长速率大于人口的增长,才不会进入这一陷阱。

1957 年莱宾斯坦 (H. Leibenstein) 在《经济落后与增长》中提出了"临界最小努力"理论,该理论认为欠发达国家要打破低收入与贫困之间的恶性循环,必须要加大投资力度,保证足够的投资率,因为欠发达国家的人口增长速度快,必须使国民收入的增长超过人口的增长从而使人均收入水平得到明显提高,这个投资率水平即"临界最小努力"。

（3）缪尔达尔的循环累积因果原理理论

缪尔达尔长期从事对欠发达国家的贫困问题研究，提出了循环累积因果原理。循环累积因果原理主要是指社会经济各要素之间存在相互影响和制约的关系，其中一种社会经济因素的变化会引起与之相关的后一种经济要素的变化，而这反过来会加强前一种经济要素的力量，使之遵循着最初的经济发展方向，这种发展不是均衡的，而是一种循环累积关系。解释不发达国家的贫困问题，他认为，由于欠发达国家的收入水平较低，因而劳动者无法享有较好的医疗卫生和教育投入，致使人口的综合素质和质量低下，由此导致劳动生产率低下，劳动生产率不高使经济增产非常困难，这样整个社会的经济收入仍然低下。因此，缪尔达尔得出收入低下是欠发达国家贫困的原因所在，要真正解决欠发达国家的贫困问题，必须加大资本的积累和投入。

2. 物质资本视角向人力资本视角的转换

20世纪中叶以来，随着世界各国经济的增长，出现了不能用物质资本和劳动力增长来解释经济增长"成长剩余"的现象。20世纪60年代，人力资本理论的产生，极大地完善了50年代西方经济发展理论的内涵，对于世界工业化国家的经济发展尤其是发展中国家反贫困战略的实践产生了广泛而深刻的影响。

人力资本的思想萌芽早已有之，但系统形成人力资本理论则是在20世纪60年代。舒尔茨长期研究美国农业问题，他发现20世纪上半叶美国农业产量和农业生产率的迅速增长并不是土地、劳动力增加所致，而是人的能力和技术水平提高的结果。舒尔茨认为人所获得的能力是尚未得到解释的生产力提高的一个重要原因。舒尔茨认为人力资本是相对于物资资本而存在的一种资本形态，表现为人所拥有的知识、技能、经验和健康等。人力资本的显著标志是它属于人的一部分。它是人类的，因为它表现在人的身上；它又是资本，因为它是未来满足或未来收入的源泉。从质与量的角度而言，体现在劳动者身上并以数量和质量表示的资本就是人力资本。量是指社会中从事现有工作的人数及百分比；质是指技艺、知识、熟练程度与其他类似可以影响人从事生产性工作能力的东西（赵曦，1997）。

舒尔茨将第二次世界大战以后地区与地区之间、国家与国家之间经济发展的结果作了比较，得出结论："贫困国家的经济之所以落后，其根本原因不在于物质资本短缺，而在于人力资本的匮乏和自身对人力资本的过分轻视。"（舒尔茨，1992：161）即决定一个地区或一个国家发展的关键因素不再是货币投资多少，物质基础厚薄，而是人的质量高低即人力资本的多寡，知识和创新能力成为决定国与国之间竞争输赢的关键（方竹兰，2003）。人力资本投资的主要内容，包括健康保健设施和各种服务的开支、正规学校教育和在职培训支出、成人教育训练、劳动力国内流动和移民入境的支出等。在上述人力资本投资中，舒尔茨强调教育投资应作为一种生产性投资而不是消费支出，它蕴藏在人体内会为将来做出贡献。在此基础上，舒尔茨得出结论，教育支出的水平作为主要因素决定人力资本质量的高低。

舒尔茨将原来相对狭窄的货币资本、物质资本概念扩展到人在财富创造中的增值作用，提出了人力资本概念，揭示了从工业经济社会向知识经济社会转化过程中，人的知识和创新能力在财富创造中的决定作用。按照人力资本理论的基本观点，物质资本的增加只能解释现代经济增长的一部分原因，而剩余的大部分原因则主要是人力资本，即掌握现代科技知识与技能的人。从舒尔茨的人力资本理论可以看出，现代社会中的贫富差距实质上是"人的能力"的差距（罗淳，1999）。因此，舒尔茨认为，"改善穷人福利的生产决定性的要素不是空间、能源和耕地，而是人口质量的提高和知识的进步"（舒尔茨，1990）。舒尔茨的人力资本理论对反贫困很具有启发意义，将关注点集中于人自身的发展上，这相对于物资资本视角的减贫研究有很大突破。但是，人力资本理论只是从社会经济发展的资源要素角度进行研究，人被作为资源要素看待，具有工具理性的特点，这在某种程度是对人与其他非人资源区别的忽视，忽视了人运用其他非人的物质资源时的独立的主体地位，从而忽视了人在运用其他非人资源时的存在状态——社会关系（方竹兰，2003）。此外，舒尔茨的人力资本理论侧重于宏观分析，忽视了微观分析，其理论缺乏微观的支持。针对这些理论缺陷，许多学者对舒尔茨的人力资本理论进行了完善和创新。贝克尔（G. Beker）弥补了舒尔茨只重视宏观的缺陷，注重微观分析，并且将人力资本理论与收入分配结合起来；丹尼森（E. Dension）对舒尔茨的教育对美国经济增长的贡献率做了修正；明塞尔（J. Mincer）首次将人力资本投资与收入分配联系起来，并给出了完整的人力资本收益模型（鲁志国，2005）。

3. 人力资本视角向社会资本视角的拓展

20世纪80年代末以来，公共话语经历了一个重要的转变，人们对贫困的关注从社会剥夺转向了社会排斥（social exclusion）与社会融合（social inclusion）。这种转变融合了经济学、社会学、政治学等多元视角，"消除社会排斥"、培育社会资本等理念的提出与完善拓宽了减贫的思路。

社会排斥是从研究"新贫困"问题开始的。"新贫困"与"贫困"相对而言，主要是指20世纪60年代末70年代初西方主要国家经济爆发恶性通货膨胀，出现严重的经济萧条，因社会结构转型、经济结构转型引起的新型贫困（李中锋，2009）。法国社会政策分析家勒努瓦（R. Lenoir）第一个从现代意义上提出"社会排斥"概念，1974 年他发表《被排斥群体：法国的十分之一人口》（*Les Eclus, un Francais sur Dix*）的论著中，用"Les Exclus"（被排斥者）这个概念指那些没有被传统的社会保障体系所覆盖的人，包括单亲父母、残疾人、失业者等易受伤害人群。由于"社会排斥"概念具有追求社会正义、多样性以及保护权利等内容，因此这一概念的出现迅速对主流的发展话语产生很大的影响，受到了多学科的关注与重视。

希拉里·西尔弗（H. Silver）对社会排斥概念在文献和实践中的运用进行了概括，认为目前已有社会排斥研究实际上存在"团结范式"（Solidarity）、"专业化范式"（Specialization）以及"垄断范式"（Monopoly）三种不同的范式（景晓芬，2004）。其中，专业化范式主要融合了经济学的视角，强调社会排斥是社会分化、劳动分工以及领域的分割等专门化的结果。专业化范式主要受自由主义的影响，这种范式下的研究认为个体或群体由于社会领域的分离不充分而被市场"取消资格"（disqualification），从而没有实现权利而成为社会排斥者。许多学者将这种由于市场"取消资格"而导致的社会排斥结果归纳为经济排斥，它是社会排斥的重要组成部分。当前，学者们大多认为"经济排斥"主要是指：特定的自然人或者社会群体被排斥在一般的自然人或者社会群体可以获得经济收益的途径或方式之外，不能顺利进入劳动力市场；这些特定的自然人或者群体的经济条件差，消费水平低，生活环境差，难以获得社会救助以满足基本的生活需求（熊光清，2008）。

许多学者从劳动力市场分割的角度对经济排斥进行了解读。劳动力市场分割理论从劳动力市场制度特征及结构特征的角度来研究劳动力市场的运行，主张劳动力市场分割是导致贫困、歧视及不平等的重要原因（巨文辉，2005）。劳动力市场理论的两个重要基石是二元劳动力市场理论和内部劳动力市场理论。二元劳动力市场理论认为，劳动力市场被分割为一级市场（primary market）与二级市场（secondary market）。一级市场中的工资较高、工作条件优越、就业安稳、安全性好、管理规范、具有较多的培训及升迁机会；二级市场中的就业条件大为逊色——工资低、工作条件差、就业不稳定、缺乏培训与晋升的机会。一级市场与二级市场之间存在流动障碍。内部劳动力市场理论认为，劳动力市场中的大型企业构成了内部劳动力市场。内部劳动力市场具有高度的组织性，是正规的劳动力市场。它通常有自己独特的工资决定机制，借助一套正式的内部政策及非正式的规范和传统等手段来实现企业内部员工的晋升。在内部劳动力市场中，劳动力资源的配置并不完全受竞争机制的支配,内部晋升、层级制度、企业规则,甚至企业文化都有很重要的影响。而在外部劳动力市场,劳动力资源的配置通过竞争来实现,工资和就业都由市场力量来决定。在二元劳动力市场理论中,人力资本因素对劳动力市场的分割有一定的解释力,人力资本高的群体更易进入一级市场,但是人力资本因素对一级市场与二级市场之间流动的障碍缺乏解释力。同样,在内部劳动力市场理论中也存在一些人力资本解释不了的因素。在这种背景下,社会资本理论对人力资本理论进行了有效的补充。

众多的研究者把社会资本的概念引入经济学的分析框架,并将其确认为继物质资本、人力资本之后的第三种资本形态。研究者从微观、中观和宏观三个层次对社会资本进行分析,使社会资本具有多重定义。微观层次的社会资本概念由普特南在《使民主运转起来》这本名著中提出。普特南将社会资本定义为诸如个体和家庭网络这类社会组织以及有关的规范和价值观,并认为社会资本具有创造外部性的属性。中观层面的社会资本由科尔曼提出,他通过扩大观察对象,增加了社会资本的垂直组成部分。科尔曼的定义将社会资本的概念从水平型联盟扩展到了垂直型集团及不同实体(如厂商)之间的行为,将考察对象拓展到群体这个中观层次。宏观层面的定义包括塑造社会结构,促进规范发展的社会环境和政治环境。道格拉斯·诺思认为,制度对经济增长率和经济增长方式具有至关重要的作用,而意识形态对于制度选择发挥着重要的作用,也是影响经济绩效的关键(程民选、龙游宇等,2006)。社会资本的作用机制主要通过结构型社会资本和认知型社会资本来实现。前者通过规则、程序和先例建立起社会网络和确定社会角色,促进分享信息、采取集体行动和制定政策制度;后者是指共享的规范、价值观、信任、态度和信仰(李晓红、龙游宇等,2006)。

在劳动力市场分割中,结构性社会资本的分割成为贫困群体或个人从二级市场流入一级市场的主要障碍之一。社会资本具有资本的特性,而资本最重要的特性就是能够产生利益,这种作用机制是通过信息分享、互惠互利的集体行动和制定决策等实现的。从微观层面而言,贫困个体或群体在劳动力市场中所参与的网络绝大部分属于二级市场,该网络中所凝结的稀缺资源较少,贫困个体或群体通过信息分享、互惠互利的集体行动和制定决策等社会资本所获得的收益极低,社会资本所能创造的正外部性较少。而同时,在劳动力市场分割制度的形成与固化过程中,社会资本产生了一定的负外部性。在组织中,社会资本作用机制(信息分享、集体行动等)的良好运行能够减少人们在经济活动中的违约成本和交易成本,提高交易效率和经济运行效率,促进资源有效配置和经济增长。但是这些制度的固化在很大程度上造成了从二级市场向一级市场流动的障碍,这对于穷人的发展十分不利。

(三) 能力视角下的减贫与发展研究

1. 阿玛蒂亚·森"能力贫困"研究

在20世纪80年代之前,学者们对贫困的认识主要是从资本的角度去理解,然而贫困是一个过程,它随时间、空间以及人们的思想观念的变化而变化,与人类发展及人类权利有密切关系(赵曦,2000:35)。资本视角的减贫研究将贫困群体或个体作为被动承受减贫政策或措施的客体,在很大程度上忽略了人的主体性,忽略了个人的发展。由此,森提出了能力贫困理论,并引起了广泛的关注与影响。

森在《伦理学与经济学》中开宗明义地提出,"经济学起源于对人类生活而不是商品生产的兴趣",但资本视角下的发展观由于将资本的增值作为发展的核心而忽略了对人类生活本身的关注。阿玛蒂亚·森认为必须超越传统的以国民生产总值的增长衡量发展的狭隘观,尤其是以收入水平作为贫困判定主要指标的狭隘贫困观,他强调发展中的个人主体地位,认为在关注发展尤其是弱势群体的发展时应从微观的视角入手,应该以自由的视角来看待个人的发展。为了解读贫困背后的深层次原因,森提出了"实质自由"、"可行能力"等核心概念。"实质自由"即享受人们有理由珍视的那种生活的"可行能力"(capability),也可以说是人们能够过自己愿意过那种生活的"可行能力",它"包括免受困苦——诸如饥饿、营养不良、可避免的疾病、过早死亡之类——基本的可行能力,以及能够识字算数、享受政治参与等的自由"(森,2002:30)。"实质自由"与"可行能力"紧密相连。森认为,可行能力是指个人"有可能实现的、各种可能的功能性活动组合",而"功能活动"是指一个人实际上达到的成就,因此可行能力集是个人选择的各种相互替代的功能性活动组合(森,2002:63)。因此,可行能力包含两个层面:它既意味着个人在给定的社会境况下享有的机会,又涉及个人确保行动和决策自由的过程。

森对发展的分析中,"实质自由"是核心要素,关注的焦点是人们的可行能力以享受他们所珍视——而且有理由珍视——的生活。在对贫困进行分析时,森认为应该从实质自由的视角来看待贫困,贫困必须被视为基本可行能力的被剥夺,而不仅仅是收入低下(森,2002:85)。森对两种看待贫困的视角——收入低下视角与可行能力被剥夺的视角——进行了对比分析。首先,森分析了收入低下与可行能力被剥夺之间的双向关联。森承认收入低下是一个人的可行能力被剥夺的重要原因,"低收入可以既是饥饿和营养不足,也是文盲和健康不良的一个主要原因";森同时也认为提高个人的可行能力会扩展人的生产力和挣钱能力,

"更好的教育与健康有助于获得更高收入"(森,2002:14)。其次,森分析了收入的工具性意义与可行能力建构性意义之间的区别。森认为收入对于可行能力是重要的手段,但是"收入不是产生可行能力的唯一工具"(森,2002:86)。同样的收入在不同的境况和条件下、在不同的具有"异质性"的人那里对可行能力有不同的影响,仅仅减少收入贫困不是反贫困政策的终极动机。可行能力视角十分关注个人的主体性,森认为,如果有适量的自由,"个人可以有效地决定自己的命运并且互相帮助,他们不应该被看作是精心设计的发展计划的利益的被动接受者"(森,2002:98),而应看成是构建自己发展的能动主体。在森看来,"可行能力视角对贫困所做的贡献是,通过把注意力从手段(而且是经常受到排他性注意的一种特定手段,即收入)转向人们有理由追求的目的,并相应地转向可以使这些目的得以实现的自由,加强了我们对贫困和剥夺的性质即原因的理解"(森,2002:87)。因此,在森那里,贫困不只是收入低下,其真正含义是贫困人口的能力贫困。

森将贫困视为可行能力的剥夺,因此,对贫困的度量(贫困的识别和加总)是基于能力贫困这一概念。森认为,"识别贫困的最普通做法是确定一个'基本'——或'最低'——生活必需品集合,把缺乏满足这些基本需要的能力作为贫困的检验标准"(森,2009:31)。森认为,"相关的能力不仅包括那些能避免夭折,保持良好的健康状况,能受到教育及其他这样的基本要求,还有各种各样的社会成就。包括——如亚当·斯密强调的——能够在公共场合出现而不害羞,并能参加社交活动",人们在所列举的能力方面的缺失,均可被视为能力贫困(森,2003)。关于贫困的加总,森推导出了森指数表达式(森,2009:47)。森指数是在森批判传统贫困度量方法的基础上提出来的。

受森的能力贫困理论的启发,联合国开发计划署(UNDP)在1990年发展了森的"人类贫困"概念;1996年设计了"能力贫困指标"(Capability Poverty Measure);1997年为综合测定人类贫困程度,UNDP设计了"人类贫困指标"(Human Poverty Index,HPI);在2001年的《人类发展报告》中又以此明确了人类贫困概念(马新文,2008)。众多学者对贫困的度量方法也随之改进,将过去单一的以收入或支出水平来度量贫困的方法改进为用综合指标来测定贫困程度,如FGT贫困指数。森指数的设计,再次表明了消除贫困不能仅仅依靠经济增长,更要关注穷人的各种处境,关注穷人可行能力的提升。

2. 脆弱性对能力贫困认识的拓展

脆弱性概念的提出最早来源于对自然灾害的研究。把脆弱性纳入贫困分析,是由于人们逐渐认识到外部冲击——经济的和非经济的，能够加剧收入贫困。Alwang、Siegel 和 Jorgensen（2001）认为，脆弱性作为概念包括：第一，它是事前对一些福利水平在未来经历损失的概率的解释；第二，一个家庭由于不确定事件引起的未来福利损失可以被定义为脆弱性；第三，脆弱性的程度取决于风险的特点和家庭应对风险的能力；第四，脆弱性是随着时间对风险发生的响应，如家庭可能在下一个月或下一年对风险是脆弱的；第五，穷人或接近贫困的人由于资产（广义的）限制和应对风险的能力限制趋于脆弱（黄承伟、王小林等，2010）。脆弱性与贫困之间既有联系又有区别。有些人并不贫困但脆弱，有些人不脆弱但贫困；贫困是某一时点可观察的状况，脆弱性是一种事前状况，不能直接观察到但可以预测。

在贫困问题上引入风险和脆弱性可以追溯到阿玛蒂亚·森对饥荒问题的分析。他的研究表明，饥荒很少对社会所有阶层造成同样的苦难，弱势群体比其他群体更容易遭受饥荒的折磨。对贫困脆弱性研究的进一步重视与20世纪80年代的福利国家危机及全球化背景密切相连。福利国家危机与全球化趋势使得人们对市场角色进行了重新定位。人们认识到贫困不是市场经济的制度造成的，而正相反，贫困是他们未能被市场特别是劳动力市场所包容的结果，因此减贫的目标必须通过增强人们适应市场经济变化的能力来实现。但是，一方面市场不是万能的，市场机制存在内在缺陷；另一方面，市场经济从建立到完善需要一个相当长的过程。所以，有缺陷的市场本身会给参与其中的贫困人口带来风险。

根据世界银行2000年的界定，贫困的脆弱性主要指家庭或者个人当前面临的在将来遭遇各种可能导致贫困的风险的可能性，包括从不贫困状态进入贫困状态以及继续维持贫困状态（檀学文、李成贵，2010）。贫困的脆弱性产生于贫困人口对多种来源的冲击缺乏应对能力，这些冲击包括自然灾害以及环境权利、个人的健康与教育以及家庭因素、制度和政策等权益性因素、社会福利因素以及经济因素等（檀学文、李成贵，2010）。

经济学研究主要关注贫困的经济脆弱性。从发生机制看，贫困的经济脆弱性主要有三大来源，分别是市场体系的不完善和波动性、经济全球化和贸易自由化的冲击以及经济危机的冲击。从另一个角度来看，导致贫困的经济脆弱性包含两个层面的问题：一是市场经济机制本身存在的难以化解的周期性波动乃至发生经济危机的内在可能性；二是市场经济体系在发展中国家的全面建立和完善必然要经历一个漫长的过程（包括全球层面各个国家发展进程的协调），这个过程完成之前的各种缺陷必然会给贫困带来不确定性（檀学文、李成贵，2010）。对于发展中国家而言，与减贫密切相关的两个市场是农产品市场和农村劳动力市场。农产品市场中层出不穷的农产品过剩与难卖所揭示的结构性矛盾在很大程度上要归咎于不遵循市场规律的盲目开发以及农村市场的发育缓慢，也与农民尤其是贫困群体参与市场能力不足有很大关系。对于农村劳动力市场而言，经济的周期性波动、经济危机的冲击、劳动力市场体系不完善是导致农民脆弱性增强并陷入贫困或者贫困群体贫困加深的主要原因。对于经济全球化而言，国际贸易和投资的自由化从理论上而言可以充分发挥各国和各地区的比较优势，使生产要素得到最大回报，从而有利于经济增长和福利增加。但是，研究表明，经济全球化的各重要领域由于未能充分考虑发展中国家现实条件的限制，将发展中国家不发达的市场体系暴露于高度发达但存在内在机制缺陷的全球市场之下，这样往往不一定能产生预期的减贫效果，反而会加深脆弱性贫困的发生。经济危机冲击导致的贫困脆弱性主要与市场经济的本性有关，难以根除，但可以通过市场体系建设、产业结构调整以及相应的弥补性措施来化解。

在面对经济脆弱性及经济脆弱性所导致的贫困时，构建增强抵御脆弱性的能力是关键。从宏观层次而言，它需要政府及社会为易受市场风险波及的群体构建经济安全网；从微观层次而言，它需要增强个人及家庭应对经济风险的能力。因此，相对于森更加强调微观层次的可行能力的提升，脆弱性将能力概念向宏观层次进行了进一步的拓展，更强调社会（包括政府）与微观个体（个人和家庭）在构建经济安全网中的动态过程中的相互支撑。此外，脆弱性贫困这一概念由于更加关注贫困的事前控制而强调了研究与政策的关注点是有可能陷入脆弱性贫困而不仅仅是已经处于贫困状态的个人和群体的可行能力构建。

二 社会学：个体与结构

贫困理论长期以来是经济学研究的一个传统，从经济学的角度上讲，贫困首先表现为经济收入的匮乏，反贫困的主要对策也就是增进福利、发展经济。但贫困治理研究的经济学途径在发展中越来越凸显其局限性，贫困不仅仅是一个个体的经济问题，从根本上它表现为个人能力和社会权利的不平衡。由此在讨论什么因素导致穷人陷入不利的处境的基础上，贫困治理的范式逐渐从经济学向社会学转变，从个人范式向社会结构范式转变（吴海杰，2010）。

从社会学个体与结构的视角来分析减贫与发展，首先要考虑在个体与结构的视角下贫困是如何产生的。个体视角下的贫困理论多半将责任推给穷人，认为穷人应当对自己的贫困负责。结构视角下的贫困理论倾向于责任外推，被指责的对象是国家、社会、市场和居住环境。20世纪70年代以后，在有关底层阶级的讨论中兴起的文化解释，则从社会规范的发生，社会态度的转变，穷人本身文化资源的欠缺等多方面来解释贫困现象，认为贫困的责任首先归于社会、社会转型，然后归于穷人的适应能力。也就是说，社会和穷人将共同分担"贫困责任"。

（一）社会结构的视角

社会学中一般把社会结构分为宏观社会结构和微观社会结构。宏观社会结构是指社会的整体结构，即整个社会关系的构成状况，包括社会经济结构、社会政治结构和文化教育结构。具体地说，社会制度就代表了社会的宏观结构（郑杭生，2004：334）。社会制度是指在一定历史条件下形成的社会关系以及与之联系的社会活动的规范体系。在社会关系中，社会制度具有最重要的地位，因为社会制度是社会关系的综合体系，也是社会关系的最高层次，社会制度是固定化的较为持久的社会关系。它为社会提供了一个宏观架构，通过各种关系规则给个人活动设置了选择集，人们的行动被限定在选择集的范围之内（郑杭生，2009：74）。这种制度的限定给人们的行动造成了阻碍，把一些穷人排斥在社会主流之外，形成不平等的现象，引起了贫困。相应地，要实施减贫与发展的目标，就要对这些限定人们行动的制度和政策进行修订。

微观社会结构是由各种具体的、基本的社会单位构成现实社会的形态，主要是指社会个体相互联系、相互作用的模式。基本的结构单位主要包括个人、角色、群体、组织、社团、社区等。这些基本结构有机统一构成了一个社会的结构现象，形成了一个整体性的社会系统。在不同的社会中，结构单位要素的统一方式和机制是不同的，因此，从微观社会结构也能看到社会的基本状态和趋势。在探讨贫困产生的根源时，除了研究整个社会的制度，还要研究贫困对象的特殊情况，从中总结出这些贫困人口的共性和差异性，在比较分析的基础上发现贫困的原因与规律，从而可以有针对性地提出减贫与发展的措施。

穷人之所以贫穷除了个体视角下的穷人自身的原因外，还有整个社会结构的影响，社会结构视角的各理论认为，社会制度和社会政策的制定把个体排除在了主流社会之外，个体得不到应有的进入主流社会的机会，因此陷入了贫困的境地。结构视角下贫困产生的相关理论包括贫困成因理论、社会排斥理论、边缘化理论、经济政治结构论、社会冲突论等。

1. 贫困成因理论

贫困成因理论认为社会结构因素是社会贫困的主要成因，这些由各种社会制度固定下来的社会结构产生并维持着贫困现象的存在，扶贫的根本是消解或改良这些既有社会结构，用新的社会制度框架取代或弥补原有的社会结构（王雨林，2008：41—42）。

马克思主义对贫困的论述可看作一种贫困结构论。制度造成贫困是经典马克思主义理论的精髓。马克思主义从资本主义所有制和资本积累的一般规律上探讨贫困的根源。一方面，贫困的根本原因是资本家通过财产所有权剥夺无产阶级创造的剩余价值；另一方面，因资本有机构成不断提高而导致的相对过剩人口，保证了有利于资本家的失业大军始终存在于社会中，造成贫困的不可避免性和延续性。马克思主义的这些论断与经济学家中流行的"制度致贫论"有许多共鸣之处（林乘东，1999：24）。在资本主义条件下，资本家剥夺了剩余价值，这是导致贫困的根本原因；此外贫困可分为绝对贫困与相对贫困。在马克思看来，只有通过彻底改变资本主义的生产关系才能最终解决贫困问题。

社会政策导致的不平等是制造贫困的元凶，制定政策本身、政策的失误或不当的政策导向，都将引起不平等进而导致贫困（周怡，2002）。奥科克首先指出，从政策决定问题的意义上来看，贫困的界定通常取决于应对贫困的各项政策，于是理解贫困首先就要去理解政策（Alcock，2006：4）。这里包含两层意思：其一，政策可以确定穷人标签的指向，即谁是穷人，谁将成为穷人；其二，政策可能再造贫困，政策本身就不是平等之策。于是贫困和政策的相互作用决定了穷人在社会分层结构中的地位。

另一种贫困结构论则针对现代社会普遍存在的社会福利、保障或救济制度。该理论认为，福利制度有意无意地产生和维持了社会贫困现象，福利制度使大量失业者得以生存，形成一个可以容纳剩余劳动力的蓄水池，雇主从中得利，贫困者却受福利制度的制约，无力从根本上改善自身的贫困状况。还有学者认为，社会福利制度的转移支付过程使社会再生产受到抑制，限制了新的就业机会增长，最终加剧了一部分人的贫困状况（李强，1997：6—7）。

2. 社会排斥理论

（1）吉登斯的社会排斥理论

安东尼·吉登斯在《第三条道路——社会民主主义的复兴》中，提出了社会排斥理论观点。他认为排斥性这一概念所涉及的不是社会等级的划分，而是把属于某些群体的人排除在社会主流之外的机制。

吉登斯认为，在当代社会中，有两种比较明显的排斥类型：一种是对处于社会底层的人们的排斥，将他们排除在社会提供的主流机会之外；另一种是社会上层人士的自愿排斥，也就是所谓的"精英的反叛"：富人的群体离群索居，从公共机构中抽身而出。前一种是"非自愿排斥"，后一种是"自愿排斥"。吉登斯通过对这两种排斥类型进一步分析认为，上层对其他群体的社会排斥问题不仅仅是经济问题，因为经济上的排斥性总是涉及物质和文化两方面的含义；正像社会上层的排斥性一样，社会底层的排斥性也是可以自我再生的。因此，他主张必须设法制定策略来打破贫困的恶性循环,帮助缺乏基本技能和资格的成年人获得它们,帮助技能已经落伍的人们更新它们,提高所有那些由于长期失业而陷入悲观失望心境的人们的自信心。他认为实现上述目标,关键是从根源上入手,即进入整个劳动力行列,而不仅仅是狭义的"工作",对于消除非自愿性排斥来说,显然是非常重要的(吉登斯,2000)。

(2)凯博的理论

凯博认为社会排斥概念包含了三种意义:一是问题人群,如乞丐、无土地或缺少资产的农村人口、长期失业人口、削减下来的女工、少数民族;二是问题状况,如贫穷失业、贫民化、家庭分裂、孤立;三是问题过程,如排斥发生在政治、社会、经济过程中。

凯博在分析社会排斥理论的基础上,提出了不同的分析工具。首先,相互关联的分析。凯博认为如果群体是"选择性的"和"封闭性的",则该群体属于"内在排斥型",最容易被视为社会排斥的载体。如果群体是"封闭性的"和"非选择性的",则当群体在清晰的、稳定的利益共享中具有内在同质性时,功能更为有效,并通过社会性封闭(有条件排斥型)来运行。如果群体是"选择性的"和"开放性的",则群体属于"内在反排斥性",其成员经常会对资源再分配施压,并更接纳异质性或多样性。其次,排斥的动力分析。社会排斥发生在许多不同的制度层面。当制度机制系统化地拒绝对某些群体提供资源和认可,使他们不能完全参与社会生活时,就会导致社会排斥。当在不同制度领域中的不平等参与原则相互加强时,就会发生无限的排斥,产生从根本上进行伤害的情形。制度分析可以被看作社会排斥分析的一个方面,它主要研究的是授予权利与剥夺的双重过程,关注产生排斥的不同层面上社会制度的角色。最后,结果的分析。那些拥有最少量资源,处于各种不利的社会情形的穷人可以被划分为核心排斥的群体(张汝立,2005)。

凯博的社会排斥理论模型对于贫困研究的意义。一是社会排斥是一种系统化的制度机制,它发生于制度领域的各个层面,并且彼此间相互加强,其结果不仅导致社会排斥,使某个群体不能参与社会生活,而且还可能导致持续的社会排斥而难以改变;二是能否成为社会排斥的对象,取决于拥有资源量的多少。那些拥有的资源量最少且在制度的各个层面处于劣势的弱势群体易成为核心排斥的群体(李强,1997:6—10)。

3. 边缘化理论

(1)国外学者的边缘化理论

以拉美学者为代表的边缘化理论的研究对象是第三世界国家内部的贫困化,

它是 20 世纪 60 年代在拉丁美洲学术界产生的。拉美学者对边缘化理论的研究中，主要有两个派别：一是受现代化理论影响的"二元论"派，其代表人物是"拉美经济社会发展中心派"；二是力图用马克思主义理论方法，并对"二元论"派持批判态度的"结构主义"派，也称"新马克思主义派"。

"二元论"派以现代化理论为基础，把"边缘化"看成是一种多方位现象，认为"边缘化"通常出现在向现代化过渡的进程中，而这种过渡是不同步和不平衡的，因为社会中共同存在传统的和现代化的两种价值观、信念、行为、体制和社会范畴。这种不同步和不平衡意味着在向现代化过渡的进程中，有些人、团体和地区落伍了，或难以参与这一进程，同时也不能从这一进程中受益，因而只能处于"边缘"地位。他们之所以处于边缘地位甚至被排斥在社会等级之外，是因为他们在政治、经济或文化上都不能被结合进社会或阶级体系中，他们既不属于已将其排除出去的农村又不属于未能吸纳他们的城市。因此，他们被遗忘在现代化进程的边缘线上。"二元论"派将社会参与不足视作"边缘化"的主要特征。社会参与有主动和被动之分：在被动参与中，人是社会进程的客体，但处在"边缘化"中的人不能或只能在最低限度上获得由发展带来的社会和经济上的好处；在主动参与中，人是社会进程的主体，但处在"边缘化"中的人不能或偶尔能够参与选举，无法形成利益集团或加入一般的政治组织，也难以在决策进程中发挥作用。"二元论"派认为主动参与能随被动参与的增加而增加，在生活水平和教育水平增加以后，处在"边缘化"中的人才能介入与其相关的社会和政治事务。换言之，经济地位低下是政治地位得不到提高的主要原因。

"二元论"派指出，为了消除"边缘化"，必须努力克服影响一体化的两个障碍：一是僵硬的社会结构；二是部门之间的失调或失衡，这种失调或失衡在城乡之间以及大城市与边远地区的关系中尤为明显。为了克服上述障碍，"二元论"派主张，首先要建立广泛的基层组织，以促使内部一体化和使社会中的每一个成员都能团结在共同目标的周围；其次要在体系方面创造出一种能将所有人结合进整个社会的机制；最后要对社会进行一次激进的变革，从而彻底地吸纳处在"边缘化"中的人们。因为统治集团被看作吸纳那些人的障碍，所以，这个统治集团必须被以新的精神气质为基础的社会结构取而代之（江时学，1992）。

"结构主义"派的主要代表人物是秘鲁社会学家阿尼瓦尔·基哈诺。基哈诺指出，"边缘化"反映的是社会一体化和社会参与的特殊方式，而不是"二元论"派所说的"非一体化"或"非参与"方式。拉美市场上的劳动力不能成为具有霸权性质的产业部门的"后备军"。相反，随着资本技术构成的变化，这些被排斥的劳动力永远不能被那些产业部门吸纳。基哈诺将这些劳动力称作"边缘化劳动力"。他预测，由于垄断部门不断扩大，与其相对的竞争性部门将进一步缩小。因此，竞争性部门也将排挤出更多的劳动力，使他们沦为"边缘化劳动力"。

拉美学者提出的上述边缘化理论中的一些观点无疑是富有启发意义的，这些问题产生的根本原因可以说是资本积累的产物。而中国的边缘化问题产生的原因非常复杂，其中城乡长期分割的二元体制无疑是其根本原因（江时学，1992）。

（2）国内学者关于边缘化理论的研究

国内学者主要从发展差距和区域不平衡方面来研究贫困现象以及减贫措施。发展不平等问题自80年代中期以来一直引起学术界广泛讨论，是中国社会转轨时期焦点问题之一。大量学者通过大量文献的分析和对中国转轨时期社会发展研究的基础之上，做出不同意义上的"两极分化"事实判断、不平衡程度的讨论。人们认为在经济转轨之前，中国的社会发展在中央计划体制下取得了一些重大成就，如卫生保健状况和人均寿命提高、文化知识传播、妇女状况取得进展。但是区域间和群体间的发展不平衡、区域性不平等状况自80年代中期起日益扩大。地区间、人际间、城乡间的差距相互重叠又相互关联，使当今的中国成为新中国成立以来整体收入分配最不平等的时期。20世纪90年代，中国收入分配的不平等已超过了多数过渡经济国家和西方发达国家。最近一些分析指标显示了社会发展指数的地区差别的复杂性。

在这种社会发展区域城乡不平衡的状况下怎样进行减贫研究，怎样进行社会发展，许多学者进行了不懈的努力。费孝通先生倡导的边区研究，采用社会学方法，研究宏观视野下东西互动、协调发展问题。20世纪80年代中后期开始，他选取对现代化过程影响大并且比较薄弱的环节——农村和少数民族边区，置于全国一盘棋内考察。他称全国一盘棋的区域发展格局要"做活"两个"眼"：一是发展乡镇企业和小城镇；二是边区少数民族地区开发。费先生在讨论边区开发中的自然生态和人文生态失衡的症结时，触及了民族矛盾和贫困地区二元社会结构问题（沈红，2000）。潘乃谷、马戎、周星等进一步深入研究，涉及草场生态、就业、生活方式、乡镇企业、工矿企业、政府行为、教育对于贫困分化的影响，着重强调西部的发展是包括边远少数民族在内的整个区域的协调发展，要充分兼顾各个利益主体的利益。

4. 经济政治结构论

经济政治结构论的基本立场是，理解和解释贫困现象，最重要的不是讨论穷人的个人特征，而是揭示社会的相关经济政治因素。在工业社会中，与贫困问题关系最紧密的是职业结构。

（1）缺少知识和技能的穷人位于职业结构的底层，而且随着科学技术的发展，对低技能工作的报酬不断被压低。这样，穷人的基本收入来源——工资趋于下降，可能有更多的人的工资收入低于贫困线。

（2）在职业结构底层的工人也是"产业后备军"的主要组成部分，他们在经济萧条的时候最容易失业，从而丧失经济来源，陷入贫困。

（3）工业社会存在二元经济结构，核心产业雇员的收入高，工作稳定，而外围产业的工资低，且工作不稳定。一部分贫困人口，特别是受歧视的少数民族劳动人口，就是这种二元劳动力市场分割所造成的。

（4）在现代工业社会，产业发展不均衡，这就导致地区就业结构的差异和变化。如果一个地区或城市发生产业衰落或者转移时，由于原有技能变得无用，一部分工人只能从此变成穷人。穷人不仅处在职业结构的底层，也处于财产结构和权力结构的底层。大部分穷人没有资本。穷人往往在没有工会组织的产业中工作。缺乏自己的政治代表，难以保护自己的权益。穷人也会具有政治影响，但这一般不是通过党派政治，而是通过非常规方式，如集体行动、社会动乱等形成的。这些行动的效果往往是短暂的，不足以使穷人摆脱贫困。

5. 社会冲突论

群体间利益的争夺是遭遇不平等和贫困现象的根源，这是冲突学派的贫困观。冲突学派认为，不平等和贫困是社会各群体之间在利益分配过程中争夺有限资源的结果。每一个不同群体在任何一种生存与发展的竞争中都倾向于为自己争夺更多的利益，但由于各个群体所拥有的权力和占有的资源不等，也由于能够给予争夺的资源总有短缺，利益争夺的结果必然是出现不同群体间利益的不平等分割，进而使部分群体处于相对贫困状态。伦斯基在他的《权力与特权：社会分层的理论》一书中说，贫困者之所以陷入贫困，主要是由于他们所拥有的资源很少（Lenski，1966）。

具体而言，穷人在经济领域里缺乏资本和技术等生产要素，因而难以获得较多的经济收入。在政治领域里他们缺乏政治活动的参与能力和机会，因此不可能对决策、投票等产生实际的影响。在社会生活中，穷人无力于影响教育、传媒和社区组织，他们普遍受到社会的歧视和排斥。总之，是权力结构的不平等、不合理，迫使社会部分成员失能而陷入贫困或长期陷于贫困。其结果往往进一步强化了社会对他们的排斥和偏见，加剧了社会矛盾（周怡，2002）。

(二) 个体视角下贫困产生的相关理论

个体视角下的贫困理论主要关注点在于穷人的个人特征。个人因素说强调个人特质对贫困的决定作用；贫困文化说认为贫困亚文化维系了穷人的人格和行为，使他们难以摆脱贫困；社会环境说则认为，是环境而不是文化造就了穷人的性格特征。社会环境观点开始触及与贫困相联系的宏观经济政治因素，但这种观点着重于反驳贫困文化说，没有提出一个以社会体制和环境为出发点的解释贫困的理论框架。

1. 个人因素说

个人因素说强调贫困现象发生的原因在个人而不在社会，认为在市场经济条件下，人与人的机会是均等的，如果一个人陷入贫困，应受责备的是他自己，他应当对这种结果负责。当然，这种观点并不否认一些特殊环境下的贫困，如老人、儿童、残疾人等的贫困，不应当由个人承担责任（李强，1993：352—362）。

早期的社会学家，如斯宾塞等人，认为穷人或者有性格缺陷，或者有生理缺陷。而后，一种长期流行的观点是，穷人之所以贫穷，是由于他们的不良道德品质，例如懒惰、不思节俭、不能自我控制，以及其他的陋习。最近美国学者再次论证贫穷的生理原因，认为大部分穷人（其中黑人比例较高）陷于贫穷的原因是其智力低下，这由他们低于平均值的智商所表征。

个人因素说的思想基础是个人主义的价值观念和社会达尔文主义。个人主义的基本立场是个人比社会群体更重要，个人应当对自己的命运和福利负责。在个人主义价值观盛行的美国等西方国家，流行着对穷人的负面看法。正是基于这种思想，甚至有人从社会功能的需要来解释不平等和贫困存在的合理性和必要性。其中，最具代表的为美国学者甘斯（J. Gans），他主张，社会不平等是由社会发展的价值目标和功能需要共同决定的。这种理论首先假定社会中各种职位在实现社会价值目标中的重要性程度是不同的，同时假定个人的天赋和努力程度也不同。社会为了有效地达到其主要的价值目标，就需要一些天赋优秀的人去担当较为重要的角色。为了吸引天赋高者去占领这些更重要的社会位置，并使其充分发挥才能，就必须赋予这些位置较高的报酬。同样，那些对实现社会主导价值目标的重要性程度不高的职位，社会所提供的报酬就较低。甘斯还估价了贫困所具备的社会正功能，即对社会整体的运行和发展起到某种积极作用。譬如，穷人可以去承担社会中较为低下、肮脏的工作；穷人为劳动市场提供廉价的劳动力，也间接促进了职业者的劳动积极性；穷人的消费，延长了一些商品的经济使用寿命；穷人可以成为社会变迁和经济增长的代价；等等（周怡，2002）。总之，不平等和贫困的存在,在甘斯等功能主义者眼中,乃情所必至,因为社会需要他们"调色"。

不过,社会学及其他社会科学的当代研究趋于否定"智能低下制造贫困"的观点。相当多的实证研究发现,在影响职业地位获得或向上流动的诸多因素中,智力只是较弱的一项。换言之,对于职业阶梯结构中的地位,智商之外的很多因素有更大的解释力。

2. 贫困文化说

20世纪60年代初,一批经典的论及贫困文化的书籍相继问世。其中,刘易斯(L. Oscar)的《贫困文化:墨西哥五个家庭实录》、班菲尔德(E. Banfield)的《一个落后社会的伦理基础》、哈瑞顿(M. Harrington)的《另类美国》,通过来自墨西哥、意大利和美国等不同社会的经验资料,共同构筑起贫困文化的概念架构(周怡,2002)。

贫困文化说试图从文化角度论证穷人的特征。持这种观点的学者认为,穷人面临着特殊的生存问题,因而有特定的生活方式。在此基础上,在贫困群体中产生了共同价值观和行为方式,这就是贫困亚文化。这种贫困文化一经形成,就具有相对独立性,并可以代际传递。在贫困文化的制约下,即使初始的贫困条件发生变化、新的机会来临时,穷人也不能调整自己,摆脱贫困。

贫困文化说用一个单独的"亚文化"假定来解释贫困的代际延续。出生在贫困家庭的人在一个软弱的家庭结构、无效的人际关系、只顾眼前的和无节制的开支模式中成长。这种环境造成了贫困者的独特价值观,比如无助、依赖、自卑感、放弃以及宿命论等。在这种环境下成长的孩子对于教育、工作以及自我提高的兴趣不浓,他们在计划未来上或者寻找把握机会的能力较差,他们对于经济剥夺和社会边缘化的适应性反应使得贫困者的弱势地位更难改变。大男子主义、不法行为、男女之间僵化的家庭责任分工、酗酒、吸毒以及学生成绩差等这些特点变成了"自己的目标",这妨碍了贫困者摆脱他们的贫困状态,无法使他们在经济上、社会上以及文化上融入主流文化之中(沈红,1992)。

对贫困文化观点的批评或者针对其理论结构本身,或从实证研究中找到反驳的论据。第一,贫困文化理论假定,贫困文化有别于主流文化和价值观,但在现代工业社会,不同社会群体的观念和行为方式是有差异的,偏离主流并不是穷人所特有。这样,用"贫困文化"来解释贫穷就不很可靠。第二,虽然穷人的行为方式的确有特殊性,但这并不意味着穷人的价值观一定与其他人有本质区别,因为在贫困条件下,穷人的行为可能是不情愿的。第三,一些研究发现并不支持由贫困文化理论推断的穷人依赖政府福利、不愿意工作的假设。第四,最重要的是，实证研究的结论表明，大部分贫困家庭在经历了一个时期的贫困之后，告别了贫困的生活。

虽然贫困文化说受到种种挑战，但这一理论模式有其意义。最近，一些社会学家发现，确有一部分穷人如同贫困文化理论所描述和论证的那样，有独特的价值观、生活方式和人格问题。这部分贫困者构成了持久贫困人口的一大部分，被称为"贫穷的硬核"或者"真正的劣势群体"。

3. 社会环境说

如果穷人的某些独特的人格特征和行为方式不是源于"贫困文化"，那么又怎样解释？与贫困文化论所主张的穷人自身的精神、观念、知识等是导致他们陷入贫困的主要原因的观点不同，贫困社会环境说认为，穷人所处的不利环境决定了贫困文化的存在并使他们陷入贫困（李强，1993：352—362）。因此，穷人并非不愿意接受主流价值观，而是为生活环境所迫，不得不奉行某些特殊的态度和行为准则。倡导社会环境说的学者认为，一旦外界环境变了，穷人就会把握和利用机会，努力摆脱贫困。这就是说，穷人的个人特质不是他们向上流动的障碍。在这一点上，社会环境理论与贫困文化理论是尖锐对立的。

（三）整合个体与结构视角的减贫与发展理论

1. 基于社会保护的社会政策理论

亚洲开发银行（ADB）认为社会保护是一套旨在提高劳动力市场效率和效用，保护人们抵御小规模农业或劳动力市场内在风险，并在市场机制失效的时候提供基本支持的政策和项目，覆盖了农业、工业和服务业等不同领域以及正规和非正规经济（李薇，2008）。国际劳工组织对发达国家的比较研究指出，社会保护投入越多的国家，基尼系数越低，贫困率的降低幅度也越大。因为社会保护根本上不是给经济增长带来负担，而是在减少贫困的同时投资于未来的生产率。在国内反贫困的努力中，社会保护的实践正尝试将满足最低生存需求与未来发展结合起来。

（1）社会资本理论

研究认为，贫困不是市场经济的制度造成的。人们的贫困是他们未能被市场特别是劳动力市场所包容的结果，因此反贫困的目标必须通过增强人们适应市场经济变化的能力来实现。社会资本所体现的社会互惠、社会合作、互信互助的社会关系构成了一种支持机制，它可以直接帮助人们实现行动目标，并在互助合作中防范和化解个体风险。当贫困农户遇到疾病、事故等意外时，社会关系网络能够提供必要的人力、物力和财力支持，社会资本可以转化为他们所需要的帮助，减少获取资源所需的成本，这样就相当于使他们获得了部分保障，从而帮助贫困人口脱贫（郭建宇，2011）。

（2）生命周期理论

生命周期是指在现代社会中一个人从出生到死亡的全部生命历程中所经历的具有明显不同的经济和社会特征阶段，如按照年龄划分可以分为儿童期、成年期和老年期等。基于生命周期的反贫困政策视角认为，人的生命的不同阶段是相互联系的，前一阶段的经历会对其后面阶段的经历产生影响。这种关联性主要表现为一些特定阶段的问题会在后一阶段重新出现，或者会影响到其后续阶段的机会。这些不同阶段不仅有不同的需要和问题，而且上一阶段的生活质量对下一阶段有着非常重要的影响或决定作用。因此，减贫政策应该以不同生命阶段的特殊需求为依据。对儿童来说，制定减贫社会政策的目标是社会投资，特别是要降低儿童贫困，使他们有最好的生活起点和公平的机会；此外，政府还与雇主合作帮助有工作的父母解决家庭责任与工作之间的矛盾，从而使他们有时间照顾儿童。对于就业年龄人群来说，减贫社会政策的目标是克服就业障碍，保证他们不被排斥在主流社会之外。对已退休的老年人来说，减贫社会政策的目标是提高他们的经济和社会的参与率。

由此可见，以生命周期为基础的社会保护政策框架非常宽泛，其政策目标是改变个人发展的条件，而不是修补这些条件所造成的后果。积极的社会政策不仅以满足人一生不同阶段的需求作为目标，而且更关注通过人力资本投资使个人的潜力得到最大的开发，最终成为一个能够自我满足需求的社会成员。这样，社会政策就从反应和补偿型模式转变为发展型模式（徐月宾、刘凤芹等，2007）。

（3）社会风险管理理论

与生命周期理论这一从人的层面阐释的理论不同，从社会层面阐释构建的另一个反贫困政策理论是社会风险管理理论。这一理论汲取了风险社会学的营养，从全球化下人们面临的风险入手建构反贫困政策的框架，这一理论同样在所有新的社会政策思想中都有体现。但依照世界银行的社会风险管理框架来看，中国农村反贫困政策的反思最具代表性。

与生命周期理论一样，社会风险管理也是以预防贫困为首要目的。按照世界银行的风险管理框架，所有个人、家庭和社区都会面对来自不同方面的风险，这些风险既包括自然的也包括人为的。但贫困人群不仅更容易遭遇风险，风险对他们的负面影响也会更为严重，因为他们应对风险的工具非常有限。不仅如此，由于贫困人群没有能力或者不愿意选择高风险、高回报的经济活动，他们不仅难以脱贫，其贫困程度甚至会进一步加深。因此，世界银行的风险管理框架更关注贫困的成因，而不是贫困的症状，因而也更重视贫困的预防而不是对贫困的补偿。

无论是积极的社会政策还是传统的社会政策,其目的都是消除贫困和减缓贫富差距的扩大。二者的区别仅仅在于如何才能达致这一社会目标。简单来说,传统的社会保障制度在很大程度上是一种将资源用于减轻人们不幸和困境的事后补偿机制,其目的是保障他们的基本生活不受影响。而按照风险管理的理论,消除贫困不仅代价高昂,也是很难实现的事情,因而只有预防贫困才能达到消除贫困的目的。预防贫困是世界银行的风险管理框架最重视的内容。这一框架要求对贫困和高风险人群提供事前的收入支持以鼓励其选择高风险高回报的经济活动,从而使他们逐步摆脱贫困,而干预的措施应该根据风险的类型选择不同的工具。同样,积极的社会政策也主张社会政策要致力于消除或减少那些会使人们陷入不幸或困境的因素,而不是在风险成为事实后再向他们提供生活保障。相应地,社会政策不再只是针对现实的贫困者或不幸人士的帮助,而是一种增进全体社会成员经济和社会能力的社会资源配置。

此外,社会风险管理理论还认为,有效的反贫困政策是不同社会系统包括政府、市场、非营利组织和家庭等共同作用的结果。因此,世界银行的社会风险管理干预工具非常宽泛,包括宏观经济政策、治理和善治、提高基础教育和医疗卫生的可及性等。贫困的成因是非常广泛的,包括涉及环境和个人的多方面的因素,因而反贫困的目标同样需要多方面的努力才能实现(徐月宾、刘凤芹等,2007)。

2. 基于个体的社会心理支持系统

在贫困成因的各个理论中,"贫困文化论"建立在贫困个体的基础之上,认为贫困本身实际上表现为一种自我维持的文化体系,也就是贫困文化。穷人由于长期生活于贫困之中,结果形成了一套特定的生活方式、行为规范和价值观念。按照贫困文化论的观点,要消灭贫困,不能仅在物质上帮助穷人,需要彻底改造穷人自己的贫困文化(吴海燕,2005)。

当前反贫困社会心理支持系统的构建是指在政府的主导下,通过多种途径包括心理咨询、心理健康教育、思想政治工作、社会心理宣泄和疏导等,对贫困群体社会心理的各方面包括成就动机、认知模式、社会情感、社会态度以及人际交往等进行指导、重建,引导贫困群体逐步形成理性、科学的社会心理。这个系统从以下几个方面进行构建。

(1)成就动机的培育。成就动机是一种重要的社会动机,它对个体的工作、学习有很大的推动作用。具有高成就动机的人,生活内容丰富而充实;工作主动积极,有事业心、进取心;他们思维活动的独立性、创造性强;富有竞争意识、自信心强（时蓉华，1989：170）。成就动机是可以培育的，社会心理工作者应通过细致的工作，转变农村贫困群体对自己的态度，向自己提出要求，确立自信、自立，引导其成就动机的形成。

（2）改善认识模式。社会认知是研究个体对外来信息进行心理表象和加工的过程，即研究个体是如何处理自己所接受的外来信息的（时蓉华，1989：274）。由于信息加工依靠简化的推断，往往导致重大的偏差，从而影响个体对事件因果的解释。个体为了使自己能够做出正确的判断，必须从不同的侧面对一种情境进行思考、推敲，力求避免那种狭隘、庸俗、无效的推断，以免产生错误的认知。农村贫困群体由于其特殊的境遇，往往容易产生认知偏差，导致悲观主义，社会心理工作者应努力改善农村贫困群体的认知模式，使之获得正确、全面的认识，形成乐观的心态（吴海燕，2005）。

（3）社会情感的驾驭。这种能力是指人们一旦意识到自己开始感到不安，他们能够控制这种情感。驾驭情感意味着调控自我的情绪，使之适时、适地、适度。这种能力具体表现在通过自我安慰和运动放松等途径，有效地摆脱焦虑、沮丧、激怒、烦恼等消极情绪的侵袭（沙莲香，2002：163）。这种能力高的人可以从人生挫折和失败中迅速跳出，重整旗鼓，迎头赶上。社会心理工作者要教会农村贫困群体缓解、转换、驾驭自己情绪的方法，使他们做自己情绪的主人。

（4）社会态度的转变。社会心理学研究表明，社会态度具有动机作用，促使个体转向为实现自己目标而服务的某一对象，能释放人类的潜能。社会心理工作者要引导农村贫困群体形成正向的社会态度，使之与外界取得平衡，促进农村贫困群体对社会发展的心理适应。

（5）增进人际交往。人际交往不仅是维护和发展人与人之间关系的纽带，同时也是个体心理正常发展的基础和必要条件。人际交往对个人的心理健康有着极为重要的作用，能增强人与人之间的亲密感、安全感。为促进农村贫困群体的人际交往，社会心理工作者要引导他们完善性格，增强自身人际吸引的因素，主要有：正确的人生观、高尚的品德修养、良好的心理品质以及智慧和才能（吴海燕，2005）。

三 政治学：利益与剥夺

（一）利益与剥夺的内涵

1. 利益的概念

利益的解说众多，马克思、恩格斯从历史唯物主义与辩证唯物主义的立场出发，认为"利益不仅仅作为一种个人的东西或众人的普遍的东西存在于观念之中，而且首先是作为彼此分工的个人之间的相互依存关系存在于现实之中"，这说明利益首先作为一个客观的范畴存在。其次，利益以人们的需要为基础，"一切人类生存的第一个前提也就是一切历史的第一个前提，这个前提就是：人们为了能够'创造历史'，必须能够生活。但是为了生活，首先就需要衣、食、住以及其他东西"。这些人们需要的对象，总括起来就构成了人们的利益。而人类"第一个历史活动就是生产满足这些需要的资料，即生产物质生活本身"。

利益以人们的需要为基础和来源，但利益并非产生于需要满足之时，而是贯穿于需要实现的全过程，其中包括需要受到破坏，然后产生的冲突、协调、分配、满足等。利益不仅仅在需要得到满足这一阶段可以体现，当需要受到破坏或阻碍而引起冲突时，"利益"的概念会更为凸显，意义更为重大。

利益的核心内容是社会关系，更为确切地说，是一种社会利害关系。当某些人或群体实现利益的时候，很可能意味着另一些人或群体丧失他们的利益，所以对于利益的争夺时常很激烈，围绕着利益而进行的人与人之间的交往多不是皆大欢喜，而往往会陷入利己则害人，利人则害己的两难境地。

利益的本质原因是资源的有限性和稀缺性。利益的产生源于人们的需要，而人们之所以会有各种需要是因为资源的有限乃至稀缺，如果各种资源极大丰富，取之不尽、用之不竭，那么人们的需要就会得到最大程度的满足，也就不存在人与人之间由于资源争夺而产生的利害关系，利益也就无从谈起了。但在现实生活中，资源不仅有限，而且稀缺。资源的有限性与稀缺性造成了需要与分配的矛盾及冲突，这是利益形成的更深层次原因和本质的体现。

总之，所谓利益是指在一定社会条件下，处于各种利害关系中的人们围绕着自身的需要的受阻，在冲突、协调、分配、满足等各个环节所展开的对于有限资源与稀缺资源的争夺。

2. 剥夺

社会学解释剥夺（de-privation），不是指剥夺的行为，而是指被剥夺的一种状态。作为被剥夺的状态，具有双重含义：一方面是指客观经济的被剥夺状态，另一方面是指被剥夺者的一种主观心理状态，即人们需求得不到满足的一种状态。"社会剥夺"一词最早由英国的汤森用于研究贫困的定义和变量，并认为，当个人、家庭和社会集团缺乏必要的资源，不易获取食物、参加活动、拥有公认的居住和生活条件，并且被排除在一般的居住条件、社会习惯和活动之外时，即为贫困。从这一角度来看，社会剥夺是一个可以和贫困相互替代的词。

相对剥夺感的产生，主要源于参照群体的选择，而与自身利益的实际增减并无直接的联系。阿玛蒂亚·森从自由的角度研究认为，剥夺主要有两个特性：首先，它是一个多维概念，涉及政治、经济、社会以及文化等诸多层面。人们可能被剥夺了生计、财产、住房、教育、健康、尊重等，在同一时间，人们甚至可能遭受几种不同形式的剥夺，并且一种形式的剥夺可能会助生其他多种形式的剥夺。其次，剥夺聚焦于基本可行能力变量，剥夺本身就是人的可行能力的失败（森，2005）。

贫困不仅是一个社会问题，更是一个政治问题，其实质是社会不平等。从利益与剥夺的角度来看，贫困是社会政治经济不平衡发展的产物。社会利益关系发生的深刻变化既与市场经济的运行有关，又有着政治生活的背景和深层的政治原因，要解决贫困问题，也要消除消极的政治因素，在政治发展中促使弱势群体走出困境。

（二）西方政治经济学家的贫困理论

15 世纪末到 16 世纪前半叶的三次地理大发现，资本家的暴富和工人的贫困相伴相生。如何对待工人的贫困，虽然资产阶级经济学家的经济理论也有所涉及，但仍是站在富人的立场上，研究如何让富人富上更富。马克思的制度贫困理论，则是站在穷人的立场，研究穷人如何脱贫致富。

1. 财富的积累与权益剥夺说

近代政治经济发展史揭示资产阶级以追求最大利润为目的，使劳动、土地和资本这三种生产要素相组合，生产出最大可能的产量。因此，人类社会的扩大化生产，创造了之前时代无法想象的社会财富。然而，资本主义生产方式也导致财富的两极分化，富人的财富积累和穷人的贫困积累齐头并进。

（1）资产阶级创造了人类前所未有的财富

马克思和恩格斯在《共产党宣言》中指出，为了追求利润，资产阶级不断创新，使生产工具不断地革命化，一切新工艺很快就陈旧了，一切新机器不久就老化了，一切新设备马上就被更新的设备取代了；资产阶级奔走于全球各地，不断扩大产品销路的需要，到处落户，到处创业，到处建立联系，开拓了世界市场，使一切国家的生产和消费都成为世界性的了（森，2005）。"资产阶级在它的不到一百年的阶级统治中所创造的生产力，比过去一切世代创造的全部生产力还要多，还要大。自然力的征服，机器的采用，化学在工业和农业中的应用，轮船的行驶，铁路的通行，电报的使用，整个整个大陆的开垦，河川的通航，仿佛用法术从地下呼唤出来的大量人口——过去哪一个世纪料想到在社会劳动里蕴藏有这样的生产力呢？"（马克思、恩格斯，1965）

（2）资产阶级造就无产阶级的贫困

马克思在《资本论》中指出，资本原始积累把农民剥夺得像鸟一样，一无所有,成为彻头彻尾的与生产资料相脱离的无产者。资产阶级一切提高社会劳动生产力的方法都是靠牺牲工人个人来实现的,工人劳动环境特别恶劣,工人的劳动强度高。一切发展生产的手段都变成统治和剥削工人的手段,所有的具体分工只能使工人畸形发展,成为局部的人。一切的机械化生产都把工人贬低为机器的附属品,使工人受劳动的折磨,从而使劳动失去内容。就连科学也作为独立的力量被并入劳动过程,从而使工人的劳动条件变得恶劣,使工人在劳动过程中屈服于可恶的专制。工人的工资低到只能勉强维持工人的再生产。总而言之,资本主义生产关系造就了工人阶级的贫困。所有的资产阶级政治经济学家都不得不承认现实贫困的存在,但是,他们站在资产阶级的立场上,认为工人的贫困是天经地义的事,既不值得同情,也不应该改变。

(3) 工人贫困的根源在于生产关系

马克思在《政治经济学批判》中指出,生产关系在法律上的用语就叫作财产关系。这种财产关系包含以下三方面内容:第一,生产资料的所有制形式,就是谁占有生产资料,谁不占有生产资料的问题;第二,在生产中的地位,即谁处在支配地位上,谁处在被支配地位上;第三,产品的分配,即谁是劳而不获,谁是获而不劳的问题。马克思认为在资本主义社会的生产关系即财产关系下,资本家占有生产资料,工人一无所有;在生产中,资本家处于支配地位,工人处于被支配地位;资本家几乎占有工人生产的全部产品,工人只能得到维持生命的微薄产品。生产关系,具体地说财产关系是工人贫困的根源。

(4) 工人的贫穷不是原罪,而是被剥夺

英国的圈地运动及其以后,英国的农民一步一步转变为一无所有的无产者的过程说明,工人的贫困不在于原罪,而完全在于新兴的资产者对他们的剥夺。当年英国的农民由于土地被剥夺沦为流浪者、沦为乞讨者、沦为奴隶、沦为罪犯的过程说明这不是由于什么原罪,而是由于当年英国的法律(余斌,2003)。

新兴的资产阶级为了"规定"工资,即把工资强制地限制在有利于赚钱的界限内,为了延长工作日并使工人本身处于正常程度的从属状态,就需要并运用国家权力。法律规定了城市和农村、计件劳动和日劳动的工资率。农村工人受雇期限应为一年,城市工人则应在"自由市场"上受雇。支付高于法定工资的人要被监禁,但接受高工资的人要比支付高工资的人受到更严厉的处罚(余斌,2003)。转变成工人的农民忍气吞声接受低工资也不在于什么原罪,还是在于当年英国的法律。

(5) 资本家富裕不是天赐,而是掠夺

英国工人阶级的贫困过程所伴随的是英国资本家富足的过程。英国资本家的富足不是天赐的,是从剥夺农民的过程中建立的。除此之外,对外掠夺是英国资本家的致富捷径。

(6) 法律上的平等与实际上的专制

资产阶级总是大讲天赋人权,所谓天赋人权,就是自由、民主和平等。马克思在《资本论》中认为,所谓资本主义社会中的自由平等只是存在于流通领域,在生产领域则是不折不扣的奴隶制。"劳动力的买和卖是在流通领域或商品交换领域的界限以内进行的,这个领域确实是天赋人权的真正乐园。那里占统治地位的只是自由、平等、所有权"(余斌,2003)。因为在那里,工人作为劳动力的卖者,资本家作为劳动力的买者,双方确实是自由平等的。工人对自己的劳动力有完全的所有权,他想卖给谁,就卖给谁,真是我行我素,完全自由,谁也管不着。同理,资本家对自己的货币也有完全的所有权,他想要买什么样的劳动力就买什么样的,谁也无权干涉。工人和资本家所做的买卖劳动力的交易是平等的,因为他们彼此只是作为商品所有者发生关系,用等价物交换等价物。双方都是自私的,都只顾自己。写在法律条文上的自由、平等、所有权的词句,仅仅是法律条文而已,在资本主义国家的实际生活中是不存在的。

2. 社会达尔文主义说

18世纪的资产阶级经济学家几乎都是站在资产阶级的立场上,认为贫富并存是自然规律,富人可以心安理得地享受奢侈的生活,鄙视穷人,穷人只能俯首帖耳地听从所谓上帝的安排;有的大肆宣扬穷人就是富人的垫脚石,是富人致富最廉价的工具,要使富人富,就必须让穷人穷的极端露骨的剥削有理谬论;有的居然叫嚣扶贫活动破坏自然的和谐与优美,蔑视人性中的扶危济困情怀,公然宣称人的社会也应遵循弱肉强食的丛林法则;当然,也有的对穷人的贫困表示一点同情,提出人类社会的文明秩序要求富人应该使穷人处于安适和宽松的从属关系的见解,其目的也只是为了缓和现实社会财富两极分化的矛盾和避免富裕阶层暴露在巨大贫富差距产生的威胁之中。

(1) 贫富并存是自然规律

奥特斯在《国民经济学》中,把资本主义生产方式所造成的财富两极分化现象,说成是社会财富增长的普遍的自然规律。他说,在一个国家里,经济上的善和经济上的恶总是保持平衡,一些人财富的充裕总是与另一些人财富的贫乏相抵。一些人享有巨大财富,同时总伴有多得多的其他人被完全剥夺必需品。一个国家的财富同它的人口相适应,而它的贫困则同它的财富相适应。而以上论断是建立在富人是勤奋才致富的,穷人是懒惰才致贫的这样一个荒谬前提假设上的。他认为一些人勤劳迫使另一些人懒惰,穷人和懒惰者,是富人和勤劳者所造成的一个必然结果，等等。

英国的唐森在《论经济法》中认为，让雇佣工人应当经常挨饿，使其时时处在贫困之中，他们的贫困是社会财富快速生产和积累的必要条件。他说，政府用法律来强制穷人劳动，会引起过多的麻烦，引起穷人的反抗，甚至引起暴力和叫嚣，而用饥饿、贫困向穷人施加压力，迫使他们不得不劳动，不得不勤奋，不得不为富人卖命。这种做法不仅是和平的、无声的和持续不断的压力，而且是刺激勤勉和劳动的最自然的动力，会唤起最大的干劲。所以，唐森最后得出结论：一切问题都归结为怎样使工人阶级的饥饿永久化。

（2）要使富人富，就必须让穷人穷

孟德维尔的《蜜蜂的寓言——私人的恶德，公众的利益》的基本思想是"个人恶习，社会受益"。他认为，假设有一天，人类社会中所有的恶习被赶跑，所有的坏人都被消灭光，使所有的事都变得尽善尽美。节约代替了浪费，奢侈消失了，超出正常需求的一切消费停止了，寄生性的职业取消了，假恶丑都没有了，只剩下真美善，人类社会正常生活的健康原则获得了胜利。那么，没有假恶丑，还能有真善美吗？人类社会将是什么样子？骄奢消踪，淫逸敛迹，事情完全今不如昔。不单那些挥金如土的阔佬不复存在，那些向他们出卖劳力的穷人如今又将何处去？其结果将是，到处异口同声说：没有销路，没有工作，所有工程一下子全部停止，简而言之，地球的末日似乎到来了。现实社会就是如此难以言说！为了真善美的存在，还需要假恶丑，为了它的繁荣，竟需要寄生虫、腐败分子、败家子和骗子，而如果社会只有爱、和平、诚实、节俭、中庸这样一些无疑的美德，却要导致经济崩溃。简单地说，孟德维尔的"个人恶习，社会受益"就是说穷人和好人之所以能够活命，还得深深地感谢富人和坏人的贪婪和作恶，否则，穷人和好人就活不下去了。富人的富是穷人活下去的条件，坏人作恶是好人活下去的条件。

（3）减贫活动破坏自然的和谐

唐森在《论经济法》中认为，穷人去担任社会上最卑微、最肮脏和最下贱的职务，这似乎是一个自然规律，只有如此，比较高雅的人们才能解除烦恼，可以不受干扰地从事比较高尚的职业。所以，唐森认为济贫法有一种趋势，就是要破坏上帝和自然在世界上所创立的这个制度的和谐与优美、匀称与秩序。

（4）文明秩序确立从属关系：富人应当使穷人安适和宽松

英国经济学家弗·摩·伊登在他所著《贫民的状况，或英国劳动者阶级的历史》一书中谈到穷人对富人的从属关系时说，在我们这个地带，为了满足需求，就需要有劳动，因此，社会上至少有一部分人必须不倦地劳动。但是一些不劳动的人却支配着勤劳人的产品。这些所有者之所以能够如此，仅仅归因于文明和秩序，他们纯粹是市民制度的创造物。因为这种制度承认，除了劳动之外，还可以用别种方法占有劳动的果实。拥有独立财产的人之所以能够拥有财产，几乎完全是靠别人的劳动，而不是靠他们自己的能力，他们的能力绝不比别人强。富人不同于穷人的地方，不在于占有土地和货币，而在于拥有对劳动的支配权，对穷人适宜的，不是使他们处于卑贱的或奴隶般的地位，而是使他们处于安适和宽松的从属关系。对拥有财产的人来说，他们则应当对于为他们劳动的人拥有充分的影响和权威，每一个懂得人类天性的人都知道，这样一种从属关系是工人自身安乐所必需的。

3. 政策失误说

布阿吉尔贝尔在其多部著作中讲述法国摆脱贫困的理论。布阿吉尔贝尔在《法国详情》中指出，当时的法国有十分之一的人过着赤贫生活，一半的人挣扎在饥饿线上，三分之一的人过着拮据生活，只有十分之一的人过着极其豪华奢侈的上流生活。生产费的连环减少造成千千万万的穷人倾家荡产，家破人亡。每年至少有两三万人陷于贫困，尤其是婴儿，由于母亲营养缺乏或者劳累过度而导致的奶水不够，长到自食其力年纪的还不到一半；等到年龄稍大时，也只能有点面包和水，没有床，没有衣服，生了病连一点药也没有，没有足够的力气干活，而干活则是他们收入的唯一来源，他们甚至还没到中年就死了。

布阿吉尔贝尔把法国和英国、德国进行比较。英国无论从人口的数量、从土地的肥沃上看，都不抵法国的四分之一。但是，英国的臣民每年都能给国王带来近八千万英镑的收入，也没有人穷得要饭，也没有人被逼种地，流离失所。当时的德国还不是一个统一的国家，其各邦直至最小的诸侯与法国比较起来就只不过是颗微粒而已，德国的土地十分贫瘠，没有肥田沃野，也没有可以进行某些制造业的大城市。可是老百姓每年给它的君王提供五十万埃居的收入。为什么法国与英国、德国相比差距那么大呢？布阿吉尔贝尔认为，这是因为在英国和德国，人们既可以消费一切可以消费的东西，又可以售出一切可以售出的物品。买者能买到其所想买的东西，卖者能卖出其想卖的东西，用当代政治经济学的术语表述，就是供求关系达到均衡。因为这可以使得政府征税，从而使百姓生活和平幸福。自然资源和条件如此之好的法国贫困的根本原因就在于法国政府的政策既妨碍人们消费一切可以消费的东西，又妨碍人们售出可以出售的物品。

政府的错误政策会毁掉财富、剥夺穷人。布阿吉尔贝尔曾说，比例失调的法令在一小时内所破坏的财富，比若干年内所创造的财富还要多。这话当然是过于夸张，其实是提示当时的法国政府应当高度重视他们错误的税收政策所造成的严重的后果。当年法国不仅税率过高,而且赋税负担的分配不公平。对越穷的人越多征税,对越富的人越少征税。由于政府每年都设置大量的新官职,每一个新官职都免纳捐税。而出任新官职的都是一些最有钱的人,于是一切重担就都落在贫苦人民的身上。布阿吉尔贝尔还深刻指出,政策人为失误与贫富差距扩大都会导致社会财富的损失:法国政府国内税收政策造成穷者愈穷,社会资源、人力、智力、财力将越来越积累在富者手中,富人拥有绝对的消费力,而穷人变得更穷,就没有消费,没有消费也就没有贸易,没有收入了,国家当然贫困了。总之,布阿吉尔贝尔的论断足以警示当今各国政府,政府做出的经济政策涉及普遍占多数的相对贫困的人民大众时应该慎重。

4. 土地私有制和社会剥夺说

俄国经济学家施托尔希认为,如果有什么济贫法的实施,使穷人解除了贫困,那么,就破坏了自然和谐,因为没有穷人的贫困,就没有富人的安乐;没有穷人的奔波和劳累,就没有富人的安全和安逸。斯密对工人贫困所持的观点与施托尔希的观点区别很大。亚当·斯密在《国富论》中认为,农民的贫困在于失去土地,工人的贫困主要是工资收入太低;贫困的根源在于,"在土地尚未私有而资本尚未累积的原始社会状态下,劳动的全部生产物属于劳动者,既无地主也无雇主来同他分享。但劳动者独享全部劳动生产物的这种原始状态,一到有了土地私有和资本累积,就宣告终结了"(斯密,2005:58)。亚当·斯密的《国富论》科学地阐述了个人和国家致富的基本原理,与此同时也阐述了个人和国家贫困的原因在于土地和其他财产私有,在于政府通过法律对贫富之差的保护。

5. 自由放任说

20世纪中叶,凯恩斯在《就业、利息和货币通论》、《预言与劝说》中指出:"有一点很确定:世界上不能再长久容忍失业现象,而在我看来,除了简短的兴奋期间以外,失业现象是和今日之资本主义式的个人主义有不解之缘的。不过把问题作正确分析以后,也许可以医治了疾病,同时保留了效率与自由。"凯恩斯认为,完全自由放任是工人失业、收入分配不均的根本原因;减少贫富之差的主要措施,就是加强政府的税收管理,建立竞争的原则,发展股份经济。

(1)自由放任导致多数人贫穷

凯恩斯在《预言与劝说》中说:"自由放任主义"的宗旨就是"让我们自己干"。主张自由放任的经济学家认为,财富、商业和机器都是自由竞争之子,是自由竞争建造了伦敦。甚至认为自由竞争创造了人。"适者生存,不适者灭亡"这个自然选择法则,也是社会选择的原则。按照这个法则,国家对经济生活的干预，不仅是不明智的，而且是邪恶的。这种理论抬高了个体的作用，贬低了政府和集体力量，从而使财产权利和事实权利学说得到了支持。这种学说认为，最好的政府就是管事最少的政府。对政府干预经济活动的行为应当加以严格的限制。

对于这种假说，凯恩斯（1997：313—314）指出："假定个人在他们的经济活动中拥有约定俗成的'天赋自由'，这是不真实的，世上也不存在赋予那些权利的拥有者和获得者以永恒保证的'契约'。宣称私人利益和社会利益必定会相互一致，这是没有根据的，上天并非是如此来统治世界的。说两者在实际上是一致的，这也是不真实的，在现实生活中并非是照此来管理社会的。断言开明的自利必定会促进公共利益，也不是根据经济学原理得出的正确推论。而所谓自利一般是开明的，同样也是不符合实际情况的，个人在追求他们各自目标的实现时，常常是太愚昧、太懦弱，以至于甚至在这方面都难以如愿以偿。"也就是说，贫富之差产生的原因就在于完全自由放任。

（2）利用财政政策和货币政策调节收入分配不公平

在《就业、利息和货币通论》中，凯恩斯认为："我们生存其中的经济社会，其显著缺点，乃在不能提供充分就业，以及财富与所得之分配有欠公平合理。"（凯恩斯，1997：308—309）凯恩斯不仅指出资本主义社会收入分配不均，而且还提出了缩小财富分配不均的办法。他认为，政府通过税收政策和货币政策可以缩小收入分配不均。凯恩斯关于通过税收调节收入分配的主张在各国普遍实行。

（3）建立混合经济制度兼顾效率和公平

凯恩斯深切地感到效率和公平似乎很难兼得。凯恩斯认为，资本主义经济制度，有利于效率，不利于收入分配公平。"效率高则是管理不集中以及追求自己利益之好处……个人主义乃是个人自由之最佳保障，意思是指，在个人主义之下，个人可以行使选择权之范围，要比在任何其他经济体系之下，扩大许多。同时，个人主义又是使生活丰富不趋单调之最佳保障，因为生活之所以能够丰富不单调，就从广大的个人选择范围而来；而集权国家之最大损失，也就在丧失了这种多方面的、不单调的生活。"（凯恩斯，2005：322）与此同时，凯恩斯又说："我们生存其中的经济社会，其显著缺点，乃在不能提供充分就业，以及财富与所得之分配有欠公平合理。"对社会主义经济制度，凯恩斯认为有利于收入分配公平，但不利于效率。"今天的集权主义国家以牺牲效率和自由为代价似乎已经解决了失业问题。"（凯恩斯，2005：320）如何解决这个"两难"问题，凯恩斯是颇费脑筋的。创立何种经济制度才能既保存效率自由又保护公平呢？凯恩斯的观点是建立混合的经济制度。

凯恩斯对贫困问题的研究虽然没有直接使用"生产关系"、"产权关系"的概念，但他的理论基础还是生产关系和产权关系。他认为穷困产生于自由竞争，在自由竞争中产生的收入分配不公，是因为穷人没有对土地和资本的所有权，因而得不到地租、利息和利润；凯恩斯关于调节收入分配不公的方法就是要政府通过行政权力把利息率降到最低点，限制富人通过占有货币和资本所有权所得到的收益；凯恩斯要政府通过累进的所得税、遗产税对富人多征税，就是要政府剥夺一部分富人通过占有财产所获的收益。

6. 富裕社会说

当代学者加尔布雷思在代表作《富裕社会》中提出了"富裕社会"这一概念，充分反映了现今西方政治经济学家对贫困问题的关注和研究，全面地剖析了今日世界特别是发达国家所面临的现实及仍旧存在的贫困。

加尔布雷思指出富裕社会可以理解为一个经济不断发展的社会，已经具有消灭贫困和流离失所的力量，只不过是漠视调节社会收入分配，以免打击那些创造了大量财富阶层的发展动力。富裕社会将导致私人富足、公共贫困、公共部门建设远落后于私人部门。"全家开着内饰桃木、装有空调、使用动力转向和具有机动刹车功能的汽车出游，穿过路面不平、垃圾横飞、房屋破败、广告牌东拉西扯、电线横七竖八在空中的城市，到达充斥商业艺术的乡村。他们拿出便携式冰箱里包装精美的食物在被污染的河边野餐，然后在不符合公共卫生和道德的停车场里过夜。他们置身于腐烂垃圾的恶臭中，躺在尼龙帐篷下的充气床上，睡前可能会反思自己的幸福为何如此不均。这些真正是美国的精英吗？"（加尔布雷思，2009：4）富裕社会虽然市场上消费性商品充斥，但社会服务不足，发展起来的经济并未满足社会需求。加尔布雷思强调在财富积累时要注意社会均衡发展，提出注意效率与社会公平。"如果听任诸种经济力量自行其是，则其除了为有权有势者造福外，绝不会为了行善而运作。"

加尔布雷思主张国家要在市场中扮演积极角色，"让我们把消除富裕社会的贫困置于社会和政治议题的中心地位。让我们捍卫自己的财富，不让某些人以保护财富之名，而只给这个星球留下毁灭的灰烬"（加尔布雷思，2009：4）。私人富裕和公共贫困的鲜明反差是加尔布雷思终身坚持的看法，他发明了三个重要词语：富裕社会、传统智慧和均衡力量。"财富不是单单用金钱来衡量，真正的富贵，是能在这个世界上对其他需要你帮助的人有贡献，这是内心的财富，也是真财富。"（加尔布雷思，2009：5）

他认为真正的富裕社会应该既富且贵。加尔布雷思设想了"可行的社会，而非完美无缺的社会",并描绘了他心中真正的"美好社会"图景:"人人有工作并有改善自己生活的机会,有可靠的经济增长以维持就业水平,青年人在走向社会之前能够享受教育和得到家庭的温暖,为弱者建立一个安全网,人人都有根据自己的能力和抱负取得成功的机会,损人利己的致富手段受到禁止,消除通货膨胀对人们的威胁,在外交上体现合作和同情精神。""每一个成员不论性别、种族或族裔来源,都能过一种有价值的生活。"

　　本章阐释了贫困研究基本理论中存在的派别与学科之争,从侧面体现了贫困的复杂性以及贫困治理的困难性。福利主义与自由主义的争论,核心点在于阐释国家、市场、社会在贫困治理中应当如何划清边界,并合力进行贫困治理。经济学关于能力与资本、社会学关于个体与结构、政治学关于利益差距与剥夺,可以被理解为分别阐述市场、社会、国家内部致贫机理与减贫机制。当前,贫困理论研究呈现多派别、多学科融合之势,其有助于阐释复杂致贫机理及其之间的联系,为贫困治理的实践奠定理论基础。未来,如何继续推动不同派别以及不同学科在贫困研究中形成视角与理论融合,是需要严肃思考的问题。

第四章　发展视域下的贫困问题

贫困作为一种社会现象，自人类社会诞生之日起就存在，直至 21 世纪的今天贫困仍然没有得以消除，然而其在表现形态、分布特征以及产生原因等方面，都呈现与以往不同的特征。贫困的变化与当今社会的发展形态有着密切的关系，将贫困问题放在各种发展过程中予以研究，有助于我们更深刻地认识现阶段贫困的本质特征，为有针对性的减贫措施提供依据。本章内容着重探讨人类社会发展的四种重要模式，即工业化、城市化、市场化和全球化与贫困的关系。

第一节　工业化与贫困问题

工业化是世界上大多数国家已经形成或正在推进的发展路径，工业化对各国乃至世界的政治、经济以及社会等诸多方面均产生了巨大的影响，贫困作为一种社会生活现象，在工业化的推进过程中，亦呈现不同于前工业时代的特点。本节在对工业化进行理论梳理的基础之上，探讨工业化背景下的贫困与减贫问题。

一　工业化

起源于英国产业革命的工业化，自诞生之日起就推动了生产力的巨大进步，带来了财富和世界性的影响力，这些举世瞩目的成就为工业化在全球的推进带来合法性。从此，工业化成为世界上大多数国家摆脱贫困落后状态的一种必然发展路径。工业化在减贫和发展方面的重要作用已被广泛接受，但是，围绕着什么是工业化、工业化的发展阶段以及其与减贫关系的理论探讨等，仍存在多种认识和看法。

（一）工业化的含义

工业化由产业革命而始，它在世界范围内对经济生产活动产生了前所未有的推动力，不仅如此，工业化在人类社会生活领域所产生的变革力量，同样在学术界引发广泛的关注与讨论,"工业化"成为所有学科探讨发展议题不能回避的概念。不同的学科,秉持各自的理论背景和学术兴趣,对工业化进行了各有侧重的定义。

史东辉对不同学科背景的工业化概念做出了归纳,他认为众多的关于"工业化"的定义可归纳为以下四类:①从生产工具的角度,认为工业化就是以机器生产取代手工操作作为起源的现代工业的发展过程;②将工业化定义为社会生产方式的一种变革,是一场包括工业发展和农业改革在内的"社会生产力的变革","是社会生产力的一场带有阶段性(由低级阶段到高级阶段)的变化";③从一国经济结构的变动入手,指出工业化乃是机器大工业诞生以来经济结构的变动过程,目前大多数发展经济学家持这种看法;④从资源配置结构的转换角度,将工业化定义为资源配置的主要领域由农业转向工业的过程。工业化是一种过程,这是迄今为止多数学者在工业化含义问题上的一种共识(史东辉,1999:20—21)。也就是说,对工业化的不同定义,也反映出工业化在不同的发展阶段所呈现的不同特点。

美国管理学大师德鲁克将大规模生产视为工业化的核心特征,进而指出,大规模生产原理绝不是一种机械的教条,否则,它的运用绝不可能超越制造业,也不可能脱离生产装配线、传送带及标准制造件等。它在本质上是一种社会原理——是一种人类组织的基本原理。德鲁克以福特工厂的运作为例指出,福特工厂的创新之处不是如何组织机械设备,而是组织工人完成一项普通任务的独特方式(德鲁克,2009:5)。也就是说,在德鲁克看来,工业化是以大规模生产为核心运作手段的一种新的人类社会组织的基本原理,正是基于这一新的社会组织原理,工业化对社会、家庭与个体三者之间的相互关系,以及传统文化才产生了如此巨大的冲击作用。

从工业化的多种定义可以看出,从最初对技术层面的关注,到如今在社会整体意义上的分析,人们对工业化的认识在不断深化。综上所述,我们可以认为工业化是以技术创新为原动力,以规模生产为手段,革新传统组织方式,从而达致经济社会全面进步的一种历史发展过程。

(二)工业化的发展阶段

从工业化的定义可以看出,工业化本身即是一种发展过程,在不同的发展阶段呈现不同的特点。对工业化发展阶段的探讨,有助于加深对工业化特点的理解,揭示工业化的推进对社会经济所产生的阶段性影响,为工业化的进一步发展提供指导。

工业化起源于英国的产业革命,从产业演进的角度来看,工业化的进步、发展和转变可以划分为四个阶段（韩民青，2008）：第一阶段，从18世纪60年代到19世纪50年代，以纺织工业为主导的阶段。纺织工业的劳动对象毛、丝、棉等是农业生产的产品和副产品，因此纺织工业实际上是农业的延伸。纺织工业的扩张带动了其他一些产业的迅速崛起，出现了包括纺织工业、冶金工业、采煤工业、早期制造业和运输业等部门形成的早期工业产业群。英国在18世纪末，德、法等西欧国家以及美国在19世纪60年代完成了这个工业化演进阶段。

第二阶段，从19世纪60年代到20世纪40年代，以重化工业为主导的阶段。在这个阶段的前期，铁路的大规模发展带动了对钢材、木材、机车、货车、建材等的需求，形成了包括钢铁工业、采煤工业、纺织工业、造船工业、机器制造工业、铁路运输业以及轮船运输业等部门组成的产业群，这是一个重工业凸显的产业群。在这个阶段的后期，发生了电力革命，有机化学也出现了突破性的进展，形成了电力、电器制造、化学化工、汽车工业以及石油工业等新产业，电力和化工业又凸显出来。在这个阶段，制造业成为国民经济的主体，资金密集型的重化工业取代了劳动密集型的轻纺织工业成为国民经济的主导产业。

第三阶段，从20世纪50年代到20世纪70年代，重化工业仍然占有重要地位，但一大批技术密集型产业如机械电子产业蓬勃发展起来而成为主导产业。在这一时期，主导产业是汽车、石化、钢铁、电子、耐用消费品工业。此外，第三产业的比重明显上升，并且超过了第一、第二产业，出现了所谓"国民经济第三产业化"的新趋势。

第四阶段，从20世纪80年代到现在，信息产业成为主导产业，国民经济信息化的态势初现端倪。近二十多年来，在信息技术革命的推动下，信息产业在一些发达国家逐步取代汽车业、建筑业等传统产业而成为支柱产业。信息技术还促使传统工业发生了信息化大转变，极大地提升了工业劳动生产率，使许多传统产业焕发出新的活力。同时，由于劳动生产率的提高还使制造业出现了大量剩余劳动力，这些劳动力纷纷转向第三产业，进一步加大了国民经济的"第三产业化"；与此同时，信息化的发展还带有明显的服务性和咨询性，极大地提高了人类生活的舒适程度和休闲程度。然而，信息化对生产所带来刺激的无限性与生产所需的物质资源的有限性之间的张力也逐步凸显，工业化的局限并没有随着信息化的提升而消弭。

从工业化的发展阶段可以看出，并不存在一个全球同步的工业化过程，不同国家的工业化发展水平并不相同。时至今日，欧美等发达国家的工业化程度相对较高，国民经济在日臻成熟的工业化过程中得到了巨大发展，同时也面临着制约发展的瓶颈问题；在作为后起国的发展中国家和不发达国家里，工业化发展程度则参差不齐,然而,所有后起国家的工业化进程都面临着一个共同的问题,即如何在确保国民经济持续增长的同时,保证全体人民能够分享到发展的果实。

(三) 关于工业化的争论

从18世纪到21世纪,从英国、欧美到全球,从技术领域到社会生活,工业化显示出了其强劲的生命力,然而与此同时,工业化的局限性也日益明显。

韩民青从工业化生产的本质入手,分析了工业化生产固有的历史局限性。他认为,工业化生产的历史局限性主要体现在两个方面(韩民青,2008:63):一是工业化生产的自然资源是有限的,当依赖各种化学物质的工业化生产高度发达之后,天然化学资源必然会出现短缺、匮乏乃至枯竭,这是工业化生产的最大局限;二是工业化生产造成的环境污染和生态恶化是严重的。这两大历史局限决定了工业化的非可持续性。也就是说,随着工业化的推进,工业化生产的局限必然日益凸显,并最终形成由资源匮乏和环境恶化构成的工业危机。

伴随着对工业化局限性的深入认识,学术界出现了工业化时代终结的论调。美国社会学家丹尼尔·贝尔的"后工业社会"概念的提出,即是这一转变的典型反映。丹尼尔·贝尔以社会预测与探索的形式于1967年提出了"后工业社会"这一术语,目的是想以挑战的方式指出,我们已经进入了另外一种模式的社会,其发展动力已经改变了,起支配作用的不再是工业而是科学,这个时期的主角不再是工程师而是理论家,伴随着这些从此将知识变为发展的新现象,推理方式和人际关系的类型都开始发生了变化(克罗齐埃,1999)。也就是说,工业社会是以生产和机器为轴心、为制造商品而组织起来的,后工业社会是以知识为轴心、为进行社会管理而组织起来的,从工业社会到后工业社会,最主要的变化是发展动力的改变。"后工业社会"这一概念的提出,即反映了对原有的工业化发展路径的质疑。

针对这些对工业化的质疑,也有不少学者坚持,工业化仍有其内在的生命力和发展价值。史东辉(1999)认为,从经济学的眼光来看,工业化时代的终结对于整个人类社会而言还将是很遥远的事,即使是在少数最发达国家,这一转折也远未发生,这些最发达国家在实质上仍然处于工业化的深化和成熟阶段。因为首先,工业或者说以机器大生产为特征的物质资料生产和技术进步,迄今仍然是包括服务业在内的所有生产部门提高效率或扩张规模的基础,而不管它在统计意义上处于整个国家生产活动中的地位如何。这就像汽车工业在某些国家工业结构中的地位,论产值份额,很可能不及原油开采、石油加工和钢铁等产业,但是由于它对其他工业部门有着无可替代的强大的纵向关联效应,因此它显然应当算是这些国家的主导工业部门。

虽然贝尔对"后工业时代"的预言已被部分地证实，但是，需要指出的是，所谓的"后工业时代"并非一种全新的社会组织形式，而是工业化在发展过程中表现出的一种新形态。在这一新形态中，技术创新、规模生产、组织方式的革新等工业化的精神内核并没有被抛弃，在很大程度上这些工业化的精髓只是换了一种面貌呈现出来而已。也就是说，作为一种发展路径的工业化，在当代仍有着相当的生命力和发展潜力。因此，针对工业化的争论，应摒弃工业化是否有必要这样的伪命题，而是集中在工业化战略的具体安排方面，探讨在工业化的推进过程中，如何均衡地、有效地、可持续性地促进经济和社会的进步。

二 工业化背景下的贫困

工业化所产生的巨大生产力，对于人类经济增长的贡献毋庸置疑。但同样应该看到的是，工业化并不意味着贫困的绝迹。即使在如美国这样的高度发达国家，在其经济最为繁荣鼎盛的时期，仍然存在贫困现象。工业化下的贫困，呈现出与前工业社会完全不同的状况。

（一）贫困的普遍化

工业化的推进造成了贫困的普遍化，这一趋势从英国的工业化发展过程中得以充分的体现。1801—1850年，英国国民收入增长了125.6%，1851—1901年又增长了213.9%。但是，贫富差距与财富增长同比拉大。1801年，占英国总人口比例仅1.1%的最富有的人占有国民总收入的25%。1848年，1.2%的最富有的人占国民总收入的40%。体力劳动者的收入在国民总收入中的比例由1801年的42%降至1867年的39%。时任英国保守党领袖的迪斯雷利承认："英国可以分为两个民族——穷人和富人，他们之间有一条巨大的鸿沟。"1901年，在"日不落帝国"的首都伦敦，有31%的人口处于贫困状态（王云龙、陈界、胡鹏，2010：3—4）。从英国的状况可以看出，在工业化的最初发展阶段，生产力的提高和贫困的普遍化是相伴而生的，贫困的普遍化是工业化国家的一大痼疾。

工业化进程中贫困的普遍化与工业化的内在发展逻辑是分不开的。如前所述，工业化以技术创新为原动力，在技术创新的过程中，机器大生产相较于手工小制作有明显的优势，机器的普遍使用和更新换代使凭借劳动换取报酬的工人的工资日益下降，他们的生存空间受到极大程度的挤压，更有甚者，一大部分不具备相应劳动技能的工人被排除在市场之外，直接沦为赤贫者。这种情况的持续发展必然导致贫困的扩散。

同时，工业化与资本主义的天然联系，也导致了贫困的普遍化。马克思认为，"工业革命到处都使无产阶级和资产阶级以同样的速度发展起来。资产者越发财，无产者的人数也就越多。因为只有资本才能使无产者找到工作，而资本只有在使用劳动的时候才能增加，所以无产阶级的增加和资本的增加是完全同步的"（马克思、恩格斯，1995a：215—216）。也就是说，工业化所带来的大规模生产，促使资本越来越多地集中于少数人手中，大部分人成为出卖劳动力的雇佣工人，这一发展逻辑必然导致严重的贫富分化，从而造成贫困的普遍化。

（二）贫困的集群特征

贫困现象自古就有，工业化过程对贫困现象的一大影响就是改变了贫困的分布面貌。如果说在前工业社会，贫困呈现分散分布的特征，那么，在工业化的发展过程中，贫困则明显地表现出聚集呈现的趋势。也就是说，工业化下的贫困表现出了集群特征。

贫困的集群特征，同样与工业化的固有发展逻辑有着不可分割的联系。工业化所要求的大规模生产，需要大量的劳动力。也就是说，工业化的发展必须具备相当规模的自由劳动力，必须有一定程度的人口聚集。一般来说，城市作为工业化的主要发展地带，对人口有相当的拉动效应，这也是工业化往往能够带动城市化发展的主要原因。工业化的这一发展特点，往往导致贫困的集中出现，这在城市体现得尤为明显，当前所有国家的大城市，几乎都存在相当数量的贫民窟，这正是工业化所带来的贫困的集群特征的突出表现。

值得注意的是，贫困的集群特征中，蕴含着巨大的变革性力量，"工业革命使资产者和无产者都集中在最有利于发展工业的大城市里，广大群众聚集在一个地方，使无产者意识到自己的力量"（马克思、恩格斯，1995a：215—216）。同样的贫困经历，会使这些呈现集群特征的贫困人口产生相同的阶级感情，从而有可能为了共同的利益而采取共同的行动。

（三）个体脆弱性增强

前工业时代，贫困问题往往与个体因素有较大的联系，个人和家庭成员的勤劳程度和健康状况等个体因素在很大程度上决定了个人与家庭是否陷入贫困。而工业化的发展，使个体因素在改变自身命运中的作用被削弱。也就是说，在工业化社会中，个体因素不再是一个人是否陷入贫困的决定性因素，个体的脆弱性体现得更为明显。

在前工业社会，劳动者与生产工具并没有呈现明显的分离状态，在大多数情况下，健康的劳动者，使用自己的生产工具，凭借辛勤的劳动，就能够保证自己和家庭过上不错的生活。而工业化生产的显著特征之一，是劳动者与产品及生产工具的分离。劳动者自己无法生存，他必须融入由资本、机器、工具和人组成的复杂的组织中去。正如德鲁克（2009）所言，在工业社会，只有极少数的艺术家及掌握着某些专门技能的人，能够完全依靠自己进行创作与生产，其他所有的人，都必须依赖于某个组织，才能实现产出。在工业体系中，是组织而不是个人，才能实现产品的产出。只有当为数众多的个人所进行的操作或动作被组合在一起，并整合成一种模式时，产品才能被生产出来。具有生产能力的是这样的一种生产模式，而不是个人。

在这种生产状态下，劳动者个体的因素，比如勤劳和健康的程度，已无法保证其所能够拥有的生活质量，即便是个体拥有勤劳的品质和健康的体魄，但如果缺乏融入工业生产体系的机会或是能力，这些因素也无法发挥作用。可见，在工业化时代劳动者的个体因素与其是否处于贫困状况之间的联系不再紧密，个人抵抗贫困的能力被削减，个体的脆弱性随之增强。

三 工业化背景下的减贫

以上所述，工业化背景下所产生的贫困现象，皆与工业化的内在发展逻辑有关，那么是不是说，在工业化时代，贫困就是无法避免的呢？情况并非如此。工业化过程中生产效率的提高所带来的经济增长有目共睹，伴之而生的生活标准的大幅度提高也成为不争的事实。这一切都说明，工业化除了对贫困产生影响之外，还为减贫提供了可能性与资源。

（一）工业化背景下的减贫路径

1943年罗森斯坦－罗丹在其著名的《东欧和东南欧国家的工业化问题》一文中提出"经济落后国家要从根本上解决贫困问题，关键在于实现国家的工业化"以后，工业化又正式被看作与现代经济发展特别是与发展中国家的经济发展同义的一个基本概念（史东辉，1999：20）。也就是说，在当前的历史条件下，工业化凭借其所能带来的巨大生产力，成为发展减贫事业的必然选择。同时，工业化的健康发展，也必须有减贫事业作为保障。贫困所带来的不安定因素，会影响工业化的持续推进，在这个意义上来说，工业社会秩序的有效运转，必须保证产业工人的生活品质，以有效的减贫事业为工业化的推进保驾护航。从工业化与减贫之间的关系来看，一个完整的工业化战略，不仅要包括工业化的推行策略，也必须要有与之相配套的防贫、减贫措施。

正如工业化在全球并没有一个统一的发展策略，工业化背景下的减贫也没有一套放之四海而皆准的标准做法，不管是工业化高度发达的国家，还是正在推行工业化的国家，都必须依照本国的实际情况，制定与工业化发展策略相配套的减贫措施。对处于不同发展阶段的国家而言，减贫措施各有侧重。德鲁克（2009）认为，在欧洲，将无产者转变成真正公民的工作既十分困难又十分重要，事实上，这已成为欧洲社会与文化的核心问题；而对于新兴工业化国家，如中国、印度及南美国家等，在工业化进程中，要尽可能地保证不会出现新的工业无产者，这比任何事情都显得更为重要。韩民青（2008）认为，在当前的历史条件下，要所有国家都达到如同美国那样的工业化程度是不可能的，不同类型的国家应采取不同的工业化发展战略，对于发达国家来说，应采取降低工业化发展战略；对于新兴国家来说，应采取适度工业化发展战略；对于落后国家来说，应采取平衡的有特色的工业化发展战略。

虽然工业化以及在工业化下的减贫事业并没有绝对一致的标准，但从现有的发展经验来看，以下三点对工业化中的减贫具有重要意义。

第一，在工业化背景下，政府应成为减贫事业的必然主导。正如前文所述，工业化削弱了个体因素所能发挥的作用，增强了个体的脆弱性；而工业化与资本主义的发展逻辑，又是以资本的积累为天然使命；同时，社会作为一种博弈力量的发展程度，在各个国家又有所不同，对于大多数发展中国家来说，社会力量仍需培育。因此，由个人、市场或是社会来充当减贫事业的主导力量，都是不现实的。在工业化时代的减贫事业中，必须由政府力量为主导，充分调动个人、市场和社会的参与积极性，共同促进全体社会成员平等地享受发展的果实。

第二，加强社会福利立法、形成国家层面对贫困状况的干预，这是工业化背景下减贫的重要保障。从英国的《伊丽莎白济贫法》开始，各国政府通过诸如社会保险、社会保障等一系列社会福利立法，系统地开展了减贫工作。值得一提的是德意志第二帝国的社会福利立法。德意志第二帝国的社会改革首次以国家立法的形式，强制对所有雇佣劳动者实行"统一"和"平等"的社会保险，保证了他们的基本生存条件，为其提供了比较稳定的生活保障，这种做法不仅缓和了阶级矛盾，也为扩大再生产提供了充足的劳动力（王云龙、陈界、胡鹏，2010：66）。这种通过国家直接干预和调节社会再分配来消除贫困、缓和阶级矛盾的做法，是对工业化国家解决社会问题所做的一次有益探索，由于它顺应了工业化、现代化和社会进步的发展趋势，很快被其他欧洲国家所仿效，成为工业化时代政府的主要减贫路径。

第三，重视女性在工业化过程中所能够发挥的作用。在工业化背景下，女性对于减贫事业发挥了巨大作用，当然，她们的作用往往以比较"含蓄"的形式存在。工业化作为一种国家发展战略，需要调动一切力量来配合，包括家庭中的女性。在工业化发展的过程中，尤其是起步阶段，女性在工业化发展以及减贫事业中所起的作用不容忽视。熊秉纯（2009）通过对中国台湾地区的研究，指出在台湾地区经济起飞的过程中，即工业化发展初期，政府通过倡导"出口导向型"经济政策,"妈妈教室"、"客厅即工厂"等文化政策,将传统意义上从事家庭再生产的女性,纳入制造业的生产体系中,女性通过在家里或是邻近社区,从事季节性的、非正式的手工劳动,承担着家庭和工厂的双重负担,为工业化的发展提供了强劲的推动力。

(二) 工业化背景下的减贫成果与挑战

工业化的推进大大解放了生产力,为人类的减贫带来了契机,这在发展中国家体现得尤为明显。美国调研公司盖洛普于2014年发布了一项研究报告,称过去六年里世界第一人口大国中国的贫困率下降近3/4,即从2007年的26%降至2012年的7%,而这一趋势可归因于过去几十年来中国的经济改革,这种社会—经济成功的一个特别方面就是该国的快速工业化。[①]

工业化的推进与我国平均物质水平的改善是紧密相连的,也与减贫有着直接的关系。贾亚迪·戈什(Jayati Ghosh)教授在2010年为联合国撰写了《中印减贫:近期趋势的政策意义》研究报告,报告中对中印两国在减贫方面的经验进行了比较,从报告中可以看出,工业化对中印两国减贫的差异性有较大贡献。贾亚迪·戈什教授认为,"总体增长模式和结构性变化与减贫有直接关系",中国遵循了传统的工业化模式,在过去25年中从第一产业转向发展制造业。在劳动力方面,制造业所占比例翻了一番;在产量方面,其所占比例增加了三倍,由于中国是一个拥有庞大人口的大型经济体,制造业的发展使得中国日益成为"世界工厂";与此相对应的是自20世纪80年代以来农业产出和就业比例的明显下降。印度的情况则不同,印度主要是从农业转向服务业,虽然以IT产业为支撑的离岸服务业成为所谓的"世界办公室",但就业结构没有什么变化,第一产业在国民收入中的比例从20世纪50年代初的60%下降至2001—2003年的25%,但在就业人口中的比例仍然超过60%。这说明,劳动力的大部分还停留在低生产率的活动中。从GDP比例来看,印度在过去20年中相对高的投资率没有带来工业发展,但却促进了包罗各个部分的服务业的扩大,其中既有高附加值的服务业也有低附加值的服务业,既反映出一定的活力又显示出以"难民"为主的低生产率就业的增加。也就是说,服务业包括IT业这样资金和技术密集的行业很难有效吸纳农村人口,这导致经济增长过程与农业人口转移过程脱节,从而缺乏消除贫困的功能(戈什,2012)。因此,通过对比中印两国的发展经验,贾亚迪·戈什教授认为中国农业转型和工业化共同推进的增长模式对减贫发挥了重要

---

① 《美媒:世界第一人口大国中国贫困率下降3/4》,http://oversea.huanqiu.com/economy/2013-12/4693156.html, 2013年12月25日。

的作用,因为这样能够在农业以外产生更多的生产性和有酬劳的就业机会,而这些对减贫有着重要意义。

工业化所带来的生产力的解放为减贫带来了难得的契机,而与此同时,工业化所蕴含的技术创新、规模生产和组织方式革新等精神内核,又往往会对既有的社会形态形成冲击,在冲击中贫困人群作为弱势人群的主要组成部分则会首当其冲,他们更容易被边缘化从而滞留或重新陷入贫困的境地。因此,要解决贫困问题就必须将工业化视作一种经济社会的全面变革,如何在保证工业化发挥其刺激经济发展功能的同时,兼顾弱势群体的利益,确保社会领域的公平和稳定,这将是在工业化背景下推进减贫事业的重大挑战。

第二节 城市化与贫困问题

一般来说,城市化反映了人类从传统的乡村社会向现代的城市社会转变的自然历史过程,工业化的推进,加速了这一过程,使城市化成为与工业化相伴而生的发展路径。本节着眼于发展,在阐明城市化内核的基础上,分析城市化进程中的贫困问题,探讨城市化背景下的减贫策略。

一 城市化

(一) 城市化的含义

对于什么是城市化,不同领域的学者们给出了各有侧重的定义。美国人口学家赫茨勒指出,城市化就是人口从乡村地区流入大城市以及人口在城市的集中(赫茨勒,1963:52)。叶裕民(2001)和高珮义(2009)认为,城市化是由传统的农业社会向现代城市社会发展的自然历史过程。高珮义从城市发展学的视角,进一步将城市化的含义表述为五个层次:一是乡村地域不断地转化为城市区域并最终为城市文明所同化;二是乡村村落自身内部的城市化建设;三是城市的城市化,即原有的城市适应城市化进程的要求而不断地完善和发展;四是作为各相关学科研究对象的城市化,诸如人口城市化、地理城市化、经济城市化、社会城市化、生态城市化,等等;五是抽象的城市化,即综合以上四个层次作为一个系统性的完整运动过程的城市化(高珮义,2009:9)。还有学者认为,城市化本质上是社会生产力的变革所引起的人类生产方式、生活方式和居住方式转变的过程,是传统的乡村社会向现代的城市社会演变的自然历史过程(饶会林,2003:2)。高波、张志鹏(2008)认为,城市化是一个国家或地区实现人口集聚、财富集聚、技术集聚和服务集聚的过程,同时也是一个生活方式转变、生产方式转变、组织方式转变和传统方式转变的过程，具体而言有六个方面的内涵，一是城市人口比重不断提高的过程，二是产业结构转变的过程，三是居民消费水平不断提高的过程，四是城市文明不断发展并向广大农村渗透和传播的过程，五是人的整体素质不断提高的过程，六是农村人口城市化和城市现代化的统一。

综上可知，不同领域的学者对城市化的定义虽然各有侧重，但均肯定了一点，即城市化是一个历史过程，在这一过程中，人类社会从传统型的乡村社会占主导，逐步走向现代化的城市社会占主导，这个过程是一种历史性的转变。当然，这一转变并非一蹴而就，也并非能用一个特征来加以概括的。同工业化进程相类似，城市化这一历史过程，也具有不同的阶段特征。

(二) 城市化的进程

从广义上来说，任何时期城市的发展扩大都能被视为一种城市化，从这个意义上来说，自从城市诞生之日起，就开始了城市化的进程。但是，在前工业时代，城市的发展相对而言是比较缓慢的，从全球范围来看，城市的辐射范围和带动作用都有限。在由农业经济占主导的传统社会中，城市大多是以政治中心、经济贸易中心或文化中心的功能而存在，这使得大规模持续性的城市化缺乏内在动力。

当大工业生产取代农业成为主要的生产方式时，情况发生了改变。工业化生产所需要的资本和大量劳动力，使得城市成为工业生产的天然场所，也就是说，一直处于缓慢发展的城市，因工业化生产方式的出现，被赋予了内在的发展动力，伴随着工业化的全球推进，城市化也在世界范围内得到了前所未有的发展。因此可以说，作为一种世界性的普遍现象，城市化发端于18世纪的英国产业革命，城市化与工业化具有原生的内在联系。

当前学术界对城市化进程的阶段分析，也多是以工业革命为起点。范登堡提出了"城市发展阶段说"，并以此为依据，把自英国工业革命至今的世界城市化进程划分为三个阶段：城市化、市郊化和反城市化与内域的分散；盖伊尔和康图利按照他们的"差异城市化理论"模型，将城市发展分为三个阶段，即"城市化"阶段、"极化逆转"阶段和"逆城市化"阶段；霍尔和克拉森等依据"城市发展阶段"模型将城市发展划分为城市化、郊区化、逆城市化和再城市化四个阶段；今野修平根据城市化的必然性与近代城市的产生认为，产业革命以来，近代城市的发展经历了城市化（Urbanization）、特大城市化（Metroplatanization）和特大城市群化（Megloplitanization）三个阶段（高珮义，2009：71—72）。

高珮义（2009：71—72）以城市人口在总人口中所占比例为衡量指标，将城市人口占总人口的比重达到50%以后的阶段，称为城市化的基本实现阶段。按这一线索,他把自18世纪60年代开始至今的城市化进程分为以下三个阶段:第一阶段,1760—1851年,世界城市化的兴起、验证和示范阶段,在该阶段,世界上出现了第一个城市化达到50%以上的国家——英国;第二阶段,1851—1950年,城市化在欧洲和北美等发达国家的推广、普及和基本实现阶段;第三阶段,1950—2000年,城市化在全世界范围内推广、普及和加快发展阶段。

从对城市化发展阶段的概括中可以看出,城市化并不是全球同步的,与工业化发展类似,在不同区域和国家,城市化发展程度都有所不同。在城市化进程中,不同国家所处的发展环境是不同的,在某些发达国家开始出现逆城市化现象的时候,大多数发展中国家仍在竭力促进本国城市化的进程。尽管面临的问题各不相同,但是作为一种发展手段的城市化所起到的作用是被广为认可的。

(三) 城市化的本质

从对城市化的定义和发展阶段的梳理中可以看出,城市化作为一种历史过程,不能被简单地用一个或一组指标来衡量和评判。不同学科对城市化的研究,只是基于本学科的理论视角和研究兴趣对城市化进程的某一方面所做出的分析。从发展的观点来看,城市化应是"城市型"生活的扩散,也就是说,是以"城市"为表征的一种生活方式的普及。在这里,城市生活被视为一种相对于传统的农村生活而言的,具有普遍优越性的生活方式。从这个意义上来说,城市化也是一种广义上的发展战略和减贫事业。当然,这里谈的是发展视阈下的城市化之应然性与可能性问题,在实际的城市化发展战略中,要使城市化切实发挥良性作用,还需要与之相关的一系列政策作为引导。

要使城市化这一历史过程切实地起到促进发展和减贫的效果,必须要正确认识城市化的精神内核,即以城市为表征的生活方式的特点。一般而言,在城市中的生活有其优越性,也有其弊端。城市所提供的公共设施和公共服务完善,贸易环境优越,信息通信便捷,医疗、教育和文化等事业相对发达,这些都为个人提供了较好的生活条件和较多的发展机会等,有利于人类的进步。但同时,城市生活也具有不容忽视的弊端,比如人口拥挤、环境污染以及人的精神生活的淡漠等。社会学家齐美尔曾对城市中的精神生活做出了经典的分析。他认为,现代都市的新颖性、流动性、奇异性以及新的自由和约束,给人们带来了前所未有的心理体验,如过度神经刺激、人际关系疏离、腻烦态度(blame attitude)以及冷漠与矜持等(蒋逸民,2011)。这些心理体验对于人类进步则往往起到消极作用。

综上所述,城市化的本质是以"城市"为表征的生活方式的普及,在城市化的发展过程中，应让更多的人享受到城市生活的便利，同时预防和纠正城市生活中所可能产生的弊端。城市化是促进人类进步和社会发展的一种手段，而非目的。如前所述，也正是在这个意义上，城市化应被视为一种发展与减贫事业。

二 城市化背景下的贫困

在城市化影响下，贫困呈现出与传统社会不同的面貌与特点，本小节分析城市化过程对贫困的影响，并对贫民窟和中国在城市化进程中的贫困现象这两个关键性问题进行探讨。

（一）城市化过程中的贫困

柏拉图在《理想国》中曾说过，"任何一座城市，无论其规模多小，事实上都是一分为二的，一个是穷人世界，另一个则是富人世界：两者之间总处于冲突状态"（帕迪森，2009：204）。也就是说，城市自从诞生之日起，就存在穷人和富人，贫困现象在城市中一直存在。那么城市化的推进，对于贫困的存在有什么影响呢？如前所述，城市化与工业化相伴而生，与工业化在其起步阶段催生和激化了贫困问题类似，城市化在发展的过程中，也产生了相应的特殊贫困问题。

城市化过程对贫困现象的影响，在城市中反映得最为明显。英国是城市化起步最早的国家，随着大工业生产的发展，大量人口涌向城市，造成了城市中贫困现象的凸显。恩格斯在《英国工人阶级状况》中对当时城市中存在的贫困人口的状况做出了如下表述：每一个大城市都有一个或几个挤满了工人阶级的贫民窟。的确，穷人常常是住在紧靠着富人府邸的狭窄的小胡同里，可是通常总给他们划定一块完全孤立的地区，他们必须在比较幸福的阶级所看不到的这个地方尽力挣扎着活下去。英国一些社会中的这些贫民窟大体上都是一样的：这些城市中最糟糕的地区的最糟糕的房屋，最常见在一个小小的房间里，空气之糟是可以想象的（马克思、恩格斯，1995b：276）。英国所实施的自由放任主义的城市化发展策略，导致了城市中贫困人口的急剧增长和贫富差距的迅速扩大。在美国的城市化发展初期，情况亦如此，1846年发布的一份有关波士顿穷人生活状况的报告描写了与伦敦早期相类似的情况，报告说那里"出现了最贫穷阶级向下拓展的流动过程……如果不对其加以控制，迟早将造成旧世界中贫富完全分化、富人几乎不敢造访穷人社区的局面"（帕迪森，2009：206）。从英美的城市化过程中可以看出，自由放任的不恰当的城市化，必然导致城市中贫富差距的增大与贫困人口的激增，更不用说对城市环境卫生等的破坏了。

城市化作为一种发展手段，是为了让更多的人享受到城市生活的便利，而不是牺牲大多数人的生活品质去换取城市规模的盲目增大。然而，在目前发展中国家的城市化进程中，仍能看到类似英美早期的情况。在拉丁美洲，贫困现象与不恰当的城市化发展策略有明显关联。有学者将拉丁美洲的贫困化特征总结如下：一是拉美地区的贫困人口主要集中在城市。二是20世纪中叶发生的"过度城市化"并没有推动拉美地区"当期贫困化"的上升，反而却导致"当期贫困化"有所下降，就是说，在20世纪30年代到70年代，拉美"过度城市化"的发展曾为减贫做出贡献，例如，其贫困率从1970年的43.6%降至1980年的27.5%。三是"过度城市化"导致的不良后果是"滞后贫困化"，即20世纪80年代以后，"迟来"的贫困化开始逐渐显性化，在随后长达将近20年的增长乏力的背景下，拉美贫困率持续攀高。进入21世纪以来，拉美城市化速度开始放慢，经济增长速度明显加快，这一时期拉美的贫困率和赤贫率显著降低。四是在拉美"过度城市化"背景下，如果经济增长不能保持一定速度（例如3%以上），贫困发生率必将出现反弹，"增长性贫困"就成为一个难以挥去的阴影，这与欧洲"同步城市化"背景下的状况形成较大反差（郑秉文，2011：57—58）。可见，拉丁美洲目前所存在的贫困与城市化策略的导向有着直接的关系。城市化的健康发展，必须要以具有吸纳相当劳动力的工业化的发展为前提条件。可以说，正是因为没有理顺发展目标与城市化的关系，将城市化视为促进发展的万能灵药，片面地追求城市化指标的达成（如城市人口占总人口的比重和城市规模等），才使得城市化发展激化了贫困问题。

在城市化进程中，贫困是否向城市集中，不仅取决于城市化速度和农村贫困人口迁移速度的比较，而且还要看城市化创造的就业机会和城市开放程度等因素。如果农村贫困人口向城市集中的速度大于城市化速度，那么，农村贫困问题就通过城市化变成了城市贫困问题（蔡昉，2003：266）。据估计，到2030年贫困国家的城市化每年将增加超过6000万新的城镇居民。据联合国估计，未来人口增长几乎全部都在低收入和中等收入国家的城市中。今天拥有最多农村人口的亚洲和非洲，预计城市人口将增加一倍，即从2000年的17亿增加到2030年的34亿（吴忠，2010：90）。也就是说，未来城市化发展的主力军将是发展中国家。因此，发展中国家采取怎样的城市化策略，是全球减贫事业的重点所在。

（二）贫民窟问题

城市化影响下的贫困问题中，最为典型的是在城市中存在的各种类型的贫民窟。贫民窟在不同的国家和地区有不同的表述方式，比如棚户区，但在本质上并没有太大差异,简单来说,贫民窟就是以低于平均生活水平和贫穷为特征的城市区域,贫民窟里集中地体现了城市化过程在城市中所引发的贫困现象。

贫民窟问题在后发展国家的城市化进程中表现得尤为严重。正如联合国报告指出的那样,贫民窟体现了新千年开始人居发展所面临的两大挑战:快速城市化和城市化带来的贫困。在拉美地区,随着城市化的快速推进,农村人口大量涌入城市,在经济发展和公共服务相对滞后的背景下,农村贫困不断转化为城市贫困,据统计,农村赤贫人口从1980年的3990万仅仅增加到2002年的4580万,但城市却在同期整整翻了一番多,从2250万激增到5160万,即赤贫人口的增量几乎完全涌向了城市,这成为拉美贫民窟产生的基础。根据联合国人居环境委员会2003年的统计,2001年拉美城市贫民窟的人口总数为1.28亿。统计资料显示,拉美城市贫民窟占城市人口的比例1990年为35.3%,2001年降为31.9%,这一进步是拉美国家落实联合国千年发展目标所取得的进展之一;但与此同时,诸如海地、尼加拉瓜、秘鲁、伯利兹、危地马拉和玻利维亚等国,贫民窟的居民仍占城市人口的50%以上,在基尼系数较高的玻利维亚、危地马拉和秘鲁等国,甚至有60%的城市人口居住在贫民窟,贫民窟也成为城市中两极分化的标志(郑秉文,2011:39—40、258—259)。联合国人居署在2007年的报告中指出,亚洲的贫民窟居民最多,达到5.81亿人,而撒哈拉以南非洲居住在贫民窟的城市居民所占比例最大(约占城市居民的71%)(吴忠,2010:90)。

从发展的角度来看,城市化本应是将现代化的城市生活带给更多的人的一个过程,在这个过程中,既要提升城市生活的便利程度,又要预防和纠正所谓的"城市病"的蔓延,使越来越多的人的生活品质得到提升。但是,贫民窟的存在,使一大部分穷人虽然处在城市的地理范围之内,却隔绝于城市生活之外,无法享受到城市生活的便利,无法分享城市进步的成果,这与城市化中所应达到的理想发展状况是相背离的。

(三) 城市化背景下的减贫

城市化带来的消极影响很多,包括环境污染、交通拥堵、贫富分化加剧、贫困人口的集中等。虽然某些消极影响由来已久且相当普遍,但这并不意味着城市化就必然会带来贫困,一个理想的城市化发展模型,应是在尽可能加快城市发展的同时,使更多的人都能够公平地分享到发展所带来的便利生活。因此,要应对城市化所带来的消极影响,适当的减贫措施是必不可少的。

1. 城市化背景下的减贫路径

世界各国的城市化有着不同的进程和特点,而城市化本身作为一种以"城市"为表征的生活方式的普及过程,在其推进过程中与贫困和减贫将会产生相同或相似的互动。考虑城市化背景下的减贫路径应关注以下三点。

第一，在完善的城市化发展战略中，厘清发展与城市化的关系至关重要。以提高人类整体生活质量为应有之义的发展，有着多种达成手段，城市化以其所带来的经济增长、社会繁荣和文化融合等优势，成为发展的一个重要选择路径，城市化是一种发展的可能性而非必然性。也就是说，城市化和发展之间并不能简单地画上等号，城市化的推进并不一定就意味着发展目标的达成。关于城市化与发展关系的认识误区，集中体现在对城市化衡量指标的确定上。国际通行以城市人口在总人口中所占比重来衡量一个国家的城市化进程，从发展角度来看，其中蕴含的意义是对享受城市生活的人口比重的测度，意在衡量城市生活在总人口中的扩散程度。而在当今的城市化进程中，某些国家不仅将这一测度作为城市化的测量标准，也把它看成了目的，这是一种本末倒置的发展观念。要使城市化以更有利于发展的方式推进，必须要认清发展与城市化的关系，将城市化纳入经济社会全面和可持续发展的大框架之下予以推进。

第二，因地制宜，采取均衡的城市化发展战略是运用城市化这一手段促进区域经济社会发展的必然选择。这里所说的均衡发展战略，既包括国家整体城市化布局，也包括某地具体的城市化策略。在国家层面上的城市化布局，必须考虑到大中小城市以及城镇各自负担的功能，统筹制定国家的城市化发展战略；对于地方具体的城市化策略而言，则要充分考虑到当地的实际情况。一般来说，城市化以工业化等产业发展为内在动力，产业发展所需的大量资本与劳动力等资源，会对城市周边地带形成拉力，自然地吸引人口和资本的集中，因此，地方上具体的城市化策略必须与地方的产业发展规划相配套。总而言之，均衡的城市化发展战略，不能盲目地追求城市化硬性指标的达成，必须要着眼于城市化的内在发展动力，将城市化发展视为区域经济社会发展规划的一部分。

第三，在城市化进程中，完善的城市管理制度将在很大程度上解决现实存在的贫困问题。蔡昉（2003）认为，城市的就业机会和城乡经济对迁移人口的开放程度，在很大程度上影响着贫困的分布，如果城市化创造的就业机会增长大于农村贫困人口的迁入速度，那么，通过就业增长就有可能获得消除贫困和促进城市发展的双重效果。如果城市经济中存在体制性和制度性因素限制农村人口进入城市，对迁移人口的开放程度低，城市劳动力市场被严重分割，这在一定程度上减缓了农村贫困人口向城市集中的速度，但对健康的城市化发展和长期经济增长有着显著的负面作用。因此，城市是否对城市化过程中的外来人口采取开放的态度，是城市化能否健康持续推进的关键。此外，完善的城市社会保障和救助制度，也将对缓解贫困起到相当大的作用。

2. 城市化背景下的减贫成果与挑战

和工业化相似，城市化本身即蕴含着消除贫困的因素，从本质上来看城市化是以"城市"为表征的生活方式的普及，是促进人类进步和社会发展的手段。如前所述，城市化与工业化有着天然的联系，伴随着工业生产规模的扩大，城市能够吸纳的劳动力数量也将增加，这就为人们的发展提供了机会；同时，城市因其所能够产生的规模效应，必然会产生相应的辐射作用，即带动周边城镇或乡村的发展，使更多的区域能够分享到发展的成果；再者，城市化发展还能够带来生活标准的普遍提升。虽然与城市化相伴生的有许多问题，但从以上这些方面来看，城市化不一定就意味着必然的贫困，城市化过程中的减贫，也并不一定就必然要以否定城市化为代价。事实上，城市化与工业化的协调发展、城市化的合理推进能够产生明显的减贫效果。

在中国的减贫成就中，城市化就起到了不可忽视的作用，世界银行的马丁认为，迅速的城市化是中国减贫的原因之一，即使在城市地区和农村地区采取相同的贫困测量指标，仍可将中国在1981—2001年减贫成就的1/4归功于人口的城市化，与此形成鲜明对比的是，在非洲由于城市化未能带来经济增长，穷人受益甚微（吴忠，2010：206—207）。联合国开发计划署副署长格林斯潘女士在2013年全球减贫与发展高层论坛上的讲话中指出，"中国的城市化速度和规模是值得关注的重要经验，地级及以上城市贡献了GDP的56%，预期到2030年贡献达75%。如果没有城市活力，中国不会取得如此惊人的经济成就。在中国展望其未来时，最可取和可行的方案就是要在城市化的速度和质量之间达成妥协"。[①] 中国的城市化在过去十几年来的迅速发展，为绝对贫困的消除做出了巨大贡献，但在发展过程中所出现的弊病同样非常突出，最主要的表现是城市化偏离了原有的发展意涵，粗放式的城市化并没有使更多的人享受到城市生活的便利，其推进人类进步和社会发展的功能被异化。也就是说，城市化偏离了减贫和发展的本质属性。

中国幅员辽阔，人口众多，区域发展不平衡，在这样的国情下将城镇作为发展的主要着力点，将有利于惠及多数人群，新型城镇化建设就是中国针对城市化发展过程中的现实问题而探索的一条有中国特色的城市化道路。2013年中央城镇化工作会议的召开，对城镇化进行了重新定位，并进一步明确了推进

---

① 丽贝卡·格林斯潘：《2013年全球减贫与发展论坛上的讲话》，联合国开发计划署UND P，http://www.undp.org/content/china/zh/home/presscenter/speeches/2013/10/speech_rebeca_grynspan_2013_poverty_reduction_forum.html。

城镇化的主要任务。此次会议明确了城镇化是现代化的必由之路,"要以人为本,推进以人为核心的城镇化,提高城镇人口素质和居民生活质量,把促进有能力在城镇稳定就业和生活的常住人口有序实现市民化作为首要任务"。[①] 新型城镇化建设战略强调了人的主体地位,明确了城镇化作为减贫和发展的工具性意义。

城镇化和城市化的发展提供了大量的就业岗位,促进了贫困人口的增收,带动了贫困地区经济社会的发展,与此同时,城市化必然伴随着青壮年劳动力的向外转移,这使得贫困地区尤其是农村的"空心化"现象逐步显现,而新市民和流动人口在城市或城镇中的社会融入也成为广受关注的问题。有鉴于此,如何使城镇化和城市化的布局更为合理,如何在城市化过程中高扬人的主体地位,将人们生活水平的提高、人居环境的改善以及现代化程度的提升与城镇化和城市化统筹结合共同发展,将城市化的意义放在社会发展大格局中去认识和实践,将是未来我国乃至世界城市化推进过程中必然要面对的挑战。

第三节 市场化与贫困问题

一 市场化

(一) 市场化的含义

在我国经济的发展过程中对市场化曾有过热烈的讨论,时至今日,社会主义市场经济已成为具有中国特色社会主义的重要组成部分,市场化在促进资源合理配置和刺激生产方面的作用有目共睹,而对于市场化应该达成什么目标、在哪些领域可以实施以及其包含的具体内容和步骤等问题,仍需要结合发展过程展开讨论。从世界范围来看,几乎所有发达国家在发展的过程中,都建立了完备的以市场为导向的经济体制,市场化所带来的高效率极大地促进了经济增长;发展中国家在发展过程中也以西方国家为模本,不同程度地推动国内经济领域的市场化。近年来,在全球化趋势的带动下,为了更好地融入世界经济体系之中,最大化本国利益,市场化更是成为各国调整自身经济体制以应对世界市场的重要发展路径。

---

① 《中央城镇化工作会议在北京举行》,新华网,http://news.xinhuanet.com/video/2013-12/14/c_125859839.htm。

表 4-1　部分国家体制转型的速度与顺序

	政治改革	自由化	稳定化	税收改革	进入	私有化	企业重组	破产改革	银行改革
中　国	1978	1984（双轨）	1994	1980	1978	1995（渐进）	1995（渐进）	—	—
匈牙利	1989	1968（渐进）	1995	1988	1982	1990（渐进）	1992（渐进）	1992	1991
越　南	—	1989（大爆炸）	1989	1990	1979	1989（渐进）	1989	1993	1991
波　兰	1989	1990（大爆炸）	1990	1992	1990	1990（渐进）	1993（渐进）	1992	1993
捷克共和国	1989	1991（大爆炸）	无相关改革	1993	1991	1992（大规模）	1993（渐进）	1993	1991
斯洛伐克	1989	1991（大爆炸）	无相关改革	1993	1991	1992（渐进）	1993（渐进）	1993	1991
斯洛文尼亚	1989	1965（渐进）	1990	1990	1965	1993（渐进）	1989（渐进）	1989	1993
俄罗斯	1991	1992（大爆炸）	1995	1995	1992	1993（大规模）	1992（渐进）	1993	1992
乌克兰	1991	1994（大爆炸）	1995	1992	1992	1994（渐进）	1995（渐进）	—	1995
罗马尼亚	1989	1990（大爆炸）	1994	1993	1991	1991（渐进）	1993（渐进）	1995	—
保加利亚	1989	1991（大爆炸）	1991	1994	1993	1994（渐进）	1991	1994	1997

资料来源：罗兰，2002：28—29，转引自高波、张志鹏，2008：283。

从各国的发展实际来看，虽然市场化所侧重的内容以及采取的方式各有不同，但其核心内容呈现较大的一致性，都强调市场和竞争的作用。从发展视角来看，同工业化和城市化类似，市场化也是一种发展的路径选择，是促进经济增长的一种发展机制。具体来说，市场化就是以市场需求为导向，以自由竞争为手段，从而实现资源的合理配置和效率提升的一种发展机制。

（二）市场化与发展

从世界经济发展历程来看，发达国家最先形成了完备的市场经济体制，它们在世界经济体系中的优势地位，也多是得益于先发的市场化过程。发达国家的发展经验似乎传达出这样的信息，即市场化的推进就意味着发展，市场化能够带来必然的繁荣，然而，发展中国家的发展历程中却有着不同的情况，同样是市场化，在给某些国家带来繁荣的同时，却为某些国家带来了贫困，正如斯蒂格利茨所言，"许多实行市场经济的不发达国家极度贫困，尽管国家愿为经济转型付出代价"（斯蒂格利茨，1998：3）。相同或相似的市场化所带来的迥异结果，明确地说明了市场化并不就意味着发展。也就是说，市场化并不是发展的充分条件，在大多数情况下，它是作为发展的一个重要的必要条件存在的。

因此，对市场化的评判，应放在具体的经济体制环境之中，任何抽离实际情况的所谓的对市场化的讨论都是缺乏实际发展意义的。每个社会需要发展一套经济体制——一套特殊的制度安排和一个协调机制——来反映经济化问题，经济体制间存在以下差异：①谁拥有生产要素；②用什么方法协调和指导经济活动。经济体制有两种一般类型：市场体制和指令体制（麦克南、布鲁伊，2004：34）。资源私人占有并由市场及价格协调和指导经济活动是市场体制的特征；政府拥有绝大多数的财产资源，并依照一个中央经济计划做出经济决策是指令体制的特征。在这里，市场体制和指令体制是作为经济体制的两种极端类型而存在的，在实际情况中，国家实行的经济体制往往是二者的混合。一般来说，市场化即意味着某区域的经济体制，从指令体制向市场体制的过渡。理性的市场化过程，应是以区域经济体制为基础，制定有计划、有步骤的市场机制的发展战略。

（三）市场化的特征

从世界范围来看，虽然各个国家的市场化过程各有不同，但从总体上来看，市场化往往具备以下特征。

第一，以利益为驱动力。利益最大化是市场化经营的终极目标，作为商品经济最高发展阶段的市场经济体制，利益自然是所有经济活动最主要的考量因素，对利益的追逐是市场化的必然结果。利益是市场化的天然内驱力。

第二，经济主体的平等性。市场化过程要求破除经济活动中存在的依附关系和等级观念，在市场化经济活动中，所有经营主体的经济地位都是相同的，各方遵照自愿原则，平等地进行经济交往。在市场经济体制中，参与主体的同等经济地位，也保证了经济行为的自主性。经济主体的平等是保证市场经济良性运行的前提条件。

第三，市场活动的竞争性。市场化会促进和激发竞争，市场体制与指令体制的一大不同就是是否存在竞争。指令体制中，国家统筹安排经济活动，各部门根据下达的任务从事生产，竞争就不会存在；在市场体制中，各参与主体在平等的前提下，凭借自身的资源与优势展开对利益的追求，这自然会导致竞争的普遍出现。竞争性是市场体制最突出的特点。

综上，市场化可被视为以市场需求为导向，以自由竞争为手段，从而实现资源合理配置和效率提升的一种发展机制。在这一发展机制中，对利益的追求是驱动力，平等的经济主体是前提，竞争的普遍性是特色。

二 市场化背景下的贫困

市场化作为一种发展机制，得到了越来越多国家的认可。20世纪末期，大约有30个欧亚国家开始了从计划经济向市场经济的转型或转轨。全部转型经济涉及世界人口的1/3。最大的五个转型经济国家是：中国、俄罗斯、越南、乌克兰以及波兰。这些转型国家同时也是发展中国家，体制转型本身也被当作促进国内经济发展的重要手段和战略。但在实践中，各国的市场化战略在内容、顺序和方法上都有所不同，结果更是差异显著（高波、张志鹏，2008：280）。如前所述，市场化并不意味着发展，即使市场化促进了经济增长，也不能忽视市场化所带来的贫困问题。

（一）市场的失灵

不可否认，市场机制在生产普通消费品的效率上，在对消费者偏好转变的反应等方面存在无与伦比的优越性，但是，在一些特殊的领域，市场机制却表现出了无力感，它已证明自己无法应付所谓的商业波动、收入不平等以及垄断的后果等，它无法对那些有外部正效应或外部负效应的产出进行有效的资源分配，它对公共物品的提供更是无能为力。一些困惑社会的非常急迫的问题，诸如城市中服务质量的下降、大气污染，以及无法避免的贫困，都在一定程度上由这样或那样的市场体系的缺陷所引起（鲍莫尔等，1999：297）。也就是说，虽然市场经济在刺激经济整体进步方面发挥着巨大的作用，但不可否认的是，其对于解决贫困问题的针对性则并不明显，市场化本身甚至会促使更严重的贫困问题的出现，在减贫事业中出现了市场失灵的情况。

鲍莫尔等（1999）将市场失灵的领域归纳如下：①市场经济经受严重的商业波动；②市场不公平的分配收入；③在市场被垄断的情况下，资源分配是无效率的；④对很多经济活动的副作用，市场无能为力；⑤市场无法提供诸如国防等公共物品；⑥市场无法有效地在现在和将来之间分配资源；⑦市场机制使得公共服务和个人服务费用日益昂贵。从以上归纳可以看出，在市场失灵的领域中，大都与贫困的关系十分密切。也就是说，在诸如收入分配、公共服务等与贫困有直接联系的领域中，市场并不能起到积极作用。

事实上，市场化的优点之中，即隐含着导致贫困的因素，比如市场化能够带来高效率，而高效率的基本源泉是明确的赏罚制度，效率高者能获得更大的利益，效率低者则会被逐渐淘汰，市场化所产生的这种马太效应即是贫困产生的原因之一。可见，市场在解决贫困问题时会丧失其某些优越性，也就是说，市场化并不会天然地解决贫困问题。

（二）市场化中的贫困人群

在市场化过程中，作为弱势群体的贫困人口，在市场化惠及人群的名单中往往很落后，但在市场化产生消极作用时，又常常首当其冲成为主要的受害者，这是被市场经济的历史和市场运行的规律所证明了的。

刘晓昀等（2006）通过对农业市场化的研究，得出了有关市场化与贫困的两条结论：第一，贫困农户和低收入人群比较脆弱，在市场化环境中适应市场和驾驭市场能力比较差，易陷入贫困；第二，尽管贫困农户和低收入群体市场参与程度并没有其他农户那么高，但市场冲击还是能够传递给广大农户，当然我们有理由判断不同收入群体在贸易冲击过程中受益和受损可能不同。可见，在市场化发展过程中，贫困人群更为脆弱，处于弱势地位的他们，既无法充分享受市场化带来的发展成果，也无法抵御其带来的风险与危机。

市场化作为一种发展机制，通常是针对某一区域的整体发展而言。在贫困地区，市场化对于减贫的无力表现得更为典型。张新伟（2001）通过对中国市场化过程的研究指出，贫困地区和贫困人口在市场化过程中更易受到伤害：第一，贫困地区内部的市场发展程度和社会发育程度较低，交通不便，市场信息不灵，在一定历史时期内市场经济发展中得到的好处是有限的，在同等条件下通过市场实现的利益往往低于非贫困地区。第二，在市场机制驱动下的经济运行过程中，一般是少数企业或个人领先发展和富裕。贫困地区由于处在普遍贫困状态之中，贫困面极大，能够通过市场作用处于领先地位的企业、村乡和个人所占比例很小，同时还会有相当比例的贫困人口在市场的作用下加重相对贫困程度，因而单纯通过市场方式使贫困人口走向普遍富裕就有可能成为一个旷日持久的痛苦过程。第三，市场经济中资源流动受各种价格信号引导，追求高收益，必然导致贫困地区各种本已稀缺的生产要素以各种形式流向收益高的发达地区，造成贫困地区状况的恶化。第四，在市场经济发展中，许多计划经济条件下形成的国家扶贫优惠政策和措施所产生的作用正在逐步弱化，而市场经济条件下需要的、有效的国家扶贫政策、措施等还没有完全形成并发挥作用，这就使得一定时期内贫困地区从国家扶贫政策中获得的支持被削弱。

（三）市场化背景下的减贫

从市场化的特征及其运行情况可以看出，完全的市场化并不能够自动解决贫困问题，反之，自由放任的市场化还有极大的可能会导致贫困问题的恶化。减贫的本源在于不平等的消除，市场化的本源是对高效率的追求，二者之间有着固有的冲突，正如鲍莫尔等（1999）所指出的，在消除不平等和提高经济效率的目标上存在矛盾的关系，有助于公平的政策通常要损害效率，反之亦然。然而，市场化作为一种发展机制，其所能够带来的有效资源配置和高效率，又为减贫提供了可能性。也就是说，市场化在推进经济增长的同时是否能够起到减贫作用，关键在于是否有合理的市场化推进战略。

1. 市场化背景下的减贫路径

市场化对高效率的追求必然带来不平等的出现，而市场化所解放和激发的生产力则能够为贫困的消除提供支持，在市场化背景下的减贫必须要注重政府和法律的重要作用。

首先，政府的核心作用。纯资本主义或自由放任资本主义的发展模式中，政府的角色限制在保护私有财产和建立适合市场体制运作的环境，对具体的经济活动尽量不加干涉。这蕴含着这样的思想，即市场能够自发实现资源的合理配置，市场体制的自由运作将会解决一切问题。然而事实并非如此，如前所述，市场也有其作用失灵的领域，纠正市场失灵是政府的重要职能，也是政府所提供的公共物品的组成部分。即使是在美国和大多数资本主义市场经济体制的国家，政府也在经济领域扮演了实质性的角色。除了提供统一的经济活动准则外，政府还要直接提供某些在其他情况下生产不足或根本无法生产的商品和服务，弥补市场运行的缺陷。在市场经济条件下，资金自然地流向获益程度较大的领域和地区，这使得原本就处于弱势地位的、不具有竞争优势的贫困地区和贫困人群更容易陷入边缘化状态。刘晓昀等（2006）通过研究指出，增加基础设施建设的投资对改善贫困农户的生产和生活状况是非常有效的，那些具有较高人力资本的农户更容易从中受益，也就是说，在贫困地区的减贫中，加强对贫困地区基础设施建设和人力资本投资，将会起到关键性作用。然而，这些针对贫困地区的投资往往无法带来明显的滚动效益，并不能吸引市场化资金的自动流入，从而无法享受到市场化发展的福利。在这种情况下，要使贫困地区减贫，就需要政府力量的干预。

除了提供公共物品之外，在市场化过程中，政府也必须对收入分配机制进行适当地调整，实现平等以达到减贫的效果。市场是用来促进经济效率而不是改善收入分配的机制，如果通过自由市场达到的收入分配不是社会所期望的，政府就有必要使用它的强制力量进行再分配。速水佑次郎等认为，收入分配平等是和经济生产效率同样重要的社会目标，同时，保持适度的公平也是提高经济效率的需要，因为收入分配的恶化将危及社会的稳定，会使正常的经济交易因犯罪和破坏行为的增加而更困难、更昂贵（速水佑次郎、神门善久，2009：207）。可见，市场化的自主发展能够带来经济的增长，却无法达到有针对性的减贫。因此，在市场化推进过程中的减贫，政府的介入必不可少，政府应依据自身职能，在减贫事业中发挥核心作用。

其次，法治的重要作用。市场化的发展将会推进市场经济体制的完善，引导现代市场经济体制的建立。传统的市场经济体制和现代的市场经济体制的不同在两个方面体现得最为明显：一是交换方式，传统市场经济体制中，经济主体之间多为现货市场交易或人格化交易，这种交易方式的达成在很大程度上依赖于双方的声誉和信任，现代市场经济体制中，人格化交易仍然存在，但随着交易规模的扩大，非人格化交易逐渐成为一种重要的交易类型，这种交易就需要有公认的第三方来公平地执行合同；二是政府行为的边界，在市场经济体制的完善过程中，政府的干预范围逐渐受到约束，政府与经济逐渐剥离，经济活动的自主性明显增强。实现这种顺利转变的制度基础，就是法治的建立与完善。

法治能够约束政府对经济活动的任意干预。这点对于经济发展至关重要，原因有三：一是政府受到法律约束，不能对经济随意干预，如不可以随意收费、随意限制经济活动、改变经济政策等；二是预期到稳定的政策环境，个人与企业就会形成长期的、理性投资的信心；三是由于经济人有积极性并由此产生经济活力，政府可以从中获取更多的税收（高波、张志鹏，2008：285）。也就是说，通过法治约束政府行为，构建健康稳定的市场环境，将会形成共赢局面，从而为减贫提供政策环境上的保障和更多的物质资源。法治对经济人的行为产生约束作用，这需要政府依照法律发挥其支持和增进市场的作用。在经济活动中，企业与个人追求利润和效用的行为要转化为社会福利和经济效率，政府就必须明确规定产权、保护产权、执行合同、执行法律、维护竞争、部分地规制市场和当好裁判等（高波，2008：285）。也就是说，政府以公平的立场制定和维护法律，维持市场经济的有序发展，维护社会的公平正义，企业和个体对利益的追求必须要在法律允许的范围之内进行，在这个意义上说，法治是保障市场中弱势群体的一道防线。

2. 市场化背景下的减贫成果与挑战

在减贫方面存在这样一个误区，即认为减贫是促进公平，市场化是提高效率，公平和效率是此消彼长的关系，因此，市场化的推进必然会带来贫困现象的恶化。这一误区之所以存在，与对市场所能产生的作用的盲目迷信是有关的。正如前文所言，市场化是一种发展的路径选择，通过这一路径，有可能在发展中促进减贫，也有可能减贫效果不明显，这取决于市场化的具体发展策略。因此，抽离具体情境讨论市场化对贫困的影响并不具备积极的现实意义。市场化作为一种发展机制，在合理的安排下，是有可能为减贫事业起到积极作用的。

从我国的反贫困历程中可以看出，将市场化引入反贫困制度中，既有必要性也有可能性。最初的救济式扶贫就着眼于扶贫事业与市场化的对立关系，事实证明，早期的输血式扶贫虽然能够保证贫困人口的基本生活，但却使其丧失了造血的功能与动力。其后实行的开发式扶贫战略，意在改变输血式扶贫的弊端，用市场的力量来促进贫困地区自我发展能力的提升，但在实施的过程中，原有的扶贫观念惯性仍在，即开发式扶贫仍被视为一种与市场无关的政府行为，只问公平不讲效率，只问生产不讲销售，只强调开放不考虑市场，因此事与愿违（严瑞珍，1998）。从中国的扶贫经验可以看出，单纯强调扶贫的非市场经济行为的性质，不利用市场机制，调动不起贫困主体的内在反贫困动力，减贫效果自然不理想。张新伟（2001）认为，在发展社会主义市场经济的大背景下，非市场经济的政府扶贫制度是低效的，其根源在于这种扶贫制度不是围绕引入与发展市场经济这一核心内容进行市场化扶贫的。

在减贫领域中引入市场机制，在调动多样化主体参与扶贫事业、优化配置扶贫资源、激发贫困主体的发展积极性、增强贫困主体的自我发展能力以及提高扶贫效率等方面，都有着极为重要的长远意义。可以说，促进市场化反贫困机制的建立，对于贫困的缓解和消除将起到至关重要的作用。同时，在将市场化引入减贫领域时必须认识到，减贫事业虽然不是单纯的政府责任和政府行为，但政府的作用亦不能完全被否定，在减贫领域中的市场化必须更为审慎地对待公平与效率的问题。

当前中国的减贫多采用了市场化的发展路径，新时期的扶贫事业将集中连片特困地区作为主战场，通过连片开发这一新型扶贫模式培育和壮大一批当地的优势特色产业，并将之作为带动区域经济社会发展的重要手段。连片开发将资源禀赋相似、地域相连的区域进行整合，选择培植合适的产业，并重点解决区域内产业带的配套设施建设问题，使产业发展扩大规模、体现集聚效应，从而增强区域的自我发展能力。从基础设施建设到产业培植，减贫重点的转移体现了将市场化运作机制引入减贫领域的努力，从当前连片开发先行先试的武陵山区来看，通过产业带的培植，武陵山区的经济、社会、文化和生态环境状况确实得到了比较全面的提升（向德平，2013）。

市场化下的减贫也面临着种种挑战，突出表现在社会准备水平方面。阿玛蒂亚·森通过对比中印两国在进行市场导向型发展中所取得成果的差异时指出，重要因素在于中印两国在社会准备水平上的巨大差异（森，2009：34—35）。在进入市场经济初期,中国的较高识字率、普及的基础教育和医疗卫生保障,以及男女地位的相对平等等社会条件,是其能够迅速抓住市场契机快速发展的重要原因。也就是说,在大规模进行市场导向型发展的时候,较高的社会准备水平是推进发展的重要因素。而随着市场化的推进和减贫的深入,贫困人群的自我发展能力、社会保障制度和再分配机制,以及教育和医疗事业的发展程度等较高层次的社会准备水平,将会对减贫效果产生重要影响,而这些恰恰是当前市场化状况下的贫困地区和贫困人群相对欠缺的。

第四节　全球化与贫困问题

一　全球化

针对全球化的讨论是当今理论界的一个热点,对当前所有经济、社会、政治和文化的研究,似乎都离不开全球化这个背景。本节从发展的视角出发,梳理有关全球化的研究,并在此基础上对全球化与发展的关系进行探讨。

(一) 全球化的含义

一般来说,全球化反映了这样一种社会事实,即世界在经济、技术和信息传播等力量的推动下,正在被塑造成一个共享空间,在世界的一个角落发生的事情对另一个地方的人们产生影响的可能性大大增加。对于这一正在发生着的社会事实,学者们从不同的角度出发给出了定义。

伊恩·戈尔丁、瑞尼特认为,全球化是一种针对跨越国境的人类活动而产生的扩大化影响,这些活动可以是经济方面的、社会意义上的、文化方面的、政治领域内的、技术层面上的,甚至可以是生物学意义上的,另外,所有这些活动都是相互影响的(戈尔丁、瑞尼特,2008:2)。这是从全球化的实际影响角度对全球化所下的定义。戴维·赫尔德等(2001)将众多针对全球化的研究归纳为三个流派,极端全球主义者、怀疑论者和变革论者,这三个流派因全球化的认知、特征、权力分布、动力机制、等级分层模式、历史轨迹等方面有所不同。(如表4-2所示)

通过对全球化的综合研究,赫尔德认为,绝不能把全球化看作一个单纯的经济或者文化现象,全球化最好被视为一个高度分化的过程,体现在社会活动的所有关键领域中(包括政治、军事、法律、生态、犯罪等许多领域),这样一来,在解释全球化的形式和动力上,这种分化的解释可能比那些忽视这种分化的解释更令人满意;此外,全球化可以被定位在一个具有本土、国家以及区域特征的连

表 4-2 界定全球化：三个流派

	极端全球主义者	怀疑论者	变革论者
新在何处	全球时代	贸易集团,地缘治理比过去更弱	全球相互联系的程度是历史上前所未有的
突出特征	全球资本主义、全球治理、全球公民社会	与19世纪90年代相比,世界的相互依赖程度更低	"迅猛"的全球化(强度和广度上的)
国际政府的权力	衰落或者削弱	加强或者提高	重组、重构
全球化的动力	资本主义和技术	国家和市场	现代性的各种力量共同作用
分层的模式中心角色	旧的等级结构被削弱	南方国家利益的不断边缘化	世界秩序的新形式,政治共同体的变革
全球化的定义	人类活动框架的重组	国际化和区域化	区域间关系的重组和相距遥远的行动的相互影响
历史轨迹	全球文明	区域集团/文明的冲突	不确定:全球整合和分裂
总的观点	民族国家的终结	国家化依靠国家的默许和支持	全球化改变着国家权力和世界政治

资料来源：赫尔德等，2001：14。

续统一体上（continuum），在连续统一体的一端是在本土和国家基础上组织起来的社会、经济关系和网络，另一端是在区域和全球交往这个更广的范围中形成的社会、经济关系和网络；全球化可以指那些变化的时空过程，它们通过把不同区域和大陆的人类活动联系在一起，并且扩大这些活动，从而为人类事务组织的变革提供了基础。

综上，全球化应定义如下：一个（或者一组）体现了社会关系和交易的空间组织变革的过程——可以根据它们的广度、强度、速度以及影响来加以衡量——产生了跨大陆或者区域间的流动以及活动、交往和权力实施的网络（赫尔德等，2001：22）。可以看出，全球化既是一个正在进行的过程，又是一种业已存在的发展环境，也就是说，全球化本身即蕴含着发展的因素。

（二）全球化的演进

从对全球化的定义中可以看出，全球化作为一个发展过程，在不同的阶段呈现不同的形态。对全球化发展过程的梳理，有利于深化对全球化的动力机制、当前形态以及发展趋势等方面的认识，从而准确地对当前形势做出判断。

赫尔德等（2001）用两大核心维度对全球化的历史形态做出阶段性划分，这两大核心维度分别是时空维度和组织维度，时空维度包括全球网络的广度、全球相互联系的强度、全球流动的速度和全球相互联系的影响四个方面，组织维度包括全球化的基础设施、全球网络和权力实施的制度化、全球分层化的模式和全球交往的主导方式。以此为划分标准，赫尔德对全球化的不同侧面，如全球政治、全球贸易和金融模式、全球化生产以及文化和环境等方面进行阶段性的划分。以全球金融模式的转化为例，赫尔德将其划分为工业革命前、古典金本位时代、布雷顿森林体系时期和当代，这四个时期中，全球化的广度、强度、速度及影响各有不同，其制度化方式、基础设施构成、阶级分层状况及互动的主导形式也各不相同。可以看出，赫尔德将全球化的各个侧面做出了细致的区分，并在此基础上，对全球化在不同领域的进程做出了描述。

大部分学者对全球化的阶段性分析是着眼于全球化的总体发展形态的。如托马斯·弗里德曼即是以一系列标志性的事件来区分全球化的三个不同时代：第一个时代从1492年持续到1800年，被称为全球化1.0版本，这一阶段肇始于哥伦布远航开启的新旧世界间贸易，当时全球一体化的进程取决于一国的势力及其应用形式，受到宗教影响或帝国主义影响，国家和政府利用暴力推动壁垒，将世界的各个部分合并为一，这一时代的主角是国家，所面临的问题是：我的国家在全球竞争中处于何种地位？我如何走出国门，利用我的国家的力量和其他人合作？第二个时代从1800年左右一直持续到2000年，中间曾被大萧条和两次世界大战打断，被称为全球化2.0版本，这个阶段推动全球一体化的主要力量是寻找世界市场和劳动力的跨国公司。在这一时代的前半阶段，铁路和蒸汽机带来了运输成本的下降并推动了一体化的进程，而后半阶段的全球化进程则得益于电话、电报、电脑、卫星、光纤电缆和初期互联网等带来的通信成本下降。在这个时代各国之间有充足的商品和信息流动，出现了真正的全球市场，商品和劳动力可以在全球范围内实行套利。这一时代的主角是公司。第三个时代从2000年开始，到了所谓的全球化3.0的新纪元，推动这一进步的动力是个人在全球范围内的合作与竞争，其硬件条件则是个人电脑、光缆、工作流程软件的综合产物（弗里德曼，2006：8—10）。

不管是从大局着眼，抑或是针对全球化的特殊领域，全球化的阶段性发展特点是不容置疑的。在不同的历史时期，全球化发展所倚重的主体、发展的动力和条件等，都有所不同，因此，对全球化也必须用发展的眼光来看待。

（三）全球化与发展

在当前的历史时期，全球化作为一种发展机制和背景，在世界范围内产生了前所未有的影响，这种影响不仅体现在最初的经济领域，更扩散到政治、文化甚至生态环境等领域。从全球化的发展过程可以看出，上文所述的工业化、城市化和市场化等发展方式，都与全球化的形成有着千丝万缕的联系。

从工业化和市场化发展之初，马克思就对全球化的发展趋势做出了预测，"资产阶级，由于开拓了世界市场，使一切国家的生产和消费都成为世界性的了。使反动派大为惋惜的是，资产阶级挖掉了工业脚下的民族基础。古老的民族工业被消灭了，并且每天都还在被消灭。它们被新的工业排挤掉了，新的工业的建立已经成为一切文明民族的生命攸关的问题；这些工业所加工的，已经不是本地的原料，而是来自极其遥远的地区的原料；它们的产品不仅供本国消费，而且同时供世界各地消费。旧的靠本国产品来满足的需要，被新的、要靠极其遥远的国家和地带的产品来满足的需要所代替了。过去那种地方的和民族的自给自足和闭关自守状态，被各民族的各方面的互相往来和各方面的互相依赖所代替了。物质的生产是如此，精神的生产也是如此。各民族的精神产品成了公共的财产。民族的片面性和局限性日益成为不可能，于是由许多种民族的和地方的文学形成了一种世界文学"（马克思、恩格斯，1995a：306—309）。可以说，全球化的兴起与工业化等发展手段的推进有直接的联系，全球化的趋势一旦形成，又与这些发展手段形成了相互促进的关系。

从目前的发展状况来看，全球化所带来的无国界经济、政治、文化和生态体系正在形成，虽然有种种对全球化的质疑和反思，但是以发展要素自由流动为基础的全球化并没有明显的逆转势头。在这种情况下，对所有发展问题的探讨，都离不开全球化这一大背景，包括贫困问题。

二 全球化背景下的贫困

在历史的长河中，全球化与全球性贫困既可以呈正相关增长也可以呈负相关增长。1870—1929年，再到经济大萧条的初期，全球化（贸易方面）和全球性贫困是一起增长的。然而，在大萧条和第二次世界大战期间，全球化出现了倒退，全球的贫困人口数却在持续增长（戈尔丁、瑞尼特，2008：6）。在历史发展过程中，不管全球化是进是退，都曾起到过刺激贫困产生的作用。也就是说，全球化的发展与贫困现象之间并没有呈现一致的发展趋势，当前对全球化的质疑，多是集中于全球化所产生的加深贫困的副作用和其在应对贫困问题的无力方面。

斯蒂格利茨认为，虽然全球化的支持者认为全球化（它典型地与接受已经获胜的美国式的资本主义联系在一起）是一种进步，如果发展中国家想要有效地增长并且有效地反贫困，它们就必须接受它，但对于发展中世界的许多人来说，全球化并没有带来它所承诺的那些利益，这表现在以下三点：第一，在拥有者和非拥有者之间差距的扩大已经在第三世界使越来越多的人口陷入赤贫之中，人日均生活费用不足1美元。尽管国际社会在20世纪最后10年里不断做出降低贫困的承诺，但生活在贫困中的人口数量实际上增加了将近1亿，与此同时全世界收入实际每年平均增长2.5%。第二，全球化不仅在减轻贫困方面没有获得成功，而且在确保稳定方面也没有取得成功。亚洲和拉丁美洲的危机已经威胁到所有发展中国家的经济与稳定，并且对整个世界经济构成威胁。第三，全球化和市场经济的引入并没有在俄罗斯和其他大多数正在从计划经济向市场经济转轨的国家中产生预期的结果——西方国家所许诺的前所未有的繁荣，取而代之的是前所未有的衰退和大面积的贫困（斯蒂格利茨，2004：2—3）。以上三点全球化过程中实际存在的状况，表达了对全球化的典型质疑。全球化并没有如发展中国家所期待的那样，带来全面的发展与繁荣。

对于发展中国家的经济和社会进步来说，全球化带来了明显的负面效应，主要表现在两个方面。第一，全球化增加了发展中国家经济活动的风险。随着全球经济和金融一体化的发展，各国市场之间相互关联和相互作用的机制不断加强，国际竞争加剧，国际投机增多，国际风险增加，经济运行速度加快，金融创新工具增多。这增加了发展中国家政府实行宏观经济调控政策的难度，为国际投机者在国际经济活动中，尤其在国际金融市场上兴风作浪提供了机会。西方国家的经济萧条会直接影响到发展中国家的出口，一国的金融危机会迅速蔓延到区域内其他国家，并对整个世界经济产生不利影响（高波、张志鹏，2008：302）。

第二，全球化强化了发展中国家的弱势地位。全球化中存在市场扩张的内在要求，在全球市场形成的过程中，国与国之间联系的频率、密度和深度必将增加，各国坚持本国利益参与全球博弈，这必然会引起国家间利益的摩擦。力量的博弈并非坏事，但如果博弈双方处于明显的不对等地位，则必然影响到弱势一方的合理利益诉求。这集中体现在发达国家与发展中国家的贸易争端当中，发达国家因其先发优势，在现行的国际贸易体系中占据主导地位并掌控了规则的制定权，后入场的发展中国家在很大程度上只能遵循已有的、体现发达国家利益的贸易规则，这使得发展中国家的利益在博弈中无法得到应有的满足，从而强化了其在全球化体系中的弱势地位，这显然不利于发展中国家摆脱贫困。

全球化推动物质资源和人力资源跨越了国家和区域的界限，实现了其在全球范围内的流动，全球化和市场化相结合的趋势将会进一步加剧现有的贫富分化格局。从国家这一发展主体来看，参与经济全球化的各国因经济实力的不同而所得相差悬殊。全球化的发展历程明确表明，发达国家凭借其先发优势以及跨国公司的扩张，在全球市场扩张中受益最大，而发展中国家尤其是最不发达国家所得并不多，并且有被逐渐边缘化的趋势。在全球市场经济体系中，马太效应使得贫富差距不断拉大。在国家内部类似情况同样存在，尤其是在重点谋求经济增长的发展中国家。在全球化的冲击下,原有的经济模式和社会保障体制逐步瓦解,而新的经济模式正在摸索中,社会保障体制也远不完善,这使得原本就更脆弱的贫困人口的状况雪上加霜。以中国为例,关信平认为,中国加入 WTO 后将面临两方面的国际竞争,一是传统的劳动密集型产业与其他发展中国家在国际资本市场和商品市场的激烈竞争,二是资本—技术密集型产业与发达国家的竞争。这两种竞争同时存在的后果是扩大国内的社会不平等,并使相对贫困长期存在(程胜利,2007:115)。

全球化本身具有能动性、限制性等因素,是一个动态的演进过程,在这个过程中出现了高度分层的结构,反映了原有的不平等,并产生了新的包容和排斥。全球化发展本身是极不平衡的,对不同的国家、民族、阶级、种族和性别的生活机会都产生了不对称的影响。因此,全球化下的贫困问题,需要谋求新的解决途径。

三 全球化背景下的减贫

(一) 全球化背景下的减贫路径

在全球化背景下,贫困问题已经不仅仅是某个国家或地区的事情,而变成了国际事务,消除贫困是全世界人们共同的责任,需要通过全球合作来完成,正如杰弗里·萨克斯所呼吁的:"到 2050 年在世界范围内结束贫困要求富国和穷国采取一致的行动,在富国和穷国之间进行'全球性的紧密协作'。穷国必须认真对待这件事情,他们必须将更多的国家资源用于减少贫困而不是将其用于战争、腐败和内部政治斗争。富国也需要采取行动而不只是发出要帮助穷人的陈词滥调,并履行其多次做出的为穷人提供更多帮助的承诺。所有这些都是可能做到的。"(萨克斯,2007:229)在全球化背景下,发展中国家和发达国家应鼎力合作,共同促进减贫事业在全球范围的推进。

对于发展中国家来说,必须首先对自己在全球化进程中的地位做出清晰准确的定位,并根据实际情况构建自己的认知体系,只有这样才有可能使国家和社会达成更和谐的关系,为国家的行动提供更有说服力的论证。同时,充分利用全球化的开放性,如通过国际市场获取本国稀缺生产要素,摆脱国内生产所受到的生产要素和市场的限制,加速生产要素在全球范围内的自由流动和优化配置,促进生产力的快速增长。其次,抓住经济全球化中国际直接投资和技术转让的契机,引进发达国家的资金和技术,借鉴先进的管理经验,加快国内产业结构的调整,提振国民经济。虽然全球化有这样那样的不足,但其调动全球资源优化配置的过程,仍为发展中国家提供了新的经济增长契机,经济全球化为一些经济基础较高，政策得当的发展中国家利用外资和全球市场，发挥后发优势，追赶发达国家提供了一个难得的历史机遇，也为一些最不发达国家利用科技扩散和产业结构转移、消除贫困、摆脱不发达创造了条件（高波、张志鹏，2008：302）。

对于发达国家来说，必须担负起减贫的国际义务。首先，发达国家应遏制狭隘的地区贸易保护，降低贸易壁垒。发展中国家产品在获取国外市场时至少面临五重障碍，关税、补贴、配额、标准和规则，以及安全检查，比起发达国家，发展中国家面临的贸易壁垒更为严苛。参与全球贸易是全球化背景下发展中国家减贫的重要条件，因此，是否有着公平的世界贸易市场对全球减贫至关重要，是否能够获得市场准入资格，是发展中国家减贫效果的重要影响因素。当然，这需要发达国家的配合。其次，发达国家加大对发展中国家技术援助的力度，尤其是那些涉及与贫困人口相关的研究，诸如农业技术、疫苗和免疫接种、抗疟疾蚊帐、治疗艾滋病的抗逆转录病毒药物等科学技术成果，以及疾病预防与控制、洁净水管理以及生态系统的可持续发展等先进的管理技术，帮助不发达国家解决与国计民生密切相关的重要问题。最后，在全球气候变化中，发达国家应承担更多的责任。长期气候变化在很大程度上是由发达国家引起的，而气候变化所带来的负面影响却是全球性的，并且发展中国家受到的损害往往更加严重。因此，在气候变化问题上，发达国家必须承担更多的责任。

（二）全球化背景下的减贫成果与挑战

贫困以及不平等和全球化一样在世界各地蔓延，但正如前所述，全球化是一个正在进行着的过程，又是一种业已存在的发展环境。也就是说，全球化本身并不意味着绝对的发展，但暗含着发展的潜能和动力；全球化本身并不意味着绝对的贫困，但潜藏着不均衡发展的可能。全球化这一发展过程在强化现有不均衡发展格局的同时，又带来了全球合作的机会。当前扶助资源的国际流动在全球化的推动下愈加明显，全球化所带来的对世界其他地区的了解加深了不同地区人们之间的互相关系。除了扶助资源的国际流动之外，减贫经验的交流和分享同样不容忽视，当前减贫领域的全球合作成为主流，比如由中国政府和联合国驻华系统联合举办的"全球减贫与发展高层论坛"，就是一个分享各国扶贫政策和经验、共同探讨未来减贫策略和政策导向的高级别平台，这些跨国界减贫经验的分享有助于实现共同的进步和发展。

地区性的减贫经验得到全球范围内的关注，以小额信贷促进减贫和发展为例，最早以及目前国际上比较成功的小额信贷运作模式源自孟加拉国的乡村银行模式（GB模式）、拉丁美洲村银行模式（FINCA模式）、玻利维亚阳光银行模式（BANCOSOL）和印度尼西亚人民银行模式（BRI）等，其中，孟加拉国的乡村银行模式和拉丁美洲村银行模式主要针对农村妇女进行小额信贷。这些地区实施小额信贷明显提升了农村人口尤其是农村妇女的发展意识和发展能力，改善了他/她们的生活质量。这些经验立即得到重视和响应，联合国妇女发展基金和联合国人口基金等联合国分支机构开始在全球范围内推行这种模式。在我国，20世纪80年代，中西部多个省区启动了小额信贷项目，取得了明显成效，截至2010年底全国共为30个省区发放妇女小额担保贷款236.86亿元，帮助54.32万名城乡妇女走上了创业发展的道路（肖诗顺、胡琴，2013）。这一事例充分说明了在全球化背景下减贫经验的交流和共享所具有的意义。

全球化是正在进行着的客观过程，不管对它持有怎样的价值判断，在短时期内要遏制或是无视这一发展趋势是不可能的，而全球化所带来的资源全球流动又内含着不均衡发展的可能，因此，如何在这一趋势下获得对发展模式和目标的世界性认同，如何将减贫提升为一项全人类共同面对的挑战，并对之形成广泛认可的可行性应对策略，是在全球化背景下减贫所面临的重大挑战，从某种程度上来说，也是减贫事业自出现以来所面临的最大挑战。

第五章　全球减贫与发展实践

减贫是全球发展面临的核心问题。《世界银行2013年度报告》显示，截至2013年6月，全球约有12亿人口生活在极端贫困中，占发展中世界总人口的21%，到2030年实现消除极端贫困的目标，意味着需要将全球每日生活费用低于1.25美元的人口比减少到不超过3%（World Bank，2013a）。可见，全球减贫工作任重而道远。减少贫困人口不仅是发达国家的行动主题，更是发展中国家奋斗的首要目标。在过去几十年的减贫与发展过程中，处于不同发展水平的国家为世界范围内的减贫做出了各自应有的贡献。

第一节　发达国家的贫困治理

一　发达国家的贫困现象

在现有世界体系中，发展中国家的贫困问题最为严重，大家关注更多的是亚非拉一些发展中国家的饥饿、疾病、难民等贫困现象，但贫困问题并非只是某个区域的问题，而是一个全球性的问题，不仅仅只是发展中国家存在贫困现象，发达国家同样存在贫困，现存的全球贫困人口中也有一部分来自欧美发达国家。虽然说欧美发达国家的贫困线划分标准较高，绝对贫困人数较少，但其相对贫困现象却十分突出。例如，世界第一大经济体美国也存在大量的"富裕中的贫困"，而且近年来贫困发生率呈现上升态势。根据美国人口统计局的数据，在2012年，美国官方的贫困发生率为15.0%，美国仍然有4650万人生活在贫困线以下，2012年的贫困发生率相对2007年而言增长了2.5个百分点（DeNavas-Walt et al.，2013）。在英国同样存在贫困问题。英国社会发展部（DSD）每年都会出版收入贫困的调查报告 *Households Below Average Income*（*HBAI*）〔以下称《HBAI（2011—2012）年度报告》〕，《HBAI（2011—2012）年度报告》显示，截至

2012年3月，英国相对贫困人口占其总人口比例达到16%，总数约为980万。（UK Department for Social Development，2013）因此，在欧美发达国家的发展进程中，反贫困也一直是其发展的主题，是各国政府关注的重大议题。从发达国家的贫困状况来看，其贫困具有如下特征。

（1）贫困线划分标准较高。根据中国国际扶贫中心的统计，2000—2007年，经济合作与发展组织（OECD）所属的31个成员国不再制定基于绝对贫困的官方贫困线。欧盟国家普遍采用人均收入低于收入中位数的50%作为贫困线。OECD的31个成员国均属于发展水平较高的国家，其中包括美国、英国、法国、德国、澳大利亚、日本、韩国等发达国家，其贫困线的标准明显高于世界银行提出的每天1.25美元的标准。例如作为全球经济最发达的美国，其2011年的贫困线为18106美元（三口之家，其中包含一个小孩），如果一个三口之家的家庭年收入低于这个标准就被视为贫困家庭，如果是没有家庭的单身个人年平均收入低于11484美元，则被看作贫困者（U.S. Census Bureau，2013）。而英国政府的贫困线标准为全国家庭收入中位数的60%，即家庭年税后收入低于这个值则被视为贫困家庭（UK Department for Social Development，2013）。很显然，发达国家的贫困线标准均已远远超过世界银行设立的国际标准。

（2）相对贫困问题较为突出。由于发达国家在贫困标准、贫困数量及分类等方面与发展中国家相比较还存在较大不同，因而在贫困特征上也表现出诸多个体差异性，其中最主要的特征之一是相对贫困。相对贫困是指相对于平均水平而言，个体缺乏日常生活所需的一些资源。或者说相对于平均水平而言，个体不能获得日常生活所需的全部资源。很显然，发达国家的贫困线是一种相对贫困线，是基于贫困人群发展为目标的贫困标准，这个贫困线更多地意味着贫困人群缺少发展的某些资源和能力，而不仅仅只是生存贫困。与发展中国家相比，发达国家绝对贫困程度相对较轻，贫困范围较小，贫困人口数量较少，有些发达国家不存在绝对贫困现象，以相对贫困为主，即对贫困界定一般不根据低于维持生存水平的固定标准来定义，而是根据低收入者与社会其他成员之间的收入差距来定义的（王俊文，2008）。例如，欧盟国家以家庭收入中位数作为参照对象来制定的贫困线标准体现的就是一种相对贫困。

（3）贫困内涵更加丰富。人类对贫困的认识经历了不同的发展阶段。最初人们对贫困的认识主要局限于经济层面。学者最初对贫困的界定是以"贫困线"为标准的，是以经济水平为基础的。如世界银行在1985年确定了每人每天1美元的贫困线标准。随着人类发展观念的转变，对于贫困的认识也越来越深刻。1990年，世界银行提出了衡量生活水平高低不仅要考虑家庭收入和支出，也要考虑社会福利的相关内容，如医疗卫生、预期寿命、识字能力、入学率等指标。联合国开发计划署（UNDP）在《1997年人类发展报告》中提出了"人类贫困"的概念，它不仅包括人均国民收入等经济指标，也包括人均寿命、卫生、教育和生活条件等社会文化因素。相对于发展中国家而言，发达国家的贫困概念包含了多维度贫困的内涵，即不仅仅考虑贫困人群的经济收入问题，还考虑住房、教育、发展机会等其他方面的内容。例如英国的贫困主要集中表现于收入上的贫困、缺少机会、交通状况差、缺少健康食物等多个方面。

（4）贫困群体受经济波动影响较大。发达国家的贫困人口数量非常容易受到经济波动的影响，处于不断变化之中，其减贫成效也会随着经济波动而起伏，在世界性的经济危机来临之时，发达国家的贫困人口数量也会大大增加。究其原因，主要有两个方面：一是发达国家大都是工业化和城市化程度较高的国家，人口主要集中于城市，一旦国家经济发展陷入衰退，会导致大量的工人失去工作机会，从而失去维持基本生活的收入；二是发达国家在经济衰退过程中大都背负着高额的财政赤字，政府财政困窘必然会降低对低收入群体的保障水平，从而导致大量的平民收入呈现下降趋势，贫困人口增加。例如，美国在2007年次贷危机之后，由于经济持续低迷，财政恶化，工作岗位减少，以致连续四年出现了贫困人口的不断上升。

二 发达国家的贫困治理策略

不同国家由于国情和社会制度不同，其反贫困的策略也会有所差异，但综观发达国家反贫困实践，仍然可以发现一些共同之处，概括为以下几个主要方面。

（1）改变不合理的社会结构。贫困结构论认为社会结构因素是造成社会贫困的主要原因，这些由各种社会制度固定下来的社会结构产生并维持着贫困现象的存在，因此，扶贫的根本是要改变这种不合理的社会结构，从根本上消除产生贫困的社会基础。在发达国家的发展过程中同样存在诸多不合理的社会结构，例如不合理的人口结构、家庭结构、社会组织结构、城乡结构、区域结构、就业结构、收入分配结构等都会产生贫困并阻碍减贫的进程。因此，发达国家非常重视通过改变不合理的社会结构来实现减贫目标。发达国家通常把重点放在改变不合理的社会经济结构等方面，通过保持经济增长、增加就业、调节收入分配等手段来缓解贫困。

（2）完善社会保障制度。通过社会再分配的方式为社会成员提供完善的社会保障是发达国家减贫的重要手段。其中包括两个方面内容：一是通过提供全民福利预防贫困的发生。如北欧的芬兰、挪威、丹麦、瑞典等一些高福利国家会为平民提供诸如儿童津贴、病假补助、医疗保障、住房补贴、失业救济、养老保险等各项保障措施，可以有效预防贫困的发生。二是为特殊的低收入群体提供社会救济。通过建立、完善收入保障体系向低收入者或贫困群体提供津贴、补助金以满足其基本生活需求，针对特定贫困群体实施社会救济等，保障老弱病残等无劳动能力者的基本生活。日本在20世纪五六十年代建立起了覆盖全社会的社会保险制度，其中最重要的是养老保险；瑞典等国家建立起了公民普遍权利基础上的社会保障制度；澳大利亚、美国等国家建立起了针对特定对象的社会保障制度，特定对象主要是指生活贫困者，社会救济和公共补贴是其重要的手段。以美国为例，其社会保障体系涉及医疗保险、社会保障金、失业保险、退役老兵福利等。联邦政府2008年财政年度支出中，用于社会保障的金额为6170亿美元，医疗保险、低收入者医疗保险和儿童医疗保险为5990亿美元，对困难个人和家庭救助的安全网项目为3130亿美元（王永红，2011：72）。通过完善的社会保障措施可以有效实现减贫目标。

（3）加强家庭的资产建设。随着经济社会的发展以及对贫困认识的不断深化，发达国家对于贫困人口的帮助除了直接给予生活补贴之外，开始尝试着推动贫困人口自我发展能力的建设，以使其不仅从生活上摆脱贫困，更能够获得长远的发展。推动穷人的资产建设是发达国家尝试的一种减贫新手段。资产建设主要是通过政府、家庭及就业三项经济来源来鼓励贫困户家庭累积金融性资产，并提升其理财技能，其所形成的福利效果在短期内不但可以提升贫困家庭的基本消费水准，在长期的福利效果上还可以由累积的资产衍生出更多的所得收入继续提升其消费水准或累积更多的资产（李迎生、乜琪，2009）。资产建设强调个人进行长期的资产积累，以推动个人和家庭的发展。作为一种反贫困方式，其主要适用于以相对贫困为主的发达国家。例如，美国于1998年克林顿总统执政期间签署了《资产独立法案》，通过立法来鼓励和帮助贫困家庭建立家庭资产。2000年又对资产项目进行了修正并建立了联邦资产独立项目。英国也为低收入家庭儿童建立了终身账户。此外，在加拿大、澳大利亚、乌干达、秘鲁和中国台湾也都陆续推行了家庭资产建设的项目。

三 发达国家（美国）的贫困治理

受2007年次贷危机的影响，美国在最近几年中贫困人口呈现逐步上升的态势，根据美国人口统计局的数据，2011年，美国仍有4650万人生活在贫困线之下，贫困发生率达到15.0%。近些年来，美国为缓解贫困做出了不少努力。整体来看，美国的扶贫主要有以下三个突出的特点（王永红，2011：2）：一是强调完善扶贫的机制，其中最重要的是健全政府的财政预算体系、各项税收制度以及福利制度，这三者是调节社会财富和资源配置的重要机制。二是注重为贫困群体在教育和就业等问题上提供和创造机会，美国政府正逐步把建立家庭资产作为扶贫的一种高级手段，设法帮助个人在扶贫中担负起责任，教育并奖励民众勤俭自律，学会储蓄与投资，最终实现经济上的自给自足。三是美国扶贫不仅仅是政府的职责，而且也是包括私营企业、非政府组织和个人在内的所有社会力量的使命。

具体来看，美国在贫困治理方面主要采取了如下措施：一是税收调节；二是社会保障；三是资产建设。

（1）通过税收制度来调节收入分配。美国的税收分为联邦税、州税和地方税。从税种来看，主要包括个人收入所得税、企业收入所得税、社会保障税、医疗保险税、销售税、消费税、财产税、遗产税、赠与税等。税收对于调整国家宏观经济状况具有重要的作用，会影响到人们的经济行为以及社会收入的分配。不同的税收政策会给予不同群体的人们不同的经济动因，从而进一步影响人们在储蓄、劳动力供应、住房消费和投资选择方面的经济行为。不同的税收政策同时会使社会的收入分配格局发生很大变化，其主要原因是税收政策可以使社会的收入实现群体间的转移，从而影响到纳税人税后的收入分配状况。

（2）通过福利制度为贫困人口提供保障。美国的福利制度包括两个部分，一部分是有关福利保障，另外一部分则是设计福利救济与福利补助。前者是针对每一个美国人，而后者主要是为了帮助低收入的个人和家庭从贫困的境地中摆脱出来，与福利保障有关的主要制度有：社会保障制度和工作保险制度，两者都是一种全民性的保障，并不考虑收入水平的高低。不同于前两者，美国的福利救济制度主要是为低收入者所设，是扶贫的重要机制之一。美国的福利救济包括四个内容：一是对低收入者的生活实物补助，对低收入者的实物补助包括食物券、对妇女儿童的特别营养项目、学校廉价或免费伙食、廉价公共住房、儿童看护帮助和家庭能源补助。二是对低收入者的生活现金补助，向低收入者提供现金帮助的项目主要有额外保障收入、贫困家庭临时救济金和紧急援助金。三是对低收入者的健康医疗救助，其中包括针对低收入者医疗补助计划和针对低收入的老年人、残疾人和盲人的家中照顾计划。四是对低收入者的退税，主要包括所得收入的退税和儿童退税。这两种退税是以鼓励就业为目的的，没有工作的人便享受不到其中的优惠政策。

（3）通过建立家庭资产促进贫困人口自我发展。建立家庭资产就是指将一个家庭积累起来的储蓄金投资到有利于这个家庭的社会交往和财务发展中去。这些投资可以是人力发展、社会交往上的无形资产，也可以是有形资产，通常包括教育、购房或创办企业上的投资等。建立家庭资产的目的不仅要帮助一个家庭能够达到自给自足、不依靠政府福利救济度日，还要鼓励其能为未来储蓄财富、建立资产，以备不时之需。建立家庭资产被视为扶贫的一种高级手段。在美国，家庭资产的贫困率远远高于家庭收入的贫困率。建立家庭资产从本质上来说是一种旨在帮助中低收入的家庭通过财务储蓄、投资长期性资产来远离贫困状况并最终实现自给自足的扶贫策略。美国建立家庭资产的主要方式有如下几种：第一，建立个人发展账户，鼓励个人储蓄，政府和相关组织机构给予相应补贴；第二，建立微型企业发展项目，为有意愿开创自己小生意的项目受益人提供贷款和相应的服务；第三，建立财务知识普及项目，帮助中低收入家庭掌握财务管理方面的技能和知识；第四，退税政策。将挣得收入的退税和儿童退税以现金的形式返还给低收入家庭；第五，失业保险项目，对被动失业的个人提供失业保险救济，保障基本生活并帮助实现就业；第六，财务激励，对低收入者给予最低时薪、食物券等方面的补贴。

美国通过这三种主要的减贫措施实现了两个方面的目标：其一，满足贫困群体基本的生活需要，使大部分贫困群体免于陷入绝对贫困的处境；其二，为贫困群体的自我发展提供了机会，尤其是通过家庭资产建设增强了贫困群体的抗风险能力，帮助贫困家庭积累了发展资源，为贫困家庭摆脱贫困奠定了基础。这一点非常值得中国借鉴。

第二节　发展中国家的减贫行动

一　发展中国家的贫困现象

发展中国家的贫困问题一直是世界反贫困关注的重要领域。世界上绝大多数的贫困人口生活在发展中国家。东亚和太平洋地区、南亚、东欧和中亚、拉丁美洲和加勒比地区、中东和北非、撒哈拉以南非洲的发展中国家都是贫困的高发地区。发展中国家的贫困现象也具有一些相似的特征。

（1）绝对贫困人口数量多。世界上的贫困人口主要集中于发展中国家，发展中国家不仅贫困人口总数多，而且处于极度贫困的人口数量众多。在20世纪80年代早期，发展中国家有一半以上的人口处于极度贫困之中。根据世界银行与国际货币基金组织联合发布的《2013年全球监测报告》预测，到2015

年，发展中国家仍将有 9.7 亿人口处于极度贫困之中，意味着以 1.25 美元的贫困线为标准，有 15.5% 的发展中国家人口将会生活在贫困之中。特别是在撒哈拉以南非洲地区和南亚地区的发展中国家的贫困问题最为严重，根据预测，2015 年，撒哈拉以南非洲地区的贫困发生率仍将高达 42.3%（贫困人口 4.08 亿），南亚地区的贫困发生率将达到 23.2%（贫困人口 4.06 亿）（World Bank，2013b）。

（2）贫困人口脆弱性强。世界银行一直关注脆弱性与贫困问题，指出人类的脆弱性与贫困是相生相伴的，贫困人口容易受到经济以及经济之外其他因素的冲击。世界银行早在 2001 年就对脆弱性进行了界定：脆弱性是指一个家庭和个人在一段时间内将要经受的收入和健康贫困的风险，以及面临许多风险的可能性（世界银行，2001b：19）。这种脆弱性与贫困之间的关系主要体现在两个方面：一是当社会风险的冲击发生之后，越是贫困者其受到的剥夺越多；二是贫困者的脆弱性很强，缺乏应对风险的能力，在遭受风险冲击后恢复很慢。相较于发达国家而言，发展中国家的贫困人口具有更强的脆弱性，即源于发展中国家的贫困人口相当一部分处于一种极贫状态，缺少应对风险的资源和能力，一旦遇到失业、疾病或经济萧条等意外情况发生，就有可能陷入贫困，同时也源于发展中国家自身发展水平不高，缺少对贫困人群必要的保护。

（3）发展中国家的减贫成效不平衡。这种不平衡主要表现在两个方面：第一，发展中国家之间的不平衡。也就是说，在世界范围内的减贫进程中，不同国家取得的成效不平衡，有些发展中国家贫困人口数量急剧降低，有些发展中国家的减贫进程缓慢。《2013 年全球监测报告》显示，2005—2010 年，发展中国家的贫困发生率仅仅从 25.0% 下降到 20.6%，贫困人口总数从 13.028 亿下降到 12.149 亿（World Bank，2013b）。总的来看，减贫的进展较慢。在撒哈拉以南非洲地区，自 2005 年以来，经历了不断的减贫历程，贫困发生率虽然有所降低，从 2005 年的 52.3% 下降到 2010 年的 48.5%，但其贫困人口总数却从 2005 年的 3.949 亿上升到 2010 年的 4.138 亿。南亚地区的贫困发生率从 2005 年的 39.4% 下降到 2010 年的 31.0%，贫困人口总数从 5.983 亿下降到 5.068 亿。而另外一些发展中国家减贫速度则相对较快，如拉丁美洲和加勒比地区，贫困人口比例 2010 年下降到 5.5%，为迄今为止的最低值；中东和北非地区贫困人口比例也下降到 2.4%（World Bank，2013b）。从发展中国家贫困发生率的比例可以发现，各国减贫与发展的进程极不平衡。第二，发展中国家内部的不平衡。一是发展中国家的贫困人口主要集中在农村。如印尼农村地区的贫困程度要远远超过城市。2010 年，印尼农村贫困发生率为 17%，而城镇贫困率仅为 10%（张建伦、邱励予、王小林，2011）。再如哥伦比亚，2009年底，按照其国家贫困线标准整体贫困发生率为45.5%，其中城市贫困发生率为39.6%，农村贫困发生率则高达64.3%（张德亮、周梁，2011）。二是贫困的地区差异明显，不同地区之间的贫困程度明显不同，经济和社会发展的水平极其不平衡。三是不同人口之间的贫富差距增大，收入分配出现严重不公平现象。所有这些发展的不平衡都会为发展中国家的减贫带来困难。

二 发展中国家的贫困治理策略

发展中国家的减贫推动了世界范围内的减贫和发展，为世界范围的减贫做出了重要贡献。发展中国家大都具有经济、社会方面发展程度相对较低、人口众多、发展潜力巨大等特征，其减贫战略也体现了其作为发展中国家的特征。各国所实施的具体减贫措施不一，但从宏观层面来看，具有某些共性。

（1）将减贫上升到国家战略。政府是国家减贫战略实施的主体或主要推手，在减贫中发挥主导作用。发展中国家减贫是一项重要的任务和工作，很多国家都将减贫政策上升到国家战略的层面，给予足够重视。例如孟加拉国2005年8月提出了减贫的战略性文件（PRSP），强调了八点战略性的议事日程，包括：就业、营养、有质量的教育、地方政府、产妇保健、卫生及饮用水安全、刑事司法和检测。减贫战略文件的四个部分：致力于促进有利于穷人的增长，推进有利于穷人的经济增长的关键部门的发展，建立有效的社会保障体系和有针对性的项目，以及促进社会的发展（Ahmed，2010）。例如印尼政府对于减贫也非常重视，印尼正式大规模的减贫实践始于20世纪90年代，此后，减贫开始被作为重要决策议题明确纳入政府的各项政策性文件中（张建伦、邱励予、王小林，2011），并且成立了专门的政府减贫机构人民福利统筹部和跨部委减贫委员会，负责推进印尼减贫工作。其中，人民福利统筹部是印尼中央政府三个统筹机构中的一个。跨部委减贫委员会的职责在于通过组织一系列的会议等交流活动，协调国家层面的相关各方拟写中期减贫战略文件（I-PRSP），以作为国家减贫战略（SNPK）的纲要。

（2）以经济发展带动减贫。提高经济增长率是发展中国家摆脱贫困的一项长期战略。发展中国家是贫困尤其是绝对贫困的主要发生地，当今世界90%的贫困人口集中在南亚、撒哈拉以南非洲、东南亚、蒙古、中美洲等地区。在这些地区，经济相对落后，经济发展整体水平不高是贫困发生的主要原因。因此，大力发展经济是实现减贫的重要手段。相对于发达国家来看，发展中国家通过经济增长实现减贫的作用远甚于收入再分配和社会保障的作用。经济的高速增长，尤其是劳动密集型经济增长，会带来大规模就业，是发展中国家反贫困的基本经验。对于发展中国家而言，大部分贫困人口在农村，同样享受到经济发展带来的成果。农村劳动生产率的提高为缓解农村贫困起到重要的推动作用。实践证明，经济增长对于消除绝对贫困起着巨大作用，经济增长是实现减贫的前提和基础。一方面，经济增长能够直接带动贫困人口收入的增长。另一方面，经济增长后国家有足够的财力实现对贫困人口的社会保障。但对于发展中国家来说，高的经济增长率不一定能达到减贫的效果。经济增长是减少贫困人口的必要条件，而不是充分条件。在提高经济增长率的同时应注意，在资源配置上兼顾不同的行业、不同的地区，同时还应有正确的收入分配政策相配套，使更多的贫困人口在经济增长过程中受益，防止贫富的两极分化。

（3）控制人口增长实现减贫。发展中国家不仅是世界上贫困人口最多的地区，其总人口数在世界上也占很大的比例。如2015年印度尼西亚人口总数达到2.58亿，尼日利亚人口总数达到1.82亿，巴基斯坦人口总数达到1.89亿，孟加拉国人口总数达到1.51亿（United Nations Department of Economic and Social Affairs，2015）。所以，人口问题是发展中国家贫困的根源之一。人口的急剧增加，形成了一对不可调和的矛盾，即社会财富的不足和日益增长的人口的需求之间的矛盾。发展中国家社会生产力水平相对低下，劳动力绝对过剩、失业增加，社会发展严重滞后，政府对社会低收入群体的投入不足，都严重影响到减贫成效。因此，发展中国家减贫的一个重要手段就是控制人口过度增长，使人口增长与经济社会发展水平相适应。

（4）改善收入分配关系，实现社会保障。对于发展中国家来说，在经济高速发展的过程中不可避免会出现收入分配的失衡，一部分人群因此成为社会的低收入群体，陷入贫困。在经济发展初期，政府宏观经济政策相对倾斜于知识、技术和资本密集的部门，而经济技术相对薄弱的农村和农业部门劳动者收入水平和劳动回报率较低，拉大了与社会平均收入的差距。为了改善这种局面，许多发展中国家通过调整经济结构、分配方式来改善社会收入分配关系，使过去较少从经济发展过程中受益的群体也能够享受到经济发展的成果，实现收入上的增长。同时在再分配领域，通过税收调节、社会保障等方式为低收入群体提供支持，如建立最低生活费标准制度，保证贫困者能满足基本生活需求，以各种津贴和补助的形式为低收入者提供帮助，同时完善教育、医疗卫生等社会保障和保险制度，改善贫困者的生活条件和教育、健康水平，等等。

（5）通过实施各种减贫项目实现减贫目标。发展中国家减贫的一个重要特色就是通过各种项目推进减贫。这些项目既包括各种双边合作项目、多边合作项目，也包括国内开发的各种项目。项目的实施为减贫起到了重要的推动作用。例如，印尼在东南亚金融危机以前，实施的减贫项目主要包括农村地区基础设施发展项目（RAIDP）、城乡统筹减贫项目（PARUL）等。东南亚金融危机以后，为了稳定经济，政府对上述两个项目做了一定的调整，同时实施了新的减贫项目，包括社区恢复计划（CRP）、城市发展计划（UPP）以及以社区为基础促进基础设施建设和贫困人口增收计划（张建伦、邱励予、王小林，2011）。一系列减贫项目的实行有效推进了印尼的减贫进程。尼日利亚也通过项目的实施取得了较好的减贫成效。尼日利亚在20世纪70年代引入了国家粮食增产项目（National Accelerated Food Production Program）。1979年，政府又引入了绿色革命项目（Green Revolution Program）。其他与减贫和发展相关的项目还包括1984年的回归农田项目（Back to Land Program），以及后来的家庭支持项目（Family Support Programs）和家庭经济改进项目（Family Economic Advancement Programs），等等。国际组织在最近三十年也给予发展中国家大量的减贫与发展项目支持。当然这些减贫项目在大多数发展中国家都取得了较好的成效，但由于项目的设计与各国实际国情的不符，也有部分项目失败。

三 发展中国家的贫困治理（孟加拉国）

孟加拉国拥有1.51亿人口，是世界上最贫困的国家之一。从20世纪70年代孟加拉国建国起，就开始关注贫困问题，在三十多年的减贫历程中取得了重要的成绩。其贫困发生率从70年代初的74%左右下降到2005年的40%左右，每年以大约1%的速度在下降。孟加拉国对于减贫非常重视，国家宪法为该国制定发展目标、宗旨以及战略都提供了明确的指导。1973年开始，孟加拉国制订了一系列发展计划来推动减贫。值得我们注意的是，孟加拉国在减贫过程中创造了大量的成功案例，其中包括人口控制、食品生产、小额贷款、服装产业、口服补液疗法的推广、赋予妇女权利、民间发展组织等。概括来看，其在减贫方面最突出的表现体现在以下几个方面（Ahmed，2010）。

（1）人口控制。孟加拉国是世界上人口最为稠密的国家之一，1.51亿人生活在14.5万平方公里的土地上。过去三十多年来，通过实施计划生育，在孟加拉国这样一个穆斯林占绝大多数的国家内人口控制取得了世人瞩目的成就（穆斯林社会的观念普遍不接受计划生育）。人口出生率从20世纪70年代的3%下降到现在的1.4%。在人口控制过程中，主要是政府动员和社会组织的参与起到了重要作用。不仅是生育率下降，而且女性的结婚年龄提高，采用避孕措施的夫妻比例也明显提升。

（2）小额贷款。三十多年前孟加拉国就率先实施小额贷款，目前已经有了很大的发展。其中主要的参与方是民间发展组织，比如孟加拉乡村促进委员会（BRAC）、孟加拉乡村银行（GB）、社会发展联合会（ASA）等。这三大组织分别服务孟加拉国高达上千万的贫困人口。小额信贷的客户中有95%是贫穷的、处于弱势地位的妇女。其覆盖范围之广、信贷额度之高使孟加拉国成为世界上最大的也是最有成效的推广小额信贷的区域。在小额信贷项目实施过程中，政府、民间组织、妇女都发挥了重要作用。

（3）女性赋权。孟加拉国的妇女在工业生产、农业生产、人口控制等方面都有杰出贡献，虽然她们从事各种各样的劳动，比如收割后作业、种地、捡拾柴火、舂米、做家务、制作并出售手工制品、饲养家畜，等等，但是，妇女对家庭收入的贡献却没有像男性一样得到认可。政府认识到要充分发挥妇女在减贫与发展中的积极作用，因此，采取了一些措施提高妇女的社会地位，并为其创造发展的机会。例如，政府为女童提供最长12年的免费教育（可以完成高中学业），而男童的免费教育年限不到6年。鼓励妇女参与社会发展，鼓励女性企业家参与各种商业活动或者是在其他重要的工作领域任职等，让女性发挥越来越重要的作用。

从孟加拉国的减贫实践来看，其主要经验包括以下几个方面。

第一，参与式减贫发展。在孟加拉国的减贫实践中，充分调动各方积极性参与减贫是其成功的一个重要经验。实际上就是参与式扶贫方法在孟加拉国得到了很好的运用。只有确保贫困人口参与到发展项目当中，项目才会因此得到发展。而且这种参与式扶贫给予贫困人口全程参与的机会，从设计阶段就开始参与，然后是规划、实施，直至评估阶段。这样能够确保底层的人们从项目发展中受益。例如在人口控制过程中，政府意识到必须动员各阶层民众参与，尤其是妇女的参与发挥了重要作用。

第二，多部门的积极合作。孟加拉国减贫成效的取得还在于发挥了多部门合作的作用，在其减贫的各个项目中，都会有政府、私营部门、社会组织等不同部门的合作，有效推动了减贫进程。孟加拉国一直是个问题多发的国家。人民不仅遭受自然和人为灾害，还面对贫穷、收入、教育、医疗、人口、工业化、妇女权利等种种问题。挑战如此艰巨，不可能单靠政府。因此，在孟加拉国，政府、私营部门和民间发展机构进行合作的例子很多，而且成效显著。

第三，民间组织的推动。在孟加拉国，民间组织在减贫与促进国家发展领域均起到了典范作用。在孟加拉国，有很多从事发展与减贫活动的民间组织，大概在两千个左右。在政府的减贫项目中，政府与民间发展组织结成伙伴关系，相互学习，共同推动项目实施。与世界上其他发展中国家相比，民间发展组织是孟加拉国减贫取得巨大成就的一个重要因素。

第三节 转型国家的减贫道路

转型国家也称为新兴工业国，指的是正从农业社会向工业社会过渡的发展中国家。这个概念原本来自英语的"新工业国家"。区分发展中国家、转型国家和工业化国家的标准是工业化程度、成品出口和出口率等经济指标。转型既包括由计划经济向市场经济的转型，也包括由传统农业社会向工业社会的转型。当今世界上进行这种经济转型的国家较多，其中典型代表包括俄罗斯、中国、印度、巴西、墨西哥、越南等国。在全球化的浪潮下，转型国家处于剧烈的经济社会转型过程之中，在计划走向市场的过程中，贫困的凸显几乎是一个不可回避的问题，也成为一个影响所有转型国家经济发展和社会稳定的重要问题。每个转型国家都将缓解和消除贫困作为社会经济发展的重点之一。

一 转型国家的贫困现状

（1）贫困人口主要集中于农村。转型国家在从传统农业社会向工业社会转型的过程中，过于强调经济增长和城市化的发展，结果导致发展的结构性失衡，尤其是城乡经济的发展失衡比较突出。现阶段，转型国家的贫困人口主要集中于农村。例如，中国的贫困人口在某种意义上来讲就是农村人口的代名词。中国是典型的二元经济结构国家，相对发达的城镇和比较落后的农村同时并存。由于20世纪50年代以来实施的严格区分农业和非农业人口的户籍管理制度，造成了城乡分割，进一步强化了城乡之间的差别。例如印度大多数农村穷人聚居在缺少耕地、农业生产率低下、旱涝成灾、环境退化的边远山区，以及人口稠密的恒河平原。世界银行的研究表明，超过四分之三的极度贫困人口生活在农村地区，而且接近三分之二的极度贫困人口是以农业为生的（Olinto et al., 2013）。可以说，在经济转型过程中，农村并未能享受到经济高速增长所带来的成果，甚至受到更多的剥夺，从而沦为贫困人群。

（2）收入分配不均现象严重。在转型国家中，随着社会的快速转型，经济的迅速发展，过于强调经济增长带来的后遗症就是发展的严重不均衡，收入分配不均现象严重，直接后果就是富者越富、穷者越穷，使贫困程度向纵深发展。即便是在贫困人口数量方面大幅度下降，但真正的贫困人口将会陷入更加贫困的处境。例如，中国、巴西、俄罗斯、南非、印度等世界中等收入国家，由于国内收入分配不公，造成了大量的贫困人口。这些国家在转型过程中出现了严重的分配不平等现象，从20世纪70年代开始，反映收入分配不平等的基尼系数呈现逐年增长的态势。据世界银行估计，几个典型的转型国家的基尼系数都达到了较高的水平。如：2009年印度的基尼系数为0.34，巴西的基尼系数为0.54，俄罗斯的基尼系数为0.40；2010年中国的基尼系数为0.42；2011年南非的基尼系数则高达0.63（World Bank，2015）。转型国家的收入分配不均在当前反贫困过程中受到高度重视，同时也为反贫困带来了诸多挑战。

（3）转型国家贫困人口数量大幅降低。社会转型是一个与现代化密切相关的概念，其内涵比现代化更丰富，意指社会从传统型社会向现代型社会的转变，或者说由传统型社会向现代社会转型的过程。社会转型一方面是贫困问题出现的直接动因，另一方面也为解决贫困问题提供了契机。尤其是很多发展中国家正在实现向工业社会的转变，生产力水平大幅提高，人们的物质生活相较于转型前已经有了较大幅度的提高。贫困人口的数量出现较大规模的下降。世界银行发布的相关研究表明，以1.25美元的贫困线来计算，极度贫困人口在过去30年大幅度降低，其中大部分的贡献来自中国和印度（Olinto et al.，2013）。例如，中国的贫困人口从1978年的2.5亿下降到2010年的2688万（2010年贫困线标准为1274元），按照新的贫困线标准2300元来统计，2012年底贫困人口接近1亿。从印度来看，世界银行的研究数据显示，在2005年至2012年间，印度共有1.37亿人口摆脱了极度贫困，贫困发生率降低到22%（World Bank，2013c）。例如巴西按照1.25美元的贫困线计算，其贫困人口比例从1981年的17%下降到2009年的6.1%（World Bank，2013b）。贫困人口数量的下降得益于转型过程中经济的快速发展。

二 转型国家的贫困治理策略

（1）大力发展经济。转型国家贫困治理的一个重要手段就是通过经济增长带动减贫。经济增长对减贫的作用主要表现为两个方面：第一是经济发展为贫困人口提供了更多和更好的就业和创收机会；第二是经济增长带来了政府财政收入的增加，使政府更有能力去帮助贫困人口。第一个方面是经济增长对减贫的直接效应，而第二个方面是经济增长的间接效应。例如在中国，中国的经济增长率最高，减贫率也最高。就人均GDP而言，中国在这一时期的长期增长率约为9%，减贫成效也十分显著。关于印度的经济发展是否有助于其减贫的争论甚多。印度今年来的GDP增长率已经接近中国，虽然说在发展的过程中不平等影响到其减贫的成效，但其经济的快速发展对于贫困人口减少做出了应有的贡献，至少在预防贫困方面，或者说防止贫困恶化方面起到了关键作用。

（2）通过改革带动发展。转型国家的一个重要特征就是改革，其中包括经济体制与社会体制的变革。经济体制的改革主要表现为与市场经济的接轨。20世纪80年代中印经济发展加速，首要的原因在于进行了一场深刻的经济改革，这种改革本质都是一种经济的转型。通过这次转型，中国和印度从计划经济体制转向市场经济体制，从而为两国经济的起飞提供了良好的制度环境。中国从80年代开始，正式拉开改革开放的大幕。主要是经济体制的改革，其中包括从家庭联产承包责任制开始，辅以其他推动农业产品和农业投入市场自由化的改革措施。此后经历了包括国有企业改革在内的几次大的经济体制改革，经过三十多年的改革，极大地解放了生产力，发展了生产力，中国释放出巨大的发展潜力。通过改革带动整个社会的发展，也为减贫做出了重要贡献。印度在20世纪80年代曾经尝试过一些经济改革措施，然而真正的改革启动于1991年，而改革的触因是当时的国际收支危机。一系列的改革为私营部门提供了支持，推动了经济开放，并重组了公共部门。此外，在贸易和工业政策领域也进行了重大的改革，然而农业部门被忽略了。所以改革对于减贫的成效不如中国明显。另外，在经济体制改革的过程中也启动了社会体制的变革。如逐步完善的社会保障体制也为缓解贫困提供了重要保障。

（3）大力推动农村减贫。如前所述，转型国家的贫困人口主要集中于农村地区。农村地区的减贫成功与否直接关系到整个国家的发展。因此，在转型国家中，政府推动了大量的农村减贫项目的实施。在中国，负责减贫的专门机构国务院扶贫办公室领导小组的工作对象就是农村贫困人口。中国三十多年有组织、有规模的减贫实践都是在农村开展的，现阶段中国的减贫实践实际上就是农村减贫实践。通过大力推动农村减贫，中国取得了巨大的成绩，被世界各国认可和赞赏。回顾三十多年的减贫历程，中国的农业经济增长比城市经济增长对减贫的贡献要大得多。印度也非常重视农村发展。印度通过农产品发展带动农村减贫。高效的农业生产力给印度农村贫困人口带来的既有绝对收益，又有相对收益，而这些收益大部分得自高效的农业生产力所带来的实际高收入。而相反，关于城镇经济增长对于印度减贫的效果却并非明显。

三　转型国家（印度）的贫困治理

印度是世界上发展最快的转型国家之一。为了应对史无前例的经济危机，印度于1991年7月开始实行全面经济改革，即放松对私营经济的管制、所有制结构的战略性调整和公营企业的改革。这些措施是为了在稳定的基础上取得较快的经济增长。改革的根本目的是促进竞争，以及提高放松管制和私有化的效率等。印度经济改革的主要内容包括两部分内容：宏观经济的稳定和结构性调整计划。在转型过程中，印度与中国一样明确提出了优先发展重工业的战略，但由于长期忽视轻工业和农业的发展，导致了粮食和农产品的严重不足，贫困人口数量众多。

印度贫困线是依据每人每天需要消耗的热量和需要的食品清单转换为相应的人均货币支出来确定的。从 20 世纪 70 年代开始，印度的贫困线标准处于不断调整中。1973—1974 年的贫困线标准为，农村地区每人每月需要的货币支出为 49.09 卢比，城市需要的货币支出为 56.64 卢比，到 2000—2001 年，农村和城市的贫困线分别为 328 卢比和 454 卢比（中国国际扶贫中心课题组，2010）。2004—2005 年度印度农村和城市的贫困线标准分别为 446.7 卢比和 578.8 卢比；（Government of India Planning Commission，2011），2009—2010 年度印度农村和城市的贫困线标准分别为 672.8 卢比、城市 859.6 卢比（Government of India Planning Commission，2012）。2011—2012 年度印度农村和城市的贫困线标准分别为 816 卢比和 1000 卢比，按这一标准，贫困发生率估计为 21.9%，贫困人口约为 2.70 亿人（Government of India Planning Commission，2013）。

印度在独立后，历届政府采取了一系列的反贫困措施，取得了一定的成绩。在 70 年代末至 90 年代初期，印度的贫困程度出现一个下降较为明显的阶段，主要得益于相对稳定的农业增长态势。但在 90 年代又进入一个反复的过程，印度贫困人口出现了短暂的回升，21 世纪开始减贫工作又开始缓慢推进。

印度的反贫困战略经历了几次重要转变（杨文武，1997）：第一阶段，20 世纪 50 年代，强调经济增长是解决贫困问题的主要手段。第二阶段，70 年代和 80 年代，政府政策转移到直接向穷人提供医疗卫生、营养和教育服务，认为改善穷人医疗卫生、教育和营养条件等对于消除贫困具有重要意义。第三阶段，90 年代侧重于强调"发展与公正"并重的战略。

从具体政策措施来看，印度贫困治理包括以下几个典型案例。

（1）"土地改革"和"绿色革命"。印度独立之初，失业、贫困化问题很普遍，占人口 80% 的农村严重缺粮。为了恢复经济和安定人民生活，尼赫鲁政府制订的第一个五年计划把重点放在发展农业生产和实行土地改革上。印度整个农村简化为地主、自耕农、佃农和雇农四个阶层，最终确立了土地私有权，为印度农业资本主义发展奠定了基础。从 20 世纪 60 年代中期起，为了解决因人口剧增造成的贫民粮食供应不足引起的贫民饥荒问题，印度政府开展了"绿色革命"

运动。这一运动为那些新获得地权的土地所有者（其中多半是地主、富农）发展资本主义农业提供了机会。由于他们有地权，有较为雄厚的经济实力，以及国家在信贷上给他们的优待，他们中有不少人在"绿色革命"中使用高产种子、化肥、农药、机耕，发展商业性的农业生产。

（2）公营分配制度（杨文武，1997）。从20世纪70年代初，印度政府开始实施公营分配制度的反贫困策略。所谓公营分配系统就是政府控制价格的一系列平价商店，保证以合理价格向广大人民，特别是贫弱阶层供应基本消费品。这是一种有效增加穷人实际收入和确保粮食安全的方法。它使穷人有足够数量的食品和其他生活必需品。这些物品由中央政府负责收购，并把它们供应给各邦的供应分配系统。到1987年底，印度全国平价商店的总数为34.3万家，1989年初接近35.4万家，1992年3月31日接近40万家，覆盖全国5亿人口。粮食分配的方法是对人口在5万以下的城镇实行非正式定量配给制，对人口在5万以上的城镇则实行正式定量配给制。粮食定量为每人每月8—10公斤，并根据粮食形势和各邦的具体情况进行调整。

（3）乡村综合发展计划。始于1979年的农村综合发展计划，最初在2300个发展区试行。中央和邦政府各支出50%的资金。该计划主要措施就是向生活在贫困线以下的小农、边际农和无地农业劳动者提供补助和贷款；同时向他们供应种子、化肥、农药等生产性投入，提供各种技术性服务；政府投资兴修一些水利设施，开办各种职业培训，兴办一些小型农村工业增加就业机会，农村综合发展计划取得了较好的成绩（杨文武，1997）。农村发展计划的目的是通过资本补贴和提供贷款渠道等方式，为农村贫困人口创造就业机会，使他们能获得生产资料及适当技能，从而脱贫。这实质上是一项贫困人口的自我就业方式。

（4）就业保障计划。由于失业问题比较严重，因此，在印度，提供就业机会，解决失业问题长期以来被认为是解决贫困问题的重要手段之一，是政府重要经济政策之一。该计划保证，每年在印度农村地区以不低于法定农业劳动低收入为标准，给那些需要的家庭提供100天无须技术的体力劳动工作。就业保障计划旨在通过以低工资给那些有任何需要的人提供无技术性体力劳动，以此确保农村地区的收入。该项计划在全国得到资助，主要来源是那些比较富有的城市居民的税收。就业保障使国家的保障功能得以实施，也同时帮助了那些无能为力的穷人。那些寻求救济的穷人必须好好工作以得到支持，他们所做的工作能够极大地改善急需的公共设施建设，尤其是在贫困地区。

在国际社会和印度国内对于其减贫的成效存在多种不同的声音，既有肯定也有否定。从总的减贫人口来看出现了下降，但从成效来看又不太明显，因此对于印度减贫的实践和经验需要辩证地看待。

第四节　国际发展援助

一　国际发展援助的历史

国际发展援助主要是指发达国家向发展中国家流动的转移支付形式，即发达国家或高收入的发展中国家及其所属机构、有关国际组织、社会团体，以提供资金、物质、设备、技术等形式，帮助发展中国家发展经济和提高社会福利的活动（李小云等，2009：2）。国际发展援助实质上也是发达国家或高收入国家帮助发展中国家实现减贫与发展的活动。

国际发展援助从兴起到发展经历了几个重要阶段。第一阶段，第二次世界大战后到 20 世纪 50 年代末：国际发展援助的兴起阶段。这一时期，经历第二次世界大战之后的很多国家在这场战争中受到严重打击，疾病、饥荒、难民、战后重建等问题困扰国际社会。以难民救助和战后重建为主要内容的国际发展援助成为国际关系和合作的主要形式。帮助落后国家尽快发展起来，建立一个有效的维持世界和平的国际政治经济新秩序。此后国际发展援助经历了几个重要的历史阶段。第二阶段，20 世纪 60 年代中期至 70 年代末：国际发展援助一方面开始重视农业和社会发展，大量投向高产农业，资助了许多绿色农业项目，积极开展绿色革命，另一方面把资金投向与人的生存和解决贫困问题直接相关的项目上，提供住房、教育、健康等援助。第三阶段，20 世纪 80 年代至 90 年代初：致力于经济稳定和结构调整。第四阶段，20 世纪 90 年代中期至今：以人为本、全面发展成为国际发展援助的指导思想，公平的发展机会与减贫成为国际发展援助的主要目标（孙同全，2008）。同时国际发展援助关注的重点又回到减贫问题。

二　国际发展援助的特征和趋势

（1）从援助对象来看，主要为亚非拉地区的中低收入国家。从地区来看，亚洲、非洲以及加勒比海地区一直是国际发展援助最关注的地方。90 年代以后，西方发展援助资金在地区分布上出现了显著的调整，其中对非洲的援助最多。投放到非洲的援助总量超过所有援助总额的一半以上。从国家来看，中低收入国家是援助的重点对象。1960—2007 年，对中低收入国家的援助总额占到官方发展援助总额的 60% 以上（李小云等，2009：47），有些年份甚至更高。中高收入国家受到的发展援助越来越少，也从另一个侧面说明，国际发展援助越来越瞄准于贫困地区、贫困国家和贫困个人，与世界范围内的减贫的关系越来越密切。

（2）从援助主体来看，新兴经济体逐渐成为援助体系的新成员。长期以来，国际发展援助的主体（援助提供者）主要为OECD发展委员会的23个成员国，在过去60多年的国际发展援助历程中，这些发达国家起到了重要的作用。但随着新兴经济体的成长，更多的非发达国家也加入国家发展援助的行列。例如中国、印度、俄罗斯、巴西等发展较快的转型国家，成为国际发展援助体系的重要成果。尤其是中国对非洲低收入国家的国际发展援助，是不附带政治条件的援助，受到了很好的评价和效果。此外，非官方主体，如企业、社会组织等也加入国际发展援助的体系，并为之做出了越来越重要的贡献。

（3）从援助数量来看，西方国家官方发展援助在逐渐萎缩。虽然从绝对总量来看，国际发展援助在波动中稳步上升，如2005年官方发展援助支出总额达到历史最高点1287.56亿美元，但官方发展援助净支出占其国民收入总值的比重却在逐年下降，2008年下降到3‰左右，远低于联合国目标值0.7%。也就是说，西方发达国家官方发展资金在最近几年出现了回落，牵引动力主要在私人资本投资上。撒哈拉以南非洲国家得到的官方发展援助份额越来越少，近年来国际社会要求发达国家增加对穷国的援助，帮助它们消除贫困的呼声越来越高。

（4）从援助方式来看，形式更加多样。最初的国际发展援助以贷款援助和技术援助为主，其中贷款援助占据了重要的份额。随后国际发展援助又增加了诸如食物援助、紧急援助、债务减免等多种形式。现阶段来看，技术合作的比重在不断上升，援助更加侧重于培养当地的自我发展能力，援助性贷款规模逐年下降，但无偿援助的比重逐渐扩大，如债务减免比重在逐年上升。从援助方式的变化可以看出，以往的国际发展援助侧重于通过输血的方式解决低收入国家的贫困与发展问题，但近期更加注重通过造血的方式来解决这些问题。

（5）从援助领域来看，更加注重社会层面的问题。国际发展援助的内容涉及基础设施、工农业生产、环境保护、商业贸易、人道主义援助、社会基础设施和服务等多方面。在过去，国际发展援助比较注重人道主义层面和经济层面的内容，但随着国际发展援助理念的转变，近期的援助领域已经非常重视解决社会层面的各种问题，例如教育、健康卫生、人口及生育、供水设施等。可见这种变化既是对人类发展认识的深化，也是对人类贫困认识的拓展。

国际发展援助在60年的发展历程中，受国际政治经济局势的影响，走过了从高潮到低潮、再到高潮、再到低潮的回环曲折的过程。从总支出额的绝对量来看，1991年是国际发展援助的一个高潮，全年官方发展援助总额达到991.7亿美元。随后一路下降，到1997年到达该阶段的最低谷，全年援助总额为735.2亿美元，此后一路攀升到历史最高点，2005年的1287.56亿美元，2006年之后国际发展援助再次走入低谷。在世界经济衰退的大背景下，看不到出现逆转的迹象。

三 国际对华发展援助及中国对外发展援助

（一）国际对华发展援助

新中国成立后，加强了同世界上其他国家的交流与合作。中国作为落后的发展中国家，接受了来自国际组织和发达国家的对华发展援助。国际对华发展援助主要经历了5个不同的阶段（李小云等，2009：291—293）。第一阶段为苏联对华援助阶段（1949—1960年）。在这一阶段，我国同苏联之间展开了广泛的合作，主要包括重点项目建设、为中国提供低息贷款、提供技术支持以及贸易中的价格补贴等。第二阶段为对华发展援助的停滞阶段（1961—1978年）。由于特定的历史原因，中国与苏联的合作关系破裂，苏联对华发展援助全面终止。随后中国进入了长达十多年的国内混乱时期，这一阶段，中国几乎没有得到其他国家的对华援助。第三阶段为国际对华援助的发展阶段（1979—1995年）。这一阶段，中国提出了改革开放的发展策略，与世界各国的交流互动日渐增多，国际对华援助逐渐恢复并呈现快速上升态势。第四阶段为国际对华援助的回落阶段（1996—2002年）。这一时期正是世界发展援助的低潮阶段，发达国家在国际发展援助方面的热情大减，投入也达不到联合国的预期目标，对中国的发展援助也相应回落。第五阶段为国际对华援助的调整深化阶段（2003年以后）。这一阶段世界范围内的国际发展援助呈现波动上升的趋势，但由于中国经济持续快速的增长，中国在世界发展领域已经占据了重要的一席，是否还需要提供对华发展援助成为争论的话题。对华援助进入思考、调整和深化的阶段。

随着国际对华援助政策的调整，国际对华发展援助呈现以下几个新的特征：第一，援助的规模逐渐缩小。国际发展援助的重点转向了更加贫困的非洲国家，由于中国已经迈入中等发达国家水平，所接受的援助资金进一步减少。第二，援助的领域集中于社会基础设施与服务。与国际发展援助的大趋势相一致，中国接受援助的领域主要围绕"千年发展目标"展开。第三，援助主体更加多样化。国际援助机构对华援助中更加重视与不同的援助主体的合作，社会组织在对华援助过程中发挥着更重要的作用。

国际对华援助为中国解决贫困问题以及促进经济发展都起到了较好的作用。国际对华援助缓解了中国发展过程中的资金缺乏的程度，为中国提供较为强大的技术支持，尤其是在苏联对中国的技术支持解决了中国在发展过程中遇到的许多问题。此外，国际对华援助在中国的社会发展、环境改善等方面也起到一定的推动作用。特别值得一提的是国际对华援助有效推动了中国的减贫。国际对华援助通过为贫困地区提供贷款，弥补了中国减贫资金的不足，为推进贫困地区的减贫工作进创造了条件。

（二）中国对外发展援助

虽然中国属于发展中国家，但自20世纪50年代以来，中国不断地向世界其他地方的欠发达国家提供对外发展援助。发展援助提供的方式包括无偿援助、无息贷款、优惠贷款、混合贷款、项目合作等。现阶段中国对外发展援助主要集中于非洲欠发达国家。下面以中国对非发展援助为例，简要阐述其阶段和特征。

中国对非发展援助从60年代开始，大致经历了四个阶段（张海冰，2011）。第一阶段，中国对非洲援助的初始阶段（1965—1978年）。这一阶段的援助以政治考虑优先，以支持新独立的非洲国家为主要援助对象，以基础设施修建为主要援助形式。第二阶段，中国对非洲援助的探索调整阶段（1978—1990年）。中国对非援助也随之进入政策调整和创新尝试的新阶段。将学习到的国际发展援助经验运用到非洲国家，同时尝试着在对非援助中引入市场机制。第三阶段，中国对非洲援助的全面改革阶段（1990—2000年）。这一阶段是中国对非援助全面改革和政策调整的阶段，重点是推动援助资金来源和方式的多样化，鼓励国内企业参与援非项目的建设，推动深层次的合作。第四阶段，中国对非洲发展援助的机制化阶段（2000年至今）。这一阶段，中国对非发展援助从过去的组织性不强的零散援助进入有计划、有目标的机制化发展阶段。

中国对非发展援助体现了中国对外援助的基本特征：第一，不附加条件。国际发展援助往往附带各种经济、政治等方面的附加条件，结果很多项目不仅没有取得预期效果，反而招来了受援助国的抱怨和非议。中国对外援助从一开始就是不带附加条件的援助模式，强调平等和相互尊重，这也是中国对外援助的价值基础。第二，强调互利双赢。中国同其他发展中国家的经济合作由过去单纯提供援助发展为多种形式的互利合作，力求形成互利双赢的共同发展模式。体现了一种平等合作的精神。第三，以能力建设为主。中国的对外发展援助是以提升受援国的自身发展能力为主。中国在对外发展援助的过程中不仅强调受援国以平等地位参与，更重要的是通过对受援国人才的培养来推动能力建设。

总的来看，国际发展援助对于一个国家的减贫与发展起着重要作用。从中国来看，不论是国际对华援助还是中国对外援助，这一过程都能够为中国的减贫与发展积累丰富的实践经验，对于未来十年中国的减贫与发展意义重大。

第六章 中国减贫与发展道路

从1949年新中国成立后尤其是改革开放以来，我国扶贫开发工作取得了举世瞩目的成就，走出了一条中国减贫与发展道路。在国家体制变革的推动下，中国的减贫与发展道路在不同的时期有着不同的理念、战略及政策选择。就如何准确界定中国减贫与发展道路的分水岭问题，社会各界观点迥异。如果从发展转型的角度来讲，改革开放是个重要的分水岭，因此就有"改革开放前—改革开放后"的两分法（丁军、陈标平，2009；陈端计等，2006）。如果从社会政策转型角度，则有救济式和开发式的划分（刘娟，2009a；王瑞芳，2009），这样1982年地区性扶贫开发战略的确定就是个重要的分水岭。根据减贫战略选择的不同，将新中国成立以来的减贫与发展道路划分小规模的救济式扶贫阶段（1949—1978年）、农村经济体制改革推动下的发展型缓贫阶段（1978—1985年）、以贫困县为重点的区域型扶贫开发阶段（1986—1993年）、以特殊困难区域为重点的攻坚型扶贫开发阶段（1994—2000年）和以农村小康社会建设为目标的综合型扶贫开发阶段（2001年至今）（刘娟，2009b）。这些划分方式及结果基本上是以21世纪前十年的经验为依据的，需要我们结合中国减贫所取得的新成就与经验重新梳理新中国成立以来的减贫与发展道路问题。

第一节 中国减贫与发展道路的历程

人们对于贫困的理解和认识是随着时代发展不断深化、不断丰富的，曾经我们把贫困归结于资本主义经济发展制度模式所致（李少荣，2006），消除贫困是社会主义的优越性之一。改革开放后，为了缓解大规模贫困问题，发展经济成为党和政府的中心任务，通过发展来减少贫困成为我国减贫与发展道路新的主导思想。研究证实，中国经济增长具有有利于穷人的益贫式增长和为穷人提供公平机会的"包容性"两大特征（胡鞍钢、童旭光，2010；程振源、剑玉阳，2013）。

中国减贫理念、战略与政策体系一直是在"发展"框架下得以实施的,"贫困"与"发展"关系及发展模式理应成为划分中国减贫与发展道路阶段的标准。根据这一标准,中国减贫与发展道路经历了计划经济背景下的广义化减贫阶段(1949—1978 年)、体制改革背景下的普惠式减贫阶段(1978—1986 年)、经济快速发展背景下的组织化减贫阶段(1986—2000 年)、和谐社会建设背景下的战略化减贫阶段(2000—2010 年)、全面建成小康社会背景下的攻坚式减贫阶段(2010 年至)五个阶段。

一 计划经济背景下的广义化减贫阶段(1949—1978 年)

1949 年新中国成立时,如果按维持人体基本需要界定贫困标准,贫困现象则普遍存在于中国农村之中,绝大多数农民生活在贫困线以下(张保民等,1997:18),"一穷二白"是对当时国家经济状况的总体描述。在社会主义制度框架下,党和政府从变革生产关系入手,"以社会整体发展来促进减贫,发挥社会救助制度的托底作用"是减贫与发展道路的政策选择。

(1)以所有制变革减少贫困现象。由于城市计划经济体制的建立,国家普遍建立了有利于城市贫困人群的社会福利水平均等化保障机制,"单位"不仅提供了就业岗位而且保障了各种福利保障供给,城市人口的温饱问题基本上可以得到保证,绝对贫困基本消除。农村是贫困问题的主要分布区域,在农村主要是以土地改革为主。1950 年全国普遍实施了土地改革,把土地分给贫困农民,使贫困人口拥有了赖以生存的一份生产资料。山西省 1950 年的调查显示,约有占总农户 4% 的农民上升为富裕农民,85.4% 的农户上升为中农,出现了贫农中农化的喜人形势(吕世辰,2011:464)。相对于以前 70% 的贫雇农来说,农村减贫效果是非常显著的。为了避免分散、脆弱的农业个体经济无法满足工业化需要和避免农村的贫富分化,1951 年开始对农业进行社会主义改造,即农民合作化运动,1958 年发展为人民公社,直到 1978 年二十年间虽几经调整但未有太大变化。通过变革生产关系,革除生产资料私有制,建立农村集体经济,力图消除贫困的制度根源,基本上消除了农民内部的贫富分化,却造成了大范围的绝对贫困现象。

(2)以社会整体经济的增长来缓解贫困。全社会整体经济的增长为贫困人群提供了比新中国成立前更多的就业机会和较为低廉的生产生活资源,促进就业、增加收入与降低开支为有劳动能力的城市贫困人群减贫与发展提供了一个新支点。在城市工业化的推动下,飞速发展的城市化为城乡贫困人群提供就业机会,许多贫下中农变为城市工人。从 1952 年到 1957 年仅国有企业职工就增加了近 900 万人（张塞，1994：84），1957 年到 1960 年全国职工增加 3000 万人，其中新增干部工人中大概 40% 来自农民（吕世臣，2011：469）。在农村，公有制经济的发展和平均分配的做法实现了农村劳动力的"充分"就业。虽然"充分"就业带来的是劳动力边际收益下降，但却为缓解农民贫困的进一步恶化提供了物质保障。尽管人民公社体制在一定范围内有效地抑制了农民之间贫富分化，但对控制不同地区之间贫富差异却无能为力。

（3）强化社会福利与社会救助制度体系建设。首先，在农村基本上建立了合作医疗制度和卫生防疫制度，降低贫困人群的医疗卫生开支，这一举措受到世界卫生组织的高度赞誉；其次，建立了"五保户"制度。到 20 世纪 70 年代初期，约有 250 万~260 万人被纳入"五保"之中。为了避免更多的人陷入贫困，党和政府实施了救济式扶贫，形成了"储备粮制度"、民政救济制度等对特困人群和受灾人口进行物资与资金救济、救助和赈灾等福利保障。同时，党和政府对边疆省区和革命老区等老、少、边、穷地区，输入资金和物资进行扶助。这一种单纯的救济式扶持，缓解了贫困人口的生存危机，提高了贫困人群的生计维持和生产自救能力。

国际减贫经验告诉我们，发展和国家福利是减少贫困的两个主要途径。在经济欠发达国家，国家福利只有在经济增长情况下才有保障，因此经济增长是任何采用绝对贫困概念的国家大规模减贫的先决条件。在绝对均衡发展理念指引下，我国经济增长旨在为贫困人群提供更多的就业机会和更为公平的福利保障制度，具有较强的益贫/亲贫特征。这一阶段所确定的通过"发展"促进"减贫"的思路，借助经济普遍增长减少贫困的路径选择是正确的，奠定了我国减贫与发展道路的基本理念与路径选择。从效果来看，城市贫困人群温饱问题基本解决，而农村贫困问题虽然在短期内有一定效果，保障了普遍贫困状态下大多数人的临界生存需求，抑制了贫富分化，缓解了绝对贫困现象。然而，新中国减贫与发展政策选择偏重于社会公正和以穷人为本，造成激励不足和资源配置的低效率化，抑制了经济增长的动力，造成社会整体经济发展水平低下。到了 20 世纪 70 年代末，全国仍有 2.5 亿贫困人口，占全国人口总数比例将近 50%，普遍性贫困问题日益突出。

二 体制改革背景下的普惠式减贫阶段（1978—1986 年）

1978 年十一届三中全会以来，国家和社会对"什么是社会主义、如何建设社会主义"这一论断有了新的答案。1987 年 4 月 26 日，邓小平在《社会主义必须摆脱贫穷》一文中说："搞社会主义，一定要使生产力发达，贫穷不是社会主义。"后来邓小平在会见匈牙利社会主义工人党总书记卡达尔时说："我们在总结这些经验的基础上，提出了整个社会主义历史阶段的中心任务是发展生产力，这才是真正的马克思主义。就我们国家来讲，首先是要摆脱贫穷。要摆脱贫穷，就要找出一条比较快的发展道路。贫穷不是社会主义，发展太慢也不是社会主义。"有关"发展"的议题成为党和政府及社会各界普遍关心的问题，通过变革发展方式，促进贫困人群的减少，标志着我国的减贫与发展进入到普惠式阶段。农村改革引发的经济持续增长，加上国家财政所支持的扶贫项目实施，使中国的绝对贫困人口得以大幅度减少（世界银行，2001a：7）。正如世界银行所言，这一阶段的减贫与农村经济体制改革是密切相关的。另外，党和政府实施了扶贫开发战略，通过对贫困地区发展援助带动贫困地区发展，降低了贫困发生率和改善了贫困人群生计，完成了一个被世界誉为"不可完成的使命"。

1. 经济改革背景下的减贫与发展

中国减贫与发展效果的实现主要得益于经济增长、特别是农业和农村增长，而经济增长的主要动力来自土地改革。在以家庭联产承包责任制为核心的农村经济体制改革过程中，以农户为基本生产单位的家庭联产承包责任制取代了人民公社的集体经营制度，农民的生产积极性大大提高。同时实施的农产品价格改革，放开了对农产品价格的体制性约束，农产品价格得到很大提高，工农业产品价格剪刀差缩小。另外，乡镇企业的蓬勃发展吸收了大量的农村剩余劳动力。农村经济体制改革解放了农村劳动生产力，提高了资源配置效率，是新中国成立以来贫困人口减少最快的时期（华正学，2010）。在城市，以市场化、商品化为主导的经济体制改革提高了国有企业效益，激发了非公有制经济、混合经济的迅速发展。在国家产业发展战略方面，扭转以往以重工业为主体的经济体系，确立了优先发展农业和消费品工业的经济发展战略，提高了贫困人口就业机会，是一种更加有利于穷人的经济发展战略。

2. 劳动力自由流动与减贫

改革开放以来，面对全国整体性贫困现实，党和国家以战略眼光确定了"先富带后富"的非均衡发展战略，允许一部分地区和一部分人先富起来，然后通过"先富带后富"实现共同富裕，促进了资源优势突出的沿海地区的迅速发展，我国进入"高经济增长——高就业增长"时期，农村剩余劳动力外出务工成为一种潮流，农村减贫有了一个新的出口：非农就业。1978—1983年，我国的农民工人数约为3000万，到1990年达到1亿左右，目前差不多达2.5亿（杨聪敏，2009）。研究显示，非农就业率与农村贫困发生率一致性趋势明显（李石新，2006），这就说明规模巨大的非农就业岗位在农业经济增长促进减贫之外提供了另外一个动力。

3. 开发式扶贫与地区发展

开发式扶贫又叫扶贫开发，是中国减贫与发展的新思路，该思路的发展与成熟是一个长期的过程。1951 年当时的热河省就采取了扶持贫困户发展的做法，1964 年《关于在社会主义教育运动中加强农村社会保险工作，帮助贫下中农困难户克服困难的报告》首次提出了农村扶贫开发问题，1979 年民政部向全国介绍了黑龙江省肇东县的扶贫开发经验，随后山西省清徐县、安徽省来安县等地进行了试点工作。1984 年 9 月中共中央、国务院联合下发了《关于帮助贫困地区尽快改变面貌的通知》，号召帮助贫困地区人民摆脱贫困。1986 年，我国成立专门的扶贫机构——国务院贫困地区经济开发领导小组，开始推行区域型、开发式扶贫战略，确定了 328 个国家扶贫开发重点县和 371 个省级扶贫开发重点，基本覆盖了农村贫困人口。针对老（革命老区）、少（少数民族地区）、边（边境地区）和山"偏远山区"等贫困地区采取安排专项资金、制定优惠政策，以综合性扶贫开发统揽贫困县工作全局，促进贫困地区区域发展，中国减贫工作完成了从单纯救济向经济开发的根本转变，开始进入一个全面的、有计划、有组织的新的发展阶段。

这一阶段的减贫与发展思路及政策建议一直延续到现在，东部沿海地区优先发展、西部大开发、中部崛起等战略的实施，正是非均衡战略方针的具体应用。非均衡战略考虑到不同地区、不同人群资源、能力及基础的差异，最大限度地降低了贫困的政策性因素和发展模式因素的影响力，大大降低了贫困发生率，贫困问题的呈现形式由全国普遍性贫困转化为地区局部性贫困。官方估计，农村的贫困人口已由 1978 年的近 2.6 亿下降到 1998 年底的 4200 万，或者说从占农村总人口的 1/3 下降到 1/20（世界银行，2001a：7），贫困发生率降低到 3%，贫困人群减少至 3000 万左右（李周，2001：49）。这种非均衡性发展是以市场化、城市化、工业化为主要导向的，取得了举世瞩目的成就，基本解决农村贫困人口的温饱问题。然而，整个社会对效率的过度追求，对公平有所忽略，导致相对贫困问题加剧，尤其是对深受结构制约、自然环境影响、资源不足限制、家庭与个人情况等因素造成的贫困人群是非常不利的，需要党和政府调整扶贫开发体制机制，围绕贫困地区和人群展开有针对性的减贫策略。

三 经济快速发展背景下的组织化减贫阶段（1986—2000 年）

在多年的改革开放后，贫富分化日益加剧，以市场化为导向的一般国家性经济增长战略很难使落后地区和贫困阶层从经济增长中过多受益。1994 年至今，城乡发展不平等、地区发展不平衡及农村区域发展不平衡问题开始凸显，贫困人口主要分布状态日益集中。从公平和效率两个方面综合考虑，政府必须实施一系列直接针对贫困地区和贫困群体的特殊的反贫困政策，以改变贫困人口在经济发展中的不利地位，缩小贫富差距，维持社会的稳定和经济的持续发展。在科学发展观、城乡一体化等政策理念引导下，城乡间、地区间等和谐发展、可持续发展体制机制趋于成熟，均衡发展观主导的减贫与发展道路逐步形成。

1. 以贫困县为瞄准对象的区域减贫与发展

1994年《国家八七扶贫攻坚计划》和1996年《中共中央国务院关于尽快解决农村贫困人口温饱问题的决定》等相关政策的出台，标志着我国扶贫战略框架的基本形成，减贫与发展进入新阶段。在科学发展观理念的指导下，统筹城乡发展战略被上升为国家发展战略并不断被实施，我国减贫与发展进入城市反哺农村、工业反哺农业的新阶段。在总结各地经验的基础上，中国主要形成了区域开发、流域治理、信贷扶贫、以工代赈、科技扶贫、异地搬迁、定点帮扶、企业扶贫、社会扶贫、东西协作、整村推进、劳动力转移、产业扶贫等一系列减贫工作模式，帮助重点贫困地区和重点贫困人口实现脱贫，实现了整个国家的扶贫战略从生活救济型向生产开发型转变，资金使用由分散平均向重点集中转变，扶贫主体由单一政府模式向政府主导下多元化、开放式扶贫转变，大扶贫格局逐渐形成。

2. 以组织化减贫为特征的减贫机制

自从1986年国务院成立专门的扶贫开发机构，从中央到县乡政府都建立了完整的组织系统，实现了扶贫工作有专门部门与专门人员负责的工作格局。与此同时，实施扶贫工作党政"一把手"负责制，把扶贫开发效果作为考核贫困地区地方政府负责人政绩的主要依据，减贫与发展成为贫困地区一切工作的中心，贫困地区政府组织扶贫开发功能得到更有效的发挥，资源整合的组织化、工作实施的组织化、绩效考核的组织化格局形成。1996年开始实施扶贫资金、权力、任务和责任的"四个到省"，省级扶贫部门负责组织各有关部门规划与实施，层层落实，形成了"省负总责、县抓落实、工作到村、扶贫到户"的组织化减贫格局，机构建设、工作责任制、干部队伍建设成为了减贫与发展工作的关键。

3. 减贫与发展的组织协作机制形成

这一阶段在强调政府机构内部组织资源动员与整合之外，更加注重其他组织资源的引入与整合。积极引导非政府组织、民主党派与社会团体、国际组织力量构建政府组织与其他组织的减贫协作机制，形成了卓有成效的定点帮扶机制与国际减贫项目合作。各单位、各部门、国有企业、民主党派、科研院所共帮扶近

300 个贫困县,覆盖面达到扶贫开发工作重点县的 80% 以上,派出一大批定点帮扶驻村干部,投入资金近百亿,帮助引进资金规模更大。与世界银行、联合国开发计划署等国际组织开展广泛合作,引进大批资金和减贫项目。

这一时期成效明显,贫困人口规模逐年下降,基本解决贫困人口的温饱问题,农村贫困发生率从 30.7% 下降到 3% 左右。到 2000 年底,贫困地区通电、通路、通邮、通电话的行政村分别达到 95.5%、89%、69% 和 67.7%。贫困地区经济发展速度加快,农民人均纯收入增加到 1337 元,人口增长过快势头得到控制,教育贫困、医疗扶贫、科技扶贫效果显著。

四 和谐社会建设背景下的战略化减贫阶段(2000—2010 年)

党的十六届三中全会做出了构建和谐社会的战略部署,标志我国经济社会发展进入新的阶段。在整体经济实力位居世界前列、贫富分化日益加剧的时代背景下,通过创新减贫与发展思路,消除城乡差别、地区差别、贫富差距,构建和谐社会成为减贫与发展新的指导思想,可持续发展、城乡统筹、发挥社会保障的功能成为减贫与发展新的理念,关注穷人,关注弱势群体。做好减贫与发展工作被认为是深入贯彻落实科学发展观、构建社会主义和谐社会的必然要求,其目的就是让贫困群体分享社会进步和改革开放的成果。

1. 可持续的减贫与发展道路

2001 年国家颁布了《中国农村扶贫开发纲要(2001—2010 年)》,并召开了全国扶贫开发工作会议,对新时期减贫与发展做出了新的安排,普遍树立了"科学发展是贫困地区群众摆脱贫困的根本前提"的工作意识,改变以往单纯的经济发展,更加注重生态、社会与经济的综合发展,改变以往以牺牲环境为代价的发展方式,更加注重人与自然和谐、资源的可持续开发,走节约型发展道路,力求实现又好又快的发展,使贫困地区和贫困群众从根本上摆脱贫困。

2. 以统筹城乡发展和区域发展为重要任务

统筹兼顾是科学发展观的根本方法,统筹城乡发展和区域发展是贯彻落实科学发展观的重要内容。在这一时期,中国减贫与发展战略旨在建立以工促农、以城带乡长效机制,形成城乡经济社会发展一体化新格局的工作中,通过以工促农、以城带乡,强调减少资源收入、增加资源投入,实现城乡均衡发展。教育、卫生、基础设施等投入机制发生重大改变,被纳入国家财政支付体系当中。同时加大财政转移支付力度,减轻了贫困地区、贫困村在公共服务与基础设施投入方面的不足。农业税的取消、免费义务教育政策的实施、新农村建设的推进、农业补贴政策的实施使得贫困地区与贫困人群的可持续发展能力大大提升。

3. 扶贫开发与社会保障制度相衔接探索进程中的减贫与发展

与扶贫开发相伴随的是农村社会保障制度建立与完善，于2003年开始试点的农村低保制度目前已在全国铺开，全国部分县（市）试点的新型农村合作医疗制度到2010年基本实现了全覆盖。2010年以来，逐步实施的农村社会养老保险制度，适应了土地保障功能弱化、农村老龄化趋势加快、特殊人群（残疾、老年人及无劳动能力的人群）扩大等新形势的发展，取得了令人瞩目的成绩。2009年，农村最低生活保障和扶贫开发两项制度相结合试点工作展开，开始尝试以社会保障制度解决农村绝对贫困人群生存问题，以扶贫开发制度解决农村有劳动能力的贫困人群生存与发展问题，社会保障与扶贫开发相结合的减贫与发展框架逐步确立。

五 全面建成小康社会背景下的攻坚式减贫阶段（2010年至今）

当前，我国仍处于社会主义初级阶段，经济社会发展总体水平不高，区域发展不平衡问题突出，制约贫困地区发展的深层次矛盾依然存在。2011年国家制定了新的扶贫标准（2300元），据专家推算，中国的贫困人口将高达1.3亿人，约占中国总人口的十分之一（杜强、李苗，2011），规模巨大的扶贫对象主要集中分布在特殊困难地区。2011年《中国农村扶贫开发纲要（2011—2020年）》颁布及中央扶贫开发工作会议的召开，确定了新时期未来减贫工作的主要目标、思路、方针及政策，主要表现为：

1. 以"两不愁、三保障"为目标

在贫困人群的温饱问题解决后，如何稳定贫困人群的基本生活，提升贫困人群的自我发展能力，促进贫困地区及人群的可持续发展成为一个新问题。因此以科学发展观和统筹城乡发展战略为指导方针，党中央国务院提出了"稳定实现扶贫对象不愁吃、不愁穿，保障其义务教育、基本医疗和住房"的减贫目标，并确定以贫困地区农民人均纯收入增长幅度、基本公共服务主要领域指数等发展指标为减贫成效的衡量标准，促进贫困地区经济社会发展可持续发展。

2. 以集中连片特殊贫困地区为主战场

目前，普遍贫困已经基本消除，但区域差距等问题特别突出，贫困人群集中分布在自然条件恶劣、经济发展滞后、公共服务不足、人力素质低下的连片特殊困难地区。据此，中央确定了六盘山区、秦巴山区、武陵山区等14个片区作为扶贫攻坚的主战场，以此作为减贫主要区域。集中连片特困地区扶贫开发政策的贯彻落实，有助于2020年绝对贫困现象基本消除战略目标的实现，有利于促进区域间均衡发展，缩减地区发展差距。以2013年《武陵山区片区区域发展与扶贫攻坚计划》的颁布为标志，集中连片特困地区区域发展与减贫战略开始逐步实施。截至目前共颁布了 11 个片区的区域发展规划。

3. 以综合性扶贫开发为战略

在未来十年，我国减贫与发展将在统筹城乡发展战略指引下，形成以扶贫开发与城镇化、新农村建设和生态环境保护相结合的思路，以政府主导、分级负责、突出重点、分类指导，全社会参与、合力推进的大扶贫格局，以保障扶贫对象主体地位的参与式为方法，以实现基本公共服务均等化、扶贫开发和农村最低生活保障制度有效衔接为主的减贫策略，从而形成以扶贫开发和社会保障双轮驱动的工作格局，从而实现稳定解决扶贫对象的温饱问题、尽快实现脱贫致富的首要任务，转变经济发展方向，以提高贫困人群的自我发展能力为根本目标，促进贫困地区与贫困人群的可持续发展。

4. 以区域发展考核方式改变为导向的精准扶贫

2014 年中央有关部门连续下发了《扶贫开发建档立卡工作方案》、《建立精准扶贫工作机制实施方案》、《关于进一步加强扶贫宣传工作的意见》、《创新扶贫开发社会参与机制实施方案》及《关于改进贫困县党政领导班子和领导干部经济社会发展实绩考核工作的意见》等相关文件，标志着中国减贫与发展进入了精准扶贫阶段。新的时期国家特别注重建立精准扶贫机制，提高减贫与发展的瞄准率，做好真扶贫、扶真贫。旨在通过对贫困户和贫困村精准识别、精准帮扶、精准管理和精准考核，引导各类扶贫资源优化配置，实现扶贫到村到户，逐步构建精准扶贫工作长效机制，为科学扶贫奠定坚实基础。重点推进工作包括：①建档立卡与减贫信息化建设，实现动态管理；②改变帮扶制度，建立帮扶绩效考核办法和问责制度；③培育扶贫开发品牌项目，做到减贫与发展经验行得通、能管用；④倡导需求评估与对接，提高减贫精准度与有效性；⑤改变考核机制，建立以考核结果为导向的激励和问责机制。

这一阶段的减贫与发展的主要目标着眼于不同区域间的协调均衡发展，把贫困问题不仅仅作为经济发展问题，而且作为民生问题进行解决。以特定贫困区域为瞄准对象，通过加大对贫困地区教育、卫生、文化、就业、社会保障等民生方面的支持力度，加快产业培育和基础设施建设，强化生态建设，意图以市场化、工业化为导向的贫困地区发展思路，旨在用市场机制激活贫困地区与人群的各种资源，同时辅助于各种扶持方式，实现了贫困人群的可持续发展。这种思路典型的特征就是将减贫与发展结合在一起，以改革创新为动力，着力消除体制机制障碍，增强内生动力和发展活力，加大扶持力度，集中力量解决突出问题，加快贫困群众脱贫致富、贫困地区全面建成小康社会步伐。经过多年的努力，我国减贫与发展工作走出了一条中国特色扶贫开发道路，取得了举世瞩目的巨大成就，为全球减贫事业做出了重大贡献。

第二节 中国减贫与发展道路的内涵

中国的减贫与发展道路是依据我国特有的社会制度背景、经济发展模式及贫困人口数量和分布特征而逐渐探索得出的，与其他发展中国家相比具有自身的独特之处，在减贫与发展的关系、减贫与发展基本理念、基本战略、政策创新方面独具特色。中国减贫与发展道路的基本理念是包容性增长，在目标、方针、主体、模式、策略等方面设计上都注重有利于穷人，以实现贫困人群的自我发展为根本追求。

一 中国减贫与发展道路的基本理念

经济增长、不平等与贫困之间存在复杂关系。国际经验告诉我们，经济增长并不必然导致减贫，但经济增长是战胜贫困最基本和最重要的力量来源，是实现减贫的必要条件。增长的性质及其模式、增长成果的分享以及不平等程度的变化等因素也是影响减贫效果的重要因素（杜志雄、肖卫东、詹琳，2010）。尤其在贫困地区，不同群体对贫困问题的认知、贫困发展理念的差异，不仅直接影响减贫政策的制定，而且直接影响贫困地区的经济增长及其减贫效应。回顾我国长达60多年的减贫与发展道路历程，可以发现我国一直把包容性增长作为我国减贫与发展的基本理念，它根植于我国社会主义制度，体现为以经济增长带动减贫、以减贫促进经济增长的思路，并以此制定国家减贫政策、措施和行动思想，它反映着党和政府对减贫与发展关系的总体认识及减贫政策的总体部署。

1. 包容性增长理念的基本内涵

包容性增长既是一种发展理念，也是一种发展方式，其核心内容是公平合理地分享经济增长，促进发展的协调与均衡（向德平，2011）。这一概念是由亚洲开发银行在2007年10月提出，它所包含的实质性内涵是增长必须具备包容性、可持续性以及更为民众所认同。这一理念旨在实现国家间、地区间、城乡间、社会经济、人与自然的统筹发展，最大程度提高经济增长的益贫性，消解致贫因素，让贫困群体从经济增长中分享收益，从而缩小贫富差距。包容性增长理念的核心要义正是要消除贫困者的权利贫困和所面临的社会排斥，实现机会平等和公平参与，使包括贫困人口在内的所有群体均能参与经济增长、并合理分享增长的成果（蔡荣鑫，2011）。它包括以下要素：①让更多的人享受经济发展成果；

②让弱势群体得到保护；③加强中小企业和个人能力建设；④在经济增长过程中保持平衡；⑤强调投资和贸易自由化，反对投资和贸易保护主义；⑥重视社会稳定（向德平，2011）。

2. 包容性增长与社会主义制度的关系

社会主义的本质是消灭贫困，实现共同富裕。社会主义是共产主义的初级阶段，生产力发展水平低下，需要从整体上妥善发展生产力，避免两极分化，这就决定了社会主义制度下经济增长的根本目标是减少贫困，实现增长的益贫性。由于共同富裕不可能一蹴而就，因此要实现增长必须以效率为导向有差别地进行，最大限度地实现高速、有效和可持续发展。中国特色社会主义中"先富"与"后富"关系的处理及"三步走"战略就是在整体经济增长的同时，让更多的人享受经济发展成果，要求社会主义制度下长期性经济增长必须将贫困地区及人群的发展纳入视野，统筹兼顾，从而实现由非均衡发展到均衡发展，最终实现消灭贫困的目标。总体上讲，无论从本质还是目标上，决定了社会主义制度下经济增长的包容性特征，决定了社会主义生产力发展是包容性的发展。因此，社会主义经济增长的实质就是包容性增长。

3. 包容性增长理念的构成体系

中国减贫发展道路背后的包容性增长理念有着复杂的价值思想基础，这些价值思想中有的是世界性价值，有的是中国所独有的，它们一起构成了"包容性增长"的中国概念。以增长为前提，在增长的过程中最大限度地实现民众共享增长成果，而包容性就要求以人为本，确保每个公民都有获得公平的发展机会。

(1) 统筹兼顾思想。2009年11月，胡锦涛主席在亚太经济合作组织会议上，发表了《合力应对挑战、推动持续发展》的重要讲话，提出了"统筹兼顾，倡导包容性增长"的重要论述，指出了包容性增长要统筹兼顾自然、经济与社会发展，统筹城乡、区域、行业发展，统筹兼顾不同群体的利益，实现和谐、全面增长。

(2) 可持续发展思想。包容性增长的前提是经济增长的可持续性，不仅包括整体经济的增长，还包括贫困地区与人群的可持续发展，首先要树立正确增长价值观，适时调整增长目标，转变增长方式，构建科学有序的可持续发展模式。特别对贫困地区来讲，减贫的实现依赖于贫困地区及贫困人群能力提升和发展的可持续性。

(3) 以人为本观念。包容性增长理念的政策指向是减贫，实现贫困人群平等地参与经济增长之中，共享增长的成果，使贫困人群能获得公平的收入分配和均等的发展权利。国家经济的增长尤其是贫困地区经济增长的根本目的就是保障贫困人群基本权利，满足贫困人群的各方面需求和根本利益。以人为本观念明确了贫困地区发展的目标及回答了"依靠谁"、"为了谁"等问题，只有这样才能实现益贫性增长。

（4）和谐公正思想。包容性增长理念有机地将公平与效率结合在一起，兼顾到各个地区及不同群体，实现社会公平。我国减贫与发展道路其实就是以通过资源分配、调节利益关系来促进贫困地区发展，使广大贫困群体拥有平等的发展机会，实现各个群体间的和睦相处。包容性增长理念蕴含着实现贫困人群的利益诉求，是缓解社会贫富分化，维护社会和谐的基本宗旨。

4. 包容性增长理念的具体体现

从1949年到1978年，党和政府通过社会主义改造、构建社会主义制度，始终维护贫困人群的利益，努力发展公有制经济来消灭贫富分化，并以共产主义为目标来实现共同富裕。改革开放初期，党和政府在力促经济增长的同时并没有遗忘贫困地区和贫困人群，同样将消灭贫穷作为增长的根本目的。在20世纪80年代中期，党和政府就开始统筹区域发展，针对贫困地区展开扶贫开发，通过政策倾斜、资金支持等各种方式促进贫困地区发展。20世纪末21世纪初，科学发展观及和谐社会目标的提出，使我国减贫与发展道路增添了统筹发展、科学发展、和谐发展内涵和以人为本的基本要求，借助于西部大开发战略、统筹城乡发展战略等战略性措施更是增强了经济增长的益贫性。

（1）鼓励贫困人群参与是我国减贫与发展道路的基本思路。在60多年的扶贫开发中，我国减贫与发展道路一直采取"赋权"、"增能"的方式鼓励贫困人群参与其中，努力构建政府、市场、社会协同推进的大扶贫开发格局。在大扶贫开发格局中，贫困人群是发展主体，其他主体是发展援助主体，实现对贫困地区及人群的赋权与增能，实现贫困地区及人群的可持续发展。2014年以来，国家逐步创新贫困县考核机制，把提高贫困人口生活水平和减少贫困人口数量作为主要指标，贫困地区减贫与发展的包容性增长导向更加明确，以贫困人群为本的工作宗旨更加清晰。鼓励贫困人群参与的工作思路，让贫困人群的权利得到了充分保障，贫困人群的根本利益得到了充分实现，有力地减缓了贫富分化趋势，减少了经济增长对贫困人群的排斥效应，提高了发达地区对落后地区、城市对农村和富裕人群对贫困人群的包容程度。

（2）减少贫困人群是中国减贫与发展道路的核心目标。中国减贫与发展道路在消除制约贫困地区发展的瓶颈因素的过程中，持续做好整村推进、易地扶贫搬迁、以工代赈、就业促进、生态建设等工作，积极发挥道路和饮水等基础设施及教育、文化、卫生、科技、信息、旅游等公共服务设施的减贫效应，发展特色产业带动作用，通过农民合作组织、企业与贫困农户建立利益联结机制等载体提高贫困人群的市场地位，为提升贫困人群自我发展能力消除各种内外障碍，最大限度地的减少贫困人群。

二 中国减贫与发展道路的基本战略

从20世纪80年代中期，中国减贫与发展转向以综合扶贫开发为主导的道路，从而形成了独特的减贫与发展基本战略：参与式综合扶贫开发战略，旨在实现减贫与发展的联动局面，促进贫困地区的可持续增长。

1. 参与式综合扶贫开发战略的具体内涵

参与式为主的综合扶贫战略是指在扶贫工作中，最大限度地调动和发挥贫困人口的积极性，运用政治的、经济的、文化的、社会的多种手段和政策，有针对性地解决贫困人口在发展中所遇到的致富无门、能力不足、观念落后、权利虚位等问题，最终实现贫困人口脱贫致富和可持续发展（华正学，2010）。它是一种长期性战略思想，以全面推进贫困地区的经济和社会发展，实现共同富裕为根本目标，以开发式扶贫为指导方针，鼓励贫困人群独立自主、自力更生地参与其中，以市场化和产业化为导向开发利用当地资源，通过改善生产生活条件，增强自我发展的能力，从而促进贫困地区和贫困人群可持续发展。

2. 参与式综合扶贫开发战略的特点

（1）以发展援助促进地区发展。即通过大规模资金、技术与基础设施及公共服务建设，消除增长的瓶颈因素，以市场化、产业化为导向，实现贫困地区资源的优化配置，拉动贫困地区经济增长，使贫困人口在生产中脱贫。

（2）以综合手段进行开发实现综合发展。第一，在政府主导下实行广泛的社会动员，鼓励党政组织、企业、社会团体等主体参与其中，最大限度调动各方的主动性和积极性，实现最大限度的资源整合；第二，在减贫途径方面，针对致贫因素进行全方位干预，把减贫作为一个系统工程，改变单纯的经济扶贫，进行文化科技、教育、物质生产等综合性投入，其中，以改善贫困地区的生产生活条件为重点，提高公共服务及设施的供给水平，不仅仅帮助贫困人群解决基本生活问题，更注重的是帮助贫困人群发展生产，逐步实现脱贫致富，在发展中消除贫困。

（3）以参与式手段引导贫困人群参与其中。在我国减贫与发展道路，强调调动贫困地区干部群众脱贫积极性，以参与式为手段，保障贫困人群的知情权和参与权，了解贫困人群的发展需求，汲取贫困人群减贫的地方性知识，倡导独立自主，自力更生，让贫困人群主动地参与到减贫工作中，形成政府和贫困者共同参与的减贫与发展格局，激发了贫困人群脱贫致富的内生动力，增强了自我发展意识与能力。

3. 参与式综合扶贫开发战略的瞄准对象

中国减贫与发展战略与其他发展中国家不同的是参与式综合扶贫开发战略瞄准对象是贫困地区，即贫困区域、贫困县或贫困村，而不是贫困人群。由于中国贫困问题呈区域性集中分布，所以党和政府确定了以贫困地区为减贫与发展的主要对象。1986年以来，政府多次调整确定了一大批贫困县，基本上覆盖了80%的贫困人群，同时为了弥补大范围区域减贫的沙漏现象，又将贫困村作为瞄准对象，实施了整村推进减贫模式。20世纪末，针对西部普遍性贫困特点，实施了西部大开发战略。到了2010年前后，又将集中连片特殊困难区域作为主战场，实现了宏观区域、中观区域和微观区域的有效衔接。这样就实现了资源集中、政策集中和发展集中，充分利用了现有的组织资源，实现减贫与区域发展的相互作用。

4. 参与式综合扶贫开发战略的基础

在整个国民经济发展过程中，中国政府一直高度重视农村、农业和农民问题，把农村发展、农业进步和农民增收作为民生问题、政治问题和经济问题进行综合考虑，高度重视农业发展和劳动力转移在减贫中的重要性，既解决了贫困人群的温饱及基本生活需求问题，又为国家可持续发展与减贫奠定了良好的基础。组织机构层面，成立了专门性协调机构，最大限度地动员了政府资源和构建多部门合作与社会参与机制，可以有力地影响中国减贫与发展的进程和效果。

三　中国减贫与发展道路的政策基础

随着贫困问题表现形式的变化，客观上要求政府进行减贫与发展的政策创新。政策创新是指政府因应公共管理使命之需求与政策环境变化，以新的理念为指导，完善与优化公共政策，以实现社会资源的优化配置和有效解决社会公共问题的一项重要政策行为（黄健荣、向玉琼，2009）。对于减贫与发展来讲，政策创新是根据贫困人群的分布特征、现实需求和发展意愿，将地方减贫与发展经验及国际经验转化为国家政策的行为，从而实现减贫资源的优化配置，提高减贫效果的一系列过程，不仅包括政策形成而且包括继之发生的政策扩散、政策模仿等。我国减贫与发展道路政策创新的动力来自国际减贫的责任担当与国内贫困治理的内在需求。

1. 中国减贫与发展道路内涵的政策基础

（1）单一型政策探索。从1986年以来，我国尝试通过多渠道、综合性减贫与发展政策来促进对贫困地区的资源输入，同时针对贫困问题的致贫因素进行全方位干预，创造性形成了不少单一性的政策模式。在减贫与发展主体多元化方面，积极倡导政府与社会的共同参与，形成了政府部门专项扶贫、企业扶贫、党政组织定点帮扶、参与式扶贫、东西合作和国际扶贫等政策。从减贫与发展工作内容上，形成了产业扶贫、科技扶贫、文化扶贫、教育扶贫、社会保障制度、以工代赈和劳动力转移（雨露计划）等一系列减贫政策。

（2）集合型政策探索。除了单一型政策探索之外，政府不断创新精准扶贫机制、贫困地区考核机制、干部驻村帮扶机制、政府购买公共服务机制、金融服务机制、社会参与机制等集合政策型体制机制，形成了区域发展模式、整村推进模式、连片开发模式、定点帮扶制度模式等新型政策集合，这些减贫政策模式背后涵盖了一种或多种单一型政策。

2. 中国减贫与发展道路政策创新基础

在中国减贫与发展道路框架下，国内外先进经验、做法不断被扩散、复制和修正，并逐渐上升为国家政策，减贫与发展政策实现了由救济式扶贫到开发式扶贫的转变、"输血"式扶贫到"造血"式扶贫的转变，瞄准机制越来越健全，实现了政策性与效益性双重化、减贫主体的多元化和减贫手段的综合化。推动中国减贫与发展道路内涵不断得到创新，主要得益于体制改革的推动、经济发展指导思想的变革、减贫战略目标与对象的调整、对减贫与发展效果的持续追求这四大动力。在动力推动下，中央与地方积极探索，敢于创新，积极提炼总结，中国减贫与发展道路内涵不断丰富，主要表现出如下特征。

（1）政策创新的方式双向化

随着中央与地方关系的调整，地方政府日益成为减贫与发展主要责任者，一方面调动了地方政府的积极性，另一方面有助于激发地方政府减贫与发展政策创新。参与式扶贫理念与工作方法的推行，实现了贫困人群需求的上传和国家意志的下达，实现了自上而下和自下而上双向结合。新中国成立以来，我国不少减贫政策都来自地方创新性实践。因其效果显著和经验做法的可借鉴性而引起上级政府的关注与重视，随后被提升至国家经验，以国家倡导性、建议性政策引导其他地方进行试点，从而发现其中不足和优势，归纳总结后取得普遍性经验，最后在全国推广。地方性经验能否上升为国家政策取决于三点：一是这种经验是否适合我国的国情，是否有利于发挥政府、各种中介组织以及广大贫困农户在反贫困开发中的功能作用；二是某种经验能否适合、满足不同类型贫困地区开展减贫与发展的需要，是否具有较强指导意义和操作性；三是经验是否应有利于充分调动贫困人群的主动性和积极性。

(2) 政策来源全方位化

第一，地方性经验。中国的改革本身就是遵循渐进主义的路径，"摸着石头过河"的改革过程本身就是一个不断进行政策创新的过程，典型的表现就是减贫与发展政策行为（即通常所说的"试点"）往往是从一个地方开始，不断地向更大范围乃至全国范围扩散的过程：首先是选择一个或多个地方作为执行某项政策的试点，试点效果得到中央政府和其他地方政府的认同，被加以推广和学习，最后成为全国通行的政策。这样，地方性经验通过双向互动转化为国家政策，实现了普遍化的价值。连片开发模式、整村推进模式就是地方性经验上升为国家性政策的典型体现。

第二，国外先进减贫经验。随着全球化推进，减贫与发展成为世界性议题。在联合国等国际性组织推动下，贫困治理实现了全球化。中国开始将这些来自国外实践的有效经验合理整合到国内减贫议程中，并积极利用世界银行等国际性组织资金增加资源投入。与之相伴的是国际减贫与发展理念、目标、方法不断输入中国，中国政府以开放性、包容性的姿态进行吸纳，进行创新，最终形成了独特的"中国模式"。这其中的代表参与式理念与方法和"乡村银行"小额信贷减贫模式，引进中国后形成了中国特殊的"参与式扶贫模式"和"互助资金模式"。

第三节 中国特色减贫与发展模式

减贫与发展模式指的是扶贫主体运用一定的生产要素和资源，利用一定的方法和手段作用于扶贫客体，促进扶贫客体脱贫致富的方式、方法和措施的总称（赵昌文、郭晓鸣，2000）。中国改革开放30多年来，一直坚持走自己的发展道路，在保持经济高增长的同时，实施了一系列有利于减贫的国家宏观经济政策和区域发展政策，使我国农村贫困人口从高速经济增长中不断获利，并形成了政府主导、社会力量参与，政府、市场、社会协同推进的减贫模式。该模式以专项扶贫、行业扶贫以及社会扶贫为基础，三者相互支撑，体现了参与式综合扶贫开发战略思想，在全国范围内整合扶贫开发资源，形成扶贫开发合力。

一 专项扶贫

中国的减贫成就，除了得益于持续稳定的经济增长、不断突破创新的体制改革，以及国家一系列促进社会公平发展的政策之外，政府的专项扶贫开发工作扮演了关键的角色。1986年，中国政府组建了专门的扶贫开发工作机构，开始了大规模、有计划的专项扶贫工作。所谓"专项扶贫"，究其实质，指的是国家的

"政策扶贫",即国家实行专项的扶贫政策所开展的扶贫工作。

1. 起源及政策依据

作为国家"政策扶贫"的专项扶贫工作,是推动我国减贫事业前行的基本力量。专项扶贫模式的缘起,乃是建立在对经济社会发展规律认识的基础之上,中国国情的特殊性和市场经济自身的规律,使得我们必须重新思考政府干预的范围,强调社会问题治理过程中,以政府干预和国家责任,弥补市场机制的不足。一方面,中国经济改革的过程中,区域发展并不均衡。与东南沿海地区相比,我国的中西部地区长期以来处于发展的边缘地带,在发展时序的设定上,处于梯度发展的后级阶梯。这些地区,尤其是中西部的革命老区、少数民族地区、边远地区这些特殊贫困地区,面临着长期的投入不足,市场化程度较低,自我发展能力薄弱,必须借助国家强劲的外部支持,才有可能重塑区域发展的硬环境。新千年以来,随着西部大开发、中部崛起等一系列国家区域发展战略的实施,落后面貌虽有所改变,但贫困的治理依然是长期而艰巨的任务。另一方面,市场机制的益贫效应存在一定的限度,需要政府来弥补市场失灵的现象。市场机制,无法保证资源流向有利于贫困地区发展和贫困人口增收的路径。鉴于此,中国政府根据市场并不能自动惠及所有人群、单纯的经济增长和普惠性的政策措施并不能解决所有贫困问题的现实,于1986年成立了专门的扶贫开发工作领导机构,制定实施针对贫困人口的专项扶贫开发规划。

专项扶贫的政策依据可以追溯到财政部于1995年制定颁布的《"三西"农业建设专项补助资金使用管理办法》(以下简称《办法》)。《办法》是根据国阅〔1992〕106号《关于研究"三西"农业专项建设资金使用问题的会议纪要》和国家有关计划、财政预算、财务管理等有关规定制定的。为了加快"三西"地区脱贫步伐,提高资金使用效益,将"三西专项资金"主要用于甘肃河西地区、定西地区、陇南10个高寒阴湿特困县和宁夏回族自治区西海固地区。2001年,财政部、国务院扶贫开发领导小组结合"三西"地区的实际情况,以及国家扶贫开发有关方针政策,对《办法》进行了修订,颁布了《"三西"农业建设专项补助资金使用管理办法》财农〔2001〕67号。2005年,财政部、国务院扶贫办共同对2001年印发的《"三西"农业建设专项补助资金使用管理办法》进行了修订。2011年,为了贯彻落实《中国农村扶贫开发纲要(2011—2020年)》(中发〔2011〕10号)精神,进一步加强和规范财政专项扶贫资金使用与管理,促进提升资金使用效益,国家财政部、发展改革委、国务院扶贫办联合颁布实施了《财政专项扶贫资金管理办法》(财农〔2011〕412号),规定了专项扶贫资金的使用范围与方向,为专项扶贫工作的深入开展提供了政策支持。

2. 特点

在回顾既往二十余年扶贫开发历程中，可以发现，中国政府主导的专项扶贫模式经历了一个不断完善和成熟过程，以有进有出的原则，确定国家贫困县，在总体上保持了扶贫开发政策资源真正面向贫困区域。其特点主要为对象瞄准机制的变化，即在新世纪之初，《中国农村扶贫开发纲要（2001—2010年）》实施过程中，瞄准机制方面有了一系列的创新，具体表现在以下几个方面。

第一，2001年重新调整了国家重点扶持县的名单，并将以往所称的国家重点扶持的贫困县改为国家扶贫开发工作重点县，进一步凸显和强化县级的贫困治理能力与责任，新的592个国家扶贫开发工作重点县，全都分布在我国的中西部21个省（区市），全部为少数民族地区、革命老区、边疆地区和特困地区，这些县所覆盖的绝对贫困人口占全国的61.9%。

第二，随着贫困县县域经济的发展，贫困人口的分布主要集中在贫困县内的贫困村，和其他地区的村落。因此，县级瞄准机制就显得无法更为精准地瞄准政策对象，鉴于此，《中国农村扶贫开发纲要（2001—2010年）》明确提出，将扶贫开发的具体实施落实到村。在自上而下的组织和自下而上的参与下，全国共确定了14.8万个重点村，这些重点村覆盖了全国76%的贫困人口。同时，借鉴社区发展理论的原则和方法，以村为单位组织贫困村扶贫规划的编制工作。编制过程结合了参与式的理念和方法，全程向贫困农户开放，有针对性地形成贫困治理方案。

第三，以往的扶贫开发政策，集中关注绝对贫困人口温饱问题的解决。但实践发现，低收入群体具有较高的脆弱性，在外界风险的侵蚀下极易陷入贫困的境地，一些以往工作中脱贫的人口，亦容易重新返贫。为此，中国政府在继续加大对绝对贫困人口扶持力度的同时，注重对低收入群体的支持。

第四，通过贫困人口建档立卡，推动贫困治理的动态性和扶贫到户工作。扶贫开发工作最终的主体和能动单位是农户，因此，政策资源与农户的需求直接对接，是保障扶贫开发工作绩效的重要方式。为了进一步明确帮扶对象，国务院扶贫办组织全国扶贫系统对贫困农户进行逐户的调查摸底，在此基础上建档立卡，2年内共完成1.06亿贫困人口的建档立卡工作，基本实现了对贫困信息的动态管理，使各项政策落实有了更为扎实的依据。

3. 实施状况

中国政府的专项扶贫工作，体现了"政府主导、社会参与"的贫困治理格局中政府主导的内容。通过一系列的制度安排和资源保障机制，在实践中，中国政府逐渐形成了六大减贫方式，分别是整村推进、连片开发、产业扶贫、雨露计划、移民搬迁和特殊地区综合治理。

（1）整村推进

21世纪之初，国家颁布了《中国农村扶贫开发纲要（2001—2010年）》。规划实施过程中，根据贫困人口特征的变化，贫困瞄准机制也做出了相应的调整。为了适应这一减贫形势的变化，中国政府发展出"整村推进"的专项扶贫模式，是社区发展理念在贫困治理领域的应用。"整村推进"式扶贫开发的提出，基于如下的判断，即单纯以农户为单位的扶贫方式，有着难以突破的瓶颈，在社区性贫困（如基础设施建设滞后、基层组织乏力、基础产业缺失）未能有效治理的情境下，户为单位的扶贫成绩难以得到巩固和提升。另外，2000年之前，扶贫开发工作中采取的贫困瞄准机制，主要是县级瞄准，即扶贫开发的资源最终投放到县一级，而在实际的操作中，上级扶贫部门发现，有很大部分的资金并没有直接用到贫困社区和贫困农户，而是捆绑进县级的经济发展规划中，因而资金使用的益贫性就受到很大限制。在这样两个背景下，整村推进的做法，既体现了社区为中心的贫困治理理念，又是中国政府扶贫开发工作中瞄准机制的一次重大调整。

整村推进的专项扶贫模式，无疑是中国政府扶贫开发工作管理模式的一次跃升。该模式包含几个要点：首先，清晰的治理目标，国家层面的统一规划部署。按照国务院扶贫办的计划，2000—2010年，整村推进式扶贫开发在全国14.8万个贫困村实施。整村推进的资金来源由三大块组成。其一，财政扶贫资金。中央财政根据一定的计算公式，下达扶贫资金，加上省级和市级配套资金，到县一级进行统筹。其二，整合部门资金。部门资金包括水利、电力、交通、发改、农林等"条条部门"的资金，按照整村推进的设计，在县一级，以财政扶贫资金为中心，整合"条条部门"的涉农建设和发展资金，共同投放到贫困社区。其三，贫困社区自筹资金。自筹资金的部门，包括农户的"投工"、"投劳"，以及直接的资金投入。三个资金来源，并没有一定的比例。从调查来看，主要是因为"条条部门"的工作也有自身的目标，唯有能够覆盖到项目村的，才可能被"整合"进来，尤其是2008年各部委下达项目资金专项化管理通知以后，整合的难度就尤为凸显；而自筹资金部门取决于村组织的动员能力和农户的投入能力两个方面。其次，明确的组织体系，县一级统筹安排。成立县主要领导"挂帅"的工作小组，地方扶贫办和地方条条部门的负责人任副组长，由扶贫办具体协调和实施相关规划。县镇一级大致采用与县级类似的组织结构。值得一提的是，在贫困县，由于地方财力困难，中央拨付的财政扶贫资金占据地方财政收入的比重甚高，所以各县对这项工作均给予了高度的重视。村一级，则由村两委负责组织，农户积极参与，所谓参与，指的是农户要投入一定程度的自筹资金，以获得相应的"奖补"支持。再次，明确的贫困治理目标。按照"一次规划、分步实施、三年见效"的要求，所有纳入整村推进的项目村，需要通过一定程序形成村级规划。一个"合理"的规划，不仅要具有经济可行性，同时还必须包含四个方面的要求，在市县一级，社区为中心的贫困治理，被"转译"为"四基新村"，即健全基层组织（包括村两委办公条件的改善）、强化基础设施（水电路、危房改造、节能改造），夯实基础产业（以增收为中心）以及提高基本素质（文化、健康）。最后，严格的财务管理和督查制度。资金管理采用财务报账制，而不是直接下发到村，由村"灵活"支配。这样的做法，目的在于保证"规划"的贯彻，同时杜绝其中可能产生的违规操作。而督查制度，一方面要求财务向村民公开，另一方面县、乡工作组会定期不定期地督查工程进度和预算执行情况。

（2）连片开发

"连片开发"是我国扶贫开发工作实践中的重要创造，是中国特色扶贫开发道路中形成的"六大模式"之一。所谓连片开发，指的是在贫困乡村集中连片的区域（区域范围大至整个州，小到一个乡镇的几个村），根据扶贫开发规划和现代农业发展规划，围绕促进区域经济发展和增加贫困人口收入目标，以发展优势特色产业为重点，制定整村推进和连片开发的规划，通过1—2年的实施，改变区域贫困面貌，提升自我发展能力。之所以提出连片开发扶贫模式，是由于在我国广大的贫困地区，存在较为集中的片区性贫困，这些地区由于长期的投入不足，加之自然地理条件复杂，经济社会基础薄弱，形成了大面积的贫困。在扶贫开发过程中，单纯以社区为中心和扶贫到户的工作模式很难收到很好的效果，因而，必须以片区为单元，开展综合性的治理，将片区基本环境改善，社区与农户自我发展能力提升等工作协调起来，同步开展。

连片开发模式中所言的片区，不是一般意义上的区域性贫困。区域性贫困的治理贯穿于中国政府扶贫事业的整个过程，例如最早可以追溯到1982年的"三西地区"扶贫。在后续的扶贫开发工作中，无论是《国家八七扶贫攻坚计划》还是《中国农村扶贫开发纲要（2001—2010年）》的实施阶段，乃至新时期的扶贫开发，区域性贫困治理都是扶贫开发工作的重点内容。而连片开发是作为一种单独的专项扶贫模式存在的。具体而言，2007年，以贵州晴隆科技扶贫经验和广西东巴凤地区连片开发经验为基础，我国在中西部22个省份共135个县开展了"县为单位、资源整合、整村推进、连片开发"试点，每个试点县投入1000万元财政扶贫资金作为引导，吸引相关部门涉农资金投入产业开发及配套项目，促进了贫困农户稳定增收。试点的经验证明了连片开发的专项扶贫模式，是行之有效的，但其中的一些机制和过程仍有待调整。在后文中我们将会详尽地讨论。

(3) 产业扶贫

产业扶贫，以增加农民收入为目标，通过扶持龙头企业，培育专业技术合作社和经营合作社，带动贫困地区农业产业结构调整，形成若干骨干产业，进而促进区域经济发展的一种扶贫模式。在产业扶贫的过程中，龙头企业的带动作用，是其成功与否的决定性因素。究其实质，产业扶贫通过政府的政策引导，将资金、技术与贫困地区的资源和劳动力联结起来，一定程度上克服了市场机制无法自动汇集贫困人口的弊端。

贫困地区有着自身独特的资源优势，通过产业化的经营，能够增强贫困地区资源优势转化为经济优势的能力，一方面直接增加了贫困农户的经济收入，另一方面也扩大了贫困户的就业，提升了其技术水平。国务院扶贫办和中国农业银行，确定了第一批260个国家扶贫龙头企业，并在财政资金、信贷资金和培训等方面给予了一定支持。实践表明，这260个国家扶贫龙头企业的主要经济指标均明显提高，企业对农户的辐射和带动作用亦显著增强，实现了企业和农户的双赢。随着各类农村专业技术合作组织和经济合作组织的出现，产业扶贫领域出现了"龙头企业+合作社+生产基地+农户"等新格局，运行的规模和规范化程度不断提升，农户的能力不断提高，权益得到了更好的保障。

(4) 雨露计划

进入21世纪，在国内高储蓄率、高投资率和FDI的推动下，中国经济保持了持续快速的增长，随着经济的发展，城市化和工业化的进度加快，产业结构也发生了较大的变化，第二产业比重上升较快，产生了对劳动力的大量需求。2001年，中国正式加入世界贸易组织，在国际分工中争取到了较为有利的地位，尤其是以外贸为导向的制造业崛起迅速，与之相应对的技术工人和农民工的需求也大幅增加。宏观经济的总体形势变化，为贫困地区农户通过外出务工增加非农收入提供了渠道。但一方面，东部地区发达的制造业激发了巨大的劳动力需求，尤其是技能型工人严重短缺，用工单位找不到足够的技术工人；另一方面，中西部地区大量文化程度低、没有经过任何培训的农村剩余劳动力就业转移相对困难。

在此背景下，国务院扶贫办积极鼓励和支持在贫困地区开展劳动力转移培训工作，并在全国建立了30个贫困地区劳动力转移培训的示范基地，大部分扶贫工作重点县也建立了县级培训基地，基本上在全国贫困地区形成了培训网络。这些举措，提高了贫困地区劳动力的技能水平，不仅是增加农民收入的首要手段，而且可以缓解贫困地区的人地矛盾和生态压力，进而为中国制造业水平和国际竞争力的提升，积蓄了宝贵的人力资源。

(5) 移民搬迁

从我国贫困人口的分布特征来看，有较大规模的贫困人口居住在生态高度脆弱地区，自然灾害、地质灾害高发地区，为了保障这些贫困人口的生命财产安全，恢复生态环境，促进其经济生活水平改善，中国政府在专项扶贫过程中，积极推动移民搬迁式扶贫。

移民搬迁扶贫模式的提出，基于多重考量。首先，在一些贫困地区，自然生态环境较为恶劣，灾害多发，这些因素共同导致了当地的长期性贫困，并对贫困人口的生命财产安全存在潜在的威胁。其次，贫困人口的活动往往与生态环境互相作用，生态脆弱地区的环境由于受到贫困人口的生产生活活动所影响，一定程度上存在进一步恶化的趋向。再次，一些地区由于地处偏远，自然地理条件复杂，开展扶贫开发工作难度巨大，成本高昂。由于居住分散，贫困农户的生产生活面临诸多不便，公共服务体系的可及性低。最后，为了配合国家区域发展、生态保护重大项目的实施，需要必要的移民搬迁工作，如水库建设、电站建设等。

为此，在坚持群众自愿的前提下，政府通过一定的补偿，积极组织对居住在生存条件恶劣、自然资源贫乏地区的贫困人口，实行易地扶贫搬迁。截至2010年，中国政府对770余万贫困人口实行了扶贫搬迁，有效改善了这些群众的居住、交通、用电等生活条件。在推进工业化、城镇化的进程中，一些贫困地区把扶贫搬迁与县城、中心镇、工业园区建设和退耕还林还草、生态移民、撤乡并镇、防灾避灾等项目相结合，在促进贫困农民转移就业的同时，改善了这些群众获得公共服务的条件。

(6) 特殊地区综合治理

我国广大中西部地区，幅员辽阔，内部异质性程度高，因而上述专项扶贫模式的适用性，存在一定的限制。为了解决制约贫困地区发展的突出问题，中国政府在一些特殊类型的困难地区开展了符合当地特点的扶贫开发工作。例如，在广西壮族自治区的东兰县、巴马县、凤山县，集中力量开展了解决基础设施建设问题的大会战。在四川省阿坝藏族羌族自治州，开展了扶贫开发与综合防治大骨节病相结合的试点。在贵州省晴隆县开展了石漠化地区的扶贫开发与生态环境建设相结合的试点。在新疆维吾尔自治区的阿合奇县开展了边境扶贫的试点。对云南省的布朗族及瑶族山瑶支系开展全面扶贫。在汶川、玉树地震灾区，把贫困地区的防灾减灾与灾后恢复重建有机结合，全面推进灾后恢复重建。通过这些试点，为因地制宜做好扶贫开发工作探索了道路，积累了经验。

4. 效果

专项扶贫工作体现了贫困治理工作不断科学化、规范化管理的过程。从理论积累和实践总结出发，专项扶贫模式达到了以下几个方面的效果：

第一，益贫性。所谓专项扶贫模式益贫性，指的是政策资源能够真正地瞄准贫困地区和贫困人口，直接与贫困群体的发展需求对接。从既往的经验来看，专项扶贫模式，就其政策设计本身而言，初衷是服务于贫困人群经济条件的改善和自我发展能力的提升，但运行过程中，益贫性却远非不证自明的。例如，中国政府专项扶贫过程中，历经了多次的贫困瞄准机制调整，从最初的普惠性政策，到区域瞄准、县域瞄准，再到片区瞄准、贫困村瞄准，乃至扶贫到户，之所以多次调整，正是期望政策资源能够具备更充分的益贫性，能够真正作用于贫困人口的能力建设和生计发展。

第二，成本—收益。从减贫工作的实际来看，相对于艰巨的贫困治理任务，政策资源总是相对不足的，这就要求在扶贫开发的实际工作中，考量政策投入与政策产出之间的关系，通过优化扶贫开发的工作方式和政策资源的配置与管理方式，就有可能在资源的约束下，产生尽可能好的政策效益。需要指出的是，成本—收益的有效性视角，并不必然与益贫性的诉求具有逻辑的一致性。例如，政策资源的特定投放方式会产生较好的政策收益和产出，但能够辐射和带动的贫困人口规模受到了一定程度的限制，这就要求在考虑政策投入成本—收益的过程中，建立相关的辅助机制，维护政策资源使用的公正性。

第三，综合效益。专项扶贫工作，在整个扶贫格局中，处于引领性的位置，发挥着引导和调控的作用，通过专项扶贫资源的投入，引导相关行业资源、社会资源，共同投入贫困地区，从贫困地区经济发展、民族团结、社会稳定、生态和谐等多个角度共同着力，综合治理，是中国扶贫道路的总体策略。因此，专项扶贫的工作，就需要在经济效益、社会效益、文化效益、生态效益等多个方面求得共赢。既往的扶贫开发模式，在实践过程中，一定程度上受到经济中心主义思维的影响，虽然这种实践形式，从回应强烈脱贫致富愿望上讲，似有可理解之处，但其终究不是一种可持续的发展模式。因此，新时期，应当以科学发展观和可持续发展道路的总体要求，从综合效益的角度评价专项扶贫模式的有效性。

第四，意外后果的防控能力。政策对象的复杂性和政策过程中内外部环境的改变，时常是非预期后果产生的主要原因。这一点在既往的专项扶贫过程中亦有所体现，例如，连片开发模式在一些特殊地区的实施，由于对政策对象难以在短期内形成全面的认识，因而，政策设计可能出现一些与地方情景不能兼容的情形。应对意外后果，大致有两种途径，其一是尽可能全面周详地进行前期调研和慎重地设计政策；其二是以"试点—总结—小范围推广—总结—大范围推广"的方式，不断反思和完善政策。

第五，专项扶贫模式落实的保障机制。专项扶贫模式取得显著成绩的一个重要方面在于拥有政策实施的保障机制。中国政府主导的扶贫开发工作采用了层级治理的工作体系。中央和省一级负责出台总体规划和省级规划，而县一级负责具体的实施规划和实施过程。在自上而下的层级治理体系中，工作目标逐级分解，层层明确，并建立了相关的资源投入机制和组织实施机制。

二 行业扶贫

扶贫攻坚工作是一个系统工程，需要多部门齐心协力，共同参与，方能搞好。行业扶贫作为中国特色扶贫开发模式的重要组成部分之一，在发挥行业部门的不同优势，加强扶贫的组织管理等方面具有重要作用，更从机制上建立起扶贫政策的保障体系。所谓"行业扶贫"，其关键在于加大扶贫政策在各行业部门之间的统筹整合力度，为扶贫对象创造更好的发展条件。

1. 起源及政策依据

改革开放以来，在政府大力推进扶贫开发工作的进程中，农村居民的生存和温饱问题逐步得到解决，农村贫困人口正大幅减少。但由于我国区域发展不平衡的问题突出，制约贫困地区发展的深层次矛盾依然存在，扶贫开发将是一项长期而又艰巨的历史任务。尤其是对连片特困地区而言，其发展将更加滞后。这些地区大都存在生态环境脆弱，基础设施薄弱，农牧民素质不高，产业化发展水平低等诸多问题，导致其扶贫对象规模大，返贫现象常有发生，相对贫困问题较为突出，这使得农业可持续发展的后劲不足。要解决这些问题，迫切需要全国农业系统部门的支持与协作。但事实上，扶贫工作的一大矛盾就是涉农部门之间的扶贫政策难以形成合力，各种支持政策无法统筹推进。以财政扶贫资金为例，中央财政扶贫资金有10类专项，涉及7个主管部门，各部门专项之间、同一部门扶贫专项与本部门其他专项之间支持内容存在交叉重复，各环节缺乏有效沟通，经常出现多项资金投入同一项目、同一成果冲抵多项任务的现象。对此，从改善贫困地区农牧民的生产生活条件、提升农牧民素质、调整农业产业结构等方面入手，推进农业行业扶贫开发，是加快贫困地区减贫步伐、促进农牧民增收的发展重点。

行业扶贫这一提法，首次出现在2009年的中央一号文件中，该文件指出要充分发挥行业扶贫作用，继续动员社会各界参与扶贫事业。随后，2010年的中央一号文件继续强调充分发挥行业扶贫的作用。2008年国务院扶贫办与中央文明办、教育部、科技部、工业和信息化部、国土资源部、交通运输部等13个部门联合下发了《关于共同促进整村推进扶贫开发工作的意见》，提出到2010年前，要确保人口较少民族、内陆边境25公里范围内和重点革命老区县的24649个贫困村完成整村推进的规划任务，标志着行业扶贫工作迈入了一个大发展阶段。到2011年5月，中共中央、国务院颁布实施了《中国农村扶贫开发纲要（2011—2020年）》，11月底又召开了中央扶贫开发工作会议，进一步明确了部门行业扶贫工作的任务与要求，提出了各行业部门围绕贫困地区发展需要实施的重要工作内容，在资金、项目等方面向贫困地区倾斜。此外，为深入贯彻落实《中国农村扶贫开发纲要（2011—2020年）》和中央扶贫工作会议精神，进一步加大农业行业扶贫开发力度，加快培育贫困地区优势特色农牧业，推动贫困地区经济社会快速发展，农业部又制定颁布了《农业行业扶贫开发规划（2011—2020年）》农计发〔2013〕2号。这一系列中央文件，为行业扶贫的发展提供了重要的政策支持。

2. 特点

中国政府一直秉持从贫困地区实际情况出发、坚持综合治理的原则开展行业扶贫工作，并积极发挥政府各相关部门的优势，取得了力量整合的扶贫协作效应，这亦成为行业扶贫的一大特点。具体表现为：各行业部门共同投入涉农及民生资金，协力完成减贫工作，如农牧部门的资金投入主要实施了以畜牧业基础设施和农业产业化为主的生产发展项目；林业部门的资金投入保障实施了天然林保护工程等项目；科技部门的资金投入为贫困农牧民举办科技培训班，并实施科技项目；发改部门确保资金投入以工代赈的项目；交通部门落实项目资金为贫困地区修建乡村公路；水利部门落实以工代赈资金为贫困地区实施人畜饮水工程，解决贫困人口安全饮水的问题；旅游部门落实旅游项目资金，建设旅游景点；教育部门落实项目资金为县、乡、镇修建校舍，解决贫困乡镇校舍紧缺的问题；卫生部门落实资金实施县医院和乡镇卫生院的基础设施建设；文化部门落实项目资金建设文化站；民政部门落实并发放农村低保金、五保老人救助金，做到了应保尽保；民族宗教部门落实少数民族发展资金。综上可见，行业扶贫凸显了政府主导下扶贫工作的力量整合优势。

3. 实施状况

行业扶贫的实施状况体现在以下六个方面。

（1）培育特色产业

长期以来，为了持续带动贫困地区农民减贫致富，政府大力支持连片特困地区基于本地的特色资源优势和市场需求发展特色优势产业，通过在一个乡、村或聚落范围内，建立农畜产品生产示范区和基地建设，积极发展农村专业合作经济组织、新型综合加工业和现代服务业，再逐步形成"贸工农一体化，产加销一条龙"的产业化经营模式。在实践中，该模式已经形成了"公司+农户"、"市场+中介+农户"、"公司+基地+农户"等多种生产方式，在很大程度上解决了单个农户小规模生产经营与市场大需求之间的矛盾，有利于帮助贫困农民获取长期稳定的生产效益。该模式在西部贫困地区的实施效果良好，如重庆市酉阳县贫困山区农户通过"公司+农户"模式与重庆华立药业公司合作开发青蒿素，成功地开拓了一条贫困山区以科技为支撑的农业产业化发展道路。

（2）开展科技扶贫

科技扶贫作为国家扶贫开发的重要组成部分，长期坚持开发式扶贫方针，并以科技扶贫项目为载体，大力调整贫困地区的农业产业结构，不仅提高了贫困地区人口的综合素质，改善了贫困地区的基本生产生活条件，更为有效地提升了扶贫开发水平，促进了农村经济和社会事业的发展。其具体的做法体现在以下三个方面：第一，围绕贫困地区的特色农牧业发展，加大农业科技协作攻关和成果的转化力度，加快推广适合贫困地区特点及需求的农作物生产技术，例如优质高产品种和高效栽培模式、测土配方施肥技术、无公害生产技术、秸秆综合利用技术等；第二，不断增强确保特色农业发展的服务功能，如加强有利于动植物防疫体系建设的各类农牧业支撑保障服务体系建设；第三，发挥行业优势，积极推动农村劳动力转移就业，如积极举办包括管理知识、实用技术、就业技能等各类培训活动，以提高干部群众的综合素质和劳动技能。在实践中，社会各界积极支持科技扶贫工作的开展，原国家科委从1986年起首先在大别山区参与科技扶贫工作，中国科学院也从1987年初开始在努鲁儿虎山区参与科技扶贫工作。经过十多年的艰苦努力，科技扶贫已在全国收获显著成效，到2000年为止，仅科技部就在贫困地区实施重大科技扶贫示范项目600多个，建立科技扶贫示范点1500余个，培训各类人员130多万人次，累计拨付科技扶贫专款1亿多元，安排"星火计划"科技扶贫贷款3.5亿元。这些投入使得一大批先进实用的技术在贫困地区的生活生产中得到了应用。

（3）加强基础设施建设

不突破基础设施薄弱的瓶颈，贫困地区农户难以实现脱贫致富的追求。尤其是对于连片特困地区而言，仅仅依靠自身的力量，在短时间内根本不可能完成各项基础设施建设的工作。对此，贫困县在实施"县为单位、整合资金、整村推进、连片开发"的试点项目时，通过整合农、林、牧、水、路等部门的各类项目资金，加快贫困地区通乡、通村道路建设，推进土地整治，大中型灌区续建配套与节水改造和小型农田水利建设，实施农村饮水安全工程。同时，提升信息服务，优先实施重点县、村的有线电视、电话、互联网工程。

(4) 发展文化教育事业

贫困地区社会经济发展的实践反复证明，教育落后是贫困地区致贫的重要因素之一。教育扶贫的实质是通过改造贫困人口的素质，从而打破贫困的恶性循环。西部地区是我国贫困集中的区域，2004年该地区人均受教育年限仅有6.7年，比全国平均水平低1.3年，"两基"人口覆盖率仅77%，低于全国14个百分点，15岁以上文盲人口占总人口的比重为9.02%，高于全国2.3个百分点。可见，教育扶贫在西部显得尤为紧迫，需要加大边远贫困地区的办学扶持力度，实施集中办学，加快寄宿制学校建设，逐步提高农村义务教育家庭经济困难寄宿生生活补助标准，以解决家庭经济困难学生和涉农专业学生的求学问题。同时，需要关心特殊教育，实施东部地区对口支援中西部地区高等学校计划和招生协作计划。截止到2010年底，国家扶贫开发工作重点县7—15岁学龄儿童入学率达到97.7%，接近全国平均水平；青壮年文盲率为7%，比2002年下降5.4个百分点，青壮年劳动力平均受教育年限达到8年。

(5) 改善公共卫生和人口服务管理

针对改善公共卫生与人口服务管理，政府做了以下四个方面的工作：首先加大了硬件设施的投入，为了加强农村三级医疗卫生服务体系建设，将县乡镇卫生院、村卫生室的建设作为了开发工作的重点；其次通过加大新型农村合作医疗费用的资助力度，促进农村贫困地区人口和计划生育服务体系的建立健全；再次积极推进医疗卫生人才的培养，组织实施了农村订单定向医学生免费培养项目，重点为乡镇卫生院及以下的医疗卫生机构培养卫生人才；最后加强农村公共文化服务体系建设，着力建设乡镇综合文化站，组织开展全国文化信息资源共享工程、送书下乡工程，开展广播电视"村村通"工程、农村电影放映工程、"农家书屋"工程。截至2010年底，国家扶贫开发工作重点县参加新农合的农户比例达到93.3%，有能力及时就医的农户比重达91.4%，乡乡建有卫生院，绝大多数行政村设有卫生室。可见，贫困地区人口和计划生育工作、公共文化服务体系建设等获得了较好的发展。

(6) 强化能源与生态环境建设

西部作为我国重要的生态屏障地区之一，西部农村贫困地区的分布与生态脆弱区高度重合。因此，在西部通过生态环境建设促进扶贫开发工作具有极为重要的现实意义。这一做法最先起于贵州岩溶山区——毕节地区。长期以来，人口膨胀、生态恶化等问题困扰着毕节地区的经济社会发展，为了使毕节人走出人口—

生态—贫困的恶性循环怪圈，探索贫困岩溶山区人口、经济、生态环境协调发展之路，国务院于1988年6月批准建立了"毕节开发扶贫、生态建设试验区"，其通过开发式扶贫、生态建设试验，该地区生态恶化趋势初步得到遏制，并逐步加快了地区资源开发和经济发展。总体来看，我国贫困地区的能源与生态环境建设取得了较好的成绩，据统计，从2002年至2010年，国家扶贫开发工作重点县实施退耕还林还草14923.5万亩，新增经济林22643.4万亩，饮用水水源受污染的农户比例从2002年的15.5%下降到2010年的5.1%，获取燃料困难的农户比例从45%下降到31.4%。

4. 效果

行业扶贫作为我国减贫模式的构成主体之一，为专项扶贫工作的开展注入了一股强劲的支持力量，在明确部门职能，构建协调机制，推动扶贫合力的形成等方面对扶贫工作取得积极成效有着较为深远的意义。

第一，明确部门职责，形成扶贫合力。根据国家扶贫开发战略部署，行业扶贫工作中的政策制定、规划编制、资金分配、项目安排等环节实施需要结合各部门职责，向贫困地区倾斜，形成扶贫开发合力。而在发展特色产业、完善基础设施、开展科技扶贫、发展教育文化事业、改善公共卫生和人口服务管理、重视能源和生态环境建设等具体扶贫工作中，各行业部门要把改善贫困地区发展环境和条件作为本行业发展规划的重要内容，进而推动扶贫工作取得突破性成绩。

第二，构建协调机制，实现整体谋划。从地方层面看，协调机制的重要性更加凸显。自新一轮扶贫攻坚计划启动以来，国家有关部门和相关的省共同推动形成了跨省的协调机制，国务院已批准了11个。但目前只是初步建立，与实际需要还有较大的差距，尤其是省级交界地区的协调机制还相当缺乏。如何打破跨省地区的职能分工，实现共同发展，仍是在推进行业扶贫工作过程中需要解决的问题。从具体实践来看，如在江西赣州、湖南新田等贫困地区经济社会发展中，原地矿部到国土资源部，不断加大扶贫开发力度，发挥了重要作用。截止到2012年，以赣州25年定点扶贫为例，累计投入6.8亿元，实施扶贫项目近千个，引进资金2.54亿元，培训教师和农民1.76万人，在矿产资源勘查开发、土地开发整理、基础地质调查、找水打井、地质灾害防治、培训助学等方面，有力改善了赣州老区农村贫困地区生产生活面貌，并探索建立了较为完善的部、省、市、县多方参与、互动互助的"大扶贫"工作机制，为新阶段扶贫开发工作奠定了良好基础。

三 社会扶贫

社会扶贫是相对于政府主导的减贫模式而言，探究其基本方式就是广泛动员社会力量参与扶贫开发工作，通过整合社会扶贫资源，对城乡中有一定的生产经营能力的贫困人口，从政策、思想、资金、物资、技术、信息等方面给予社会援助，使其能从事生产经营活动摆脱贫困（许源源，2007）。一般来说，社会扶贫既指政府扶贫和非政府组织协作的扶贫活动，亦专指非政府组织扶贫。可以说，社会扶贫优化了扶贫资源内在结构，最大限度地发挥综合优势和潜能，充实了"政府主导、社会参与"这一贫困治理格局中社会参与的内容。

1. 起源及政策依据

回顾我国农村扶贫开发的历史，从政策的顶层设计到具体落实，政府主导一直是我国减贫事业发展所呈现出的显著特点。虽然政府主导扶贫，为缓解贫困状况做出了巨大的贡献，但经过长期的发展和演变，单纯依靠政府的力量已无法使我国在扶贫发展道路上取得新的突破：一方面，政府主导型的扶贫模式出现了资金损耗大、效率低等问题。政府扶贫款在下拨的过程中被逐层挤占、挪用；另一方面，政府扶贫的瞄准目标很难直接、有效地指向真正意义上的贫困户。据统计，当前扶贫资金只有35.3%覆盖到贫困户，20.2%覆盖了中等户，44.5%覆盖了富裕户。总体来看，大部分扶贫资金难以落到实处，这使得扶贫面被缩小、扶贫效果差。由此，对于农村扶贫中是否需要注入新的力量，开始成为社会比较关注的议题。国际通用的做法则是动员社会力量，培育和发展公益性的民间组织，并制定科学合理的制度，来引导社会力量扶贫济困。直到2006年，我国政府扶贫资源首次向非政府组织开放，国家选择了国际小母牛项目组织、江西省山江湖可持续发展促进会、江西省青少年发展基金会、宁夏扶贫与环境改造中心、中国国际民间组织合作促进会和陕西省妇女理论婚姻家庭研究会6家非政府组织在江西省开展非政府组织与政府合作实施村级扶贫规划项目，这是我国在全国范围内招收国际和国内非政府组织与政府合作实施农村扶贫的首次试验。自此，我国农村的减贫实践开始迈向国家与社会合作扶贫的道路上。

我国政府对于鼓励社会组织参与到扶贫工作中来的政策支持可以追溯到《国家八七扶贫攻坚计划》的制定。然而，为社会扶贫提供更多的支持性政策是在《中国农村扶贫开发纲要（2001—2010年）》中提出的，政府进一步强调了全社会共同参与扶贫的重要性，指出要发挥社会主义的政治优势，积极动员和组织社会各界，通过多种形式，支持贫困地区的开发建设，发挥各类民间组织在扶贫中的作用。为了让贫困人口共享改革发展成果，《中国农村扶贫开发纲要（2011—2020年）》指出，新的十年要构建和完善专项扶贫、行业扶贫、社会扶贫"三位一体"的大扶贫格局，并从多方面明确社会扶贫的任务和重点。这为做好社会扶贫工作提供了政策依据。

2. 特点

社会扶贫是除我国政府专职扶贫机构以外的所有扶贫工作的总称。相对于政府专项扶贫的区域瞄准与行业扶贫的部门协作而言，社会扶贫的主要特点是帮扶精准、高效，这在一定程度上克服了政府主导式扶贫工作中条块政策难以统筹整合，数据不完备难以精准扶贫等问题，具体表现在扶贫主体、扶贫方式、扶贫资源等三个方面：

第一，扶贫主体扩大。总体而言，我国的社会扶贫力量有限，仍以政府部门和领导干部为主要构成，而在现实中，扶贫工作的一大矛盾就是部门之间的政策难以形成合力。扩大社会扶贫主体，增强整合社会扶贫资源的组织要素，一直是社会扶贫呼唤的发展方向。从实际来看，通过改革开放30多年的经济发展，我国社会力量中蕴藏着扶贫济困的巨大潜力，使社会各方面的力量进行扶贫攻坚，促进扶贫工作逐渐由政府包揽过渡到政府主导、民众参与的格局具备可行性。同时，政府职能部门组织社会扶贫的局限性，恰恰为非政府组织留下相当广阔的活动空间，使非政府组织可能在扶贫活动中发挥其特有的重要作用。

第二，扶贫方式多样。社会扶贫的形式多种多样，如智力支边、希望工程、光彩事业、文化扶贫、扶贫拉力计划、春蕾计划、博爱工程、幸福工程、农业科技示范入户工程、双学双比、巾帼扶贫等，这些扶贫济困的方式都产生了良好的社会效果。具体来看，以智力支边为例，在20世纪80年代初，各民主党派、工商联从方便人民生活着手，通过项目咨询和派专家学者帮助一些边疆地区解决与人民日常生活关系密切的实际问题，就开始迈出了智力支边的第一步，开展了培训工作、科技支农、社会服务、咨询服务等方面工作，切实为贫困农户解决了具体的生产生活问题。

第三，扶贫资源广泛。社会扶贫资源的来源十分广泛，既有有形的资金和物资投入，也有无形的科技、信息的支持；既有通过各种渠道募集争取来的本土资源，又有从海外渠道引进的资源，包括国际和国外慈善组织提供的资源援助。据不完全统计，在"八七"扶贫攻坚期间，国际国内的NGO和其他社会力量动员的扶贫资源超过500亿元人民币，占整个社会扶贫总投入的28%，为《国家八七扶贫攻坚计划》的胜利完成做出了显著贡献。

3. 实施状况

在实践中，我国的社会扶贫工作主要从定点扶贫、推进东西部扶贫协作以及动员企业和社会各界参与扶贫三个方面展开。

（1）定点扶贫

为了加大对革命老区、民族地区、边疆地区、贫困地区发展的扶持力度，国家大力开展定点扶贫工作。首先，国家确定了定点帮扶单位主要包括中央和国家机关各部门各单位、人民团体、参照公务员法管理的事业单位、国有大型骨干企业、国有控股金融机构、各民主党派中央及全国工商联、国家重点科研院校等；其次，将国家扶贫开发工作的重点县设定为帮扶对象；最后，定点帮扶单位主要采取干部挂职、文化教育扶贫、科技扶贫、劳务培训和输出、基础设施建设、产业化扶贫、引资扶贫、生态建设扶贫、医疗卫生扶贫等多种方式与措施开展帮扶工作。据统计，从 2002 年至 2010 年，定点帮扶单位派出挂职干部 3559 人次，直接投入资金（含物资折款）90.9 亿元人民币，帮助引进资金 339.1 亿元人民币，培训各类人员 168.4 万人次。截至 2010 年，参与此项工作的单位达到 272 个，受到帮扶的国家扶贫开发工作重点县达到 481 个，占国家扶贫开发工作重点县总数的 81.25%。

(2) 推进东西部扶贫协作

对口帮扶扶贫模式是由中央政府倡导、各级政府率先垂范、全社会广泛参与的一种扶贫方式。这一方式逐步缩小了经济发达地区与贫困地区，东部与西部地区的发展差距，亦是国家为实现共同富裕目标做出的一项制度性安排。对口帮扶模式的实施主体是外地政府以及非政府组织，帮扶对象为农村贫困农户。对口帮扶可分三个层次：一是在中央政府的统一安排下，以地方政府主导的东西部协作扶贫，即东部发达省市帮扶西部贫困省区；二是各级国家机关、企事业单位帮扶辖区内的贫困县区；三是社会各界自愿捐赠结对帮扶，即民间帮扶或社会帮扶（江明敏，1999）。自 1996 年国务院扶贫领导小组在全国扶贫工作会议中决定了东西部合作的战略决策起，东部 15 个经济较发达省、市就开始与西部 11 个省（区、市）展开东西部扶贫协作工作。东西部扶贫协作形式多样，形成了政府援助、企业合作、社会帮扶、人才支持为主的基本工作框架。据统计，东西部对口帮扶 10 年（1996—2006 年）来，东部共向西部贫困地区捐资 44.4 亿元人民币，援建学校 2462 所，安排劳务输出 150 万人，人才培训 34 万人次。西部贫困地区共获得劳务收入 82.7 亿元人民币，引进先进技术 1351 项。其中，从 2003 年到 2010 年，东部到西部挂职的干部 2592 人次，西部到东部挂职的干部 3610 人次；东部地区向西部地区提供政府援助资金 44.4 亿元人民币、协作企业 5684 个，实际投资 2497.6 亿元人民币、社会捐助 14.2 亿元人民币，培训专业技术人才 22.6 万人次、组织劳务输出 467.2 万人次。

(3) 动员企业和社会各界参与扶贫

在三十多年不懈奋斗的扶贫历程中，大量社会组织参与扶贫开发，为我国减贫事业做出了重要贡献。据统计，1986—2000 年间，全社会投入扶贫资金总计为 2310.4 亿元人民币，其中社会组织总投入 567 亿元人民币。尤其是 1993 年开始实施《国家八七扶贫攻坚计划》以来，各类社会组织以不同方式在扶贫工作中发挥作用。例如，成立于 1985 年的中国国际经济技术交流中心国际民间组织联络处（后于 1992 年重组登记为中国国际民间组织合作促进会），专门负责利用国外民间组织的资金开展扶贫工作，截至 2000 年，已同 120 多家国外民间组织和国际多边、双边机构建立了合作关系。其中，有 56 家组织和机构提供了 2.4 亿元人民币的资金，用于扶贫开发和救灾援助，为 20 个省（直辖市、自治区）的 74 个县安排了 251 个项目，这些项目的实施有力地促进了贫困地区的经济发展和社会进步，带动了大量农户脱贫致富。

4. 效果

实践证明，在坚持政府主导扶贫的前提下，广泛动员社会力量积极参与扶贫济困，开展社会扶贫，是加大扶贫攻坚力度，促进贫困地区经济发展，加快全面建设小康社会进程的有效举措。社会扶贫工作在以下三个方面取得了显著效果：

第一，精准扶贫对象。改革开放以来，国民经济的进一步发展以及国家逐步加大对农村尤其是农村贫困地区的政策扶持力度，农村中普遍贫困的现象逐步减少，贫困人口的分布逐渐呈现出"大分散，小集中"的基本格局（庞庆明，2007）。贫困人口分布的分散性极大地增加了政府瞄准贫困个体开展帮扶工作的难度，而广泛存在的社会力量正好能够弥补这一不足，并在准确锁定扶贫目标的方面发挥积极高效的作用。

第二，满足多元化扶贫需求。随着贫困地区大环境的改善，剩余贫困人口所面临的脱贫困境及发展需要往往具有较大差异性，总体上政府自上而下的管理模式决定了其只能提供有限服务以满足多数人需求，这使得那些有特殊需要的贫困群体易于被边缘化（万俊毅等，2007）。社会力量之所以在此时能发挥关键作用，正是基于社会力量来源的多元化，加之不同社会主体能够长期在其特有领域活动，增强了其专业化程度并能为不同类型的扶贫对象提供更加优质的服务。

第三，促进公民精神的培育。扶贫济困是中华民族的传统美德，亦是中国政府始终注重发扬的优良传统。事实上，社会组织对于扶贫工作所做的贡献不仅体现在钱和物的投入上，更为重要的是，在影响舆论、传播知识和进行制度创新等方面亦做出了许多有益探索，给予政府扶贫工作积极有效的补充。同时，随着企业资源的增多和市场竞争的突出，大量企业必然会产生履行社会责任的动力。由此，社会各界对扶贫事业的支持，将从根本上促进公民精神的培育。

第七章 中国减贫与发展的新阶段

第一节 新阶段中国减贫与发展的背景

一 扶贫开发的成就奠定了发展基础

2001年，我国颁布实施了《中国农村扶贫开发纲要（2001—2010年）》（以下简称《纲要（2001—2010年）》），这是继《国家八七扶贫攻坚计划》之后我国实施的又一个指导全国扶贫开发的纲领性文件。《纲要（2001—2010年）》实施十年来，国家不断加大扶贫投入和工作力度，不断完善解决贫困人口温饱的制度保障，不断激发贫困地区发展的内在活力，不断凝聚社会各界参与减贫事业的强大合力，经过十年不间断的努力，我国农民的温饱问题基本得以解决。截至2010年底，《纲要（2001—2010年）》确定的目标和任务已全面完成，我国农村扶贫工作取得了新进展：农村贫困人口大幅度下降，从2000年底的9422万人减少到2010年的2688万人，占农村人口的比重从10.2%下降到2.8%；贫困地区农民收入水平大幅度提高，2001—2010年，重点县农民人均纯收入从1276元增加到3273元，年均增长11%（未扣除物价因素）。同时，贫困地区生产生活条件和基础设施状况明显改善，基本公共服务能力持续加强，贫困人口的生活质量和综合素质不断提升，生态恶化趋势得到初步遏制，贫困地区经济社会面貌发生了深刻变化。十年来，中国财政累计投入2043.8亿元，贫困人口减至2688万人；近2000万贫困人口成外资扶贫受益人，并加大了对少数民族、妇女、残疾人扶贫开发的支持力度。扶贫开发取得的巨大成就，为我国经济发展、政治稳定、民族团结、边疆巩固和构建和谐社会发挥了重要作用。不仅是我国经济社会发展的突出亮点，也为全球减贫事业做出了重大贡献。

扶贫开发成就的取得是多方面政策共同作用的结果。第一，多年来国家宏观经济的快速发展为扶贫开发奠定了物质基础。第二,《纲要（2001—2010年）》实施期间,国家不断加大统筹区域发展的力度,相继出台了一系列区域发展政策,在深入推进西部大开发战略的同时,促进西藏和四川、云南、甘肃、青海四省藏区及新疆、广西、重庆、宁夏、甘肃、内蒙古、云南等地经济社会发展。第三,国家实施统筹城乡发展战略和工业反哺农业、城市支持农村与"多予少取放活"的方针,全面促进农村经济的发展。如全面取消农业税,推行集体林权制度改革,实施种粮农民各类补贴,实行农村义务教育"两免一补",建立农村最低生活保障制度和新型农村合作医疗制度,开展新型农村社会养老保险试点等。第四,国家不断加大扶贫投入和工作力度。2007年以后,在农村全面建立最低生活保障制度,对维持基本生存做了制度性的安排。标准不断提高,规模不断扩大。十年来,各级财政累计投入扶贫开发的资金达到2043.8亿元,其中中央财政投入达1440.4亿元。同时,各级政府不断完善扶贫开发工作机构,实行扶贫开发工作责任制,提高扶贫政策执行力。

二 严峻的贫困形势增加了减贫压力

然而,中国新阶段的减贫工作任务依旧艰巨。主要体现在,2688万人的扶贫规模不小,现有贫困人口2/3属于返贫性质,状态极不稳定。此外,收入差距扩大、相对贫困凸显的问题也愈加显现,加之特殊类型贫困矛盾突出,而这些地区都是扶贫开发任务最艰巨的地方。上述因素,共同造成了对于未来发展的重重压力,中国的减贫任务依旧任重道远。第一,扶贫对象规模依然庞大。按照国家现行扶贫标准,到2010年扶贫对象2688万人,占农村总人口的2.8%,比例虽然不高,但规模不小。如果参考"国际标准",规模会更大。第二,特殊贫困矛盾突出。特殊贫困现象在西部地区,主要是集中在民族地区和边境地区;在中部集中在老区和山区;东部有少量的连片贫困区,主要是内部发展差距问题。特殊类型贫困地区是扶贫任务最艰巨的地方。第三,返贫压力也很大。在中国现有贫困人口当中,有2/3属于返贫性质,十分脆弱,处于极不稳定的状态。市场冲击成为返贫的重要因素,经济波动对贫困地区影响很大。同时,中国现在的贫困人口,相当一部分分布在自然灾害相当严重、生态非常脆弱的地方,而且防灾抗灾能力相对不足,在气候变暖、极端气候事件频发的情况下,这些人很容易返贫。第四,收入差距扩大、相对贫困问题凸显。2010年农民人均纯收入与城镇居民人均可支配收入差距达到1.3万元,城乡居民收入水平差距扩大到3.23∶1。同时,农村内部收入差距也在扩大,2010年农村内部最高收入家庭的人均收入是最低收入家庭的7.5倍。在收入差距逐步拉大的同时，城乡、区域之间基本公共服务水平的差距也不小。这些问题越来越引发我们的困扰与担忧。

三　全面建成小康社会提出了更高的发展要求

消除贫困，实现共同富裕，是社会主义社会的本质要求。步入新的十年，"中国扶贫开发从以解决温饱为主要任务的阶段转入巩固温饱成果、加快脱贫致富、改善生态环境、提高发展能力、缩小发展差距的新阶段"。党和国家更加重视扶贫开发工作，把减少和消除贫困作为推动科学发展、促进社会和谐的一项首要任务，摆在了突出的位置。

中国已进入全面建设小康社会的关键时期。"十二五"时期是中国全面建设小康社会的关键时期，"十二五"期间扶贫开发能否取得更大的突破，关系着2020年全国全面建设小康社会目标能否顺利实现，关系着未来10年国家发展战略能否顺利实现。新时期减贫与发展工作是中国新时期扶贫开发方式的重大创新，有利于指导减贫工作，完成既定的减贫目标，推动中国全面进入小康社会。

第二节　新阶段中国减贫与发展的特点

一　扶贫标准的国际化

在2008年以前，我国衡量贫困人口采取两个标准：一是1985年制定的206元的绝对贫困标准，该标准以每人每日2100大卡热量的最低营养需求为基准，再根据最低收入人群的消费结构来进行测定。随物价逐年调整，到2007年时为785元。二是2000年制定的865元的低收入标准，到2007年底，调整为1067元。到2008年，绝对贫困标准和低收入标准合一，统一使用1067元作为扶贫标准。

2009年3月，温家宝总理在政府工作报告中明确了"今年将实行新的扶贫标准，对农村低收入人口全面实施扶贫政策。新标准提高到人均1196元，扶贫对象覆盖4007万人，这标志着我国扶贫开发进入一个新阶段"。2010年我国农村贫困标准提升至1274元。

在2011年的中央扶贫开发工作会议上，温家宝总理强调，要顺应经济社会发展和扶贫开发的阶段性变化，不断完善扶贫开发政策。中央决定将农民人均纯收入2300元（2010年不变价）作为新的国家扶贫标准。这个标准比2009年提高了92%。大幅度提高扶贫标准，把更多低收入人口纳入扶贫范围，这是社发展的进步，是扶贫力度加大的重要措施。

提高扶贫标准，是扶贫事业取得巨大成就、进入新阶段、向更高目标迈进的必然要求。新标准既有利于覆盖更多的扶贫对象，使刚越过温饱线的贫困农民尽快实现脱贫致富，又充分体现了中央解决好农村民生问题、努力缩小城乡与区域发展差距的坚定决心。

更高的扶贫标准，实际上也意味着将部分发展需求纳入了考虑范围之内，比如教育、医疗、住房、社会活动等方面的需求。学者王三贵认为，过去扶贫工作着力解决"绝对贫困"、"极端贫困"带来的低层次的基本衣食问题，未来要以"提高发展能力"、"缩小发展差距"等更高的标准来解决贫困问题。保障义务教育、基本医疗和住房是强调基本公共服务均等化的体现，未来中国经济发展将更加注重转变经济发展方式和统筹发展，实际上是缩小差距，使经济发展惠及包括低收入人群在内的所有人。

二 扶贫对象的精准化

中共中央办公厅、国务院办公厅印发《关于创新机制扎实推进农村扶贫开发工作的意见》，提出了建立精准扶贫机制的要求。精准扶贫是指运用科学有效程序对扶贫区域对象实施精准识别、精准帮扶、精确管理的治贫方式。而精准识别是精准扶贫的基础。做好贫困村、贫困人口的精准识别，是实施精准扶贫的首要环节。

在新的扶贫标准下，我国贫困人口为 1.22 亿。这个数据是国家统计局根据调查数据推算出来的结果，它对于掌握贫困人口规模，分析判断贫困的发展趋势有指导作用。但是在实际工作中存在"谁是贫困人口"、"贫困原因是什么"、"如何针对不同贫困情况进行帮扶"、"帮扶的效果如何"等不确定问题。精准扶贫便是对原有扶贫机制和体制的修改和完善。实施开发式扶贫，不但要精准识别出贫困人口，还要精准识别出扶贫对象。精准识别通过科学有效的程序把贫困村、贫困人口精准识别出来，并逐村逐户建档立卡。"在已有工作基础上，坚持扶贫开发和农村最低生活保障制度有效衔接，按照县为单位、规模控制、分级负责、精准识别、动态管理的原则，对每个贫困村、贫困户建档立卡，建设全国扶贫信息网络系统。专项扶贫措施要与贫困识别结果相衔接，深入分析致贫原因，逐村逐户制定帮扶措施，集中力量予以扶持，切实做到扶真贫、真扶贫，确保在规定时间内达到稳定脱贫目标。"[①] 只有准确地确定贫困村、贫困人口，才可能避免普惠政策代替特惠政策、区域政策代替到户政策，进而提高扶贫效果。

---

① 中共中央办公厅、国务院办公厅印发《关于创新机制扎实推进农村扶贫开发工作的意见》。

此外，新阶段扶贫开发工作的主要对象，是在扶贫标准以下具备劳动能力的农村人口。在扶贫开发工作逐渐成为贫困地区、贫困人群发展动力的前提下，有劳动能力的农村贫困人口是农村脱贫致富的主体，是扶贫开发工作的生力军。扶贫开发与社会保障的相互衔接机制逐步建立，贫困人口的生存保障逐渐交由农村社会保障政策承担，而贫困人群的可持续发展则由扶贫开发工作承揽。因此，有劳动能力的贫困人口的自我发展能力，成为未来十年扶贫开发工作的核心与关键，是贫困人群生计可持续改善的根本。

三　扶贫目标的多元化

根据《中国农村扶贫开发纲要（2011—2020年）》，新阶段的扶贫开发工作的总体目标是："到2020年，稳定实现扶贫对象不愁吃、不愁穿，保障其义务教育、基本医疗和住房。贫困地区农民年人均纯收入增长幅度高于全国平均水平，基本公共服务主要领域接近全国平均水平，扭转发展差距扩大的趋势。"这一目标反映出我国扶贫开发形式的变化，从过去解决温饱问题为主向给予贫困人口更有尊严的生活转变。这一目标也更加多元，不仅仅关注收入的提高，还关注教育、医疗、住房等保障。

第一，提供更加公平的教育机会，防止贫困的代际传递。教育水平对就业和居民收入有非常显著的影响，普及教育对减少贫困、防止贫困的代际传递有非常积极的作用。贫困家庭中学习环境差，家长负担能力不够，对他们的子女教育要给予特殊的关注与政策。对农村人口居住分散、中小学布局调整后上学距离远的地区，需要对贫困家庭学生的寄宿费、生活费实行补贴的政策，保证一定的补贴面和补贴的准确度，消除由于这方面原因导致的失学现象；为在城市地区打工的农民工子女提供平等的就学条件，对招收农民工子女的城市中小学给予专项财政补贴。教育部门有责任帮助教学条件较差的民办农民工子女学校改善教学条件，提高教学质量；农村中小学要为缺少家庭照顾的农民工留守子女提供必要的生活照顾、心理健康服务；对非义务教育的城市与农村贫困家庭子女上学难的问题要给予特殊政策，大幅减少或全免贫困家庭子女上公办大学、职业学校的学费。国家还需要鼓励银行为贫困学生提供生活费贷款，鼓励民间资金开办职业技能学校。

第二，改善农村医疗服务，缓解因病致贫现象。新型农村合作医疗制度在农村的建立部分缓解了看病难的问题，但仍有很多问题未能从根本上得到解决。现行的新型农村合作医疗体系对医疗支出的偿付率较低，医疗费的大部分一般仍需自费。而农村贫困和低收入人口可能无力负担自费部分，因此往往被排除在外，或者即使参合也无法受益。因此需要对贫困人口的医药自费部分有一些特殊的补助。此外，还需要解决农村低保和医疗救助体系与合作医疗体系的衔接，建立规范。要从制度上解决外出务工人员的异地就医报销问题。应进一步开放医疗市场，打破垄断，允许符合资质的民办医疗机构和乡村医生平等进入医疗服务体系，通过公平竞争抑制医药费价格。治理因病致贫应当从源头抓起，要致力改善包括安全饮水在内的农村基本生活环境，加强公共卫生防疫工作，普及卫生防疫知识，降低疾病和残疾发生率。

第三，健全城乡社会保障制度，保证政策的连续性。因老、弱、病、残、无劳动能力致贫的，临时性的救助不能保证政策效果的连续性。对这一人群，要更加注重建立和健全社会保障体系和公共服务体系。农村低保制度的关键环节在于建立一套管理严格、有社会监督的资金管理体系和村级民主评议制度。还需要解决将城镇非就业人口、非正规部门就业人员和进城务工的流动人口纳入社会保障体系的问题。农民工就业一定年限（如3年至5年）并交纳社会保险费的，即可全面享受城市居民福利，包括基本医疗保险、子女就学和租住廉租屋等。强制推行包括农民工在内的所有城镇劳动者的基本社会保险制度。在当前的外贸体制、环保节能等结构调整过程中，要特别注意下岗农民工的状况，要提供转岗培训、安排新的就业机会等，防止这些已脱贫的人群再次陷入贫困。

此外，新阶段的减贫目标还注重基本公共服务均等化，注重经济发展方式的转变，努力缩小贫富差距，提高贫困人口的自我发展能力。

1. 以缩小贫富差距为首要目标的扶贫新目标

长期以来，我国一直把解决温饱问题作为扶贫开发的主要目标，以满足贫困人群的基本需要为己任。随着扶贫开发工作的不断深入，我国农村贫困问题呈现绝对贫困现象减弱与相对贫困现象突出、生存贫困缓解与发展贫困凸显的双重特征。我国贫困人口主要分布在经济社会发展比较落后的中西部地区，集中生活在农村，贫富差距同时表现为地区发展不平衡、城乡发展差距拉大。为此，《中国农村扶贫开发纲要（2011—2020年）》确立了"把扶贫开发作为脱贫致富的主要途径"的战略指引，并把"贫困地区农民人均纯收入增长幅度高于全国平均水平，基本公共服务主要领域指标接近全国平均水平，扭转发展差距扩大趋势"作为未来十年扶贫开发工作的总目标。针对地区发展不平衡，在继续实施西部大开发战略、中部崛起战略的基础上，全面实施连片特困地区区域发展与扶贫攻坚工程，以缩小中东西部间的地区差距以及缩小中西部不同区域间的发展差距。缩小贫富分化的扶贫开发目标衡量，主要通过农村人均纯收入增幅和基本公共服务主要领域指标实现，便于操作和测量，"两不愁、三保障"成为其简要概述。

2. 以提高贫困人口自我发展能力为重点的扶贫新任务

根据《中国农村扶贫开发纲要（2011—2020年）》，新十年扶贫开发要巩固温饱成果，更加注重增强扶贫对象的自我发展能力。加强人力资源开发，是提高贫困人口发展能力的有效手段。一般而言，农村贫困人口的自我发展能力包括"人口文化素质和生计能力建设，贫困人口获取社区资源和参与社区决策能力、市场参与能力、信贷资源获取能力、家庭财产与资源管理分配能力、健康教育与儿童抚养能力、社会就业参与能力等方面的内容"（杨科，2009）。在新阶段扶贫开发确定的主要任务绝大部分都与贫困人口的自我发展能力密切相关。具体体现在以下方面：①强调完善公共服务体系、金融贷款服务体系，加快市场建设，增强贫困人口自我发展能力提升的外部基础，让他们更加便捷地获得各种资源、信息；②借助就业促进专项扶贫、科技扶贫及教育扶贫、卫生扶贫等一些具有针对性的政策措施，提高贫困人口的科学文化水平及组织化水平，恢复贫困人口失去或被剥夺的基本能力，使贫困人口与社会其他成员一样，能够获得受教育的机会、生计资源、社会参与机会和良好的健康状况；③健全人才保障机制，积极组织教育、科技、文化、卫生等行业人员和志愿者到贫困地区服务，制定专门为贫困地区培养人才的鼓励政策，引导大中专毕业生到贫困地区就业创业，并要求加大贫困地区干部和农村实用人才的培训力度，提高贫困地区的人力资本水平；④提高贫困人群组织化程度，增强贫困人群自我沟通与协作能力。增强基层组织建设，提高贫困社区自我管理、自我服务与自我发展能力。

四 扶贫导向的科学化

根据《中国农村扶贫开发纲要（2011—2020年）》，新阶段的扶贫开发无论是在发展内容上，还是在发展路径上，都采用了更加宏观和科学的方法。新阶段的扶贫开发是以包容性增长为理念，以区域发展和扶贫开发相促进为方法，以政府-市场双导向为机制，以大扶贫为格局的扶贫新模式。

1. 以包容性增长为主导的扶贫新理念

包容性增长的核心是机会均等的增长。它有三个支柱："一是通过高速、有效以及可持续的经济增长最大限度地创造就业与发展机会；二是确保人们能够平等地获得机会，提倡公平参与；三是确保人们能得到最低限度的经济福利。"（蔡荣鑫，2009）它体现了对贫困人群的友善和包容，客观上保障了贫困人群在获得机会、获得公共产品及服务、获得社会保障等方面拥有平等的权利，其本质是要消除贫困人口的权利贫困，合理分享增长的成果。《中国农村扶贫开发纲要（2011—2020年）》明确指出，要为贫困人口尤其是贫困家庭的下一代培育和提升人力资本、参与经济增长提供必要的教育、健康等公共服务，创造公平的竞争环境，并为那些因先天条件限制而致贫或确实无法通过自身努力而脱贫的群体提供必要的社会保障，从而提出了社会保障与扶贫开发相互衔接的工作思路。

包容性增长理念不仅体现在对扶贫开发政策项目进行评估，同时将对扶贫工作可能产生较大影响的重大政策和项目进行贫困影响评估，因此可以理解为有关贫困地区经济增长必须要接受益贫性效应的考核。

包容性增长理念在《中国农村扶贫开发纲要（2011—2020年）》中还表现为一种绿色增长，即在连片特困地区资源开发中不以牺牲环境为代价。"中国接受和践行包容性增长理念，实质上就是坚持科学发展、和谐发展、可持续发展的道路。"（梁煜璋，2010）连片特困地区大多分布在生态环境比较脆弱的偏远山区，自然条件恶劣，属于禁止开发区和限制开发区。连片特困地区的可持续发展，要求扶贫开发与生态建设、环境保护相结合，充分发挥贫困地区资源优势，发展环境友好型特色优势产业和循环经济，促进经济社会发展与人口资源环境相协调。这是新阶段扶贫开发的主要目标与任务之一。经济增长兼顾生态建设，实现经济增长对生态的包容性，是连片特困地区发展的主导思想，生态环境改善成为未来扶贫开发的重要任务。

2. 以区域发展与扶贫开发相互促进的扶贫新思路

连片特困地区发展滞后问题的实质在于区域发展不平衡。只有以区域开发实现区域经济的快速提升，从区域总体上解决贫困问题才有可能成为现实。"区域发展带动扶贫开发、扶贫开发促进区域发展"的思路成为扶贫开发的新思路。

目前，14个扶贫开发片区大多有着禀赋相同的状况和产业结构趋同的特征，对片区发展进行整体扶持有利于发挥资源集中优势，有助于提高扶贫资金的利用效率，以往扶贫攻坚零散化的格局有所改变。只有区域整体得到发展，扶贫开发效果巩固才有坚实依赖，扶贫开发才能走得更远、更牢，不过单纯的区域经济增长并不一定提升扶贫开发效果，关键在于区域发展必须以益贫性增长为基本导向。《中国农村扶贫开发纲要（2011—2020年）》明确规定，扶贫开发各项目标的实现与各项任务的完成都以贫困地区、贫困人群为评价对象，扶贫资源投入与使用均以区域发展为目标，连片区域发展不仅成为国家产业扶贫的主要方针，而且成为连片特困地区整体区域发展的思路，并演化为一系列具体政策。

3. 政府-市场双导向的扶贫新机制

扶贫开发明确要求把扶贫开发作为脱贫致富的主要途径，把社会保障作为解决温饱问题的基本手段。未来一段时期内，我国扶贫开发将在"社会保障稳定解决温饱问题，扶贫开发持续解决生计改善问题"的总体格局中推进。其中，政府与市场分别成为扶贫开发工作取得成效的保障，并形成以政府和市场共同主导的政府－市场双导向扶贫开发机制。

政府是扶贫开发的责任主体，是扶贫开发政策制定与实施的主要推动者，在基础设施修建、公共服务供给及产业发展等方面均发挥着主导作用，并在贫困地区农村社会保障体系建设方面负有领导责任。《中国农村扶贫开发纲要（2011—2020年）》明确划分了各级政府的职责，形成了中央统筹、省负总责、县抓落实的工作格局，并继续强化扶贫开发领导小组综合协调职能，加大扶贫工作队伍建设力度。在多部门合作方面，确立了政府主导与分级负责、突出重点与分类指导、部门协作与合力推进的政府职能发挥所应遵循的原则。

在扶贫开发过程中，政府为市场机制发挥作用提供现实基础，要求以参与式扶贫方式，赋予贫困人口参与发展、摆脱贫困的机会和权利，为贫困人口参与市场竞争创造良好的条件，最终通过市场的作用使得贫困人口脱贫致富。温家宝同志在2001年中央扶贫开发工作会议上指出："要认真研究市场经济条件下扶贫开发的新特点"，并认为扶贫开发受到市场发育不足的制约，贫困地区市场竞争能力还比较差。只有适应市场供求变化，增强市场竞争能力，才能探索出一条在市场经济条件下有效推进扶贫开发的新路子。与政府在政策、资源、服务、统筹等方面所发挥作用明显不同的是，市场才是扶贫开发成效得以实现的领域。劳动力转移就业增加收入与产业扶贫增加收入，是贫困人群收入增加的基本路径，是贫困人群脱贫致富的根本选择。无论是何种选择都必须进入市场领域，市场建设成为贫困人群增收的重要举措。因此，确立科学的市场化反贫困制度，是反贫困事业成功的一个关键。

4. 以大扶贫为导向的扶贫新格局

扶贫开发是一项社会系统工程。扶贫目标的实现，必须最大限度地整合各种资源，充分发挥专项扶贫、行业扶贫、社会扶贫的作用。近年来，我国不断探索大扶贫工作格局，逐渐形成了"政府主导、部门协作、社会参与、国际支持"的扶贫开发工作机制。在专项扶贫中，异地扶贫搬迁、整村推进、以工代赈、产业扶贫、就业促进、扶贫试点和革命老区建设是其主要内容，而行业扶贫基本动员了政府中的各个部门。在社会扶贫体系中，定点扶贫、东西部协作扶贫得到重视和加强，并要求发挥军队和武警部队在扶贫开发中的作用。企业在扶贫开发中的地位被提升。"社会各界"被首次明确列入扶贫开发主体之中，社会组织和个人参与扶贫开发受到鼓励。

大扶贫格局的形成，实现了从不同角度扩大扶贫资源，提高扶贫工作水平，专项扶贫、行业扶贫、社会扶贫构成了新的扶贫开发战略体系,三者互为支撑,相辅相成,成为新一轮扶贫开发的创新机制。

五 扶贫政策的精细化

新阶段的扶贫开发,坚持开发式扶贫方针,实现扶贫开发和农村最低生活保障制度的有效衔接;把扶贫开发作为脱贫致富的主要途径,鼓励和帮助有劳动能力的扶贫对象通过自身努力摆脱贫困;把社会保障作为解决温饱问题的基本手段,逐步完善社会保障体系。总体而言,新阶段扶贫开发的政策更加突出政策协调,更加注重政策之间的衔接与配合,更加讲求政策的综合效应。同时,更加注重完善政策评估体系,不仅强调要加强扶贫开发政策、项目的评估,而且要对开展扶贫工作可能产生较大影响的重大政策和项目进行贫困影响评估。可见,以实现扶贫开发目标为根本出发点制定扶贫政策,并进行贫困影响评估是扶贫新政策的主要特征。

1. 扶贫资金投入与管理政策新变化

①以连片特困地区为扶贫资金主要投入区域。在增加财政投入与加大财政支付转移力度的同时,以扶贫开发规划为依据进行管理,以连片特困地区为主要投入目标,中央财政扶贫资金的新增部分主要用于连片特困地区。②扶贫开发资金投入更加多元化。在整合中央、省市县财政资金的同时,彩票公益金、税收减免及企业捐赠都被纳入扶贫开发资源整合范围之内。③资金使用更加细致、全面和契合实际。贫困地区基础设施建设、生态环境和民生工程等的投入力度有所加大,村级公路建设、农业综合开发、土地整治、小流域与水土流失治理、农村水电建设等内容的支持力度加大。④"中央投入、地方配套"的政策部分取消。"中央投入、地方配套"的资金投入政策有效地整合了地方政府的财政资源,保证了财政资源的捆绑力度,扩大了资金投入规模,但在一定程度上加重了扶贫开发工作重点县的财政负担,导致很多项目无法正常实施,资金投入效果大打折扣。新政策规定,中央政府在贫困地区所安排的病险水库除险加固、生态建设、农村饮水安全、大中型灌区配套改造等公益性建设项目,不再要求县级以下(含县级)及西部连片特困地区进行资金配套,有效缓解了县级以下(含县级)及西部连片特困地区财政压力。

2. 金融服务政策新变化

①金融服务主体更加多元。银行、贫困地区县域法人金融机构(如村镇银行)、保险机构、微型金融机构在农村扶贫开发工作中都被赋予了一定的生存与发展空间,金融服务主体体系更加健全。②积极推动金融产品和服务方式创

新。为了最大限度地满足贫困地区、贫困村及贫困人群的资金需求，国家在积极实施国家扶贫贴息贷款政策的同时，积极鼓励、引导与推动小额信用贷款、残疾人康复扶贫贷款、民间借贷、农村保险等金融产品的健康有序发展，强化农村信用体系建设。③金融机构服务能力提升问题得到关注。《中国农村扶贫开发纲要（2011—2020年）》特别指出："尽快实现贫困地区金融机构空白乡镇的金融服务全覆盖"，健全贫困地区基层服务网点，提升金融机构服务能力。④地方性农业保险发展得到鼓励。在坚持政府推动、政策支持、市场运作、农民自愿的运作方式指引下，针对贫困地区特色主导产业的特色农业保险事业有望得到扶持鼓励，地方特色农业保险被赋予合法身份，将会提高政策性农业保险的针对性和有效性，覆盖面将扩大，体系建设将会加快。

3. 产业扶持政策新变化

贫困地区劳动力转移和产业发展是连片特困地区发展及脱贫致富的主要载体，向贫困地区转移的产业项目以劳动密集型为主，并以市场为导向，来进行产业发展。①特色产业发展备受关注。除了特色农业保险事业发展受到支持外，国家重在支持贫困地区资源合理利用与开发，将贫困地区资源优势转化为产业优势，为此制定了特色优势产业支持政策。②产业发展与生态环境保护的产业政策成为主导。灾害风险与市场风险是制约贫困地区产业发展的两个动态性因素，尤其是农业产业发展更是如此。在连片特困地区，生态环境比较脆弱，产业发展落后，不以牺牲环境为代价的发展思路逐渐形成，低碳扶贫、绿色产业成为产业发展的新方向，产业发展与生态环境治理相结合成为产业扶持政策的新思路。③连片开发成为产业发展新趋势。在多年试点的基础上，连片开发扶贫模式已经成为贫困地区扶贫开发的成熟模式。在以连片特困地区为扶贫开发主战场的政策引导下，连片开发成为产业发展新模式。④产业扶持以区域发展与产业扶贫为方向。区域发展与扶贫开发是相辅相成、无法分离的关系，产业扶贫只有以促进区域发展为己任才能持久化，区域发展也只有以脱贫致富为目标才能消除日益扩大的贫富差距。在2011年，产业扶持政策开展注重区域发展和扶贫开发共同发展，增强产业扶持的区域发展效应和区域发展的益贫效应，在产业扶持中促进区域发展，在区域发展中带动扶贫开发。

4. 智力支持与人才保障政策新变化

长期以来，我国始终坚持开发式扶贫方针，提高贫困人群科学文化素质，增强自我积累、自我发展的能力。①贫困地区人才输入鼓励与保障政策继续完善。组织教育、科技、文化、卫生等行业人员和志愿者到贫困地区服务是国家的长期政策，积极加大扶贫开发智力支持力度是扶贫开发工作重要支柱，积极引导大中专毕业生到贫困地区就业创业，继续开展"三支一扶"和志愿者服务。对在贫困地区工作的干部实施倾斜鼓励政策，在公务员招考、干部提拔等方面予以优先照顾，对贫困地区干部和农村实用人才的培训力度加大。②人才培养政策制定并具体实施。2011年国家相关部门联合制定了大专院校、科研院所、医疗机构为贫困地区培养人才的鼓励政策，相应工作得到展开。2011年，国务院扶贫办制定出台了《全国扶贫开发人才发展规划（2011—2020年）》，面向贫困地区定向招生专项计划开始筹划，高层次扶贫人才培训工程启动，"支持贫困村大学生村官成长工程"开始实施，"村官"培训正式纳入培训体系。此外，各级政府着力充实壮大贫困地区干事创业的企业家队伍，积极引导和推进"三支一扶"人员、大学生村官到贫困村服务锻炼，培养一批贫困村基层组织负责人和致富带头人。通过加强扶贫开发人才建设，为扶贫事业长远发展提供智力支撑和保障。

5. 重点人群扶贫开发政策新变化

少数民族、妇女儿童和残疾人是贫困人群的主要构成部分，是农村扶贫开发工作的重点人群。①农村残疾人扶贫开发政策出台。2011年国家扶贫办专门出台了《农村残疾人扶贫开发纲要（2011—2020年）》等一系列文件，加大对残疾人贫困人群的扶贫开发扶持力度，提高残疾人贫困人群的生计自我改善能力，缩小残疾人群生活水平与社会平均水平的差距。②妇女贫困人群减贫工作被放在妇女工作优先位置。妇女贫困程度明显降低为未来十年妇女发展工作的重要目标之一，贫困妇女的资源供给与扶持得到进一步保障，农村贫困妇女扶贫项目及小额担保贷款等项目资金向城乡贫困妇女的倾斜力度加大。③少数民族扶贫开发力度加大。连片特困地区成为扶贫开发主战场，其中涵盖着大面积的少数民族人群居住区域，少数民族贫困人群成为连片特困地区扶贫开发主要瞄准对象。2011年国家有关部门启动了连片特困地区扶贫开发试点工作，武陵山区作为先行先试的示范区，率先制定了扶贫攻坚规划并开展试点工作。在十四个集中连片特困地区，集中了全国相当比例的少数民族人口。

第三节 新阶段中国减贫与发展的战略

改善民生、消除贫困始终是中国政府矢志不渝的奋斗目标。新阶段的中国扶贫开发紧紧抓住保障和改善民生，把扶贫标准以下具备劳动能力的农村人口作为主要对象，把六盘山区等11个连片特困地区和国家已经明确实施特殊政策的西藏、四省藏区、新疆南疆三地州区作为扶贫开发的主战场，加大资金投入和统筹协调力度，集中实施一批贫困人口直接受益的民生工程，到 2020 年稳定实现扶贫对象不愁吃、不愁穿，保障其义务教育、基本医疗和住房的"两不愁、三保障"目标，为实现全面建成小康社会奋斗目标做出贡献。此外，把稳定解决扶贫对象温饱、尽快实现脱贫致富作为首要任务，把开发式扶贫作为基本方针，实行农村扶贫开发和低保两项制度有效衔接，把坚持专项扶贫、行业扶贫和社会扶贫"三位一体"作为工作格局，进一步加大投入力度，强化政策措施，坚持政府主导，坚持统筹发展，更加注重经济发展方式转变，更加注重增强自我发展能力，更加注重基本公共服务均等化，更加注重解决制约发展的突出问题，努力推动贫困地区经济社会更好更快发展。

一 新阶段中国减贫与发展的主战场

随着我国扶贫开发进程的推进，扶贫开发的重点也发生了转移，已由一般意义上的普通贫困地区转向连片特殊困难地区。连片特殊困难地区逐渐成了扶贫开发的重点区域。《中国农村扶贫开发纲要（2011—2020 年）》指出，中央重点支持连片特殊困难地区。连片特困地区的具体范围包括：六盘山区、秦巴山区、武陵山区、乌蒙山区、滇桂黔石漠化区、滇西边境山区、大兴安岭南麓山区、燕山—太行山区、吕梁山区、大别山区、罗霄山区等区域的连片特困地区和已明确实施特殊政策的西藏、四省藏区、新疆南疆三地州区。加大投入和支持力度，加强对跨省片区规划的指导和协调，集中力量，分批实施。各省（自治区、直辖市）对所属连片特困地区负总责，在国家指导下，以县为基础制定和实施扶贫攻坚工程规划。国务院各部门、地方各级政府要加大统筹协调力度，集中实施一批教育、卫生、文化、就业、社会保障等民生工程，大力改善生产生活条件，培育壮大一批特色优势产业，加快区域性重要基础设施建设步伐，加强生态建设和环境保护，着力解决制约发展的瓶颈问题，促进基本公共服务均等化，从根本上改变连片特困地区面貌。各省（自治区、直辖市）可自行确定若干连片特困地区，统筹资源给予重点扶持。

将扶贫的主战场放到连片特殊困难地区，是根据当前我国贫困人口分布特征的变化而采取的更有针对性的贫困瞄准机制。从我国贫困人口分布特征的历史演变来看，改革开放之初，受制于城乡二元体制，农村社会面临着结构性的贫困。随着农村改革的推进，农村结构性的贫困有了很大缓解，贫困人口更多地分布在我国的东、中、西部相对集中的贫困区域，尤其是革命老区、少数民族地区、边远地区和欠发达地区。针对这种变化，国家于 1986 年确定了 18 个集中连片贫困地区进行重点扶持。同时期的 331 个扶贫开发重点县集中了贫困人口的大多数。

进入21世纪之初，鉴于592个国家扶贫开发工作重点县所覆盖的绝对贫困人口占全国总量的不足62%的贫困人口分布特征，《纲要（2001—2010年）》对扶贫瞄准机制进行了改革，即调整以县为单元的贫困瞄准方式，将贫困资源投入重心下沉到贫困村，以村落为单元，以整村推进的方式实施扶贫开发。这一贫困瞄准方式的变革，保障了扶贫开发资源的投入效率。但是，三十多年以来区域发展的差异格局使得原来生态条件、交通条件和经济发展比较落后的地区还存在很大的差距，"片区性"贫困在我国的贫困地区，尤其是少数民族聚居的连片特困地区仍然大量存在。为此，《中国农村扶贫开发纲要（2011—2020年）》提出新阶段扶贫开发要把贫困程度比较深、相对连片的特困地区作为主战场，开展扶贫攻坚，以解决存在已久的区域发展差异问题。

二 新阶段中国减贫与发展的战略目标

整体而言，我国扶贫开发已经从以解决温饱为主的阶段转入巩固温饱成果、加快脱贫致富、改善生态环境、提高发展能力、缩小发展差距的新阶段。新阶段我国扶贫开发的总体目标和具体任务如下。

（一）总体目标

结合全面建设小康社会目标，新十年中国农村扶贫开发的总体目标可简单概括为"两不愁、三保障"，即到2020年，稳步实现扶贫对象不愁吃、不愁穿，保障其义务教育、基本医疗和住房。除此以外，还要实现贫困地区农民人均纯收入增长幅度高于全国平均水平，基本公共服务主要领域指标接近全国平均水平，扭转发展差距扩大趋势。

（二）具体任务

（1）基本农田和农田水利。到2015年，贫困地区基本农田和农田水利设施有较大改善，保障人均基本口粮田。到2020年，农田基础设施建设水平明显提高。

（2）特色优势产业。到2015年，力争实现1户1项增收项目。到2020年，初步构建特色支柱产业体系。

（3）饮水安全。到2015年，贫困地区农村饮水安全问题基本得到解决。到2020年，农村饮水安全保障程度和自来水普及率进一步提高。

（4）生产生活用电。到2015年，全面解决贫困地区无电行政村用电问题，大幅度减少西部偏远地区和民族地区无电人口数量。到2020年，全面解决无电人口用电问题。

（5）交通。到2015年，提高贫困地区县城通二级及以上高等级公路比例，除西藏外，西部地区80%的建制村通沥青（水泥）路，稳步提高贫困地区农村客运班车通达率。到 2020 年，实现具备条件的建制村通沥青（水泥）路，推进村庄内道路硬化，实现村村通班车，全面提高农村公路服务水平和防灾抗灾能力。

（6）农村危房改造。到 2015 年，完成农村困难家庭危房改造 800 万户。到 2020 年，贫困地区群众的居住条件得到显著改善。

（7）教育。到 2015 年，贫困地区学前三年教育毛入园率有较大提高；巩固提高九年义务教育水平；高中阶段教育毛入学率达到 80%；保持普通高中和中等职业学校招生规模大体相当；提高农村实用技术和劳动力转移培训水平；扫除青壮年文盲。到 2020 年，基本普及学前教育，义务教育水平进一步提高，普及高中阶段教育，加快发展远程继续教育和社区教育。

（8）医疗卫生。到 2015 年，贫困地区县、乡、村三级医疗卫生服务网基本健全，县级医院的能力和水平明显提高，每个乡镇有 1 所政府举办的卫生院，每个行政村有卫生室；新型农村合作医疗参合率稳定在 90% 以上，门诊统筹全覆盖基本实现；逐步提高儿童重大疾病的保障水平，重大传染病和地方病得到有效控制；每个乡镇卫生院有 1 名全科医生。到 2020 年，贫困地区群众获得公共卫生和基本医疗服务更加均等。

（9）公共文化。到 2015 年，基本建立广播影视公共服务体系，实现已通电 20 户以下自然村广播电视全覆盖，基本实现广播电视户户通，力争实现每个县拥有 1 家数字电影院，每个行政村每月放映 1 场数字电影；行政村基本通宽带，自然村和交通沿线通信信号基本覆盖。到 2020 年，健全完善广播影视公共服务体系，全面实现广播电视户户通；自然村基本实现通宽带；健全农村公共文化服务体系，基本实现每个国家扶贫开发工作重点县（以下简称重点县）有图书馆、文化馆，乡镇有综合文化站，行政村有文化活动室。以公共文化建设促进农村廉政文化建设。

（10）社会保障。到 2015 年，农村最低生活保障制度、五保供养制度和临时救助制度进一步完善，实现新型农村社会养老保险制度全覆盖。到 2020 年，农村社会保障和服务水平进一步提升。

（11）人口和计划生育。到 2015 年，力争重点县人口自然增长率控制在 8‰ 以内，妇女总和生育率在 1.8 左右。到 2020 年，重点县低生育水平持续稳定，逐步实现人口均衡发展。

（12）林业和生态。到 2015 年，贫困地区森林覆盖率比 2010 年底增加 1.5 个百分点。到 2020 年，森林覆盖率比 2010 年底增加 3.5 个百分点。

三 新阶段中国减贫与发展的战略布局

进入 21 世纪以来，我国扶贫开发的宏观环境发生了深刻变化，扶贫事业呈现专项计划扶贫与惠农政策扶贫、社会各界扶贫等互为支撑的"大扶贫"新局面。

我国总体上进入以工促农、以城带乡发展的新阶段后，扶贫开发也逐步呈现专项扶贫、行业扶贫、社会扶贫"三位一体"的工作格局。其中，专项扶贫主要指国家安排专门投入、各级扶贫部门组织实施，通过既定项目，直接帮助贫困乡村和贫困人口；行业扶贫主要指各行业部门履行行业管理职能，支持贫困地区和贫困人口发展的政策和项目，承担着改善贫困地区发展环境、提高贫困人口发展能力的任务；社会扶贫主要指社会各界参与扶贫开发事业，从不同角度扩大扶贫资源，提高扶贫工作水平。

在新纲要中，我国未来十年"三位一体"的扶贫工作格局逐渐清晰。

（一）专项扶贫

专项扶贫包括易地扶贫搬迁、整村推进、以工代赈、产业扶贫、就业促进、扶贫试点、革命老区建设等。

（1）易地扶贫搬迁。坚持自愿原则，对生存条件恶劣地区扶贫对象实行易地扶贫搬迁。引导其他移民搬迁项目优先在符合条件的贫困地区实施，加强与易地扶贫搬迁项目的衔接，共同促进改善贫困群众的生产生活环境。充分考虑资源条件，因地制宜，有序搬迁，改善生存与发展条件，着力培育和发展后续产业。引导有条件的地方向中小城镇、工业园区移民，创造就业机会，提高就业能力。加强统筹协调，切实解决搬迁群众在生产生活等方面的困难和问题，确保搬得出、稳得住、能发展、可致富。

（2）整村推进。结合社会主义新农村建设，自下而上制定整村推进规划，分期分批实施。发展特色支柱产业，改善生产生活条件，增加集体经济收入，提高自我发展能力。以县为平台，统筹各类涉农资金和社会帮扶资源，集中投入，实施水、电、路、气、房和环境改善"六到农家"工程，建设公益设施较为完善的农村社区。加强整村推进后续管理，健全新型社区管理和服务体制，巩固提高扶贫开发成果。贫困村相对集中的地方，可实行整乡推进、连片开发。

（3）以工代赈。大力实施以工代赈，有效改善贫困地区耕地（草场）质量，稳步增加有效灌溉面积。加强乡村（组）道路和人畜饮水工程建设，开展水土保持、小流域治理和片区综合开发，增强抵御自然灾害能力，夯实发展基础。

（4）产业扶贫。充分发挥贫困地区生态环境和自然资源优势，推广先进实用技术，培植壮大特色支柱产业，大力推进旅游扶贫。促进产业结构调整，通过扶贫龙头企业、农民专业合作社和互助资金组织，带动和帮助贫困农户发展生产。引导和支持企业到贫困地区投资兴业，带动贫困农户增收。

（5）就业促进。完善雨露计划。以促进扶贫对象稳定就业为核心，对农村贫困家庭未继续升学的应届初、高中毕业生参加劳动预备制培训,给予一定的生活费补贴;对农村贫困家庭新成长劳动力接受中等职业教育给予生活费、交通费等特殊补贴。对农村贫困劳动力开展实用技术培训。加大对农村贫困残疾人就业的扶持力度。

(6) 扶贫试点。创新扶贫开发机制,针对特殊情况和问题,积极开展边境地区扶贫、地方病防治与扶贫开发结合、灾后恢复重建以及其他特困区域和群体扶贫试点,扩大互助资金、连片开发、彩票公益金扶贫、科技扶贫等试点。

(7) 革命老区建设。国家对贫困地区的革命老区县给予重点扶持。

(二) 行业扶贫

行业扶贫包括明确部门职责、发展特色产业、开展科技扶贫、完善基础设施、发展教育文化事业、改善公共卫生和人口服务管理、完善社会保障制度、重视能源和生态环境建设等。

(1) 明确部门职责。各行业部门要把改善贫困地区发展环境和条件作为本行业发展规划的重要内容,在资金、项目等方面向贫困地区倾斜,并完成本行业国家确定的扶贫任务。

(2) 发展特色产业。加强农、林、牧、渔产业指导,发展各类专业合作组织,完善农村社会化服务体系。围绕主导产品、名牌产品、优势产品,大力扶持建设各类批发市场和边贸市场。按照全国主体功能区规划,合理开发当地资源,积极发展新兴产业,承接产业转移,调整产业结构,增强贫困地区发展内生动力。

(3) 开展科技扶贫。积极推广良种良法。围绕特色产业发展,加大科技攻关和科技成果转化力度,推动产业升级和结构优化。培育一批科技型扶贫龙头企业。建立完善符合贫困地区实际的新型科技服务体系,加快科技扶贫示范村和示范户建设。继续选派科技扶贫团、科技副县(市)长和科技副乡(镇)长、科技特派员到重点县工作。

(4) 完善基础设施。推进贫困地区土地整治,加快中低产田改造,开展土地平整,提高耕地质量。推进大中型灌区续建配套与节水改造和小型农田水利建设,发展高效节水灌溉,扶持修建小微型水利设施,抓好病险水库(闸)除险加固工程和灌溉排水泵站更新改造,加强中小河流治理、山洪地质灾害防治及水土流失综合治理。积极实施农村饮水安全工程。加大牧区游牧民定居工程实施力度。加快贫困地区通乡、通村道路建设,积极发展农村配送物流。继续推进水电新农村电气化、小水电代燃料工程建设和农村电网改造升级,实现城乡用电同网同价。普及信息服务,优先实施重点县村村通有线电视、电话、互联网工程。加快农村邮政网络建设,推进电信网、广电网、互联网三网融合。

(5) 发展教育文化事业。推进边远贫困地区适当集中办学，加快寄宿制学校建设，加大对边远贫困地区学前教育的扶持力度，逐步提高农村义务教育家庭经济困难寄宿生生活补助标准。免除中等职业教育学校家庭经济困难学生和涉农专业学生学费，继续落实国家助学金政策。在民族地区全面推广国家通用语言文字。推动农村中小学生营养改善工作。关心特殊教育，加大对各级各类残疾学生扶助力度。继续实施东部地区对口支援中西部地区高等学校计划和招生协作计划。贫困地区劳动力进城务工，输出地和输入地要积极开展就业培训。继续推进广播电视村村通、农村电影放映、文化信息资源共享和农家书屋等重大文化惠民工程建设。加强基层文化队伍建设。

(6) 改善公共卫生和人口服务管理。提高新型农村合作医疗和医疗救助保障水平。进一步健全贫困地区基层医疗卫生服务体系，改善医疗与康复服务设施条件。加强妇幼保健机构能力建设。加大重大疾病和地方病防控力度。继续实施万名医师支援农村卫生工程，组织城市医务人员在农村开展诊疗服务、临床教学、技术培训等多种形式的帮扶活动，提高县医院和乡镇卫生院的技术水平和服务能力。加强贫困地区人口和计划生育工作，进一步完善农村计划生育家庭奖励扶助制度、"少生快富"工程和计划生育家庭特别扶助制度，加大对计划生育扶贫对象的扶持力度，加强流动人口计划生育服务管理。

(7) 完善社会保障制度。逐步提高农村最低生活保障和"五保"供养水平，切实保障没有劳动能力和生活常年困难农村人口的基本生活。健全自然灾害应急救助体系，完善受灾群众生活救助政策。加快新型农村社会养老保险制度覆盖进度，支持贫困地区加强社会保障服务体系建设。加快农村养老机构和服务设施建设，支持贫困地区建立健全养老服务体系，解决广大老年人养老问题。加快贫困地区社区建设。做好村庄规划，扩大农村危房改造试点，帮助贫困户解决基本住房安全问题。完善农民工就业、社会保障和户籍制度改革等政策。

(8) 重视能源和生态环境建设。加快贫困地区可再生能源开发利用，因地制宜发展小水电、太阳能、风能、生物质能，推广应用沼气、节能灶、固体成型燃料、秸秆气化集中供气站等生态能源建设项目，带动改水、改厨、改厕、改圈和秸秆综合利用。提高城镇生活污水和垃圾无害化处理率，加大农村环境综合整治力度。加强草原保护和建设，加强自然保护区建设和管理，大力支持退牧还草工程。采取禁牧、休牧、轮牧等措施，恢复天然草原植被和生态功能。加大泥石流、山体滑坡、崩塌等地质灾害防治力度，重点抓好灾害易发区内的监测预警、搬迁避让、工程治理等综合防治措施。

(三) 社会扶贫

社会扶贫包括加强定点扶贫、推进东西部扶贫协作、发挥军队和武警部门的作用、动员企业和社会各界参与扶贫等。

(1) 加强定点扶贫。中央和国家机关各部门各单位、人民团体、参照公务员法管理的事业单位和国有大型骨干企业、国有控股金融机构、国家重点科研院校、军队和武警部队，要积极参加定点扶贫，承担相应的定点扶贫任务。支持各民主党派中央、全国工商联参与定点扶贫工作。积极鼓励、引导、支持和帮助各类非公有制企业、社会组织承担定点扶贫任务。定点扶贫力争对重点县全覆盖。各定点扶贫单位要制定帮扶规划，积极筹措资金，定期选派优秀中青年干部挂职扶贫。地方各级党政机关和有关单位要切实做好定点扶贫工作，发挥党政领导定点帮扶的示范效应。

(2) 推进东西部扶贫协作。东西部扶贫协作双方要制定规划，在资金支持、产业发展、干部交流、人员培训以及劳动力转移就业等方面积极配合，发挥贫困地区自然资源和劳动力资源优势，做好对口帮扶工作。国家有关部门组织的行业对口帮扶，应与东西部扶贫协作结对关系相衔接。积极推进东中部地区支援西藏、新疆经济社会发展，继续完善对口帮扶的制度和措施。各省（自治区、直辖市）要根据实际情况，在当地组织开展区域性结对帮扶工作。

(3) 发挥军队和武警部队的作用。坚持把地方扶贫开发所需与部队所能结合起来。部队应本着就地就近、量力而行、有所作为的原则，充分发挥组织严密、突击力强和人才、科技、装备等优势，积极参与地方扶贫开发，实现军地优势互补。

(4) 动员企业和社会各界参与扶贫。大力倡导企业社会责任，鼓励企业采取多种方式，推进集体经济发展和农民增收。加强规划引导，鼓励社会组织和个人通过多种方式参与扶贫开发。积极倡导扶贫志愿者行动，构建扶贫志愿者服务网络。鼓励工会、共青团、妇联、科协、侨联等群众组织以及海外华人华侨参与扶贫。

目前，中国扶贫开发已经从以解决温饱为主要任务的阶段转入巩固温饱成果、加快脱贫致富、改善生态环境、提高发展能力、缩小发展差距的新阶段。在这样的背景下，专项扶贫、行业扶贫和社会扶贫构建了国家扶贫战略的完整体系，互为支撑，相互呼应，将共同促进贫困地区加快发展，促进贫困人口脱贫致富。

第四节 新阶段中国减贫与发展的路径

新阶段的减贫与发展是中国减贫整体战略的延续和发展。过去十多年的减贫工作显著改善了贫困地区的基础设施和生产生活条件，也使贫困人口规模大幅减少，这为新阶段减贫工作的实施奠定了很好的物质基础。另外，在前两个战略期，行之有效的政策和措施在新阶段得以延续的同时，减贫政策又有了很大的调整和发展，这为新阶段的减贫工作奠定了良好的政策基础。在新形势下、新时期里要从根本上解决贫困问题，还有大量的工作要做。在巩固现有减贫成果的基础上，新阶段的减贫工作还需要实施精准扶贫战略，提高扶贫政策的益贫性；强化扶贫协调机制，推动扶贫开发与区域发展；增强自我发展能力，促进贫困地区内源式发展；完善贫困治理体系，协同推进大扶贫开发格局。

一 实施精准扶贫战略，提高扶贫政策的益贫性

精准扶贫是新时期我国扶贫战略思想之一，也是提高扶贫开发效果的必然路径选择。精准扶贫的核心是使扶贫资源更好地瞄准贫困目标人群，"真扶贫，扶真贫"。因此，新阶段的扶贫工作需要实施精准扶贫战略，提高扶贫政策的益贫性。

精准扶贫主要由贫困人口识别（精准识别）和扶贫资源的瞄准（精准帮扶）两部分构成。贫困人口识别（精准识别）主要是通过一系列扶贫工作机制、程序、工具等，将具体的贫困人口准确辨别出来，并通过建立扶贫信息网络系统对贫困人口进行动态管理。扶贫资源瞄准（精准帮扶）则是在贫困人口有效识别的基础上，以一定方式投入扶贫资源，推动目标区域经济发展和目标人群脱贫致富。精准扶贫的最终目的在于减少贫困人口和消除贫困，即通过扶贫资源的有效使用使贫困人口稳定脱贫致富和提高生活质量。然而，从扶贫效果看，扶贫资源更好地瞄准贫困目标人群是一个世界性难题。[1]

精准帮扶工作主要由专项扶贫和社会扶贫来推动。在实施过程中面临着一些挑战：一是贫困人口的精准识别、动态管理仍面临诸多困难。贫困人口的识别是实施精准帮扶的前提。我国贫困人口规模庞大、致贫因素复杂多样，将具体的贫困人口有效识别出来是一项庞大而复杂的工作。另外，尽管我国已经开始着手建立贫困人口信息管理系统，但是如何做到贫困人口的动态管理仍存在诸多困难。二是贫困地区社会组织发展水平低，社会扶贫效益最大化受到影响。作为社会扶贫的重要力量之一，社会组织对于实施个体精准扶贫具有独特优势。由于体制、机制等诸多因素制约，贫困地区社会组织发展有限对社会扶贫效益最大化产生影响的同时，也增加了贫困人口个体层面精准扶贫和扶贫攻坚的难度。

---

[1] 黄承伟、覃志敏：《论精准扶贫与国家治理体系的建构》，《中国延安干部学院学报》2015年第1期。

精准扶贫是对扶贫活动实施的一种效果要求,其基本理念基础在于坚持赋权和参与式合作,其具体实施体系机制与减贫形势密切相关。因此,新阶段的扶贫要实现更高要求的精准扶贫目标仍面临诸多挑战,需要在不断创新体制机制中重构和完善。

二 强化扶贫协调机制,推动扶贫开发与区域发展

《中国农村扶贫开发纲要(2011—2020年)》强调,"连片特困地区扶贫开发更加注重转变经济发展方式,更加注重增强扶贫对象自我发展能力",要求"区域发展与扶贫攻坚的同步推进"。这就要求,在新时期的扶贫工作中进一步强化扶贫协调机制,将扶贫开发与区域发展同步推进,实现两者的共同发展。

扶贫开发的阶段转移,扶贫攻坚的重点工作任务的形成,是基于当前区域发展状况而提出的。随着扶贫攻坚的推进落实,区域全面发展必将得到促进。我国贫困地区发展滞后,且各地区发展失衡,在很大程度上制约了我国全面小康社会的建设进程,加快贫困地区的脱贫步伐,通过贫困地区的发展致富以实现国家区域内部、区域之间的平衡协调发展,是我国在未来扶贫攻坚的重要策略。

扶贫攻坚,是在某一特殊区域内集中人力、物力、财力,动员社会各界力量,由政府主导采取特殊措施而开展的一系列扶持和规划活动以促进全面发展。区域发展,是区域内经济增长、社会发展、生态优化的过程。由此看来,扶贫攻坚的目的是要促进区域发展,扶贫攻坚计划是区域发展战略的重要组成部分。

促进区域发展,是新中国成立以来党和国家始终坚持的战略方针。近些年来,我国逐渐形成了推进西部大开发、振兴东北地区等老工业基地、促进中部地区崛起、鼓励东部地区率先发展的区域发展总体战略。经过努力,各个区域的特色与优势得到了有效发挥,区域经济发展速度全面加快且效益明显提升。但是,由于自然、历史等方面的原因,区域发展不平衡问题日益突出。促进区域协调发展必须着力抓好"两头",除了继续鼓励和推动发达地区率先发展,以迅速提高国家的财政实力外,关键是加大对贫困地区的支持力度,把区域经济发展中"最短的木板"做长。因此,促进区域协调发展,就必须大力促进贫困地区的发展,也就必须加强开展扶贫工作。[1]

因此,一方面,扶贫开发首先需要体现出扶贫与发展的联系和区别。另一方面,区域发展也需要加强行业之间的相互衔接、体现对区域发展的扶贫开发需求

---

[1] 范恒山:《新形势下加强和改善扶贫工作的重要性与紧迫性》,国家发改委地区经济司,2007年12月28日。

的回应。因此，必须把扶贫开发作为区域发展战略的一部分，通过制定和实施连片区域发展规划，加大对贫困地区的扶持力度，加强基础设施建设，强化生态保护和修复，提高公共服务水平，最终通过对贫困地区的扶贫开发工作来促进和推动区域发展。

我国实施的区域发展战略，首先要鼓励条件较好地区率先发展，通过提升整体竞争力和综合实力，增强带动和帮助特殊困难地区发展的能力，奠定区域协调发展的基础；其次要通过加大政策扶持力度，增强其自我发展能力，促进特殊困难地区加快发展，以推动区域的协调发展。

三 增强自我发展能力，促进贫困地区内源式发展

2014年11月2日，习近平同志在阜平考察时指出："贫困地区发展要靠内生动力，如果凭空救济出一个新村，简单改变村容村貌，内在活力不行，劳动力不能回流，没有经济上的持续来源，这个地方下一步发展还是有问题。一个地方必须有产业，有劳动力，内外结合才能发展。"扶贫开发目标能否实现的根本标志，是贫困地区和扶贫对象是否具备了内生发展动力，只有内生动力和"造血"功能不断增强，其发展才具有可持续性。

通过发展生产力提高贫困人群自我积累和自我发展能力，是贫困地区减贫和发展的有效途径。同时，它也是减贫工作长期坚持的基本方针。任何一种减贫政策或减贫措施都应当有助于激发贫困人群通过自身的努力去摆脱和战胜贫困的积极性、主动性和创造性。新阶段减贫与发展应关注贫困人群"自我造血"功能的增强，贫困人群自我脱贫机制的建立，以及贫困人群的赋权。

第一，倡导参与式减贫，提升贫困人群的主体意识。在减贫和发展过程中，应树立贫困人群的主体意识，突出贫困人群的主体地位，积极提倡参与式减贫。赋予农户知情权和监督权；鼓励农户在减贫过程中参与减贫项目的决策、实施和监督；开发性项目的选择、策划与实施应立足于和满足贫困人群的实际需求；各级领导干部、专家、农技人员、积极参与减贫开发的社会各界人士，应成为贫困人群的朋友，为其提供发展所需的信息和其他各种必要的外部条件以及公共服务。只有这样，才能提高贫困人群自主脱贫、自我发展的能力，减贫工作才能真正由输血机制向造血机制转化。

第二，加大培训力度，提高产业化减贫的科技含量。种养业科技含量低是制约产业化减贫的一个主要因素。切实解决好这个问题，对加快产业化减贫的进程，促进农户增产增收具有十分重要的意义。对此，要积极采取各种有效形式，如集中培训、分片培训、现场培训兼指导等，有组织、有计划，坚持不懈地对农

户进行不同层次的农业生产实用技术培训,逐步提高农户的科学种养水平,促进农户稳定增收。在产业化减贫的同时,要结合新农村建设,大力培养有技术、懂经营、会管理的新型农民。

第三,加强农村劳动力培训,不断提高转移输出的组织化程度。一是将农村劳动力培训转移纳入年度考核,以此提高各级政府对此项工作的重视程度,使其能够真正起到领导、指导、组织协调和督促的作用;二是从人员编制、硬件设施等方面改善培训机构的工作条件,使农村劳动力培训转移工作逐渐制度化和规范化;三是进一步加强有关信息工作,实现劳务用工信息渠道由乡到村到户的"三畅通";四是借鉴和推广如前所述的紫云经验,提高农村劳动力输出转移的自主化程度,促进农村劳动力有序转移;五是劳务部门要采取分层次、多途径、开放式的办法,结合"百万农民培训工程和农村劳动力转移培训阳光工程"的实施,对农村劳动力进行不同层次的技能培训,以增强其在劳务市场的竞争力。

同时,增加培育和提升人力资本方面的基础教育、基本医疗卫生服务以及其他基本社会服务的投入,以提高贫困人群的基本素质和能力,这是必须坚持并努力实现的基本政策目标,也是减贫推进的题中应有之义。阿玛蒂亚·森提出,只有能力才能保证机会的平等;没有能力,机会的平等是一句空话。也就是说,真正的机会平等必须通过能力的平等才能实现(森,2001)。能力发展取决于知识与技能的不断更新。因此,需以提高个体能力为中心,提高其受教育年限,加快技能培训步伐。

此外,贫困的多维度表明,减贫不只是解决物质层面的贫困,还要更关注导致贫困更深层次的根源,随着参与式贫困评估的推广,人们逐渐认识到社会排斥和无权在贫困中的重要影响(刘民权、俞建拖,2007)。在减贫过程中,贫困的特殊群体往往最容易被排斥到政策优惠范围之外(杨立雄、陈玲玲,2005),无论是政策的有效覆盖还是具体的优惠措施,往往只重视区域的整体效应和多数人的发展,特殊贫困群体由于自身条件和社会环境的限制,通常没有足够的能力和机会参与到脱贫致富的行列中。因此,新阶段的减贫要充分关注特殊贫困群体,给予特殊贫困群体足够的关注和重视。在农村最低生活保障与开发式减贫双轮驱动下,仍需针对特殊贫困群体以及产业开发中"甩出去"的群体,提供特殊减贫服务。针对低保对象,一是加大低保投入;二是改善低保资金配置,提高低保对象中一类、二类的保障金标准等。针对产业开发中"甩出去"的家庭,在减贫过程中,关注产业开发的大户、受益户、未受益户的区分,为未受益户降低参与产业开发门槛,给予其特殊照顾。

四 完善贫困治理体系，协同推进大扶贫开发格局

改革开放以前，我国扶贫采取的是政府负责的一元扶贫模式。改革开放以后，国家逐步放开扶贫领域，一些国内外扶贫类非政府组织开始进入扶贫领域。中国扶贫的主体开始呈现多元化的趋势，扶贫开发战略及其运作传递机制开始从单纯依靠政府和行政组织向依靠政府机制、社会机制与市场机制有机结合的方向转变。随着扶贫工作的不断深入推进，参与到扶贫工作中的组织和机构越来越多，除政府各级扶贫机构、国家机关和企事业单位及国际非政府组织外，我国众多的社会团体、基金会和民办非企业单位也加入了扶贫的行列。政府扶贫与非政府组织扶贫相比，有稳定的扶贫资金来源，可调动大量的人力物力，但瞄准率、资金使用率和回收率低，扶贫效果差，非政府组织的扶贫资金多为募集而来，存在资金、人力、物力不足的情况，但瞄准率、资金使用率和回收率高，扶贫效果好（曲天军，2002）。因此，新阶段的减贫工作必须进一步完善贫困治理体系，协同推进大扶贫开发格局。

所谓大扶贫，不仅仅是指扶贫工作的社会广泛参与，还包括贫困标准的提高、扶贫对象的扩大、贫困内涵的延伸、扶贫手段的丰富以及扶贫功能的提升。大扶贫概念是我们对贫困问题尤其是贫困原因的认识逐步深化，对扶贫方式的了解不断深入，对扶贫主体间的关系更加明确的产物。大扶贫更加强调贫困不是简单的收入低下或物质短缺，而是兼顾贫困人口基本生存、医疗、教育等涵盖政治、经济、文化、社会等各方面的所需。因此，在新阶段的扶贫开发过程中，需要全社会的力量而不仅仅只是政府发挥作用，需要确立包括政府、企业和社会组织等多元扶贫主体共同参与的大扶贫格局。大扶贫格局，就工作动力而言，是从过去扶贫部门一己之力到全社会共同关注、共同参与；就工作内容来看，是从主要解决贫困人口吃穿住行问题调整为同时解决科技、文化卫生和产业发展等问题，就工作方式而言，是针对只盯着贫困农户给钱给物实施项目的扶贫方式中存在的不足，着眼于持续增强贫困地区、贫困农户的自我积累和自我发展能力，探索在市场经济体制环境下提高扶贫效果；就工作理念而言，是针对过去就农业抓农业、就扶贫抓扶贫的思维定式，从打造稳定脱贫的长效机制入手，注重脱贫与发展、借助外力和自力更生的有机结合，以区域经济总体发展带动局部地区稳定脱贫；就工作范围而言，是在对绝对贫困户给予关心的同时，将扶贫工作的重点放在包括低收入人口在内的贫困人口持续增加收入和提高生活水平上，在区域范围内对扶贫开发进行总体部署（龚亮保，2008）。

在大扶贫格局下，有必要建立一个以资助式扶贫为起点、以开发式扶贫为核

心、以救助式扶贫为补充的贫困治理体系（华中师范大学、中国国际扶贫中心，2013）。

首先，以资助式扶贫为基础，启动扶贫。"资助式扶贫"主要是在公共基础设施的建设方面进行资助。"资助式扶贫"采取"输血"的方式，较好较迅速地解决了村庄在基础设施方面的一些燃眉之急，效果也是立竿见影的，很受群众欢迎。但是，"输血"式投入毕竟不能成为一种长效投入机制，只能作为起点，更重要的是要培育贫困地区自身的"造血"功能，也就是说在早期"输血"之后，扶贫工作的核心应尽快转移到"开发式扶贫"上来。

其次，以开发式扶贫为核心，走可持续发展之路。"开发式扶贫"，从目标和路径来看，是指充分调动、盘活村庄的各种资源，开拓创收致富的新渠道，使村庄自力更生并能可持续发展。既包括"自然资源开发"，也包括"人力资源开发"。"自然资源开发"着重在于开发村庄的农业资源，创办村集体企业，促进村经济的发展，重点在于安排优惠的扶贫专项贴息贷款和制定优惠政策。"人力资源开发"要倡导和鼓励自力更生、艰苦奋斗的精神，克服贫困户中普遍存在的"等、靠、要"思想。进一步通过推动成人教育和科技培训来提高贫困人口适应市场的能力。与此同时，还要进一步增加对农村地区医疗、卫生领域的投入，推进农村新型合作医疗制度的建立和完善，采取特殊措施（如减免费用）以保证合作医疗能够覆盖所有贫困人口。

最后，以救助式扶贫为补充，完善扶贫。由于在极端贫困人口中存在相当一部分已经失去劳动能力的人口，他们的生活只能依靠政府，而政府从公共服务的职能出发，有必要为其提供保障。

第八章　中国减贫与社会建设

加强社会建设就是要强化贫困人群的民生基础,提升减贫治理的效果。通过改善民生和创新社会治理的社会建设,帮助贫困人群实现"小康梦",这是实现"中国梦"的坚实基础。本章围绕着社会建设的内涵与基本内容,探讨如何通过社会建设的途径来实现贫困人群脱贫致富的"小康梦"。

第一节　社会建设及其减贫内涵

在民生改善和创新管理中加强社会建设体现了推动经济社会全面进步的思路和目标。在市场经济发展的背景下,加强社会建设就是强调以人为本的发展理念、公平正义的发展原则和持续和谐的科学发展观念。同时,加强社会建设也是解决贫困人群民生问题,实现社会公平正义,推动贫困地区经济社会全面发展的第一要义。

一　社会建设的概念

早在《周礼·地官·大司徒》中就有关于社会建设的方案:"以保息六养万民:一曰慈幼,二曰养老,三曰振穷,四曰恤贫,五曰宽疾,六曰安富。"这里面的儿童保育、社会养老、公共卫生、社会救济、荒年赈济及鼓励致富等方面发挥着扶贫济困、保障民生的重要功能。20世纪,我国社会学家孙本文先生则对社会建设进行了系统的阐释:社会建设是依社会环境的需要与人民的愿望而从事各种建设。社会建设的范围甚广,举凡关于人类共同生活及安宁幸福等各种事业,皆属之。有时此等事业,属于改革性质,就固有之文物制度而加以革新。有属于创造性质,系就外界传入或社会发明之文物制度而为之创造,无论创造或改革,要之,皆为社会建设事业(孙本文,1975:244—246)。孙本文先生的社会建设是着眼于大的社会范围而定的建设概念,虽然其社会建设概念涵盖了经济建设、文化建设、政治建设等各个方面，但是其社会建设的核心要义在于适应和满足社会环境的变化与人民生活的需求。其社会建设的思想中有关民生的方面与党在十七大、十八大报告中社会建设的内容相契合。

那么，究竟什么是社会建设呢？从狭义的角度而言，社会建设的概念则是与经济、文化和政治并列的社会层面，与此对应的社会建设就是通过社会阶层结构、社会管理、社会保障、社会秩序等方面问题的不断解决，促进社会和谐与文明进步，最终实现人的自由和全面发展（贾建芳，2009）。在社会领域不断建立和完善各种能够合理配置社会资源和社会机会的社会结构和社会机制，并相应地形成各种能够良性调节社会关系的社会组织和社会力量（郑杭生、杨敏，2008）。其目的之一是为了促进人的自由全面发展，其次是为了让广大人民群众能共享改革发展的成果，促进社会公平和正义（张永光、谭桂娟，2011）。而要实现这些目标则要通过社会结构的调整与优化，进而全面实现更大范围内的社会建设，这就是广义层面的社会建设。

广义的社会建设，是社会主义和谐社会建设，即把我国建设成为民主法治、公平正义、诚信友爱、充满活力、安定有序、人与自然和谐相处的和谐社会。它涵盖了经济、政治、文化、社会、思想和环境等各个层面的内容，与全面建设小康社会、和谐社会建设是同一个层面的含义。2004年，党的十六届四中全会就明确地提出了"加强社会建设和管理，推进社会管理体制创新"；2007年党的十七大报告提出要"加快推进以改善民生为重点的社会建设"；2012年党的十八大报告提出了"在改善民生和创新管理中加强社会建设"。并在2013年党的十八届三中全会上进一步细化，社会建设就是要"推进社会事业改革创新"并"创新社会治理体制"。至此再次确立了社会建设在中国特色社会主义伟大事业中的重要地位。由此可见，广义的社会建设是从广义的社会的概念发展而来的，是针对社会主义社会的建设目标、任务而提出来的，与我国特色社会主义事业建设和发展在外延上相同，与全面建设小康社会、构建社会主义和谐社会的任务目标相统一。狭义的社会建设则是针对现阶段我国社会主义建设的具体环境和经济社会发展的具体社会背景提出来的发展目标，与经济建设、政治建设、文化建设共同形成社会主义建设的有机组成部分。

二 社会建设的减贫内涵

从社会建设的内涵可以看到，社会建设的推进体现了社会公平正义、社会成员共享发展成果的发展理念。社会建设通过收入、就业、教育、医疗、社会保障以及社会治理六方面的全面改善，改善民众生计，提升公共服务水平，调节社会成员的贫富差距，促进社会结构的优化，坚持和维护社会公平正义，使社会发展更加和谐稳定。

贫困问题作为全世界都要面临的重要课题，一直受到各国政府和社会组织的重视。贫困问题在不同地区产生的原因、机理以及解决手段、资源等因素各有不同。因此，贫困问题及其解决都是因地而异的。对于我国而言，城市贫困和农村贫困的成因、解决的途径也具有我国的特色。社会建设及其目标的提出就是对我国贫困问题的有效回应。

首先，从贫困群体的需求来看，社会建设是对减贫需求的系统回应。社会建设在就业、教育、医疗与收入等方面构成了全面系统的生计保障网络，从而保证了贫困人群基本生活有保障、解决就业，避免因病因灾致贫或返贫的情况发生。其次，从减贫的目标来看，社会建设是实现减贫目标的重要保证。以我国农村减贫为例，《中国农村扶贫开发纲要（2011—2020年）》提出：到2020年，要使贫困人群不愁吃、不愁穿，保障其义务教育、基本医疗和住房。从这个基本的减贫目标可以看出，减贫不仅要解决贫困人群基本的吃饭和温饱问题，还要解决其义务教育困难问题，提升贫困家庭的文化技术水平，提升家庭的生计能力；解决贫困人群的基本医疗困难，避免因病返贫的困境；解决贫困人群基本住房问题，实现贫困人群家庭生计的全面提升。这些目标与社会建设的六个内容相吻合，体现了社会建设的减贫内涵。减贫目标的实现就是要针对贫困人群的生活困难和脱贫发展的需求，有针对性地、系统性地实施减贫政策和措施，实现贫困人群的脱贫与发展。因此，社会建设是促进减贫目标实现的重要保证。

综上所述，社会建设具有丰富的减贫内涵。首先从社会建设的内涵来看，社会建设的核心目标是关注民生。推动社会体制改革就是为了促进社会制度对社会大多数成员的关怀，扩大公共服务则体现了提升社会成员生活水平的努力，完善社会管理是为了实现社会成员安居乐业等，这些社会建设的内容都体现出社会建设的核心目标和落脚点都是在民生的改善上。其次，社会建设是一个体现以人为本的价值理念的实现过程。通过学有所教、劳有所得、病有所医、老有所养、住有所居等社会建设目标可以看出，社会建设目标的完成过程也是以人为本的社会发展过程。社会发展目标围绕着社会成员生命历程，保障社会成员基本的生存与生计。通过社会建设对民生的关注和重视，保证了贫困人群不因经济上的贫困而被排斥在社会生活之外，体现了以人为本的发展理念。最后，社会建设提倡的是一种更加和谐的发展方式，即经济、文化、生态、社会等协调发展的状态。贫困人群的发展，或贫困地区的脱贫致富不是一个简单的经济收入增长结果，而是要提升人力资本，保障其基本的医疗、教育、居住条件，多方面地促进贫困人群的生计和发展,并且在这个过程中注重发展与环境保护,经济发展与文化、社会发展的协调。

三 社会建设的基本原则及要处理好的关系

首先,要坚持以人为本、社会公平正义的原则。坚持以人为本,是社会主义的本质要求,也是社会建设的首要原则。社会公平正义,就是社会各方面的利益关系得到妥善协调,人民内部矛盾和其他社会矛盾得到正确处理,社会公平和正义得到切实维护和实现。构建和谐社会,实现社会公平与正义,有必要从人类社会发展的角度,全面认识和理解社会公正问题。社会建设就是要坚持以人为本、社会公平正义的原则进行目标建设。以人为本是要体现对人的关怀以及调动个人能动性,而社会公平正义原则的保证则促进个人能动性发挥,并体现社会主义和谐社会建设的价值取向。坚持以人为本的减贫战略,一是要依靠贫困地区的贫困人群改善生存环境与经济发展条件。国家统计局的监测数据显示:2002—2006年,我国在国家级重点扶贫工作县的实际扶贫投资总额达到了169.6亿元,实行劳动力转移9220.9万人,新增或扩建公路43.7万公里,解决饮水困难牲畜2302.7万头(国家统计局,2008)。二是针对贫困地区、贫困人群的切实、迫切脱贫需求,实事求是,满足贫困人群的基本生存需要和公共服务。多年来,政府部门通过针对劳动力转移中的技能不足问题开展技能培训等措施促进农村劳动力转移;针对一些生态脆弱和偏远的贫困村发展需求,通过整村推进的方式改善贫困村基础设施落后问题,并改善居住、生活环境。通过政策在减贫进程中的各项投入,不断改善贫困地区的落后面貌,增加贫困人群的经济收入,改善生存环境,减少地区发展差异、城乡差异和贫富差异,这就是社会公平正义的体现。

其次,要处理好社会建设与经济建设的关系。如何认识社会建设与经济建设的关系,在实践中科学处理它们之间的关系,不论在理论上还是在实践上都是一个必须加以认真对待的问题。唯物史观告诉我们,经济发展是人类社会发展的基础,因此,经济建设是社会建设的前提和基础,是社会建设的物质保证;而社会建设则是经济建设的重要目的和条件,为经济建设提供强大的支撑。只有建立起与社会主义经济、政治、文化体制相适应的社会体制,才能形成与社会主义经济、政治、文化秩序相协调的社会秩序。因此,社会建设与经济建设、政治建设、文化建设之间相互影响、相互促进。从社会系统的角度来看,社会系统与经济系统、文化系统共同形成了有机的社会系统。社会的整体性和结构性要求社会建设着眼于社会的结构性关联及其合理性,社会的功能性要求社会建设注重价值取向和发展目标,社会建设的过程性要求我们系统地把握社会建设各方面、各环节的轻重缓急（贾建芳，2009）。处理好各个子系统之间的关系，并且在功能上形成互补之后，社会建设的目标才能圆满完成。中国农村反贫困之所以能够取得显著的成绩，主要原因在于发展并完善了有利于穷人的经济增长模式。世界银行的测算表明：中国的 GDP 每增长一个百分点，农村贫困人口可以减少 0.8%（刘坚，2009：21）。

第二节　社会建设的内容与减贫

加强社会建设，是社会和谐稳定的重要保证。必须从维护广大人民根本利益的高度，保障民生，推动社会事业的发展，实现社会公平正义。社会建设中的民生保障与社会事业发展就是针对贫困地区发展中的突出问题，满足贫困地区居民的迫切需求。

一　民生保障：社会建设的核心内容

在《左传》中，就出现了"民生"一词，在《左传·宣公十二年》中，有了"民生在勤，勤则不匮"的表述。在 20 世纪之初，孙中山先生在借鉴欧美各国经验教训的基础上，结合中国特殊国情，提出了"民生"思想。所谓民生，就是人民的生活——社会的生存，国民的生计，群众的生命（孙中山，2000：167）。新时期，关注民生、改善民生是中国共产党作为执政党的使命，是针对社会发展的特点和人民不断增长的需求所提出的经济社会发展目标。而坚持开发式扶贫和民生保障相结合是我国扶贫开发的特征之一。通过开发式扶贫对贫困地区的贫困人群进行市场化的引导，开发当地的发展资源，提高贫困群众的自我发展能力。在这个过程中，一方面注重综合协调，全面发展，促进基础设施和经济社会协调发展。另一方面，通过城乡一体化的社会保障制度和基本公共服务均等化等民生保障措施，为贫困人群提供基本的生存保障和公平公正的社会保障，努力提升贫困地区和贫困人群的发展能力。

首先，民生问题具有普遍性与特殊性对立统一的特点。一方面，民生问题具有普遍性。其普遍性的表现就在于民生问题涉及人民生活的各个方面，民生的改善是构建社会主义和谐社会的必然要求与基本途径。因此就需要在社会主义社会发展的方方面面体现对个人生存、发展等各个方面的关怀与建设。例如郑杭生认为，社会建设，从正向说，就是要在社会领域或社会发展领域建立起各种能够合理配置社会资源、社会机会的社会结构和社会机制，并相应地形成各种能够良性调节社会关系的社会组织和社会力量。郑杭生先生同时又从逆向角度总结了社会建设的定义：就是不断地研究社会矛盾、社会问题和社会风险的新表现、新特点和新趋势，创造正确处理社会矛盾、社会问题和社会风险的新机制、新实体和新主体（郑杭生，2007）。这从另一方面说明，在一些特定的问题、特定的社会领域，也要同时注意抓住主要矛盾，针对不同的民生需求进行相应的建设。

其次，民生问题具有持续发展的特性。民生问题源自民众生存、发展的需求与现实生活中的供求矛盾，因此，随着历史的发展，不同时期的需求矛盾总是处于变化之中，原有的民生问题解决了之后，则有可能会出现新的民生问题。或是原有的民生问题还没有完全得到解决，新的民生问题则又出现了。例如，在"民生在勤，勤则不匮"的历史时代里，民生问题主要表现为基本的生存问题，没有衣食之忧则是民生问题解决的重要准则。但是在当前我国社会环境中，民生问题则发生了根本的改变。目前我国大部分居民都已经进入了小康生活的状态，面临着发展中的就业、住房、医疗与社会保障等问题。与此同时，在西部生态脆弱和贫困地区，民生问题则突出地表现为基本生存条件得不到改善，生活与生计问题同时得不到解决的问题。由此可见，民生问题具有持续发展和变化的特性。只有牢固树立科学发展观及和谐社会的发展理念，才能不断地解决各种民生问题。

总之，民生与社会建设之间有着直接密切的联系。民生问题与人民生活密切相关，民生的关注和改善主要表现在人民群众的吃、穿、住、行以及求学、就业、生活保障等方面。民生问题是社会建设的最基本目标和落脚点。但是，民生问题的关注和改善并不完全等同于社会建设。民生问题的关注与社会建设的对象并不是完全重合的，但是民生问题关注对象是社会建设的核心对象。民生建设与改善直接作用于社会的个体或群体。而社会建设则更多地围绕着民生问题进行系统地建设，改善民众的发展环境，其包含对象范围更广。例如陆学艺认为社会建设的内涵包括实体建设与制度建设。实体建设包括诸如社区建设、社会组织建设、社会事业建设、社会环境建设等。制度建设包括诸如社会结构的调整与构建、社会流动机制建设、社会利益关系协调机制建设、社会保障体制建设、社会安全体制建设、社会管理体制建设等（陆学艺，2008）。从社会建设的内涵来看，不论是实体建设还是制度建设，这些建设的最终落脚点是社会中的个人，是在于提高对民生问题的关注和解决民生问题。从建设的内容上来看，民生问题嵌入社会建设的各个方面，它丰富了社会建设的内涵。如果没有对民生问题的关注，社会建设则可能是空洞和没有意义的。而且以民生为重点的社会建设，更加体现了执政党的基本职责和发展特色社会主义、全面建设小康社会与和谐社会的基本要求。因此，从主体上来看二者之间的关系，民生所涉及的问题不仅是社会建设的主体问题，更是社会建设任务的根本所在。

二 社会事业：社会建设的主要内容

社会事业中"事业"是与以营利为目的的企业相对应的，社会事业则可理解为不以获取利益为目的的社会组织、社团、政府为实现社会成员的各种生活目标所做出的行动。

从政府的文件和使用的词语背景来看，"社会事业"通常指的是政策所涉及的科教文卫等社会领域的各项具体工作，具体包括教育事业、医疗卫生、劳动就业、社会保障、科技事业、文化事业、体育事业、社区建设、旅游事业、人口与计划生育10个方面。由此可见，社会事业是一个比较广义的概念，几乎涉及人民生活、社会发展的方方面面。它通常表达的是与老百姓生活相关的基本建设、相关措施和制度建设，其目的在于促进和保障老百姓生活安定、幸福安康和社会进步等。党的十六届六中全会便提出了"坚持协调发展，加强社会事业建设"。党的十八届三中全会继续提出"推进社会事业改革创新"。如此连贯持续的政策目标和政策思路涵盖了教育、就业、城乡居民收入、养老、社会保障以及卫生医疗等与民生密切相关的领域。

第一，从提升贫困地区的教育水平来看，提高义务教育阶段学龄儿童入学率，优化教育资源配置等是贫困地区教育方面社会建设的重要内容。教育事业的发展与振兴对于贫困人群、贫困地区而言具有重要的意义。贫困地区的教育问题表现为两个方面：一是贫困人口所支付的基础教育费占其收入的比例依旧很高；二是贫困地区的教育质量总体不高。研究显示：当中国的劳动力平均教育年限为4—6年时，人力资本对经济增长的贡献最为显著（蒋志永、何晓琦，2006：23—24）。因此，在贫困人群或是贫困地区发展持续有效的教育事业，可以促使受教育者获得更多的就业机会，改善其收入状况，提高其社会风险的抵抗能力。通过提升贫困地区农村义务教育的水平，青壮年文盲扫除工作得到了加强。2012年底7—15岁学龄儿童入学率达到97%；青壮年文盲、半文盲率仅为8.9%。比2010年下降1.4个百分点（王仁贵，2014：41）。

第二，从提升贫困人群劳动就业技能来看，要提升贫困者的劳动技能，还要通过各种手段增加贫困者的经济收入。研究表明：贫困者处于贫困线以下的主要原因是他们长期就业不充分，也就是他们从事工资很低的工作（波普诺，2007：309）。这说明贫困状态与就业情况有着非常直接的关系。而要改变贫困者的状态则要重点提高贫困人群的就业技能，拓宽就业渠道，完善就业机制，促进就业，提高贫困者的经济收入与自我发展能力。因此，扶贫部门通过人力资源开发的扶贫措施，有计划地开展贫困地区劳动力的就业转移培训，增强贫困地区贫困人群的自我发展能力。例如针对农村贫困地区劳动力转移培训的雨露计划，其在"十一五"期间，通过职业技能培训，促成500万左右的青壮年贫困农民和30万左右的贫困地区复员退伍士兵成功转移就业。通过创业培训，使15万左右扶贫工作重点村的干部及致富带头人真正成为贫困地区的致富带头人。通过农业实用技术培训，使每个贫困农户至少有一名劳动力掌握1—2门具有一定技术含量的农业生产技术（刘坚，2009：172）。由此可见，围绕着贫困者的就业问题，提高其就业技能，使其掌握一技之长，增加其就业的机会，从而有利于其长期稳定地就业，增加其经济收入，提高其风险的抵抗能力。

第三，从提高贫困人群健康水平来看，要坚持公共医疗卫生的公益性质，建设覆盖城乡居民的公共卫生服务体系、医疗服务体系、医疗保障体系、药品供应保障体系，为群众提供安全、有效、方便、廉价的医疗卫生服务。对于贫困人群而言，医疗卫生费用会增加贫困家庭的开支，或是由于医疗卫生费用开支较大而拒绝去正规的医疗机构诊断，这样的情况在西部贫困的农村地区尤为明显。例如在2010年底对武陵山区少数民族贫困地区实施的基线调查发现：该地区的农户2009年家庭各项支出中医疗花销、食物花销、生产投入和教育投入是最主要的支出项目，而且医疗支出在所有支出中排在第一位。由此可见，对于经济收入不高的贫困家庭来说，医疗卫生体系的建立对于贫困家庭提高风险抵御能力以及脱贫致富具有重要的作用。除此之外，贫困地区的医疗设施和条件相对较差，公共卫生服务体系的建设相对滞后，因此这些地方的卫生医疗整体条件不高，公共卫生服务和医疗保障网络不健全，贫困风险相对较大。2010年对武陵山区的调查发现：在99个村庄中共有卫生室90个，平均每个村不足1个。另外，100个村庄卫生室共有医生120人，平均每个村庄只有医生1.2人。在武陵山区，目前多数的乡村医生大多为20世纪60年代的"赤脚医生"，年龄普遍偏大，医疗技术落后，无法满足群众治病要求（中国国际扶贫中心、德国国际合作机构、华中师范大学社会学院，2011：85）。因此，医疗体系的建立为贫困人群解决了医疗上的后顾之忧，避免"无钱治病"、"因病返贫"的情况发生。通过加强农村三级卫生服务网络和城市社区卫生服务体系建设，为城市与农村的贫困人群构筑医疗服务保障网络，降低贫困人群的生存风险。

第四，从贫困地区社会保障事业的功能来看，通过构建农村社会安全网络来保证弱势人群的生计问题。目前我国已经针对农村地区的贫困问题形成了一套比较完善的农村社会安全网络。除了公共卫生医疗、教育发展政策以外，还有五保户供养制度、特困户定期定量救济政策、临时救济措施、灾害救助制度和最低生活保障制度等。截止到2010年底，全国共有1145.0万户2310.5万名城市低保对象；全国有2528.7万户5214.0万人得到了农村低保；"五保"供养为534.1万户556.3万人（民政部，2011）。当年在武陵山区贫困地区进行的调查发现：样本中，贫困户的比例将近60%，与此同时，农户中享受低保的比例为36.6%（中国国际扶贫中心、德国国际合作机构、华中师范大学社会学院，2011：86）。社会安全网络对于贫困人群的保障功能可见一斑。通过社会救助制度对赤贫人群中需要帮助的人进行帮助，不仅体现了社会的关爱，还体现了社会的公共保障功能。

第五，从促进社会公平正义的角度来看，要改革完善收入分配制度。逐步深化收入分配制度的改革，增加城乡居民收入，通过逐步合理的收入分配制度实现社会公平、协调社会不同阶层之间的利益，不断优化社会结构。健全多方参与的多元社会管理机制，最大限度地增加社会和谐因素，为社会建设与减贫发展创造良好的社会环境与氛围。在过去的30年里，我国的经济社会发展取得了骄人的成绩，但是对于一个人口大国来说，经济社会的发展出现了很多不平衡的地方，例如区域发展不平衡、城乡发展差距以及贫富差距都还比较明显。因此要通过经济方式的转变，对贫困地区、弱势人群进行大力帮扶，增强贫困人群的自我发展能力，促进公共服务均等化，注重解决制约发展的突出问题，协调社会阶层的利益，优化社会结构，努力推动贫困地区经济社会更好更快发展。

总而言之，社会事业通过构建社会公共服务与保障体系实现对贫困脆弱人群的帮助。通过社会事业的建设和发展，为贫困人群构建起了基本的生计保障网络，减少了贫困人群的脆弱性，为减贫事业的发展奠定了坚实的基础。

第三节　社会建设的主体与减贫

社会建设涉及民生保障、促进社会公平正义等内容，因此社会建设的主体分别是政府部门、社会组织和贫困人群。

一　政府部门

社会建设与人民生活的方方面面有着密切联系，关系到不同社会群体、阶层的利益分配，这其中必然涉及各种社会建设主体，需要运用全社会的力量来协调处理。政府是国家发展最权威的调控者，是管理社会、治理国家的主要机构。因此，在众多社会建设主体中，政府必然发挥主导作用。从减贫的角度来看，政府主导是中国反贫困的特色。政府主导的扶贫工作体现了公平的政策发展战略，在发展经济的过程中，将贫困地区、贫困人群的问题放在了各级政府的工作重心之中。除此之外，政府在社会建设与反贫困过程中能够提供丰富的资源和有效的组织保障，为社会建设与反贫困目标的实现提供有力的支持。

中国从 1986 年开始，中央政府成立了由相关部门组成的扶贫开发领导小组，负责组织、领导、协调、监督、检查总体扶贫工作，并在其下设立办公室，负责扶贫开发的具体工作，确定扶贫标准，拟定扶贫资金分配方案，开展国际合作等。扶贫开发领导小组由副总理任组长，并在省、市、县各级建立类似的工作机构。建立了分级负责制，实行扶贫资金、权力、任务和责任"四个到省"，按照"省负总责、县抓落实、工作到村、扶贫到户"的工作机制，制定扶贫规划、分解扶贫任务、实施扶贫项目（刘坚，2009：83）。

政府的主导作用主要表现为：其一，系统的工作机制能够保证扶贫工作的稳定性与持续性。从 1986 年成立机构以来，通过 30 多年的持续努力，中国的贫困人口从当时的 2.5 亿减少到 2007 年的 1479 万（刘坚，2009：13）。2010—2012 年，全国农村贫困人口减少近 6700 万人，农村贫困发生率从 17.2% 下降到 10.2%；扶贫工作重点县农民人均纯收入从 3273 元增加到 4602 元，年均增长 18.6%，增幅超过全国平均水平（王仁贵，2014：41）。由此可见，中国政府主导的扶贫模式是减贫取得巨大成绩的重要保证。

二 社会组织

在一个健全的公民社会中，在国家与民众之间存在大量的社会组织，能够有效弥补政府和市场无法触及的缺陷，及时有效地表达不同利益群体的合理诉求，减轻政府行政负担。因此，必须培养规范合法的社会组织，发挥积极作用，使其成为公众参与社会建设的重要载体。社会建设的内容要求协调社会不同阶层之间的利益，不断优化社会结构。健全多方参与的多元社会管理机制，最大限度地增加社会和谐因素，为社会建设与减贫发展创造良好的社会环境与氛围。因此，必须建立起一整套社会沟通机制，从而使社会各阶层在利益关系上都能做到共享和双赢。这些机制主要包括：一是利益表达机制。让社会各阶层、群体、个人的利益诉求都能得到合理和充分的表达。二是平等协商机制。使干群之间、业主与员工之间、阶层之间等都能通过平等协商对话机制各得其所，和谐相处。三是矛盾与问题排查调处机制。在矛盾与问题出现激化之前，需要对它们进行分析、排查。当矛盾与问题不可避免地出现尖锐化或事件爆发时，排查调处机制就要起到应对和解决这些矛盾与问题的作用,从而维护社会稳定与和谐(严书翰,2011)。而要使得这些沟通机制能够得到充分的发挥则要借助于社会组织的作用。

中国的民间组织参与扶贫开发始于 1989 年 3 月 13 日中国扶贫基金会的成立。到目前为止,正式在民政部注册的民间扶贫组织主要有"希望工程"、"春蕾计划"、"天使工程"、"宋庆龄女童助学计划"、"光彩事业"等。这些组织一般与政府部门具有隶属关系,因此类似的社会组织数量不多。此外,还有一些国际组织也参与到了中国的扶贫进程之中。主要有四大类:第一类是以联合国开发计划署为代表的联合国系统。第二类是以世界银行和亚洲开发银行为代表的国际金融机构。第三类是非政府组织,包括宗教团体、私人基金和慈善组织、研究组织、志愿者联合组织等。第四类是以英国海外发展署为代表的双边发展机构(刘坚,2009:204—205)。

社会组织的特点主要表现为:其一,与贫困人群直接面对面,满足不同贫困者的不同发展需求,与政府部门全面的工作方式形成互补。社会组织面对的贫困对象范围很具体,因此能够针对贫困对象的发展需求制订帮扶计划。其提出的减贫发展内容也相对丰富,不仅会直接提供资金修建基础设施,还会针对个人能力的提高制订项目发展计划。其二,位于贫困人群与政府部门之间,能够起到很好的沟通作用。很多社会组织在扶贫的同时也会进行相关的研究,并且形成相关的智力资源。这些资源在与政府分享的同时也起到了连接政府与贫困者桥梁的作用。以 2008 年"汶川地震"为例,地震之后一些社会组织不仅在物质上和技术上帮助受灾的贫困村恢复重建,而且还积极通过对恢复重建的经验进行总结与分享,促进扶贫部门与村民之间的沟通。其三,在一定程度上,弥补了政府扶贫工作中的资源不足。以"春蕾计划"为例,其通过向海外募集资金然后在贫困地区捐助贫困失学女童。到 2007 年,共计募集资金 6 亿多元,捐建"春蕾学校"500 多所,捐助"春蕾女童班"5000 个,救助失学女童 170 多万人次(刘坚,2009:117)。

三 贫困人群

根据十七大报告要求,社会建设应该是一个紧紧依靠人民,人人有责、人人共享的生动局面。而贫困人群运用和调动社会资源能力有限,在参与社会建设的过程中容易被忽视,这就需要采取相应措施,提升贫困群体参与社会建设的能力。从政策实施的角度来看,贫困人群在减贫过程中既是对象,也是主体和参与者。因此扶贫策略应该是"造血式"的而非"输血式"的。扶贫的目标应该是以提升贫困者的个人发展能力为主,这就要求扶贫政策要注重对贫困人群的技术培训,提升人力资本。为贫困地区和人群创造良好的发展环境,实现贫困人群脱贫的目标。

从 2001 年以来,在以人为本的发展观念指导下,中央出台了许多改善贫困农户的积极政策。例如在资金投入上,以扶贫贴息贷款、以工代赈财政扶贫资金为主,通过相关惠农政策直接作用于贫困农户之上,注重劳动力的输出与培训,促进农户发展特色农业、特色产业,提高农户的技术水平,切实增加农户收入。以劳动力输出培训为例,受培训个人或家庭支付 275—1500 元,国家补贴每人 600—1000 元,就可以让一个家庭约 4 口人脱贫(刘坚,2009:173)。如此培训不仅提升了个人的技能,而且还能减少可能遇到的贫困风险。

第四节 社会建设的途径与减贫

加强社会建设首先必须以保障和改善民生为重点,解决好贫困人群的实际生活困难。其次要通过社会建设,倡导协同发展、公平正义的发展理念与方式,完善扶贫开发中的社会参与机制,激发扶贫开发的活力。再次要构建和谐的氛围,协调处理好扶贫开发进程中各个方面的利益关系。最后要加快社会体制机制改革,加快实现人民美好生活的制度保障,促进贫困地区可持续发展。世界银行的研究报告显示:社会保障通过三个渠道影响人民福祉,一是直接向受益者进行购买力转移来降低收入贫困;二是间接途径;三是"投资收益",即通过生产性投资实现增收,或通过社会保障项目实现就业。显然,这三个渠道缺一不可,任何社会保障项目都需要通过这三个渠道才能减少贫困、缩小贫富差距(Fiszbein et al.,2013)。而社会建设作为一种更加广泛的社会保障,以一种直接的方式向贫困人群进行购买力转移,解决他们的生计困难;以一种倡导协同发展、公平正义的发展理念与方式来提升贫困人群的生计资本;通过协调扶贫过程中的各种关系和持续的社会体制机制改革,营造贫困人群发展的良好环境,间接为贫困人群提供抵御风险的保障。

一 注重实效,解决民生问题

消除贫困,改善民生,实现富裕是社会主义的本质要求。扶贫开发的首要任务就是针对贫困地区、贫困人群最直接突出的问题,加强社会建设,解决民生问题。一方面要在增量上做文章,推动就业,增加收入。另一方面要通过促进教育公平、提高贫困人群的健康水平等措施，减轻贫困人群的经济负担。

（一）完善收入分配

贫困地区的收入分配问题集中表现为收入差距大。对于贫困户而言，家庭纯收入低、收入结构单一且稳定性差、生活消费支出所占比重大是收入问题的主要表现。造成这些问题的主要原因是贫困地区农业发展水平比较落后，职业技能水平较低，收入来源单一等。因此，完善贫困地区贫困居民收入分配的主要途径是拓宽收入渠道、逐步提高帮扶标准和发挥三次分配的扶贫功能。

一是拓宽贫困人群的收入渠道。完善劳动、资本、技术、管理等要素按照贡献参与分配的初次分配机制。很多贫困地区拥有丰富的生态资源，要合理利用环境的资源要素提高贫困地区经济收入。推广先进实用技术，培植壮大特色支柱产业，大力推进旅游扶贫。在扶贫开发过程中，积极培育贫困地区农民合作组织，提高贫困户在产业发展中的组织程度。鼓励企业从事农业产业化经营，发挥龙头企业带动作用，探索企业与贫困农户建立利益联结机制，促进贫困农户稳步增收。

二是逐步提高扶贫帮困的标准。十八大报告提出要保护合法收入，增加低收入者收入，调解过高收入，取缔非法收入的收入分配总体原则。其中增加低收入者收入就是要促进农民收入增加，逐步提高扶贫标准，使贫困地区居民和贫困人群的收入随着经济的发展而不断增加。从近几年我国贫困线标准的变化来看：贫困线标准从2008年确定的1196元调整到2010年的1274元，2011年《中国农村扶贫开发纲要（2011—2020年）》将农民人均纯收入低于2300元作为新的贫困线标准。不断调整扶贫线标准，既有利于覆盖更多的扶贫对象，促进贫困农民收入增加，又充分表明了党中央解决好民生问题，实现贫困地区脱贫致富的决心。

三是发挥第三次分配的扶贫功能。在2011年《中国农村扶贫开发纲要（2011—2020年）》中提出要加大中央集中彩票公益金支持扶贫开发事业的力度。企业用于扶贫事业的捐赠，符合税法规定条件的，可按规定在所得税税前扣除。中国《慈善发展报告（2013）》的数据显示：2012年中国企业及企业家捐赠178笔，捐赠金额合计1771723.48万元（杨团，2013）。十八届三中全会报告指出要完善以税收、社会保障、转移支付为主要手段的再分配调节机制，加大税收调解力度。完善慈善捐助减免税制度，支持慈善事业发挥扶贫济困的积极作用。

（二）推动就业创业

贫困人群的就业与创业是解决贫困问题的重要途径。但是对于职业技能较差、文化水平较低，甚至是年龄较大、身体状况欠佳的贫困人群而言，难以通过市场机制来实现就业。对于已经就业的贫困人群而言,还要解决存在的就业质量低下,工资收入较低,稳定性较差等问题。因此除了要鼓励多渠道就业转移农村劳动力和解决城镇困难人员基本就业问题之外,还要增强他们的就业稳定性。

一是加大对贫困人群的就业扶持。引导劳动者就业观念,在鼓励多渠道多形式就业的基础上,做好农村转移劳动力、城镇困难人员的就业工作,特别是要加大对农村贫困残疾人就业的扶持力度。《中国农村扶贫开发纲要(2011—2020年)》中同样提出要对农村贫困家庭未继续升学的应届初、高中毕业生进行劳动预备制培训,并给予一定的生活费补贴;对农村贫困家庭新成长劳动力接受中等职业教育给予生活费、交通费等特殊补贴;对农村贫困劳动力开展实用技术培训;加大对农村贫困残疾人就业的扶持力度。资料显示:截至2012年,我国有1500万农村残疾人还生活在贫困之中,260多万城镇残疾人生活还十分困难。因此需要促进城乡残疾人就业和创业,消除对残疾人的就业歧视,帮助有劳动能力的残疾人实现就业权(张海迪,2013)。

二是增强贫困人群的就业稳定性。加强职业技能培训,提升贫困人群的就业创业技能。紧密结合企业和市场对劳动力的需求量和需求方向,坚持就业与培训结合、培训促进就业的原则方针,为贫困人群提供就业培训和服务。重点提高贫困地区农村人口劳动技能,并促使其向非农业生产转移。党的十八大报告强调要加强职业技能培训,十八届三中全会报告指出要构建劳动者终身职业培训体系。在扶贫开发过程中采用的人力资源开发的战略扶贫措施就是要促进和加强扶贫对象的就业。我国在长期的扶贫开发过程中也形成了针对农村劳动力转移培训的专项工作——"阳光工程",以及针对农村地区青壮年就业创业能力提高的雨露计划等专项工作。总体而言,劳动力职业培训的效果非常明显。根据2006年的研究测算:受训者个人或家庭支付275—1500元,国家给受训者每人补贴600—1000元,就可以让一个4口之家脱贫,人均脱贫成本为219—625元,每万元可以扶持16—45个人(刘坚,2009:173)。

(三)促进教育公平

贫困地区的教育水平相对落后。其落后程度不仅反映在教学硬件条件上,而且教育理念、教师待遇和水平以及教学管理都处于相对较低的水平。因此,一方面要继续提高贫困地区入学率,实施"两免一补"政策,教育资源还要向贫困地区倾斜,合理配置教育资源。

一是继续提高贫困地区入学率。新时期扶贫工作要求到2015年,贫困地区义务教育巩固率达到90%以上,学前三年教育毛入园率达到55%以上,高中阶段毛入学率达到80%以上。到2020年,贫困地区基本普及学前教育,义务教育水平进一步提高，普及高中阶段教育，基础教育办学质量有较大提升，职业教育体系更加完善，教育、培训、就业衔接更加紧密，高等教育服务区域经济社会发展能力和继续教育服务劳动者就业创业能力持续提高。

二是农村义务教育"两免一补"政策。从 2001 年起，政府开始对西部农村义务教育阶段的贫困生免除书本费。2005 年起政策对象扩大为全国所有农村义务教育阶段的贫困学生，免除他们的书本费、学杂费，补助寄宿生活费。以此大大降低了农村贫困家庭的教育负担，增加了贫困家庭子女受教育的机会。

三是教育资源向贫困地区倾斜。十八大报告强调要大力促进教育公平，合理配置教育资源，重点向农村、边远、贫困、民族地区倾斜，支持特殊教育，提高家庭经济困难学生资助水平，积极推动农民工子女平等接受教育，让每个孩子都能成为有用之才。2013 年，在《关于创新机制扎实推进农村扶贫开发工作的意见》中要求完善职业教育对口支援机制，鼓励东部地区职业院校（集团）对口支援贫困地区职业院校。国家制定奖补政策，实施中等职业教育协作计划，支持贫困地区初中毕业生到省内外经济较发达地区中等职业学校接受教育。广泛开展职业技能培训，使未继续升学的初高中毕业生等新成长劳动力都能接受适应就业需求的职业培训。继续推进面向贫困地区定向招生专项计划和支援中西部地区招生协作计划的实施，不断增加贫困地区学生接受优质高等教育机会。

（四）提高健康水平

贫困地区医疗卫生服务体系还不健全且不能很好地满足贫困人群的服务需求。贫困人群由于受到就医距离和收入等影响，健康卫生水平较低。因此要改善贫困地区医疗卫生服务体系，健全贫困地区的医保体系，改变贫困人群有病不敢去医院的观念，逐步解决因病致贫、因病返贫的问题。

一是完善贫困地区医疗卫生服务体系。到 2015 年，贫困地区县、乡、村三级卫生计生服务网基本健全，县级医院的能力和水平明显提高，每个乡镇有 1 所政府开办的卫生院，每个行政村有卫生室。到 2020 年，贫困地区群众获得的公共卫生和基本医疗服务更加均等，服务水平进一步提高。

二是健全贫困地区的医保体系，采取有效措施逐步解决因病致贫、因病返贫问题。继续推进新型农村合作医疗政策。截至 2007 年，新型农村合作医疗覆盖了全国 80% 以上的县，2008 年在全国全面推行。计划到 2020 年新型农村合作医疗参合率稳定在 90% 以上。而且从 2004 年开始，民政部开始对农村"五保户"、特困户、重点优抚对象等实行医疗救助政策，要求开展新型农村合作医疗的地区，资助医疗救助对象缴纳个人应负担的全部或部分资金，参加当地合作医疗，享受合作医疗待遇，因患大病经合作医疗补助后个人负担医疗费过高，影响家庭基本生活的，予以适当医疗救助（刘坚，2009：36）。新型农村合作医疗政策极大地改善了因病致贫农民的生活与医疗条件。如在2005年，农村贫困人口医疗救助体系的建立使304万农村困难群众受益（中国法治研究基金会，2007）。

二 激发活力，促进经济发展

党的十七大报告指出："科学发展观，第一要义是发展。"党的十八大报告指出："全党必须更加自觉地把推动经济社会发展作为深入贯彻落实科学发展观的第一要义。"从第一要义的内涵的变化可以看到，发展是经济与社会的全面发展，不是单纯的经济发展。提高贫困人群的物质文化生活水平，是扶贫开发的根本目的。加强贫困地区社会发展和进步则能够为扶贫开发提供良好的发展环境。因此，加强贫困地区的社会建设是激发社会活力、促进经济发展的重要条件。

（一）提倡经济社会协调发展的减贫理念

实现有效减贫，仅有经济发展是不够的，应坚持经济社会协调发展，在思想和理念上有全新的转变，注重解决发展不平衡问题，更加注重发展社会事业，更加注重社会结构的调整，更加注重社会体制改革。提倡经济社会协调发展的理念。在十八大报告中有关经济建设的部分就有强调促进社会公平、加强社会建设的相关举措。例如提出要完善促进基本公共服务均等化和主体功能区建设的公共财税体系，形成有利于结构优化、社会公平的税收制度。建立公共资源出让收益合理共享机制。因此，经济社会协调发展的减贫理念更加符合科学发展观的要求，更加适合贫困地区的扶贫开发，更加有利于贫困人群综合素质与能力的提高。

一方面，从社会建设的目标来看，通过提倡经济社会协调发展的减贫理念，推进社会主义和谐建设。十八大报告中提到解决好农业农村问题的过程，就是坚持把国家基础设施建设和社会事业发展重点放在农村，深入推进新农村建设和扶贫开发，全面改善农村生产生活条件。多谋民生之利，多解民生之忧，解决好贫困地区人民最关心的现实利益问题，促进社会公平正义，让他们过上幸福的生活，增强贫困地区人民的幸福感，同时增强贫困地区人民的凝聚力和认同感。

另一方面，从社会系统的角度来看，社会系统与经济系统、文化系统共同形成了有机的社会系统。社会的整体性和结构性要求社会建设着眼于社会的结构性关联及其合理性，社会的功能性要求社会建设注重价值取向和发展目标，社会建设的过程性要求我们系统地把握社会建设各方面、各环节的轻重缓急（贾建芳，2009）。处理好各个子系统之间的关系，并且在功能上形成互补之后，社会建设的目标才能圆满完成。中国农村反贫困之所以能够取得显著的成绩，主要原因在于发展并完善了有利于穷人的经济增长模式。世界银行的测算表明：中国的 GDP 每增长一个百分点，农村贫困人口可以减少 0.8%（刘坚，2009：21）。经济的增长为农村贫困地区的劳动力输出提供了就业机会，并且在改革开放以来，政府通过制定实施多项惠农政策促进农业增收。从经济发展的角度来看，来自农村地区的劳动力推动着城市化工业化的发展。由此可见，协调好经济发展与社会发展所带来的成效是非常显著的。

（二）推进贫困地区公共资源的均衡配置

推进贫困地区城乡之间的公共资源均衡配置是缩小贫困差距、维护社会公平的基本保障，同时也是发挥政府社会资源调控功能的重要途径。贫困地区和发达地区的差距主要就是在农村，因此推动公共资源在贫困地区城乡之间的均衡配置是缩小地区差距和城乡差距的重要手段。

一是推动公共资源在贫困地区城乡之间均衡配置。由于城乡差距的存在，城乡之间经济发展所要求的劳动力、技术、资金等要素不能自由地流动。由于人均收入越低的地区，城乡收入差距越大，因此在贫困地区城乡发展的差距比非贫困地区更大。所以更要推进贫困地区城乡要素平等交换和公共资源均衡配置。党的十八届三中全会报告指出，要维护农民生产要素权益，保障农民公平分享土地增值收益等。统筹贫困地区城乡基础设施建设和社区建设，推进贫困地区城乡基本公共资源的均衡配置。

二是推进资源均衡配置促进贫困地区民生发展。贫困地区长期难以得到有效发展，很大程度上受制于公共资源没有得到合理分配，十八大提出建立公共资源出让收益合理共享机制，让贫困地区获得均等发展的资本。很多贫困地区有比较丰富的土地、矿产等公共资源。如十八届三中全会报告提出要完善粮食主产区利益补偿机制。通过公共资源出让收益合理共享机制的建立与完善，能够推动贫困地区的公共基础设施、社会保障等领域发展，加强贫困地区的民生建设。

（三）创新扶贫开发的社会参与机制

加强社会建设就必须加强社会体制改革。党的十八大报告指明了社会体制改革必须要加快形成党委领导、政府负责、社会协同、公众参与、法治保障的社会管理体制。在我国长期的扶贫开发过程中，社会参与作为一项重要的制度已经深入扶贫开发的过程之中。创新扶贫开发中的社会参与机制，应在广泛动员社会各方面力量的基础上，加快完善社会组织体制。

要在现有扶贫体系的基础上，不断完善和动员社会各界的力量。2014 年 3 月中央办公厅和国务院办公厅印发的《关于创新机制扎实推进农村扶贫开发工作的意见》中指出：建立和完善广泛动员社会各方面力量参与扶贫开发制度。要求充分发挥定点扶贫、东西部扶贫协作在社会扶贫中的引领作用。并且支持各民主党派中央、全国工商联和无党派人士参与扶贫开发工作，鼓励引导各类企业、社会组织和个人以多种形式参与扶贫开发。支持军队和武警部队积极参与地方扶贫开发，实现军地优势互补。每5年以国务院扶贫开发领导小组名义进行一次社会扶贫表彰。加强扶贫领域国际交流合作。

要发挥民众参与扶贫的作用，激发社会组织的活力。要加快形成政社分开、权责明确、依法自治的现代社会组织体制。要充分发挥贫困地区民众参与扶贫开发的基础作用，重视贫困群体在扶贫开发中的作用，积极引导其从被动扶贫到主动开发的转变。支持和发展扶贫公益组织。在正确处理政府和社会关系基础上，加快实施政社分开，推进社会组织明确权责、依法自治、发挥减贫治理的作用。

三 构建和谐，协调利益关系

构建和谐社会是社会主义发展的本质属性。贫困地区减贫治理的根本目标就是要构建贫困地区的和谐，促进贫困人群自我发展。但是随着扶贫开发的不断深入，在加强扶贫开发的同时也要同步处理好、协调好相关的利益关系。努力实现贫困地区发展与贫困居民收入增长同步。不断完善贫困地区的社会保障体制和基本公共服务均等化。

（一）努力实现贫困地区发展与贫困人群收入增长同步

一是要精准瞄准贫困地区的贫困人群。要努力实现贫困地区发展同时贫困人群收入增长同步，关键就是要在扶贫开发中能够精准地定位贫困人群。当前扶贫开发中贫困目标瞄准偏离主要表现为：贫困人群的识别偏离和扶贫开发项目的受益对象偏离。因此，2014年3月中央办公厅和国务院办公厅印发的《关于创新机制扎实推进农村扶贫开发工作的意见》指出：国家制定统一的扶贫对象识别办法。各省（自治区、直辖市）在已有工作基础上，坚持扶贫开发和农村最低生活保障制度有效衔接，按照县为单位、规模控制、分级负责、精准识别、动态管理的原则，对每个贫困村、贫困户建档立卡，建设全国扶贫信息网络系统。专项扶贫措施要与贫困识别结果相衔接，深入分析致贫原因，逐村逐户制定帮扶措施，集中力量予以扶持，切实做到扶真贫、真扶贫，确保在规定时间内达到稳定脱贫目标。

二是要加强贫困农户与企业利益联结。由于扶贫开发过程中农户的市场行为能力较差，在市场中的地位势必要依赖企业，但企业和农户却难以形成稳固的利益共同体。例如产业扶贫的运作方式基本上包含着政策运行环节中的三个行动主体：贫困农户、政府部门以及龙头企业是主要的行动主体，运行机制也是三个行动主体之间的组合与互动。但问题在于，机制运行过程中，龙头企业和农户难以形成共同体。由于在产业发展过程中，农户与企业的利益联结机制不紧密，各自以利益最大化为行动的准则，忽视了产业扶贫需要提高贫困人群的生计能力。因此要加强规划项目进村到户机制建设，切实提高贫困户的参与度、受益度。积极培育贫困地区农民合作组织，提高贫困户在产业发展中的组织程度。鼓励企业从事农业产业化经营，发挥龙头企业带动作用，探索企业与贫困农户建立利益联结机制，促进贫困农户稳步增收。

（二）健全贫困地区公平持续的社会保障体制

健全贫困地区的社会保障体制就是通过间接途径，包括提供抵御风险或冲击的保险/保障，从而缓解生计冲击对长期贫困的影响，帮助受益者从冲击中恢复，降低他们陷入"终生"贫困的可能性（Fiszbein et al., 2013）。目前，根据党的十八届四中全会的部署，针对贫困地区的社会保障体制先是实现社会全覆盖，完善社会救助体系，最后通过健全经办体制完善贫困地区的社会保障体制。

一是实现贫困地区社会保障全覆盖。党的十八大报告要求社会保障体系要全面建成覆盖城乡居民的社会保障体系。社会保障制度是国家和社会对生活困难的社会成员给予物质帮助、保障其基本生活的制度。贫困治理不仅要提高贫困人群的收入，更要通过完善社会保障制度为特殊困难的贫困人群提供相应的社会保障服务，满足他们的基本生存需求，解除他们的后顾之忧。

二是完善贫困地区的社会救助体系。完善社会救助体系就是针对因为遭受自然灾害，或是个体原因失去基本生活保障的人而构筑的社会安全网。对于很多因病致贫、因灾致贫的人群而言，完善的社会救助体系有助于保障他们的基本生活需求，有助于维护社会的公平正义，有助于实现社会和谐与稳定。我国农村社会保障体制中，低保制度已经和扶贫制度相互融合，形成了统一的农村社会保障整体。低保制度为农村发展潜力有限、贫困程度较深的人群构建起了社会保障的安全网。

三是健全贫困地区社会保障经办管理体制。随着贫困地区社会保障事业不断发展、完善，相应的社会保障经办管理体制也要与服务能力一样不断跟进和完善。因此，党的十八大报告要求健全社会保障经办管理体制，建立更加便民快捷的服务体系。贫困地区在加快社会建设，推进减贫治理的过程中要利用后发优势，不断理顺社会保障的行政管理体制，在整合管理资源和加快服务平台建设的基础上，切实提高社会保障管理体制。具体而言，就是要加强社会保障规范化、信息化、专业化建设，建立标准统一、全国联网的社会保障管理信息系统，逐步建立覆盖全民的社会保险登记制度。特别是要加大社会保障卡发行力度,全面推行社会保障"一卡通",努力实现为参保人员"记录一生,保障一生,服务一生"的目标(尹蔚民,2013:292)。通过便民、快捷的社保服务体系提升贫困地区社会保障的能力,提升贫困人群的生活幸福感。

(三) 加快完善贫困地区基本公共服务均等化

基本公共服务是建立在一定社会共识基础上,政府根据经济社会发展阶段和总体水平,为保障全体社会成员生存和发展需求所提供的公共服务(胡艳辉,2011)。与其他地区比起来,贫困地区的基本公共服务均等化面临更加特殊的困境。例如由于经济发展水平较低,地方财政几乎不能负担起农村基本公共服务的发展,城乡居民的收入差距较大,基本公共服务的二元化特征明显等。因此要加大对贫困地区基本公共服务的倾斜与供给,加快贫困地区基本公共服务均等化发展。

一是加大贫困地区基本公共服务的倾斜与供给。贫困地区基本公共服务均等化可以提升贫困地区农业生产率和贫困人口生产力水平、增强贫困地区人口的发展能力、降低贫困地区的脆弱性、减少社会排斥来降低贫困发生率(曾小溪、曾福生,2012)。因此,应把加快完善贫困地区基本公共服务均等化作为贫困治理的重要内容与手段,加大对贫困地区基本公共服务的财政支持与政策倾斜。把更多的财力、物力投向贫困地区,缩小与非贫困地区的基本公共服务水平差距。同时,在扶贫开发中应该加快建立政府主导、社会参与、公办民办并举的基本公共服务供给模式。在坚持政府负责的前提下,充分发挥市场机制作用,鼓励社会力量参与,推动贫困地区基本公共服务提供主体和提供方式多元化。

二是加快贫困地区城乡基本公共服务的均等化。要在贫困地区逐步建立完善城乡一体化的基本公共服务制度。促进贫困地区基本公共资源向农村、弱势人群倾斜。同时建立起与本地区经济发展和政府财力增长相适应的基本公共服务财政支出增长机制。明确政府间事权和支出责任,完善转移支付制度,健全财力保障机制,切实增强各级财政特别是贫困县级财政提供基本公共服务的保障能力。切实加强相应的组织领导和统筹协调。建立健全规划实施机制,明确各地区、各部门分工,加强评估、监督和问责。

四 深化改革,创新治理机制

创新治理机制,必须着眼于维护贫困地区最广大群众的根本利益,最大限度地增加和谐因素,增强扶贫开发的社会活力,确保贫困地区和谐与稳定。因此,必须要加快形成源头治理、动态管理、灾害应急管理相结合的治理机制。其中源头治理就是要通过减贫治理来解决贫困人群的民生问题,改进政府公共服务方式。动态管理就是完善贫困人群的各种意见和利益诉求得到充分表达的体制和机制,使矛盾在一定程度上暴露出来又能得到制度上的及时解决,这有利于更好地平衡和协调各种利益矛盾。应急管理则主要是针对贫困地区的突发事件,特别是突发性灾害事件建立起灾害防治体制。

(一) 不断完善贫困地区的灾害治理体制

灾害使贫困人群的损失相对更多。贫困人群因为生计脆弱性,面临灾害时,抵御能力较弱,灾后恢复需要更多的帮助和时间。因此,针对贫困地区要不断完善灾害应急体制和预警机制。

一是建立灾害治理与减贫相结合的灾害应急管理体制。从贫困人群与灾害应对的关系来看,贫困人群的灾害风险意识较差,缺少必要的灾害应对能力;在灾害来临时,贫困人群的灾害应对能力较差,被灾害剥夺得更彻底;灾害过后需要更多的灾后援助和时间来进行灾后恢复。而脱贫人群也会因为灾害的发生再次返贫。因此,灾害治理体系的完善是贫困治理不可或缺的内容。必须要在扶贫开发的过程中完善灾害应急管理体系。针对自然界和社会突发事件,要建立地方政府统一领导、综合协调、分类管理、分级负责、属地为主的应急管理体系,最大限度地减少和预防各类灾害对贫困地区、贫困人群的生命和财产造成的破坏与损失。从灾害应急的体系来看,应该包括灾害信息披露机制、应急决策机制、处理协调机制、善后处理机制等。此外,在贫困治理规划中应充分考虑到贫困区域的资源状况、整体优势、农业灾害状况等,在总体层面,要将资源引导到适应当地自然地理环境、气候特征,能够有效规避农业灾害风险,能够创造市场效益,帮助当地脱贫致富和发展经济的领域中来。

二是完善贫困地区灾害防治的组织保障体系。其一,加大资源投入和队伍建设,提升贫困地区气象预测与农业灾害预警的水平,并建立信息传导体系,使信息能够及时有效地传递到社区和农户。其二,整合现有的技术资源和设备,根据农业自然灾害预警目的,借助现代科学技术,发挥气象、水利、动植物生物灾害预测预报机构的作用。重组技术设备和监测手段,既充分发挥各系统技术和设备的作用,又实现各系统之间的互联互通,形成对自然灾害的整体预警优势。其三,加强各单一系统和部门之间的协调合作,发挥年度会商、综合会商、多部门会商等制度的作用,从而尽快建立起复合型自然灾害监测、预警系统(王国敏,2007)。各级分工负责,迅速启动抗灾减灾技术预案,在最短时间内组织抗灾救灾,恢复生产经营。组织指挥系统应包括救灾物资储备和社会救济、商业保险、互助合作、灾后重建等基本内容,并明确由相应的社会组织承担。

(二) 改进贫困地区政府提供公共服务的方式

一是要完善贫困地区政府公共服务平台与网络。由于贫困地区发展相对比较落后,加上长期以来我国基本公共服务区域之间的巨大差距,落后地区特别是贫困地区的基本公共服务发展十分滞后,教育、卫生等基本公共服务在质和量上都存在严重不足,贫困地区青壮年缺乏必要的劳动培训,致使劳动力素质低下,只能从事简单的体力劳动或别人不愿从事的脏累差或危险性工作,自我发展能力弱(贾若祥、侯晓丽,2011)。公共服务设施与能力明显不足,因此要坚持源头治理、标本兼治、重在治本,以网格化管理、社会化服务为方向,健全基层综合服务管理平台。提升贫困地区、贫困人群的自我发展能力和危机预防能力。

二是创新政府基本公共服务的提供方式。在政府供给的基础上,逐步探索由直接负责到政府购买的方式转变。要完善政府购买公共服务的运行机制。政府购买公共服务不能简单等同于政府向民间组织购买公共服务,政府购买服务时可以面向企业,也可面向非营利性的民间组织或者通过政府间协议的方式向其他政府部门购买。加快推进公共服务供给主体和供应方式的多元化制度建设,充分认识和发挥民间组织在公共服务体系中的重要作用。加强政府购买民间组织服务的制度化保障机制,逐步扩大购买服务的规模和领域。谨慎看待竞争性购买服务,逐步形成支持民间组织参与公共服务的综合性政策支持体系,提升民间组织的可持续发展能力。进一步明确政府提供公共服务的角色和职能,政府要成为精明的买主和鼓励引导民间组织参与公共服务的主导者。加强公共服务供给的绩效评估和信息公开,完善治理监督措施,为民间组织提供公平的资源支持和发展环境。

(三) 建立健全贫困人群的权益维护机制

一是健全贫困人群权益维护机制。在提高贫困人群发展能力的同时,也要加强其权益保护机制。一些贫困人群由于缺乏必要的利益保障及表达机制,导致了相对贫困或绝对贫困。例如在贫困地区农村,在发展经济过程中,贫困村民受到资源损失、成本投入损失等,如果不进行及时的补偿,则通过公共财产的受益再分配的直接结果就是加剧收入不平等,提高贫困发生率(刘坚,2009:251)。此外,如果缺乏顺畅的权益表达机制,很多贫困地区发展的地方性智慧则很难影响到扶贫开发的过程。因此,要建立健全党和政府主导的维护群众权益机制,完善信访制度,完善人民调解、行政调解、司法调解联动的工作体系,畅通和规范群众诉求表达、利益协调、权益保障渠道。

二是加强对农民工权益的保护。统计显示,2012年农民工总量达26261万人,其中在东部地区务工的农民工16980万人,在中部地区务工的农民工4706万人,在西部地区务工的农民工4479万人。在外出农民工中,在省内流动的农民工 8689 万人，跨省流动的农民工 7647 万人（国家统计局，2012）。农民工在务工过程中处于相对弱势的地位，经常出现拖欠工资等劳务纠纷问题。而且由于户籍制度等限制，农民工在城市中的就业与生活处于无根的游离状态。因此，需要加强对农民工劳动权益的保护，及时依法有效地就地解决农民工劳动纠纷。同时要加快人口管理，加快户籍制度改革。特别是对于中西部的小城镇，要全面放开建制镇和小城市落户限制。把进城落户的农民完全纳入城镇住房和社会保障体系，并且建立财政转移支付同农业转移人口市民化挂钩机制。

第九章　科学发展观与中国减贫发展

发展观是一个国家在发展进程中对发展及怎样发展的总的和系统的看法，是一定时期经济与社会发展的需求在思想观念层面的聚焦和反映。发展观与减贫发展息息相关，有什么样的发展观，就会有什么样的减贫发展道路、发展模式和发展战略，从而对减贫发展的实践产生根本性、全局性的重大影响。科学发展观，是前中共中央总书记胡锦涛在2003年7月28日的讲话中提出的"坚持以人为本，树立全面、协调、可持续的发展观，促进经济社会和人的全面发展"，按照"统筹城乡发展、统筹区域发展、统筹经济社会发展、统筹人与自然和谐发展、统筹国内发展和对外开放"的要求推进各项事业的改革和发展的一种方法论，也是中国共产党的重大战略思想。在中国共产党第十七次全国代表大会上写入党章，成为中国共产党的指导思想之一。科学发展观是减贫发展的指导思想，减贫发展是科学发展观的具体实践，科学发展观与减贫发展的根本目标是一致的。改革开放以来，我国6亿多人成功脱贫，成为全球首个实现联合国制定的贫困人口比例减半目标的国家，为人类减贫事业做出了巨大贡献。以2011年颁布实施的《中国农村扶贫开发纲要（2011—2020年）》为起点，中国的扶贫开发进入新的历史时期，标志着中国发展进入了全面建成小康社会、实现中华民族伟大复兴的历史阶段。在新的历史起点审视科学发展观与扶贫发展的关系，需要回顾和反思发展观的演变过程。

第一节　从传统发展观到科学发展观

社会发展观是一个政党执政理念的重要组成部分，在一定程度上标志着党的执政理念发展和进步的水平。发展观对于整个国家的经济和社会发展起着全局性和根本性的作用。中国的社会发展观是在实践的基础上，不断总结发展的经验教训和共产党执政规律、社会主义建设规律和人类社会发展规律而逐步形成的。从新中国成立至今，根据各个时期的时代特征和社会实际，一直在探索并初步形成适合中国道路、满足国民需求、改善全体人民生活水平的发展道路。中国的发展道路经历了以下几个阶段：①新中国成立之初走工业化道路的传统发展观；②改革开放，进一步以促进经济发展，提高国民生产总值，提升国家的综合经济实力为最重要目标的发展主义；③到21世纪，结合新发展主义，总结国内外在发展问题上的经验教训，科学分析我国发展过程中面临的各种新情况新问题，进一步回答了为何发展、怎样发展、发展什么等重大问题，丰富和完善了新世纪新阶段我国现代化建设的发展道路、发展模式和发展战略，提出了坚持以人为本，树立全面、协调、可持续的发展观，促进经济社会和人的全面发展的科学发展观。

一 传统发展观

20世纪，在工业化浪潮的推动下，发展主义盛极一时。发展主义指称这样一种意识形态，即认为经济发展是社会进步的先决条件，随着经济的持续快速增长，所有的社会矛盾和社会问题都将迎刃而解。在这种意识形态指导下，大多数发展中国家自觉或不自觉地走上了"先增长后分配"的发展道路。发展经济学家甚至将经济增长等同于经济发展，甚至等同于整个社会的发展。片面追求经济增长，忽视社会政策和社会发展，常常导致一些新兴工业化国家出现"高水平经济增长、低水平社会福利"的社会发展现象，并最终影响了经济社会发展的可持续性（克林格比尔，2000）。在工业化时期，发展主义对于经济的快速增长起到了一定的促进作用。但是在人类发展的历史长时段中，人们的思维却一直局限在传统发展观上，试图用高速度发展来解决发展中遇到的很多问题和矛盾。发展主义往往以全局的失衡换取局部的高度发展，发展成本过高，通过高投入来求得高产出，忽略众多个体人的基本利益。发达国家逐渐开始摒弃发展主义的视角，然而，第三世界的国家却亦步亦趋，忽略对作为人类生存和发展基本条件的自然的尊重与保护，反而在信奉"人定胜天"趋从中，人们无所顾忌地破坏自然，造成严重的资源浪费、环境污染、生态破坏。在片面追求经济增长的大背景下，群体、区域、阶层间形成严重的发展差距，生活环境、经济收入、社会地位、社会资源等很多方面差距过大，甚至出现难以填补的鸿沟。人们的生活水平和生活质量并没有随经济增长而提高，甚至出现了严重的两极分化。伴随工业化而来的，不仅是环境的污染，还有土壤的退化、沙漠化，森林的大面积减少，物种的灭绝，全球气候的异常，这一切都影响着人类的生活质量，也影响着社会稳定发展和可持续发展。在中国，这种传统发展观同样造成了系列问题。改革开放后，中国逐渐从平均主义意识形态转向了发展主义。随着经济建设的中心地位、优先地位不断巩固，国家的政治合法性基础较多地从个人魅力转向了经济增长，一种发展主义意识形态逐渐形成。然而，改革后 30 多年跨越式的大发展也使我们付出了沉重的代价，比如：过分追求经济高速增长，忽视了经济结构的合理性和经济质量的提高；重视和突出经济发展，轻视社会的平衡发展和建设；增长方式过于粗放，拼能源、拼消耗导致资源紧缺、环境污染、生态恶化；等等。当前，增长和发展的经济、社会、环境成本已经赫然在目，经济结构的深层次矛盾和经济发展的不平衡、社会收入差距拉大所表现出的社会发展的不平衡、环境污染和人口资源的矛盾造成的生态状况的不平衡等，都已经成为制约我国 21 世纪发展的瓶颈。调查显示，目前中国城市与农村发展差异化严重，中国农业从业者的收入增幅一直在下降，即使收成增加了，却不见收入增加，即使收入增加，可消费水平也更高了。地方政府对城市经济发展的关注度远高于农村。除了农村经济发展失衡外，城市经济发展过程中出现的贫富差距问题也日渐深化，造成社会分配不公平的现象剧增，这在一定程度上会容易触发社会不稳定因素。社科院蓝皮书称，2012 年我国城乡居民两极收入差 20 多倍（中国经济报告杂志社，2013）。新华社世界问题研究中心研究员丛亚平和李长久在《经济参考报》发表的文章则称：我国基尼系数已从改革开放初的 0.28 上升到 2007 年的 0.48，近两年不断上升，实际已超过了 0.5。与此同时，中国经济地区差异化程度明显。除了农村经济问题之外，中国各地区的人群收入差距也在扩大。广东沿海地区由于开放较早，经济发展基础远比西部偏远地区好，而西部地区虽为东部经济发展提供了很多资源，却也使自身的可持续发展受到影响。在追求经济发展的过程中，东西部差距、城市与农村、不同群体之间的发展呈现极不平衡状态，富有的愈加富有，贫困的愈加贫困。

  传统的发展观下形成的传统的粗放型经济增长方式和经济结构，是以牺牲环境为代价、以牺牲后代人的生存发展资源来谋求经济发展的。发展主义使发展中国家的人民承受了高昂的社会成本和发展的不利后果，却没有实现它承诺中的美好生活。在新发展主义的理论家看来，第二次世界大战后 40 年的发展理论和实践是一场失败的试验，它给发展中国家人民带来的不是现代化的福音，而是严重的社会灾难。

二 新发展主义

  20 世纪七八十年代以来，伴随着人类社会陷入"发展困境"，在"政府失灵"、"市场失灵"的背景下，人们开始对传统的、主流的现代化理论和发展模式发出质疑，寻找新的发展模式。这使得发展主体呈现明显的多元化格局。人们开始反思发展主义的目标设计：经济增长是否等于发展？经济发展是否惠及了所有人特别是弱势群体？是否提高了所有人的生活质量？在传统发展主义背景下，经济增长使社会不同群体付出了怎样的代价？付出代价的人是否获得了相应的经济回报？部分获得经济收益的人是否将其代价转嫁给了处于劣势地位的群体？在这种背景下，新发展主义应运而生。

新发展主义作为一种理论体系，可溯源到20世纪80年代中期佩鲁提出的"新发展观"。法国著名经济学家、社会学家弗朗索瓦·佩鲁（Francois Perroux）早在50年代就对工业社会流行的发展观念产生了怀疑。1979年，联合国为了对"两个发展十年"的实践进行检讨，委托佩鲁就新发展问题撰写《新发展观》（1983）一书。佩鲁认为，"两个发展十年"未能达标，意味着发展观的危机。作为对这一危机的理论回应，他指出，发展观的变化至关重要，它将引起一系列新的发展以及与之相应的人类价值观念的变革。

在批判片面"增长观"的基础之上，他倡导一种"整体的、综合的、内生的"的崭新的发展观念（周穗明，2003）。所谓整体性与综合性，"是指这样一种观点，它在各种具体分析之外，不仅考虑人类整体的各个方面，而且在其内在的关系中，突出文化价值在发展中的作用"（田毅鹏、陶宇，2010）。所谓内生性，主要基于历史文化和社会价值，强调人力资源的开发，即社会经济发展中动态的、主体力量的发动，而不仅仅是物质的发展、客观经济体系的发展。

新发展主义的提出，标志着西方传统的发展观遭到了全面挑战，为21世纪人类社会实现"经济—社会"协调发展的目标提供了基本的发展思路。中国20世纪80年代以来的扶贫工作力图将扶贫与经济的发展相结合，注重扶贫行动的成本效益。这一时期的政策强调以经济开发为主，帮助群众自力更生。具体表现为以工代赈、科技扶贫和劳务输出等形式，这种做法着重于受助地区和个人的可持续发展能力的提升。首先，它注重社会效益和经济效益的结合，力求两者的相互促进。其次，各类扶贫项目都力图改变传统扶贫救济的被动性，努力调动受助对象的主动性，通过各种手段使其自立自强。扶贫救济改变了单向的资金输入，转而执行资金、技术、物质、培训相结合的输入方式和配套服务的方式。它转变了传统的单纯依靠行政系统的做法，注重经济组织在扶贫工作中的功能，力求实现发展的可持续性。它注重人口增长控制，提高贫困人口素质，增强他们掌握和利用就业机会进行自我发展的能力（樊怀玉，2002：35）。此外，作为发展主义的制度主义反映，它充分发挥了政府在这些项目中的组织、领导和协调作用，体现了政府、民间和个人相互协作的新制度主义实施途径。

总之，新发展是基于文化价值的全面发展，新发展主义"质疑那种放诸四海而皆准的现代化工业文明的合理性，挑战建构现代化发展话语的运作流程。从不同的角度有力地动摇了发展主义大厦的根基"。

三 科学发展观

新发展主义的理论基础之一是古典政治经济学，主要是亚当·斯密的国家财富理论和马克思的资本积累理论。此外，由于新发展主义还吸收了历史学派的观点，吸取了20世纪初德国历史学派和美国制度学派的制度学方面的观点。因此，社会结构和制度是最基本的因素（Bresser-Pereira，2007）。制度很重要，制度改革是一种长期需要，因为在我们所处的复杂而有活力的社会中，经济活动和市场都需要不断地进行规范。因此，新发展主义也被称为改革学派。历史证明，新发展主义在我国现代化发展过程中起到了非常重要的作用，强调制度变革的新发展主义，为我国及时转变增长方式和发展理念具有重要的启示意义。

新发展主义是以西方世界的经验事实为依据的，引进到中国的土壤中难以避免"水土不服"的天然缺陷。进入21世纪以来，党中央依据马克思主义基本理论，总结了国内外在发展问题上的经验教训，吸收人类文明进步的新成果，提出了"坚持以人为本，树立全面、协调、可持续的发展观，促进经济社会和人的全面发展"这一科学发展观。2006年，党的十六届六中全会通过《中共中央关于构建社会主义和谐社会若干重大问题的决定》；党的十七大描绘了全面建设小康社会的宏伟蓝图，明确提出了到2020年要基本消除绝对贫困现象的目标；党的十七届三中全会进一步指出"搞好新阶段扶贫开发，对确保全体人民共享改革发展成果具有重大意义，必须作为长期历史任务持之以恒抓紧抓好"，并立足完善国家扶贫战略与政策体系，明确要求"继续开展党政机关定点扶贫和东西扶贫协作，充分发挥企业、学校、科研院所、军队和社会各界在扶贫开发中的积极作用"；党的十八大确立了全面建成小康社会的宏伟目标，强调要深入推进农村扶贫开发，阐明了动员和组织社会力量参与扶贫开发的重要性。

科学发展观要求以人为本，以满足受助对象的需求为目标来进行扶贫工作，促进人的全面发展；鼓励民间组织通过依靠群众、为了群众和群众共享发展成果的原则来介入扶贫工作。在科学发展观的指导下推进贫困地区的扶贫工作，并在最终的成果上突出民间组织的作用，积极发挥民间组织自主有效的扶贫方式，最大限度地帮助民间组织进行扶贫模式的探索和开展扶贫工作。科学发展观基于对发展的目的和意义的科学思考，要求转变发展观念，提高发展质量，创新发展模式，适时地提出了从发展走向科学发展的新发展理念。面对新形势新任务，要以科学发展观为指导，积极谋划贫困地区的发展思路、发展措施，寻找贫困地区的发展动力、发展支撑。党中央制定的科学发展观首要观念就是发展，是以人为本的发展，在此基础上实现可持续发展。科学发展观三个内涵之间的关系是紧密联系的，体现了我国当前发展的重要特征。扶贫工作也是发展的重要体现。脱贫和解决贫困问题是区域经济增长的重要基础，但是在新经济发展模式下，如何更好更快地使贫困地区脱贫成为各级政府关心的要点。国家开始以科学发展观来指导我国贫困地区的扶贫工作，并开始进行有效的制度性探索，民间组织参与扶贫工作是其中的重要方式之一。

四 科学发展观与贫困治理

贫困是伴随着人类社会发展长期存在的一种社会现象，其表现形式为贫困人口的个体性和贫困阶层的群体性，以及分布的区域性和整体性。在一定发展阶段，贫困呈现不同的时代特点。因此，贫困治理的不同阶段，关注的核心内容也自然不同。

十一届三中全会以后，中国开始步入改革开放的新时代。政府也加快了贫困治理步伐，采取了大量治理贫困的措施与手段，促进区域协调发展，增强贫困人口自我发展能力。贫困人口综合素质得到普遍提升，农民收入显著增长，贫困人口数量大幅下降，贫困治理工作取得了举世瞩目的成就。但是我们也必须看到，这些成绩还处于低水平、不全面和不平衡的状态，尤其是全国将扶贫标准提高到2300元后，全国的扶贫对象将再次突破1亿人，而这个新的标准与世界银行规定的日均消费1.25美元的贫困标准仍然存在较大差距。从区域发展情况看，西部地区以及"老、少、边、穷"地区的区域性贫困现象还很普遍，贫困程度也比较深，而且发展差距仍在继续扩大。当前，制约贫困地区和贫困人口脱贫致富的深层次矛盾仍然存在，加之在经济社会发展转型过程中出现的一些新问题、新情况和新矛盾，使新阶段的贫困治理工作更加复杂，反贫困形势依然十分严峻。

2011年5月27日，中共中央、国务院在印发的《中国农村扶贫开发纲要(2011—2020年)》中明确指出：我国仍处于并将长期处于社会主义初级阶段。经济社会发展总体水平不高，区域发展不平衡问题突出，制约贫困地区发展的深层次矛盾依然存在。扶贫对象规模大，相对贫困问题凸显，返贫现象时有发生，贫困地区特别是集中连片特殊困难地区发展相对滞后，扶贫开发任务仍然十分艰巨。同时，我国工业化、信息化、城镇化、市场化、国际化不断深入，经济发展方式加快转变。国民经济保持平稳较快发展，综合国力明显增强，社会保障体系逐步健全，为扶贫开发创造了有利环境和条件。我国扶贫开发已经从以解决温饱为主要任务的阶段转入巩固温饱成果、加快脱贫致富、改善生态环境、提高发展能力、缩小发展差距的新阶段。深入推进扶贫开发，是建设中国特色社会主义的重要任务，是深入贯彻落实科学发展观的必然要求，是坚持以人为本、执政为民的重要体现，是统筹城乡区域发展、保障和改善民生、缩小发展差距、促进全体人民共享改革发展成果的重大举措，是全面建设小康社会、构建社会主义和谐社会的迫切需要。必须以更大的决心、更大的力度、更有效的举措，打好新一轮扶贫开发攻坚战，确保全国人民共同实现全面小康。

2011年11月29日，中共中央、国务院召开了中央扶贫开发工作会议，并印发了《中国农村扶贫开发纲要（2011—2020年）》，提出需要进一步明确扶贫开发工作的总体要求、目标任务和政策措施，指明了新阶段贫困治理的重点和方向，同时也提出了总体奋斗目标：到2020年，稳定实现扶贫对象不愁吃、不愁穿，保障其义务教育、基本医疗和住房，贫困地区农民人均纯收入增长幅度高于全国平均水平，基本公共服务主要领域指标接近全国平均水平，扭转发展差距扩大趋势。

2014年1月25日，中共中央办公厅、国务院办公厅印发的《关于创新机制扎实推进农村扶贫开发工作的意见》中指出，《中国农村扶贫开发纲要（2011—2020年）》提出的奋斗目标，必须深入贯彻党的十八大和十八届二中、三中全会精神，全面落实习近平总书记等中央领导同志关于扶贫开发工作的一系列重要指示，进一步增强责任感和紧迫感，切实将扶贫开发工作摆到更加重要、更为突出的位置，以改革创新为动力，着力消除体制机制障碍，增强内生动力和发展活力，加大扶持力度，集中力量解决突出问题，加快贫困群众脱贫致富、贫困地区全面建成小康社会步伐。

上述一系列治贫的方针、政策与措施都是科学发展观的体现和延续。在贫困地区经济发展过程中，更多地体现以人为本，实现经济的有效发展、创新发展、可持续发展与和谐发展；既讲究经济效益，更追求发展的质量；要在改革的基础上，更多地依靠生产力的创新和生产关系的改善实现内生式发展；要着眼于人的可持续发展，正确处理人与自然的关系，建设资源节约型、环境友好型社会，提高生态文明水平，促进经济社会发展与人口、资源、环境相协调，实现人口长期均衡发展；同时还要实现个人和社会、个人和国家、人群与人群，以及中央和地方、地方和地方、区域和区域、城市和农村、民族和民族等各方面的和谐发展。

第二节 区域均衡发展与减贫

经过三十多年长期的反贫困实践，特别是近十年来，在科学发展观的指导下，我国不断完善国家扶贫战略和政策体系，成功走出了一条以经济发展为带动力量、以增强扶贫对象自我发展能力为根本途径，政府主导、社会帮扶与农民主体作用相结合，普惠性政策与特惠性政策相配套，扶贫开发与社会保障相衔接的有中国特色的扶贫开发道路。在扶贫开发工作中，坚持统筹城乡经济社会发展，实行工业反哺农业、城市支持农村和多予少取放活方针，全面取消农业税，实行多种农业补助，加强农村基础设施建设，不断增加对贫困地区的财政转移支付和专项扶贫资金。以《中国农村扶贫开发纲要（2001—2010年）》的全面实施完成为标志，我国农村扶贫开发进入了新的阶段（向德平、黄承伟，2013）。《中国农村扶贫开发纲要（2011—2020年）》指出，新一轮的扶贫开发工作与以往不同，强调"连片特困地区扶贫开发更加注重转变经济发展方式，更加注重增强扶贫对象自我发展能力"，要求"区域发展与扶贫攻坚的同步推进"，根据《中国农村扶贫开发纲要（2011—2020年）》，明确了新阶段扶贫开发工作的总体目标：到2020年，稳定实现扶贫对象不愁吃、不愁穿，保障其义务教育、基本医疗和住房。《中国农村扶贫开发纲要（2011—2020年）》突出了对扶贫攻坚区域差异的考虑和思路。随后，国家发改委、国务院扶贫办联合召开了全国连片特困地区区域发展与扶贫攻坚规划编制工作部署会议，并联合印发了《关于抓紧做好连片特困地区区域发展与扶贫攻坚规划编制工作的通知》（国开发〔2011〕111号），在新时期要全面推进连片特殊困难地区的扶贫攻坚工作，把六盘山区、秦巴山区、武陵山区等11个连片特殊困难地区和西藏、四川、云南、甘肃和青海四省藏区，以及新疆南疆三地州确定为下一个新阶段扶贫开发工作的主战场，全面实施连片特困地区扶贫攻坚。我国片区扶贫进入新的战略机遇期。

一 区域均衡发展的内涵

区域发展思想，是科学发展观的重要组成部分。区域发展是指在一定的时空范围内以资源开发、土地利用、产业组织、结构优化为核心要素的一系列经济社会整体协调发展的活动，是区域内经济增长、社会发展、生态优化等诸要素有序变化的过程。区域发展内含区域协调、均衡发展之意。经过10多年的探索，中央关于区域协调发展形成了一个比较完整的战略体系，取得了显著成效。

2002年党的十六大报告，从经济发展的角度明确了"促进区域协调发展"

的方针。2003年中共十六届三中全会提出的"五个统筹"思想中，统筹区域发展是其中之一。即要"积极推进西部大开发，振兴东北地区等老工业基地，促进中部地区崛起，鼓励东部地区率先发展，继续发挥各个地区的优势和积极性，通过健全市场机制、合作机制、互助机制、扶持机制，逐步扭转区域发展差距拉大的趋势，形成东中西相互促进、优势互补、共同发展的新格局"。中共十六届五中全会审议通过的《中共中央关于制定国民经济和社会发展第十一个五年规划的建议》中进一步提出，要"促进城镇化健康发展，坚持大中小城市和小城镇协调发展，提高城镇综合承载能力；继续发挥珠江三角洲、长江三角洲、环渤海地区对内地经济发展的带动和辐射作用；继续发挥经济特区、上海浦东新区的作用，推进天津滨海新区等条件较好地区的开发开放，带动区域经济发展"。中共十六届六中全会审议通过的《中共中央关于构建社会主义和谐社会若干重大问题的决定》再次提出，要"落实区域发展总体战略，促进区域协调发展，形成分工合理、特色明显、优势互补的区域产业结构，推动各地区共同发展；加大对欠发达地区和困难地区的扶持，改善中西部地区的基础设施和教育、卫生、文化等公共服务设施，逐步缩小地区间基本公共服务差距；加大对革命老区、民族地区、边疆地区、贫困地区以及粮食主产区、矿产资源开发地区、生态保护任务较重的地区和人口较少民族的支持；支持经济发达地区加快产业结构优化升级和产业转移，扶持中西部地区优势产业项目，加快这些地区的资源优势向经济优势转变，鼓励东部地区带动和帮助中西部地区发展，扩大发达地区对欠发达地区和民族地区的对口援助，形成以政府为主导、市场为纽带、企业为主体、项目为载体的互惠互利机制，建立健全资源开发有偿使用制度和补偿机制，对资源衰退和枯竭的困难地区经济转型实行扶持措施"。

党的十七大以后，中央更加强调区域发展战略的重要性，不仅要求区域外部协调发展，还要求区域内部要素协调共进。2007年党的十七大报告指出，"要继续实施区域发展总体战略，深入推进西部大开发，全面振兴东北地区等老工业基地，大力促进中部地区崛起，积极支持东部地区率先发展。加强国土规划，按照形成主体功能区的要求，完善区域政策，调整经济布局。遵循市场经济规律，突破行政区划界限，形成若干带动力强、联系紧密的经济圈和经济带。重大项目布局要充分考虑支持中西部发展，鼓励东部地区带动和帮助中西部地区发展。加大对革命老区、民族地区、边疆地区、贫困地区发展扶持力度"。2012年党的十八大报告中再次强调："继续实施区域发展总体战略，充分发挥各地区比较优势，优先推进西部大开发，全面振兴东北地区等老工业基地，大力促进中部地区崛起，积极支持东部地区率先发展。采取对口支援等多种形式，加大对革命老区、民族地区、边疆地区、贫困地区扶持力度。"

区域发展，是根据区域的差异性、发展的阶段性和内部的协调性确定的发展理念。区域之间具有差异性，这种差异既可能是劣势，也可能变成优势，关键在于要素如何配置、政策如何调整。这种配置和调整是在全盘考虑的基础上，明确先发展哪些地区，再发展哪些地区，等等；在同一区域中，明确先发展哪种产业、再发展哪种产业等；但其目的是要带动整个大局全面发展。由此，党的十六大在对我国发展阶段、发展状况深入认识和科学判断的基础上，提出要经过我们的努力奋斗，"全面建设惠及十几亿人口的更高水平的小康社会，使经济更加发展、民主更加健全、科教更加进步、文化更加繁荣、社会更加和谐、人民生活更加殷实"的论断。经过十年的努力，党的十八大则进一步提出了要全面建成小康社会的目标。全面建设小康，或者全面建成小康，是需要分步骤、分阶段、分区域实施的，因此，需要就不同区域的特点实施不同的特殊政策，因此区域发展战略是必然的选择。

二 区域发展的核心要素

区域发展的核心是要打破行政区划，发挥优势，统筹兼顾，协同攻关，整合带动。改革开放以来，我国区域发展战略走出了一条从"区域非均衡发展—区域非均衡协调发展—统筹区域协调发展"的战略演进轨迹。改革开放30多年来，我国区域发展战略在寻求正确处理和把握我国区域发展中的东部沿海地区与中西部地区之间、发达地区与落后地区之间、城市地区和农村地区之间的关系，从而在效率与公平的协调中逐步实现区域发展的协调。区域发展必须要重点把握以下关键理念：一是体现以人为本谋发展的理念，打破长期以来把做大一个地区经济总量作为出发点和唯一目标来缩小地区差距的观念；二是要体现尊重自然规律谋发展的理念，打破所有区域都要加大经济开发力度的思维定式；三是要体现突破行政区谋发展的理念，改变完全按行政区制定区域政策和绩效评价的思想方法；四是要体现长远战略思维，改变过于追求短期发展成效的观念。在连片特困地区实施区域发展与扶贫攻坚，更应该通盘考虑，发挥优势，协同发展。

区域发展不仅仅是经济增长，还包括社会进步，具体涉及收入的增加、产业的升级、技术的进步、差距的缩小、社会的公平、生态的美化、资源的持续、行政的优化、文化的发展、社会的和谐等一系列过程。促进区域发展，需要该体系中的各个要素相互依存、相互制约、相互作用以形成有机统一整体，并且必须关注人类文明发展的整体性、辩证性、关联性以及全面性、协调性与持续性。区域内部和区域之间，经济社会与生态空间领域整体发展对于我们国家长期以城市为重心的城市和区域发展规划具有新的启示。纯粹追求经济增长的政府已经很难适应现代社会发展的需要，他们片面强调"增长优先战略"，只强调数量上的增加，不注重质量与效率的发展，导致资源的过度开发，资源日渐枯竭，区域环境恶化，区域可持续发展面临威胁。因此，区域整体发展成为社会经济协调发展的必要途径与主要内容。区域整体发展既是获得新发展机遇的内在要求，也是外部环境决定的必然选择。从国际大环境来看，为共同的整体利益所进行的协调、磋商和合作已深入生产、贸易、金融等社会经济生活更多的领域和更深的层次。因此，通过整体环境建设和打破区划壁垒以提高竞争力逐渐在发展战略领域中占有越来越重要的地位，而区域整体发展也逐渐成为区域发展中很重要的内容。

区域发展不仅仅是某两种要素的互动，同时也需要做好各要素的统筹工作。区域内外的要素众多，需要统筹的方面也众多。城乡之间、区域之间、产业之间、人群之间、资源之间，甚至包括部门之间、政府之间等都需要统筹兼顾。就解决贫困地区的"三农"问题而言，就必须统筹工业化、城镇化、农业现代化建设，必须统筹已脱贫的地区农户、未脱贫的地区农户和易返贫的地区农户等。如党的十七届三中全会所提出的，"必须统筹城乡经济社会发展，始终把着力构建新型工农、城乡关系作为加快推进现代化的重大战略。统筹工业化、城镇化、农业现代化建设，加快建立健全以工促农、以城带乡长效机制，调整国民收入分配格局，巩固和完善强农惠农政策，把国家基础设施建设和社会事业发展重点放在农村，推进城乡基本公共服务均等化，实现城乡、区域协调发展，使广大农民平等参与现代化进程、共享改革发展成果"。

总之，要实现区域协调发展，必须贯彻落实科学发展观，因地制宜，按照"公平互利、优势互补、政府推动、市场主导、社会参与"的原则，建立起紧密的合作互动关系，实现五个一体化。这五个"以信息资源共享、要素自由流动、调控监管统一为特点的市场一体化；能够发挥各自比较优势、形成合理分工、提升整体竞争力的产业一体化；以交通、通讯、物流网络的衔接配套为重点的基础设施一体化；以消除区域城乡二元结构、缩小地区差距为目的的城乡发展布局一体化；旨在规范协调各地政府政策与行为的制度规划一体化。"（李慧莲、李成刚，2004）

三 区域发展与贫困治理

扶贫攻坚是指在着力解决贫困问题和扶贫开发的过程中，在特殊的时间段，对特殊的贫困地区，集中人力、物力、财力，动员社会各界力量，由政府主导采取特殊措施而开展的一系列扶持和规划活动。2011年中央扶贫工作会议后，我国的扶贫攻坚主战场发生了转移，由过去较为分散的592个国家扶贫开发工作重点县，提炼糅合成了 14 个集中连片特殊困难地区。中央扶贫工作会议指出，"要全面推进连片特困地区扶贫攻坚，将六盘山区等 11 个连片特困地区和西藏、四川、云南、甘肃、青海四省藏区，新疆南疆三地州作为扶贫攻坚的主战场，并在武陵山片区率先开展区域发展与扶贫攻坚试点"。区域发展与扶贫攻坚的各要素之间均有内在联系。把集中连片特困地区作为扶贫攻坚主战场，是新阶段扶贫开发的重大创新和突出特点。新时期，要按照"区域发展带动扶贫开发、扶贫开发促进区域发展"的思路，集中力量推进片区的区域发展与扶贫攻坚。"区域发展带动扶贫开发，扶贫开发促进区域发展"已经成为集中连片特困地区片区规划编制的基本思路。《中国农村扶贫开发纲要（2011—2010年）》强调"区域发展与扶贫攻坚"的同步推进，要把"集中连片扶贫攻坚和各区域的协同发展"有机结合起来，这些都是因为区域发展与扶贫攻坚具有强烈的互动关系。

（一）连片贫困制约区域发展

从历史上看，贫困尤其是连片贫困制约着区域发展。扶贫攻坚计划（或战略）都是在区域发展明显落后并严重影响国家全局发展的情况下提出的。集中连片特殊困难地区扶贫开发，更是在"西部大开发"的工作会议上提出的，目的是解决西部地区全面发展的问题。

1. 连片特困地区的特殊性

我国连片特困地区多是少数民族地区、边远地区和生态环境脆弱地区。在这些地区，交通不畅、信息闭塞、生产技术落后、自然环境恶劣、抵御风险能力弱等，致使整个区域发展均很落后，特别是与东部等发达地区的发展水平差距很大。

集中连片特殊困难地区相对于一般贫困地区有其突出特征。第一，贫困的集中性，主要是指贫困居民相对集中、贫困因子相对一致、贫困区域相对连片。从贫困人口看，集中分布在山区、丘陵地区、限制开发区。第二，贫困成因的复杂性。主要是指贫困成因既有自然、社会的，也有民族、宗教的；既有历史、政治的，也有体制的因素。因而其贫困程度较深，即贫困问题不仅是集中连片面大、贫困人口众多，而且贫困程度较深，因此扶贫任务艰巨，对治贫手段综合性的要求特别高。这些突出的特征，也成为连片特困地区发展滞后的主要原因。连片特困地区主要分布于中西部资源匮乏，环境恶劣的深山区、石山区、高寒山区、黄土高原地区，发展条件差，发展能力弱。农民是发展的主体，但由于受到信息不对称、资源稀缺和技术条件落后等的影响，在发展生产过程中抵御自然灾害和市场风险的能力弱；水利、交通等基础设施建设不足，在很大程度上增加了生产和交易成本；因为贫穷，很大部分青壮劳动力外出打工，特别是受教育程度较高的人才资源外流。如此种种，老少边穷地区陷入了"贫困—发展不足—更加贫困"的恶性循环之中，成为我国特殊困难地区，并且呈现集中连片的特征，发展十分缓慢，从而也限制了整个区域的发展。因此，从历史上看，连片贫困地区本身具有的内在特征，制约着区域发展。

2. 连片特困地区的滞后性

从长远来看，正因为连片贫困制约着区域发展，所以就"点"上的扶贫而扶贫，不考虑到所在区域内各要素的协作联动，减贫只能是事倍功半。这些"点"便是区域发展中的"短腿"和"瓶颈"。

连片特困地区不仅具有贫困的既有特征，还形成了恶性循环，其随之形成的发展步伐也是滞后的，从而"拖了"片区发展的"后腿"。犹如不能让全体人民脱贫，就无法建成小康社会一样，连片特困地区这块"短板"的问题解决不好，其所在整个区域发展也将受限。党的十七大和十八大提出了到2020年实现全面建成小康社会的宏伟目标，并根据各个区域的特点，描绘了东部、中部、西部和东北部四大板块共同奔向小康社会的蓝图，提出了最新的区域发展战略。即"积极支持东部地区率先发展，发挥东部地区对全国经济发展的重要引领和支撑作用；推进新一轮西部大开发，坚持把深入实施西部大开发战略放在区域发展总体战略优先位置，给予特殊政策支持；全面振兴东北地区等老工业基地，发挥产业和科技基础较强的优势，完善现代产业体系，推动优势产业升级；大力促进中部地区崛起，发挥承东启西的区位优势"。很明显，这四大区域本身的发展就是失衡的，而每个区域内部仍然存在次二元结构。

优先发展的东部地区正在对全国的经济发展起着重要引领和支撑作用，但是其他各大板块内出现了拖后腿的"短板"，就如"木桶"效应一样，短板补不齐，终究盛不满水。从过去的历史来看，各区域内的连片特困地区，一般的经济发展方式难以有效实现发展目标，片区经济社会发展相对滞后，已经成为各大板块之间或大板块内各大区域协调发展的"短腿"与"瓶颈"。然而，小康社会建设是全域、全程、全面的，没有这些特困地区的加快发展，就不可能实现区域协调发展，就不可能完成全面建设小康社会的战略目标。

新中国成立以来，我国作为世界上最大的发展中国家，一直都在和贫困做斗争。通过划定18个贫困地带进行重点扶持、实施《国家八七扶贫攻坚计划》、制定十年扶贫开发纲要等措施，我国农村贫困人口和贫困发生率显著下降，农村贫困现象得到极大缓解。就一般贫困地区而言，阶段性、临时性的贫困较多，缓解贫困相对容易；但在集中连片的特殊困难地区，贫困原因复杂、贫困面大而且程度深，区域内整体贫困突出，以及贫困的代际传递性强，也造成了这些地区的扶贫工作难以在短期内收到成效。因此，扶贫任务艰巨性、对治贫手段综合性的要求特别高，连片特困地区发展远远滞后于其他地区。连片特困地区发展滞后是区域协调发展的"短腿"与"瓶颈"，在短期内制约了区域的协调发展。

（二）区域发展带动扶贫攻坚

就集中连片特困地区而言，扶贫攻坚和区域发展只是在不同的视角下提出的两个发展方式而已，两者是决然不能分离的，区域发展本身就内含着要推进该地区的全面发展的意思，这就需要全面解决该地区的贫困问题，只是它更加强调各要素的协调运行、资源整合、全面发展。区域整体盘活了，自然有利于扶贫攻坚的实现。区域发展本身要求继续以经济建设为中心，注重打破行政界限，鼓励合作互动，坚持开发式扶贫方针，支持、鼓励贫困地区群众利用地方优势，开发当地资源，增强自我积累和自我发展能力，以实现整体脱贫致富。因此，从现实角度来看，区域发展可以带动扶贫攻坚。

1. 建立协同共赢统筹机制，打破传统分割扶贫模式

区域发展从内涵上来讲，就孕育着要实现区域内共同发展，消除贫困。区域发展，本身就内含协调发展之意。其核心是要打破行政区划，发挥优势，统筹兼顾，协同攻关，整合带动。因此，区域发展，从过程和目标上来讲，都将推动和加快片区扶贫开发的进程。区域发展首先可以推进跨省合作，建立协同机制。其次，区域发展可以推进生态建设，建立共赢机制。区域发展，其内在就要求建立健全生态补偿机制，探索生态环境服务转化为市场价值的有效途径。着力发展生态旅游业和生态农业，推动低碳扶贫，促进农民增收致富。再次，区域发展可以推进合力攻坚，建立大扶贫工作机制。区域发展，其内在就要求以规划为平台，各尽其责、整合资源、集中投入，建立"政府主导、部门分工、各方参与、合力攻坚"工作机制。最后，区域发展可以推进主体合作，完善区域内合作机制。区域发展，其内在就要求建立经济协作机制，统一制定规划，统筹建立政务、商务和公共服务信息资源共享平台，统筹人力资源开发和社会管理。要求设立专门协调委员会，负责旅游等产业、基础设施、公共服务、交通运输等领域协作的协调工作。

2. 建立分级梯度推进机制，优化片区扶贫开发方式

区域发展是根据区域的差异性、发展的阶段性和内部的协调性确定的发展理念，其目标是共同发展，但并不是死板一块，而是可以根据情况，发挥优势、分级推进、分步实施的。这就需要我们建立分级梯度推进机制，不能就扶贫开发而谈扶贫开发，更不能认为片区扶贫是分割式的互不相干的经济发展过程。

区域发展强调区域内以资源开发、土地利用、产业组织、结构优化为核心要素的一系列经济社会整体协调发展，是区域内经济增长、社会发展、生态优化等诸要素有序变化的过程。而扶贫攻坚，强调着力解决贫困问题和扶贫开发的过程中，在特殊的时间段，对特殊的贫困地区，集中人力、物力、财力，动员社会各界力量，由政府主导采取特殊措施而开展的一系列扶持和规划活动。由此可见，区域发展的理念，是全方位的扶贫开发过程，是对扶贫攻坚中各大要素合理整合的过程，是实现连片贫困地区经济、政治、文化、社会和生态全面发展的过程，其可以加快片区扶贫开发的进程。

因此，在连片特困地区根据其所拥有的相对优势形成"发展极"，通过自身内部的发展来辐射、带动整个片区的发展至关重要。以发展级来推进区域发展，是区域发展理念中建立分级梯度推进机制以优化扶贫攻坚方式的具体体现，从而实现区域发展带动扶贫攻坚。

(三) 扶贫攻坚促进区域发展

扶贫开发的阶段转移是基于当前区域发展状况而提出的，随着扶贫攻坚战的推进落实，必将促进区域全面发展。我国贫困地区发展滞后，且各地区发展失衡，在很大程度上制约了我国全面小康社会的建设进程。加快贫困地区的脱贫步伐，通过扶持贫困地区发展以实现国家区域内部、区域之间的平衡协调发展，是我国在未来扶贫攻坚的重要策略。

1. 扶贫攻坚是实现区域发展的新路子

没有连片特困地区的现代化，就没有整个国家的现代化。实施连片特困地区的扶贫攻坚，是实现区域现代化的新路子。推进国家现代化建设必须加快贫困地区的发展，尤其是加快条件极其恶劣的连片特困地区的发展。正因为我们认识到在连片特困地区的人民群众仍然处于十分贫困的状态，自身发展受到诸多限制，与发达地区现代化水平差距拉大的事实，所以才能得出判断：实施连片特困地区的扶贫攻坚是实现贫困地区自身发展的新路子，也是我国社会发展实现现代化的重要途径。因此，进一步推进扶贫开发工作，并不断改进和完善扶贫方式，对连片特困地区的区域发展有至关重要的作用。

连片特困地区扶贫攻坚，是在高水准上调动多要素的开发式扶贫，因此其必将是区域发展的新路子。新一轮的扶贫攻坚战略是经过2001—2010年十年扶贫开发之后确定的，它高标准、严要求，必将推动区域全面发展。连片特困地区扶贫攻坚，具有其独特的"后发优势"，这种优势不能被忽视。一旦发挥连片特困地区的优势，整合各类资源，集中力量解决其发展瓶颈问题，必定会促进整个连片特困地区发展。

现有的扶贫攻坚战略，更加强调自身"可行能力"的提升，而这正是区域发展所需的创新驱动力的要素。诺贝尔奖获得者阿马蒂亚·森提出用可行能力视角分析贫困及其发展问题，他认为："国家和社会在加强和保障人们的可行能力方面具有广泛重要的作用。这是一种支持性的作用，而不是提供制成品的作用。"（森，2002：85）也就是说，扶贫不仅仅在于为贫困者"输血"，而是在于帮助贫困者恢复和增强其自身的"造血"能力。因为只有恢复和增强贫困者自身摆脱贫困的能力，才能够使他们最终从贫困中解脱出来。根据扶贫攻坚的内涵，其更加强调提供基础性的扶贫要素，以提高贫困地区群众的可行能力和自我发展能力，在国家扶贫政策的支持下，通过自力更生，实现自身的发展（刘晓靖，2011）。因此，现有的扶贫攻坚计划内含了可持续发展的思想，是区域发展的新路子。

2. 扶贫攻坚是区域发展战略重要部分

扶贫攻坚，是在某一特殊区域内集中人力、物力、财力，动员社会各界力量，由政府主导采取特殊措施开展的一系列扶持和规划活动，促进贫困地区全面发展。区域发展，是区域内经济增长、社会发展、生态优化的过程。促进区域发展，是新中国成立以来党和国家坚定不渝的战略方针。近些年来，我国逐渐形成了推进西部大开发、振兴东北地区老工业基地、促进中部地区崛起、鼓励东部地区率先发展的区域发展总体战略。经过努力，各个区域的特色与优势得到了有效发挥，区域经济发展速度全面加快且效益明显提升。但是，由于自然、历史等方面的原因，区域发展不平衡问题日益突出。促进区域协调发展必须着力抓好"两头"，除了继续鼓励和推动发达地区率先发展以迅速提高国家的财政实力、加强对贫困地区的支持外，还要加大对连片特困地区的支持力度，把区域经济发展中"最短的木板"做长。连片特困地区的发展是实现区域协调发展的关键，扶持老、少、边、穷等贫困地区加快发展，有利于尽快缩小区域差距，形成协调发展的趋向。因此，促进区域协调发展，就必须大力促进贫困地区的发展，也就必须加强开展扶贫工作（范恒山，2007）。连片特殊困难地区的区域发展离不开该地区的扶贫攻坚工作。

针对我国区域发展失衡的现状，"十二五"规划和党的十八大报告均提出，要实施区域发展总体战略和主体功能区战略，构筑区域经济优势互补、主体功能定位清晰、国土空间高效利用、人与自然和谐相处的区域发展格局，逐步实现不同区域基本公共服务均等化。这是深入贯彻落实科学发展观，促进我国经济长期平稳较快发展的重大战略举措。在此基础上，我国的区域发展战略还提出了要"加大对革命老区、民族地区、边疆地区和贫困地区扶持力度"的具体策略。尤其是将14个老、少、边、穷和相对贫困人口比较集中的区域确定为连片特困地区。我国开展"片区扶贫"的目的，正是为集中力量，统筹片区内各县的发展，避免重复建设和产业重叠，更是为了从整体上促进区域全面发展。

因此，一方面，片区扶贫攻坚首先需要体现出扶贫与发展的联系和区别。如果片区规划定位于发展，则更像是区域发展规划，而不是带有特定扶贫目标的扶贫规划。如果片区规划仅仅满足于扶贫，则难以使片区贫困问题得到最终解决。另一方面，"片区扶贫开发规划更需要加强行业之间的相互衔接、更需要体现对片区整体新的扶贫开发需求的回应、更需要为动员全社会支持扶贫提供平台"。因此，必须把加快解决连片特困地区的扶贫问题作为区域发展战略的一部分，通过制定和实施片区发展规划，加大对连片特困地区的扶持力度，加强基础设施建设，强化生态保护和修复，提高公共服务水平，最终通过对连片特困地区的扶贫开发来促进和推动区域发展。

第三节 协调发展与减贫

减贫是一项社会系统工程，减贫发展必须有各种制度的衔接与协调。同时，涉及政府各部门之间的协作，涉及财政、金融、税务、工商、国土等有关方面是否与新阶段扶贫开发的方针政策同步调整、配套改革。因此，在扶贫发展过程中，各部门之间必须相互协调，整合各种社会扶贫力量，"使市场在资源配置中起决定性作用和更好发挥政府作用，更加广泛、更为有效地动员社会力量，构建政府、市场、社会协同推进的大扶贫开发格局，在全国范围内整合配置扶贫开发资源，形成扶贫开发合力"，确保贫困户尽快走上自我积累、加快发展的道路。

一 传统扶贫模式存在的缺陷

中国在长时间的扶贫实践中，走出了一条具有中国独特经验的扶贫开发之路，而在其中，政府主导型扶贫无疑是中国扶贫开发工作的最主要特点。政府主导型扶贫模式源于新中国成立后形成的计划经济体制，政府是扶贫工作的唯一主体和责任者，从扶贫目标、扶贫规划、扶贫策略到扶贫具体措施等方面都是政府在"一手操办"。改革开放以后，扶贫工作虽然进行了相应的改革调整，但仍然有浓厚的计划经济色彩，政府作为扶贫开发的绝对主体地位并没有明显改变，依然在扶贫领域发挥着核心主导作用，形成了自身运作的一些特点。随着经济社会的发展和扶贫形势的改变，政府主导型扶贫开发模式也存在一些缺陷，在实践操作中遇到了一些问题，需要我们对其进行反思和改进。

（一）机制不够完善

选择政府主导型扶贫模式，本应是适当而有效的，但由于在实践中采取的是一种片面的政府主导型扶贫模式，从而削弱了政府主导型扶贫的有效作用。就总体情况而言，目前的扶贫开发还没有形成政府主导、社会参与、多方联动的有效的扶贫格局。一是多方联动的扶贫开发机制没有形成，基层政府对上级政府的依赖性过强，基层组织的作用没有得到有效发挥。还没有形成上下联动、充分衔接的有效机制，呈现上级政府"一头热"的局面。二是贫困主体参与性较低。贫困地区贫困主体自身脱贫的能力不足，部分地区贫困主体等、靠、要的思想突出，对扶贫开发工作的参与度低，缺乏主动参与的积极性。一些扶贫开发项目的制度设计也将贫困主体排除在外，不少地方在扶贫开发中仍然采用"自上而下"的单向扶贫方式，在扶贫开发项目的实施中不与贫困主体商量，没有充分尊重贫困主体意愿，农户没有真正参与进来。贫困主体的参与积极性不高，主体作用没有发挥出来，使得部分贫困主体认为扶贫开发是政府部门的事，是村镇干部的事，出现"干部干、群众看"的现象，甚至在有的地方出现了基层政府和干部的出发点是为贫困农户办好事、办实事，但是用行政命令来强行推进扶贫项目的实施，农户不配合、不支持，在一定程度上挫伤了贫困主体的积极性，造成干群关系紧张。三是社会参与度不高，扶贫完全依赖政府作为，没有充分利用政府主导下的社会扶贫的力量。强调政府主导主要是需要政府承担起扶贫的主要职责，只要政府责无旁贷地履行起了扶贫义务，完全可以依靠自身的资源优势争取更多的社会扶贫力量来共同反贫困。四是政府扶贫手段囿于传统的行政管理模式，没有广泛借鉴较为灵活的市场机制。政府主导下的扶贫出于工作惯性，往往容易采用行政的政策乃至法律手段，而较少使用市场手段。传统行政手段有失灵的时候，需要依靠灵活的市场机制进行弥补（戴旭宏，2008）。

（二）手段比较单一

在长期的扶贫实践中，我国一直把资助式扶贫作为扶贫主要任务，此举远远落后于现实的需要，而此举使得扶贫的边际效益递减，没能走上可持续发展的道路。这主要由于在资助式扶贫目标的指引下，实质上是一种"输血扶贫"的落后模式，即以资助式扶贫为主，少开发式扶贫；以资金扶贫为主，少技术扶贫；以硬环境扶贫为主，少软环境扶贫；以微观切入为主，少宏观政策指导；自上而下推进，而不是上下有效结合（匡远配，2005：24—28）。

虽然这种"输血式"扶贫模式在我国农村扶贫工作中占有重要地位，但事实却表明"输血式"扶贫模式已经不能适应改革开放带来的社会新变化，不仅农村返贫率较高，而且不能从根本上帮助贫困者有效脱贫。这样，改革开放之初在农村行之有效的"输血式"扶贫模式，随着扶贫实践及社会的进步已引起了人们的反思和质疑。有学者认为，"以往的救济方式扶贫模式侧重于钱财物的发放，只能解一时之'贫'，却不能根除贫困之源"（韩安庭，2010）；有学者基于调查指出，受"输血式"扶贫模式救助的"贫困人口一直处在普遍的被动接受状况，生活热情和生产积极性未得到充分激发和调动，反而养成了一种惰性心理"（王蓉，2001：8），也就是说，这种扶贫模式容易使贫困者养成"等、靠、要"的消极依赖心理；还有学者则认为，该模式"具有很大的局限性，例如，不能达到扶贫的根本目的，不能充分利用资源等"（朱坚真等，2000：35）。此种资助式扶贫并未解决农村贫困的根源问题及其内生机制的造血功能，使得扶贫表现出边际效益递减的特点。

（三）监管力度不足

政府主导型扶贫模式虽然具有能动员大量资源的优势，但在这种模式中，扶贫项目、资金分配的决策权、使用权和控制权掌握在政府手中，带有计划经济的色彩，在实践中常常会出现扶贫目标瞄准的偏差，扶贫资源的误配置和扶贫的低效率，无法达到资源配置的最优状态等很多问题。

在扶贫项目的选择方面，由于扶贫开发项目选择的盲目和政绩观的驱使，在实际的扶贫项目选择方面，经常存在重短期效益、轻长远利益，重表面数字、轻实际功效，较易选择立竿见影的"短平快"项目，在经过短暂的实施和简单的评估之后，就匆匆结束，而没有后期的跟踪，造成了事实上的就"项目"而"项目"，没有达到扶贫开发的长效目的。

在扶贫资金方面，资金投放主体不明确，到位率和透明度不高。由于政府主导实施的扶贫是一种自上而下的运行模式，资金来源渠道较为复杂，运行链条长，环节多，很难对资金使用情况进行切实有效的监督和管理，致使大量扶贫资金没有到位，到位资金也有可能没有真正用在扶贫项目上。实践说明，由政府主导的扶贫资金与项目目标常常发生偏离和转换。所谓目标偏离与转换，即扶贫资金和项目原定的扶助穷人摆脱贫困和获得发展的目标在实际运行过程中被其他目标所置换。例如，随"以工代赈"项目下发的资金，在分配过程中经常被挪作发放贫困地区干部的工资，或者被挪用至地方政府更为关注的其他方面，如维持地方政府的正常运转、投资工业项目等，最终贫困人群得不到赈济和发展，扶贫目标得不到真正实现。除此之外，由政府主导和负责的扶贫项目或资金，其瞄准对象很容易在实际操作中被替换掉，如准入门槛的设定让很多真正的贫困人群无法获取扶贫资源；相对贫困更严重的人群获取扶贫资源与项目的可能性相对较低。以专项扶贫贷款项目为例,由于扶贫贷款一般要求提供财物担保,贷款申请过程和审批程序复杂,而穷人既缺乏担保物,又缺乏贷款申请程序的经验与技巧,致使大量的贴息贷款没有流向真正的贫困人群,而被发放到了效率高、风险小的大中型基础设施项目以及效率好的农业企业和富裕的农户,扶贫资源没有有效地实现帮助真正的贫困者这一目标。

二 协调发展的制度建设

正如《关于创新机制扎实推进农村扶贫开发工作的意见》所说:"只有不断创新体制和机制,扶贫开发才能充满生机与活力。为做好当前和今后一个时期的扶贫开发工作,必须从工作机制上进行开拓创新,从管理体制上进行健全完善,从责任制度上进行改革探索,以推动新阶段扶贫开发再上新台阶。"在扶贫工作中,要重点关注扶贫开发与贫困县考核机制、扶贫工作机制、干部驻村帮扶机制、金融服务机制、社会参与机制、财政专项扶贫资金管理机制以及农村低保制度等的有效衔接。在这些制度衔接中,"两项制度"衔接是最为重要。实现农村最低生活保障制度和扶贫开发制度有效衔接,是完善我国扶贫战略和政策的新举措。做好"两项制度"衔接工作,需要破解救济与帮扶、公正公平、资金使用效益和工作保障机制四大难题。

(一)"两项制度"衔接的必要性

从长远看,有必要进一步完善农村贫困监测体系和农村低保信息管理系统,建立扶贫、民政、统计、财政、发展改革等部门参与的贫困人口扶持对策的信息交流和工作协商机制;搞好扶贫与农村低保的有效衔接,促使农村各项缓解贫困措施的有效落实和相关工作的规范化和科学化,要推进农村最低生活保障制度和扶贫开发政策的有效衔接。低保制度是社会救助,扶贫开发是提高能力;低保制度是维持生存,扶贫开发是促进发展。二者相辅相成,相互促进,不能相互替代。两项制度有效衔接的目标任务是,对低保对象,通过农村低保制度保障其基本生活;对扶贫对象,通过扶贫政策的扶持,提高其收入水平和自我发展能力,稳定解决温饱问题,逐步走上致富道路。

扶贫和低保都是针对贫困人口的政策措施,如果在工作中不能很好结合,不仅会增加基层的工作负担,还可能出现扶贫资源配置的重复或遗漏。共同识别贫困人口,分别采取有针对性的帮扶措施,不但可以减轻基层工作压力,提高政府扶贫资源的使用效能,而且对于完善国家扶贫战略和政策体系至关重要。通过两项制度衔接,完善贫困人口的识别机制,是提高扶贫工作水平的重要途径。现在很多面向贫困农户的政策措施难以落到实处,就是因为没有建立贫困农户的识别机制。实现两项制度有效衔接，是完善新阶段扶贫战略和政策体系的内在要求。

两项制度的衔接是一项宏大的社会政策，是关系到今后十年乃至更长时间扶贫开发工作的基础性制度建设工作，是建立贫困瞄准机制的需要，是建立多部门通用工作平台的需要，是实现科学管理和分类扶持的需要，是改进贫困识别方法的需要，是新阶段完善国家扶贫战略和政策体系的奠基之作。

扶贫开发和农村最低生活保障制度的衔接，是完善国家扶贫战略和政策体系的重要内容，关系到今后十年乃至更长时间扶贫开发工作的基础性制度建设工作，是新阶段完善扶贫战略的奠基之作。当前，我国正处在《中国农村扶贫开发纲要（2011—2020年）》的开始阶段，新阶段的扶贫开发，从以解决温饱问题为主转为解决温饱问题和提高素质能力并重，从以开发式扶贫为主转为开发式扶贫和低保制度相结合两轮驱动，中国的扶贫开发以提高扶贫标准为标志，进入了一个新的阶段。

（二）"两项制度"衔接的内容

扶贫开发和农村低保是关系贫困人口生存与发展，关系贫困地区和谐与稳定的大事。在我国扶贫开发的新阶段，适时提出"两项制度"的衔接，不仅是贯彻落实科学发展观，坚持以人为本执政理念的具体体现，更是高度关注民生的又一重大举措。实行"两项制度"衔接工作，总体上应把握救济与帮扶的关系，即救济是解决生存问题，帮扶是解决发展问题，区别只是救济与帮扶的对象有所不同。两项制度有效衔接的目标任务是，对低保对象，通过农村低保制度保障其基本生活；对扶贫对象，通过扶贫政策的扶持，提高其收入水平和自我发展能力，稳定解决温饱问题，逐步走上致富道路。两项制度有效衔接的基本内容包括以下政策衔接、程序衔接、管理衔接三个方面的内容。

（1）政策衔接。对农村低保对象，要力争做到应保尽保，按照政策规定发放最低生活保障金；对扶贫对象，要根据不同情况，享受专项扶贫和行业扶贫等方面的扶持政策，采取产业开发、扶贫易地搬迁、雨露计划培训、危房改造、扶贫经济实体股份分红、小额信贷、互助资金、教育免费及补助、党员干部和社会各界帮扶等形式，确保扶贫对象受益；对农村低保和扶贫对象中的残疾人，以及被拐卖后获解救的妇女儿童家庭提供重点帮扶。两个制度的衔接，要依据统计部门的监测数据确定扶贫对象，确保政策兑现。因地方自定扶贫标准而增加的扶贫对象，由省（区、市）人民政府安排落实扶持资金。

（2）程序衔接。统一组织，使农村低保和扶贫对象识别工作在时间和程序上同步进行。严格按照申请、收入核查、民主评议、审核审批等程序和民主公示的要求，认定农村低保和扶贫对象。对于申请享受两项制度的，村民委员会按照规定分别进行调查核实，集中进行民主评议。经乡（镇）人民政府审核后，属于扶贫对象的，报县级人民政府扶贫部门审批；属于农村低保对象的，报县级人民政府民政部门审批。村民委员会、乡（镇）人民政府以及县级人民政府扶贫和民政部门，要及时向社会公布民主评议意见、审核意见和审批结果。对于已经核实的农村低保对象，县级人民政府民政部门在进行复核时，要配合扶贫部门将其中有劳动能力和申请意愿的确认为扶贫对象。

（3）管理衔接。对农村低保和扶贫对象实行动态管理。县级人民政府扶贫和民政部门，以及乡（镇）人民政府要分别建立农村低保和扶贫对象档案，会同统计、残联等部门和单位，对两项制度涉及的对象同步进行调整；采取多种形式，定期或不定期地了解农村低保和扶贫对象的生活情况。对收入达到或超过农村低保标准的，要按照规定办理退保手续；对已实现脱贫致富的，经过民主评议和公示无意见后，要停止相关到户扶贫开发政策；对收入下降到农村低保标准以下的，要将其纳入低保范围；对返贫的，要将其吸纳为扶贫对象。各省（区、市）和试点县人民政府要结合本地区的实际，制定两项制度有效衔接办法。在现有贫困户建档立卡和农村"五保"、农村低保档案管理系统的基础上，逐步完善农村低保和扶贫开发数据库，做到信息互通，资源共享。

（三）"两项制度"衔接的路径

扶贫开发和建立农村贫困人口最低生活保障制度都是缓解农村贫困的方式，但是两者在目标、工作对象、工作手段、性质、实施主体和工作机制等方面存在不同之处。要促进两者的有效衔接，必须建立健全更加有效的衔接机制。

1. 建立联席会议制度

加强扶贫、民政、财政、统计、金融等部门的合作，成立扶贫开发与农村低保政策衔接的领导小组，由扶贫、民政两部门牵头，组织成员单位建立能够互相信任、互相促进的联席会议制度。"支持各民主党派中央、全国工商联和无党派人士参与扶贫开发工作，鼓励引导各类企业、社会组织和个人以多种形式参与扶贫开发。建立信息交流共享平台，形成有效协调协作和监管机制。"目的是通过联席会议共同研究解决扶贫开发和农村低保政策衔接过程中出现的问题，出台工作措施，建立合作机制，提高工作效率。

2. 实行信息共享

实行部门信息资源共享有利于促进扶贫开发与农村低保政策两者衔接。实际工作中，涉及数据信息、办事程序、帮扶信息、政策法规等资源，可互相参考和利用。可以试行建立信息通报制度，各成员单位之间定期相互通报贫困户、低保户信息以及工作措施、经验做法、问题研究等情况。《关于创新机制扎实推进农村扶贫开发工作的意见》指出,"各省（自治区、直辖市）在已有工作基础上,坚持扶贫开发和农村最低生活保障制度有效衔接,按照县为单位、规模控制、分级负责、精准识别、动态管理的原则,对每个贫困村、贫困户建档立卡,建设全国扶贫信息网络系统。专项扶贫措施要与贫困识别结果相衔接,深入分析致贫原因,逐村逐户制定帮扶措施,集中力量予以扶持,切实做到扶真贫、真扶贫,确保在规定时间内达到稳定脱贫目标"。

3. 加大资金投入

要进一步增加对农村扶贫开发的投入,力争使有劳动能力的贫困人口通过自身的努力稳定解决温饱问题。只有巩固扶贫开发的成果,才能减轻农村低保的压力。要进一步增加对农村社会救助的投入,健全农村低保的投入机制,使常年绝对贫困人口全部纳入低保范围,并逐步提高低保水平,稳定解决温饱问题；加大对"五保"供养转移支付力度,实行专户管理,避免"五保户"挤占农村低保资金的现象；健全临时救助制度,确保因各种突发因素引起的群众短期生活困难问题得到解决。

4. 提升协调效率

扶贫开发和农村低保制度的衔接工作,基础和平台在县、乡基层。建议由扶贫办和民政部联合发文,对基层工作提出具体要求,进一步指导、督促地方扶贫、民政部门加强协作,建立定期协商、信息沟通、协同推进的工作机制,形成减贫工作的合力。

5. 完善考核机制

扶贫和民政部门要进一步完善工作机制,提高管理水平,加大监督力度,建立健全对地方工作进展情况的考核体系。扶贫工作要把贫困农户增收和贫困人口减少作为主要指标,低保工作要将低保覆盖率和补助水平作为主要指标,通过奖优罚劣,推动各地进一步规范管理,使中央的惠民政策落到实处。

三　大扶贫格局与贫困治理

统筹兼顾是科学发展观的根本方法,扶贫要以这一根本方法为指导。贫困地区新一轮扶贫开发要体现社会公平,在扶持贫困村发展的同时,还要统筹兼顾贫困村的扶贫开发,改变过去扶贫项目资金安排"一刀切"的做法。要拓宽扶贫的对象,不仅要重视农村的贫困问题,而且要重视城镇的贫困问题；不仅要重视解决贫困村的贫困问题,而且要解决好非贫困村的贫困问题。从扶持方法上,树立"大扶贫"理念,以专业扶贫、行业扶贫、社会扶贫、援疆扶贫四位一体的经济效益这些目标上来，资源配置应当主要由市场来进行。同时政府应为社会经济组织参与扶贫制定有力政策，应允许它们采取社会行为和企业行为参与，在社会经济组织与贫困群体之间建立起合作关系，使扶贫开发各方面的效益都达到最大化。

其次，社会各类扶贫主体成为扶贫的重要力量和有效补充。各类非政府组织具有丰富的资源，同时也具有专业理念和方法方面的优势，在扶贫项目的选择、扶贫对象的瞄准、扶贫效率的提高和扶贫效果的提升方面的长处能够得到充分的发挥。社会组织和经济组织参与扶贫开发不应只局限于政治动员和行政激励，应允许它们采取社会行为和企业行为参与扶贫开发，使贫困地区的政策优势与社会、经济组织的资本、技术和生产经营等优势结合起来，用经济利益作为纽带在社会经济组织与贫困群体之间建立起合作关系，使扶贫开发各方面的效益都达到最大化，引导经济组织特别是发达地区的资本、技术到贫困地区开发建设，使政府机制和市场机制找到结合点，并在此基础上逐步形成持久的社会扶贫机制。

最后，进一步发挥贫困群体参与扶贫开发的主体作用。促进"自上而下"的单向传递向"上下结合"双向沟通的扶贫方式的转变，扩大和深化参与式扶贫的范围和途径，充分发挥贫困群体在扶贫开发中的主体作用。在扶贫开发具体过程中，尽可能赋权给贫困农户，让他们有机会根据自身需求与愿望参与扶贫开发的全过程，使其成为扶贫开发的真正主体，从而逐步提高贫困农户自我发展能力，增强扶贫开发的可持续性。

（二）政府主导、多元主体参与的大扶贫格局

2012年底，习近平总书记在河北视察指导扶贫工作时强调指出："全面建成小康社会，最艰巨最繁重的任务在农村、特别是在贫困地区。没有农村的小康，特别是没有贫困地区的小康，就没有全面建成小康社会。"大扶贫是对贫困问题尤其是贫困原因的认识逐步深化，对扶贫方式的了解不断深入，对扶贫主体间的关系更加明确。众多反贫困理论已经从多方面阐述到，贫困不是简单的收入低下或物质短缺，而是一个综合性的社会问题，致贫原因更是涵盖政治、经济、社会、文化的各个方面，既然贫困原因是一个多方面复杂的问题，因而反贫困也要从多维度入手，实现广义资源性扶贫。具体来讲，在现阶段推进扶贫开发的过程中，就需要全社会的力量而不仅仅只是政府发挥作用，坚持"政府主导、农民主体、部门联动、社会参与"，需要确立包括政府、企业和社会组织等多元扶贫主体各就其位、共同参与的扶贫格局，构建专项、行业、社会"三位一体"的大扶贫格局。

扶贫模式，推动贫困地区政治、经济、社会、环境全面协调发展和可持续发展。

（一）多元化的扶贫主体

现阶段，中国的扶贫主要由政府扶贫和社会扶贫两部分组成的。政府扶贫的主体为政府专职扶贫机构和具有扶贫任务的政府事业单位，专职扶贫机构包括从中央到地方的各级工作组和扶贫办，担有扶贫任务的政府事业单位主要集中在经济发展和公共事业领域，如交通局、卫生局、教育局等。社会扶贫的主体是政府非专职扶贫机构、企业和非政府组织。政府非专职扶贫机构包括中央部委、东部发达省市政府、贫困人口数量大的省区政府、外国政府及具有政府背景的国际机构。因其是动员社会力量参与扶贫的一个载体，扮演的是非政府组织的角色，因此，把其划入社会扶贫的范畴。非政府组织（NGO）是指依法建立的相对独立于国家政府系统，以社会成员的自愿参与、自我组织、自我管理为基础，以社会公益活动或者互益活动为主旨的非营利性、非政治性、非宗教性的组织。在我国，非政府组织由民间组织管理局管理，因此，习惯上把非政府组织也称民间组织，而社会组织又是民间组织的另一个说法，包括社会团体、民办非企业单位和基金会。

我国的扶贫开发已进入新的阶段，相对贫困突出，在这种情况下扶贫开发战略及其运作传递机制应当逐步从单纯依靠政府和行政组织向政府机制、社会机制与市场机制有机结合的方向转变。在20世纪90年代初，开始有政府之外的社会力量尝试进入扶贫领域，但是在那个时候政府和社会组织还是各自为政，即便是政府扶贫组织机构内部，如国家机关和企业事业单位等组织机构扶贫实际上也是各自为政，缺乏信息的沟通和技术的协作。这种各自扶贫的不相关多元化，导致各个扶贫组织的优势不能互补。以政府扶贫与非政府组织扶贫做比较，政府有稳定的扶贫资金来源，可调动大量的人力物力，但瞄准率、资金使用率和回收率低，扶贫效果差，非政府组织的扶贫资金多半募集而来，存在资金、人力和物力不足的情况，但瞄准率、资金使用率和回收率高，扶贫效果好（曲天军，2002：70—72）。因此，在新时期的扶贫工作中需要改变原先的落后模式，使各个扶贫组织和机构能扬长避短，加强合作，相互学习。

首先，在众多的扶贫主体中，政府应该是扶贫的主体力量。针对中国扶贫的历史沿革及当前扶贫处于转型期的特点，反贫困工作必须坚持政府主导的原则，进一步突出和强化政府在反贫困中的组织领导、资金投入等方面的主导地位和作用。当然，政府主导扶贫原则并不是说政府扶贫的唯一性，而是强调政府扶贫的中心地位。政府在反贫困中应当充分发挥倡导、立法执法、带动、组织、示范、宣传、协调、评价及激励等功能，政府的公共支出应当逐步转向追求社会效益和

1. 落实责任，强化督导

按照"党委领导、政府主抓，城乡统筹、社会联动，干部带头、群众参与，齐抓共管、整体推进"的工作模式，以党政机关和企事业单位组建扶贫集团与贫困乡村实行对接式扶贫、以"城乡互动、结亲帮扶"和党员干部与贫困人口实行"一对一、一对多或多对一"的结亲帮扶等有效形式，形成了单位部门、社会各界、党员干部等各种力量联动发力的大扶贫工作格局。将扶贫工作责任制摆上重要议事日程、纳入经济社会发展总体规划，使全社会共同关注、支持、参与投入；建立完善县级督导考核机制，把当地财政扶贫投入情况、贫困人口收入增长水平、脱贫任务完成情况及引导行业部门、社会力量参与扶贫情况等，列入重要考核指标，把扶贫成效作为贫困地区党政主要领导干部奖惩任用的重要依据，进一步强化和落实责任；加快发展是贫困地区的根本任务，必须把握外部机遇聚合、内部机遇凸显的双重机遇，发挥好比较优势明显、后发优势突出的双重优势，以产业发展为支撑，找准主攻方向和发展路子，壮大区域经济，增强地方经济实力，加大县级财政对贫困地区投入力度，改善基本生产生活条件、发展产业致富；进一步加大招商引资工作的力度，通过产业项目建设在促进区域经济发展壮大的同时，带动贫困农民就近就业、创业。

2. 创新机制，加强统筹

各行业部门应按照"部门协调、合力推进"原则，成立扶贫工作领导小组，主要领导负总责，定期研究行业扶贫，把改善贫困地区发展环境和条件、促进贫困农民增收作为本行业发展规划的重要内容，坚持"渠道不乱、用途不变、统筹安排、捆绑使用、各负其责、各记其功"，确保"每年按本行业年度开发建设资金总额的40%以上的比例用于贫困地区发展"，完成行业扶贫任务。统筹协调各部门项目资金实行集中捆绑投入，充分发挥"组合拳"优势，实现"扶贫一个村、脱贫一个村，开发一个村、致富一个村"的目的。发挥"万名干部下基层"活动选派的定点帮扶队员的作用，按照帮助贫困村"配强班子，理出思路，完善措施，选好项目，壮大产业"的要求，扎实搞好定点帮扶。引导民营企业、社会组织、仁人志士等社会力量与贫困村开展多种形式的村企共建，帮助贫困地区培育增收产业，推进集体经济发展和农民增收。

3. 精准扶贫，专项引导

各地结合实际明确自己的工作重点。摸清贫困底数，逐户建档立卡，探索建立精准扶贫机制，增强扶贫针对性；发挥专项扶贫项目资金的撬动作用，引导行业部门资金、社会资金、民间资本向贫困地区投资，营造"扶贫向善、济困光荣"的社会氛围；重视抓好基础设施、基础农业、基层组织"三基工作"，加强贫困村"两委"班子建设，特别是注重选好带头人、配强班子，把基层党组织建设成为带头致富、带领群众脱贫致富、维护农村稳定、同步小康创建的坚强领导核心，进一步坚定贫困地区农民自力更生、自强不息、脱贫致富的信心，增强自我发展的内生动力；将扶贫开发工作纳入对乡镇和村、帮扶部门和帮扶干部的年度目标考核内容。对业绩突出的先进单位集体，给予相应奖励，每年开展"扶贫十佳"干部评选活动，对获选该称号和考核为优秀的干部，由县委、县政府予以嘉奖，并在干部提拔任命中予以优先；对考核不合格的单位，由县委、县政府给予黄牌警告并追究主要负责人的责任，对考核不合格的干部，由组织部门对其进行诫勉谈话；对乡镇和村的考核，则与扶贫项目资金计划安排挂钩，推行项目计划绩效考评制度。

4. 内外协调，片区扶贫

片区扶贫，对扶贫政策的综合性要求高，同时对不同区域的差异化要求更高，政策措施必须更具有针对性，这就意味着要求有更高的实施效果。而且，片区内的扶贫对象最多、贫困发生率最高、扶贫工作难度最大。基于此，国家采取了先行试点、逐片制定扶贫开发规划、分期分批推进的方式实施。扶贫目标将重点突出两个核心，一是减少贫困人口，二是提高贫困人口的收入和能力。具体体现在制定基础设施建设、社会事业发展、产业发展、能力建设、生态环境保护等方面。片区扶贫，还面临着片区内外协调的问题。大部分片区都跨越了几个省份。一旦跨越省份，就会产生资源之争、利益之争和政策、措施等相互衔接的问题。如果片区内将政策再按省份划分，各省做各省的，那么也不能达到片区扶贫的目的，片区扶贫将失去它应有的意义。因此，如何真正破除省界的壁垒，实现片区内协调，将是我国片区扶贫的一大挑战。目前，我国建立了部委联系片区的工作机制，13个国务院部门联系11个片区。国务院扶贫办公室主任范小建在两会期间接受采访时表示，各相关部门已经陆续出台了一系列支持片区发展的政策措施、指导意见和行业规划，部分民生工程和基础设施项目率先实施，还有其他行业部门正在出台一些专门面向片区的政策措施和专项规划。

第四节 可持续发展与减贫

贫困地区新一轮扶贫开发必须坚持可持续发展战略，扶贫开发不能以牺牲自然环境为代价，杜绝搞得不偿失的开发。尤其是在基础设施建设项目安排上，要充分考虑其对环境的影响程度。扶贫开发必须重视生态环境保护，改变贫困地区以破坏生态为代价的掠夺性生产，鼓励贫困地区发展生态农业、环保农业。合理发展草原畜牧业，恢复保护草原植被。通过发展农业科技，促进贫困地区的可持续发展，实现贫困地区经济发展和人口、资源、环境相协调，保证一代接一代地永续发展。

一 包容性减贫战略的提出

目前，中国正在实施新一轮的扶贫开发规划，扶贫对象以生态型贫困人口为主，扶贫开发已经从解决温饱为主要任务的阶段转入巩固温饱成果、加快脱贫致富、改善生态环境、提高发展能力、缩小发展差距的新阶段。从某种意义上讲，生态脆弱区的贫困问题就是生态问题，贫困的发生和贫困的程度与生态环境状况有着密切的关系（刘艳梅，2005）。因此，生态脆弱区的包容性减贫战略必须从改善生态环境、提高区域资源与环境承载力入手，协调生态改善与减贫目标，实施生态减贫战略。所谓生态减贫，是针对资源环境掠夺性减贫开发而言的，就是通过保护和恢复贫困地区的生态环境，转变贫困地区的经济发展方式，结束贫困与生态破坏的恶性循环，兼顾生态改善和减贫战略目标，是针对生态型贫困地区、借鉴包容性发展理念的一种扶贫开发模式。考虑到以往生态工程中存在的工程区居民参与度不高、经济发展受到生态保护政策限制、生态改善成果难以惠及贫困人口等问题，生态脆弱地区经济社会发展的瓶颈在于资源与环境承载力低下，合理利用资源、改善生态环境是实现区域可持续发展的唯一出路。生态脆弱地区贫困的成因很多，既有资源获取不足的收入贫困，也有发展能力低下的能力贫困，更有机会长期不均等而造成的权利贫困。在生态恶化的过程中，穷人比富人的损失更大，受害更直接，因为生态恶化会进一步压缩穷人的生存空间，使其可获取的资源和面临的发展机会更少，贫困程度加深。也就是说，生态改善才是缓解贫困的根本措施。在生态得不到持续改善的情况下，"输血式"扶贫只能维持贫困人口在较低水平下的生存问题，但政府会为此而长期背上沉重的包袱，是低效率和不可持续的扶贫方式；"开发式"扶贫则可能继续破坏生态环境，陷入贫困与生态破坏的恶性循环。在生态脆弱区资源与环境承载力没有明显提升之前，以减轻贫困为目的、促进经济增长与区域发展的手段，都将是无源之水，没有稳定的基础。

二 "以人为本"的可持续发展

直观上看，生态型贫困发生的原因是人口压力过大，导致生态环境遭到持续破坏而日益恶化，但更深层次的原因是存在"政策缺陷"，是不公平的政策将部分发展能力较差的人口排除在发展进程之外,导致区域发展失衡加剧。正是因为惧怕贫困人口的参与会影响生态改善的效果,在天保工程、野生动植物保护及自然保护区建设工程等大规模生态建设工程中,当地居民往往被视为工程建设的负担,单独安排补助资金解决其生计问题;居民也理所当然将生态工程视为扶贫工程,要求补偿工程建设对其经济活动干扰造成的损失。显然,居民被排除在生态建设工程之外,会增加工程建设的成本,却不能从根本上减轻当地人口生存与发展对资源环境的压力,这是工程政策缺乏包容性所导致的。实施生态减贫战略,最重要的是立足于区域资源,包括自然资源和人力资源,充分调动一切积极因素,努力改善生态环境,筑牢生态脆弱区减贫和发展的基础。事实上,贫困人口对于改善生态环境更有积极性,因为他们是生态恶化的直接受害者,更希望从生态的持续改善中扩展自身的发展空间和提升发展的能力,因而是区域生态改善的持久动力。快速的经济增长是减贫的必要条件,也是生态改善的核心动力。生态脆弱区的经济发展,首先要从改善生态环境入手,优先发展生态产业,使之成为生态脆弱区的支柱产业。生态经济的建设过程,就是生态型贫困地区的经济结构转型、生产生活方式转变,以保护和建设贫困地区生态环境的过程(黄颂文,2004)。生态经济发展不会直接破坏区域生态环境,对自然资源直接消耗的依赖性较低,是适合生态脆弱区发展的朝阳产业。生态脆弱区的优势在于其特色物产和景观资源,依托这些特色资源发展生态经济,可以带动区域就业,且具备竞争优势,能够吸引外来投资,是兼顾促进区域经济增长和生态环境保护目标的经济发展方式。生态脆弱区可发展的生态产业较多,如生态农业、农林牧复合经营、生态旅游等,是适合贫困人口参与、扶贫见效快和有益于生态改善的发展方式。

生态脆弱区的环境恶化不仅导致当地的贫困,而且会在整个生态系统内蔓延,如果恶化的生态环境得不到及时治理,在各种自然力(风、水流)的作用下,必然导致周边生态环境的破坏和恶化。目前,中国的生态工程主要解决全国性或重点区域的生态问题,如退耕还林工程、京津风沙源治理工程,工程区生态改善对于周边区域的正外部性非常明显。作为生态屏障,生态脆弱区应该得到补偿,作为周边区域分享良好生态服务的回馈,也是对生态脆弱区生态治理的支持。

生态补偿是平衡生态保护相关主体利益关系的经济手段,也是生态扶贫战略的重要组成部分,是生态脆弱区从生态保护和生态改善中直接获益的保障,更是包容性发展的基本要求。中国的生态补偿机制还处在起步阶段,以中央财政投入为主,象征性地对生态区位重要的森林、草地和湿地等进行补助。因此,生态补偿可以作为生态扶贫战略探索的重点领域,通过建立不同层面的生态补偿机制,生态脆弱区可以获得外部经济支持，进一步推进生态环境的改善，更好地实现包容性发展。

三 可持续发展与贫困治理

可持续发展与减贫目标下的绿色经济是中国未来战略的必然选择。未来30年，是继1949年到1978年新中国成立探索30年和1978年到2008年改革开放30年后，实现中国发展方式转变和建设"五位一体"目标，全面提升经济增长质量和效益，达到可持续发展的新格局的重要时期。而可持续发展，就是通过绿色经济、循环经济、环保低碳、节能减排来实现，其中绿色经济发展是关键。但这种战略性转变，必然会遇到各种问题和矛盾。而主要矛盾集中反映在：可持续发展与减贫关系如何处理？消除贫困与发展经济如何排序？有人提出通过发展经济来消除贫困，因此，可持续发展应排在首位；有人提出，如果过度强调绿色环保和可持续发展，减贫努力可能会受到影响。消除贫困与可持续发展本身是有矛盾的，从人类发展进步和我国以人为本原则出发，消除贫困是第一位的，可持续发展应摆在第二位，而且这两者绝不能颠倒；也有人提出，可持续发展和减贫是目标，可以通过绿色经济、循环经济、节能减排、环保低碳等发展逐步达到减贫目标的平衡推进。但发展绿色经济应把握消除贫穷、促进可持续发展的要求。发展绿色经济，是实现可持续发展的一项重要手段。贫困问题事关发展中国家人民最基本的生存权和发展权，消除贫困，促进可持续发展，应成为中国发展绿色经济的首要任务。千年发展目标等确定的减贫目标，应该成为中国制定和实施绿色经济政策的首要衡量指标。

适应新时期发展方式，转变战略新形势，针对我国目前有1.2亿多贫困人口的艰巨减贫任务，加强可持续发展、绿色经济增长与减贫研究，对实现2011—2020年新的扶贫纲要目标和集中连片特殊困难地区减贫有重要的意义。为此，建议重点研究以下与减贫相关的内容：第一，根据目前研究成果，开展中国减贫的经验、联合国千年发展目标和2015年后新发展议程路线图研究。第二，加强与联合国及国际组织合作，开展国际上关于可持续发展、绿色经济增长与减贫关系及其测度的指标体系比较研究。第三，加强与从事可持续发展和绿色经济发展研究的高校研究机构合作，开展对适应发展方式转变和《中国农村扶贫开发纲要（2011—2020年）》，构建中国可持续发展、绿色经济增长与减贫的关系及其测度的指标体系研究。第四，加强和参与集中连片特殊困难地区的部委、专家和扶贫系统机构之间的协作，开展集中连片特殊困难地区可持续发展、绿色经济增长与减贫测度发展研究。第五，利用目前扶贫系统建立的信息系统，结合扶贫监测和片区规划实施评估，开展可持续发展、绿色经济增长与减贫测度年度报告的研究和发布。

（一）生态重建与经济可持续性发展对减贫的意义

生态重建与发展的可持续性的内涵和市场化原则决定了它是贫困地区实现消除贫困与可持续发展内在统一的从优选择。生态重建与发展中的发展概念是指可持续性发展，具体体现在资源可持续性发展、经济可持续性发展、社会可持续性发展和生态可持续性发展上，并导入市场经济的轨道。正是这种可持续性内涵和市场化原则决定了它有望成为贫困地区实现消除贫困与可持续发展内在统一的途径。

第一，生态重建与发展中的资源可持续性发展，有利于降低因资源导向脱贫而付出的生态代价。资源可持续性发展是生态重建与发展中的一个中心问题，许多非持续现象的产生正是资源的不合理利用引起的生态系统衰竭，从而导致的"并发症"。贫困地区资源导向的脱贫模式决定了其短期的脱贫效益是通过资源的高浪费、高消耗取得的，同时也是通过环境和生态的巨大破坏取得的，因此其生态代价沉重，造成贫困地区脱贫与可持续发展的巨大矛盾。生态重建与发展中的资源可持续性发展，有利于降低因资源导向脱贫而付出的生态代价，势必促进贫困地区实现脱贫与可持续发展的内在统一。

第二，生态重建与发展中的经济可持续性发展，有利于消除脱贫面临的两难选择：贫困地区的贫穷不是单纯的食物供应不足，"山光，水尽，人穷"是其难治的并发症。一些生态环境恶劣的地方，本应让其充分地休养生息，一些生态环境虽不很恶劣但却十分脆弱的地方，也理应禁止人类大量索取，而这些地方却恰恰又面临解决最基本的吃饭穿衣这一生存问题的压力。倘若仍按照"靠山吃山，靠水吃水"的生存信条去就地开发，以解决现实需求问题，只能使环境恶化加剧，人们将陷入更难以解脱的"贫困陷阱"。开发难，不开发也难，这恐怕已经成为目前乃至今后消除贫困的攻坚战中许多地方的一种两难选择。生态重建与发展工程，以经济可持续性发展作为生态产业着陆的原动力，选择既有生态效益又有经济效益的产业作为脱贫致富的产业，坚持发展是第一位的，把加速经济发展，提高经济发展水平，作为实现生态重建与发展中可持续发展的一个重要标志，通过经济的可持续发展，消除贫困，进行生态重建。这对于消除贫困地区脱贫面临的两难选择，无疑具有积极的意义。

第三，生态重建与发展中的社会可持续性发展，有利于兼顾近期利益与长远发展目标。贫困地区的脱贫与可持续发展问题，说到底就是一个近期利益与长远发展目标的协调问题。近期利益，即解决贫困人口的温饱问题；长远发展目标，即按照（中国 21 世纪议程）的要求，谋求以人为中心的社会的全面持续发展。贫困地区要实现脱贫与可持续发展的统一，就要兼顾好近期利益与长远发展目标。生态重建与发展中的社会可持续性发展，不仅关注人类如何与大自然和谐相处，而且还关心发展中的公平性问题，提高人们对当今社会及后代的社会责任感。这显然有利于兼顾好贫困地区的近期脱贫与长远的可持续发展。

第四，生态重建与发展中的生态可持续性发展，有利于改变阻碍贫困地区脱贫和可持续发展进程的环境人口承载力低下的状况。生态重建与发展中的生态可持续性发展，要求在发展过程中维持与保护生态系统的整体性和发展生态的服务功能，而且强调这种维持与保护的生命力在于它不是追求一种较低交换层次的原始平衡，而是应用生态系统中物种共生与物质循环再生原理，坚持结构与功能协调原则，结合系统最优化方法设计多层分级利用物质的生产工艺系统，在生产、增益、减耗和加工上，联结相对独立与平行的一些生态系统为共生网络，调整内部结构，充分利用空间、时间、营养生态位，充分发挥物质潜力，减少废物，根据自然、经济、市场和社会情况，因地制宜，促进良性循环，使受破坏的生态系统得以重建与发展。这种生态可持续性发展，将有利于贫困地区形成依靠科学技术提高产品附加值的内在动力与活力，使一定量的资源能够承担的人口数即环境人口承载力大幅度提高，从而确保贫困地区的经济增长成为脱贫与持续发展的动力。

第五，生态重建与发展的市场化原则，有利于促进资源优势向经济优势的转化。在生态重建与发展的五位一体的投资模式及整体构架中，最关键的要素是建立了一种利益驱动机制，即将生态重建与发展工程导入市场经济，通过市场的导向作用，在更大程度地发挥政府及专家的指导作用的同时，改变农民的利益取向和生产模式，变农民传统的单纯种粮为农、林、牧、副、渔全面发展，使农民的利益取向和谋生方式进行分流，在限制和杜绝对生态有害生产选项的同时，充分利用多种资源优势及市场潜力，提高商品生产总量，最大限度地变资源优势为经济优势，形成加速贫困地区脱贫致富进而步入可持续发展良性轨道的内生力。

（二）制度创新是贫困地区生态重建与发展的重要保证

自家庭承包经营责任制重新确立农民的经营主体地位，到流通体制改革引入市场机制，我们每一步改革的成就，无不闪现出制度创新的光环。而今，当分散经营的小生产与社会化大市场之间产生了较大的矛盾并衍生出脱贫领域的生态保护与农民垦荒之间的矛盾时，制度创新同样是我们实施有关对策的保证。贫困地区要实现脱贫与可持续发展的内在统一，必须走生态重建与发展之路，而生态重建与发展，必须有制度创新的保证。

一方面，只有制度创新，才能确保农民成为生态重建与发展工程必需的实施者。以资源为导向的脱贫模式之所以步入困境，关键在于它无法解决生态利益与农民利益的矛盾，这两者之间，不是生态利益以农民利益的损失为条件，就是农民利益以生态利益的损失为代价。生态重建与发展工程的成功，关键在于它可使农民的利益在生态重建与发展中得以体现，使农民成为生态重建与发展工程的积极参与者和实施者，但这离不开制度创新的保证。通过企业与农民的联结，将农业再生产过程中的产前、产中、产后三者联结成为完整的产业系统，通过延长农业的产业链条，向第二、第三产业延伸，扩大农民经营的外部规模，实行"农工商、产供销一体化"经营，采取系统内的非市场安排与系统外的市场机制相结合的方式，建立起"风险共担，利益均沾"的保险机制，突破分散小规模农户经营的瓶颈，通过发挥产业协同和组织协同效应来形成农业经营的聚合规模，产生新的经济增量，实现农户的规模效益，提高农业的比较利益，创造农民自我积累和自我发展的动力。从而使农民的利益在生态重建与发展中得以体现，使农民成为生态重建与发展工程的参与者和实施者。

另一方面，只有制度创新，才能确保生态重建与发展工程的资本来源。生态重建与发展工程成功实施的另一关键要素是资本来源的保证。政府和企业的资金是有限的，其出路何在？制度创新是唯一途径，即建立一种全民参与生态建设的投资体系，进行一种生态建设投资融资体制的探索。要吸引投资者，首先要建立规范的"利益均沾、风险共担"的契约关系，确保投资者投资的安全性；其次要确定主导产业，实行区域布局，依靠企业带动发展规模经营，使投资者的生态建设投资回报有保证；最后要完善利益分配机制，在界定产权、规模管理、量化标准的基础上，建立合理的合作秩序，确保生态建设产业化的规模效益在合作各方的公平分配。

第五节　社会治理与减贫

20世纪80年代，在对政府与公民、政府与社会、政府与市场这三对基本关系的反思中，治理理论应运而生。时至今日，治理理论已经成为一套内容丰富、适用广泛的理论。与贫困的单一政府治理模式相互对应，治理理论在发展过程中，不断丰富和深化社会治理。社会治理理论介入反贫困治理领域，可更深入地阐释贫困治理。贫困的社会治理的基本主张是，多个减贫主体秩序的建构，即多主体参与扶贫和多主体协作扶贫机制的建构和完善。

一 社会治理的内涵

"治理"一词古已有之，即"治国理政"。此处的"治理"主要是指20世纪80年代以来兴起的"治理理论"。

（一）社会治理的概念

学术界和相关机构对于治理的界定多种多样，为人们广泛接受的是1995年联合国全球治理委员会在《我们的全球伙伴关系》中提到的治理概念，"治理即公私机构管理其共同事务的诸多方式的总和。它是使相互冲突的或不同的利益得以调和并且采取联合行动的持续过程。这既包括有权迫使人们服从正式的制度和规则，也包括各种人们同意或以为符合其利益的非正式的制度安排。治理不是一整套规则，也不是一种活动，而是一个过程；治理过程的基础不是控制，而是协调；治理既涉及公共部门，也包括私人部门；治理不是一种正式的制度，而是持续的互动"（联合国全球治理委员会，1995）。

荷兰学者基斯·冯·克斯伯根（K. Van Kersbergen）和弗朗斯·冯·瓦尔登（F. Van Waarden）较为完整地总结了治理的九种用法，一是善治，这是治理最突出的用法，强调合法性与效率，具有政治价值、行政价值和经济价值；二是作为国际关系领域中的"没有政府的治理"；三是作为社会和社区自组织的"治理"；四是市场制度和经济治理；五是公司治理，旨在不从根本上改变公司的基本结构的前提下，提高管理者的责任感和管理行为的透明度；六是新公共管理，即公共部门的"善治"；七是网络治理，其中又分为公共组织、私人组织和公私混合组织三种形式；八是多层次的治理，指不同的政府层次以及公共、私人部门在各个层次上的参与；九是作为网络治理的私域治理（杨雪冬，2005）。

何为社会治理？学术研究众说纷纭。在有关社会治理的研讨中，从权力配置的角度看，"社会治理就是根据国际环境的发展和各国政府改革的效果，通过对社会管理过程中权力格局的分析与判断，对社会管理过程和模式进行的创新"（韩朝华，2007）。从治理过程与目标而言，"社会治理是通过制定社会政策和法规，依法管理社会事务、规范社会组织行为、合理分配社会财富、维护社会公正、化解社会矛盾、保证社会秩序和社会稳定"（卢汉龙，2006）。

此外，孙晓莉认为，"社会治理蕴涵了有限政府、法治政府、公众参与、民主、社会公正等理念，以共同治理为本，谋求政府公共部门、私营部门、公民社会等多种社会管理主体之间的沟通和交流，通过共同参与、协同解决、共同责任机制，在社会公正的基础上提高社会管理的效率和质量。社会治理蕴涵的服务至上和公正至上的管理理念强调寻求一种新的公共责任机制；既要将政府从包揽一切的财政重负中解脱出来，又谋求社会多个主体、多种力量的协商合作；既要增强私营部门、公民社会的活力和自助性，又要保证私营部门和公民社会对具体意义上的公众负责；既要提高社会管理的效率，又要保证社会管理过程和结果的相对公正"（孙晓莉，2005）。陈朝宗以社会控制论为视角，认为根据社会控制论对社会系统的划分，可以把社会治理形式分为"社会的自我管理""社会的政府管理""社会第三部门管理"三种。社会治理目标不仅仅包括社会的公平和稳定，还包括社会的活力、社会生活的效率以及社会治理的成本（陈朝宗，2005）。俞可平比较了社会治理、社会管理和社会自治的关系，从而定位社会治理。他认为，"社会管理是政府依法对社会事务、社会组织和社会的规范和管理。社会管理的主体是公共权力部门，它实际是一种政府行为，是政府的重要职能。社会自治是人民群众对公共事务的自我管理，其管理主体是社会组织或民间组织，它是一种非政府行为，是基层民主的重要实现形式"。"社会管理和社会自治是社会治理的两种基本形式，是一体之两翼。对于国家的长治久安和良好的社会治理而言，两者相辅相成，不可或缺"。

（二）社会治理的特点

社会治理的特点是相对社会管理而言的，社会治理区别于传统的社会管理理念。社会管理秉持政府本位主义的"以需求为本"的为民服务思维；社会治理换之以"与民服务"的公共服务思维。社会管理是以政府为主导的，一种泛化的、以管控为主要目的而满足居民公共服务需求的管理定位；社会治理虽然也以政府为主导，但主要以分化的、侧重于积极扶持社会力量来提升社会的自我服务能力，它体现为发掘社会及社区优势的治理和服务理念（黄毅、文军，2014）。社会治理作为超越新公共管理的一种理念，是在各国寻求公共管理新模式的进程中提出的新理念和新构想。社会治理主张多元参与、"双向互动"，强调合作协商、法治理念，更重视公开透明、体制机制创新，在治理的方式、方法上，社会治理比社会管理更具现代化的特征（李强，2014）。

社会管理与社会治理在主体构成、方式、方向、内容、目的几方面有着显著的区别。第一，从主体构成上来看，传统的管理主体是国家和政府，一般带有强制性；而治理的主体除了国家和政府之外，还特别强调社会组织、企业、公民个体等社会力量的参与。第二，从方式上来看，传统的管理方式一般以带有行政性的管制方式为主；治理的方式除了行政方式以外，还强调法律、市场、思想道德建设等多种方式的运用。第三，从方向上看，传统的管理一般是单向式的、自上而下的行政命令比较多；治理强调的是双向的、多元主体间互动。第四，从内容上看，治理是政府和社会组织等共同为社会成员提供各种公共服务，包括协调社会关系、化解社会矛盾等，实现社会的安定有序。第五，从目的来看，管理的最终目的和最高要求是为了维持社会稳定；治理是为了培育更大范围的社会协同和提供更广泛的社会参与渠道（黄毅、文军，2014）。社会治理蕴含了服务至上和公正至上的管理理念，它既要将政府从包揽一切的财政重负中解脱出来，又要谋求社会多个主体、多种力量的协商合作；既要增强私营部门、公民社会的活力和自主性，又要保证私营部门和公民社会对公众负责；既要提高社会管理的效率，又要保证社会管理过程和结果的相对公正（孙晓莉，2005）。

（三）社会治理的目标

社会治理的目标是创造各种条件以保证社会秩序的良性运行，维护民众整体利益，促进社会的民主公正（向德平，2011）。简言之，社会治理的目标即达成善治。善治可直译为"良好的治理"，就是使公共利益最大化的社会管理过程。善治的本质特征就在于它是政府与公民对公共生活的合作管理，是国家与公民社会的一种新颖关系，是两者的最佳状态。善治的基本要素包括6个方面。①合法性。它指的是社会秩序和权威被自觉认可和服从的性质与状态，合法性越高，善治的程度越高。取得和提高合法性的主要途径是尽可能增进公民的共识和政治认同感。所以，善治要求有关的管理机构和管理者最大限度地协同各种公民之间以及公民与政府之间的利益矛盾，以使公共管理活动取得公民最大限度的同意和认可。②透明性。它指的是信息的公开性，透明性要求政策制定、法律条款、政策实施等相关信息及时公开，以便公众有效参与公共决策过程，并有效监督公共管理过程。透明度越高，善治的程度越高。③责任性。它指的是人们应当对自己的行为负责。公众，尤其是公职人员和管理机构的责任性越高，善治的程度越高。④法治性。法律是公共政治管理的最高准则，法律规范公民行为，更制约政府行为。⑤回应性。它指的是公共管理人员和管理机构必须对公民的要求做出及时和负责任的回应。回应性越高，善治的程度越高。⑥有效性。它指的是管理要有效率。管理的有效性越高，善治的程度越高（俞可平，2000）。

总之，由"社会管理"发展到"社会治理"是理论研究的深入和升华，社会治理包含着政府对社会的治理，也包含社会的自我治理，以及两者的衔接。社会治理的基本主张是多主体协作参与而达致善治，这包含着三个方面的内容，一是社会治理的基础，即建构多主体秩序，二是社会治理的过程，即多主体协同参与，三是社会治理的目标，即达致善治。

（四）社会治理的内容

社会治理主要包含两个方面：一是政府对社会的治理，二是增强社会自治。政府对社会的治理与社会自治并非相互脱离的两个环节，而是政府与其他社会治理主体在平等基础上相互协商、合作，即政府对社会的治理以及社会自治之间相互依存，相互促进（俞可平，2012）。就其治理的内容而言，社会治理的内容主要是社会公共事务，主旨是向社会公众提供公共产品和公共服务。

首先，政府对社会的治理表现为政府与社会关系的变革与改善，即从政府对社会的管理转变为政府与社会的合作。社会治理是党政组织、市场组织、社会组织、民众等的协作共治，意味着由"政府负责"的一元化管理转变为"社会各方参与"的多元合作共治。在合作共治中，各主体地位趋于平等，权利获得平等保障，行为受到同等规范约束并接受监督，政府治理与社会自我调节、居民自治形成良性互动。在合作治理中，政府由负责者转为主导者，这不但是对其他治理主体地位的充分肯定，而且是对政府功能和职责所做的调整。朱迪·弗里曼认为，在合作模式中，政府负责管制方面的研究与发展，是最低标准的设定者、多方协商的召集者与助成者以及机构能力的建设者，从而使相关机构在合作中形成伙伴关系。此外，政府还应是社会治理的最终监管者。

其次，社会自治是治理理论的"多中心"、"多主体"理念的体现。在处理国家与社会、政府与市场、公共部门与私人部门的关系上，打破原有"二元"对立的思维定式，强调各种公共的或私人的机构以及公民个人采取各种方式共同协作，强调社会治理中要建立国家与社会、政府与民间、公共部门与私人部门的相互依赖、相互协商、相互合作的关系。我们认为社会治理的"多主体""多主体秩序"的特点有5个。①存在多个治理主体，包括各级党政机构、市场组织、社会组织、公众等；②每一个治理主体都能够作为相互独立的要素行动；③各个治理主体之间的关系具有竞争性、契约性和合作性的特点；④并不排斥中央权威的存在，当多个治理主体之间发生冲突时需要中央权威出面解决；⑤多主体共存于一个一般的规则体系之内，并在这个体系内调适它们的关系。"多主体""多主体秩序"的特点意味着，政府只是社会治理中最重要的一个主体，还有其他大量的治理主体存在并发挥作用；政府与其他组织、民众在社会治理上相互合作、相互补充、相互竞争，形成合作伙伴关系。

二 社会治理与减贫的关系

《中国农村扶贫开发纲要（2011—2020年）》和党的十八大的论述，使得

"贫困"的社会治理由研究理念转变为政策理念。如果从治理的角度来看待反贫困，可认为反贫困是"贫困的治理"或"治理贫困"，如果将"社会治理"理论及其预设运用于贫困治理领域，这给我们带来的基本思维是：①贫困治理不是政府单方面的事，而是全社会的事，即贫困治理主体不应是政府单一主体，而应是政府、市场组织、社会组织、民众多主体合作的网络状结构。这是社会治理运用于贫困治理领域而应形成的核心理念之一。②贫困的治理过程是多主体资源投入并相互协商、协作的过程。③贫困治理的总体效应是贫困人口减少，贫困程度减低，社会均衡程度提高。

（一）社会治理与减贫目标的公正性

减贫的目标是社会资源的创造与再分配，这意味着落后地区在获得发达地区援助的同时，需自己努力创造财富。贫困的社会治理既包括政府治理贫困，也包括其他社会主体参与治理。从直接意义上来说，反贫困是减少贫困，即减少贫困人口数量；从根本意义上来说，反贫困是建构和谐的社会关系，这包括在不同地区、不同群体间社会资源创造与分配的均衡。让贫困地区的民众共享改革发展的成果，实现社会公平。社会治理与减贫目标的公正性密切相关，这一长远目标的达成依赖于良好的社会治理、适宜的减贫制度安排，以及适宜的减贫制度建构和建立合理的贫困治理结构。上述贫困治理格局的形成依赖于各个治理主体的参与，即社会治理。

（二）社会治理与减贫对象的参与性

鉴于我国贫困面大、贫困群体复杂的严峻形势，减贫对象的脱贫致富不仅需要外部的援助，更需要内部自身的努力，即实行"外助内应"式发展，也就是我们平常所谓的合作型反贫困。合作型反贫困强调的是通过反贫困行动中各相关利益主体之间的合作，从制度层面上建构可持续的农村反贫困机制，这样不仅有利于消除收入贫困，而且有利于从能力、合作机制、治理结构等更深层面为贫困农户的脱贫乃至为贫困地区社会、经济、政治等诸方面的协调和可持续发展建构制度基础（林万龙等，2008）。贫困的社会治理与合作型反贫困既有相同之处，即强调减贫行动中各相关利益主体之间的合作，也有不同之处，贫困的社会治理更为突出减贫主体间的互构，即主体之间的紧密联结，深度嵌入。社会治理强调减贫对象的"参与"和"共享"，主张经济发展成果通过减贫政策、扩大生产性就业领域、提高人力资源能力和社会保障能力等途径，惠及所有人群。

（三）社会治理与减贫主体的多元化

治理是政府组织、市场组织、社会组织等多元主体自主表达、协商对话、参与互动、合作共治的一个协作过程。多元主体参与扶贫可以解决单个组织不能解决或不易解决的问题。特别是在我国目前的贫困情势下，更需要多主体参与，通过多维资本（物质资本、人力资本、社会资本）互动以及操作中的多个项目综合实施，来推进减贫事业发展。首先，多主体参与中，已有的模式可以继续，如定点扶贫、行业扶贫等，除此之外，需要强化或创建的是金融扶贫机制、社会企业参与机制等；其次，扶贫主体的能力建设中，需要强化扶贫决策能力、管理能力、执行能力，以及贫困社区、贫困人口的可行能力等；最后，多元贫困治理主体的建构还需强化国际与国内的合作。

（四）社会治理与减贫手段的综合化

早期，发展中国家普遍认为，只要实现经济增长，便可以消除贫困。其将减贫手段集中在如何提高贫困群体的收入上。后来，世界银行《2000/2001年世界发展报告》认为，减贫有赖于经济增长，经济增长是减少收入贫困的强大动力，但是，减贫程度并不完全依赖于经济增长。物质困乏不是贫困发生的唯一原因，制度缺陷也是贫困发生的起因。因此，减贫手段更趋综合化，更体现在贫困治理的制度设置上。之后，益贫式增长被提上日程，益贫式增长（Pro-Poor Growth）是指有利于贫困人口发展的经济增长方式。关于经济增长怎样才能益贫的解说多种多样，但基本共识是贫困人口参与其中并获得合理分配。当然，益贫式增长的形成还需要政府相应的规制、设计以及市场组织、社会组织的介入。现在，贫困的社会治理更强调一种包容性的增长，即"能创造出生产性就业岗位的高增长，能确保机遇平等的社会包容性以及减少风险，并能给最弱势群体带来缓冲的社会安全网"，其目的在于最大程度地让普通民众分享经济发展成果。

（五）社会治理与减贫行动的机制化

多年的减贫实践已经证明，贫困治理的主体不应是政府单一主体，而应是政府、市场组织、社会组织、民众多主体合作的网络状结构；贫困治理的过程是多主体资源投入并相互协商、相互协作的过程；贫困治理的总体效应是贫困人口减少、贫困程度减轻、社会均衡程度提高。各相关利益主体之间如何实现功能互补的合作？需要在制度层面上实现减贫行动的机制化。这样不仅有利于消除收入贫困，而且有利于从能力、合作机制、治理结构等更深层面为贫困农户的脱贫乃至贫困地区社会、经济、政治等诸方面的协调和可持续发展建构制度基础。简而言之，贫困的社会治理既包括政府治理贫困，也包括其他各种社会主体参与治理。

协同通常是指某一系统的子系统或相关要素间的相互合作。这种合作有助于整个系统趋于稳定和有序，并能在质和量两方面产生更大的功效，进而演绎出新的功能，实现系统的整体增值。协同治理是指在一个既定的范围内，政府、经济组织、社会组织和社会公众以维护和增进公共利益为目标，以既存的法律法规为共同规范，在政府主导下，通过广泛参与、平等协商、通力合作和共同行动，共同管理社会公共事务的过程，以及在这一过程中所采取的各种方式的总和（刘伟忠，2012：47）。

三 贫困的社会治理及其启示

我国的减贫事业可以理解为贫困的社会治理，贫困的社会治理对新阶段的减贫具有以下启示作用。

（一）贫困的社会治理的内涵

2011年，《中国农村扶贫开发纲要（2011—2020年）》对目前减贫做出了一个阶段性判断，即中国农村扶贫开发从以解决温饱为主要任务的阶段，转入了巩固温饱成果、加快脱贫致富、改善生态环境、提高发展能力、缩小发展差距的新阶段。新阶段的目标是实现"两不愁、三保障"，其既包括生存的需求，也包括部分发展的需要。减贫对象由家庭到片区依次包括四个层次：贫困家庭、贫困村、重点县、连片特困地区。新阶段要建构专项扶贫、行业扶贫、社会扶贫"三位一体"的大扶贫工作格局。党的十八大将社会治理与民生并列为社会建设的重要内容，提出两个必须，即必须以保障和改善民生为重点，必须加快推进社会管理体制改革。十八大认为，社会管理的出发点是解决好人们最关心、最直接、最现实的利益问题，维护最广大人民的根本利益。因此，我们认为贫困的社会治理的内涵是借助社会力量、动员多元主体，在减贫主体间实现良性互构，实现贫困地区的脱贫致富。

（二）贫困的社会治理的目标

总体来说，减贫是社会治理的目标之一。社会治理以公平和正义的宗旨取代效率为先的目标，"除了缓和各种冲突、建立与维护社会公共秩序之外，还应包括提高管理效率与能力、提高服务质量与社会公众的满意程度、加强与改善公共责任机制等方面的内容"（孙晓莉，2005）。我们可以认为，贫困治理正是实现社会治理目标的重要组成部分，从国家范围来看，若贫困治理效果不佳，则社会治理难以达致目标，换言之，贫困治理目标与社会治理目标同构。一个良好的社会治理主要包括五个方面："一是通过社会阶层体系的社会激励机制的建立，实现社会资源、社会资本的合理配置；二是通过人的社会化机制，形成和谐的人际关系；三是建构和谐的城乡结构、区域结构、社会阶层结构、就业结构和代际结构；四是合理促进社会公平、社会公正和正义；五是形成社会有序流动的机制。"（窦玉沛，2005：178）这五个方面同样适用于贫困治理。良好的社会治理，有助于形塑良好的贫困治理主体结构，理顺贫困治理过程，从而达致减贫。

(三) 贫困的社会治理的原则

我国存在贫困人口众多、贫困结构特征复杂、贫困致因多样化、贫困表现多方面等现象，客观上要求贫困治理遵循社会化原则，即多主体合作治理。这是因为，首先，贫困人口众多、结构复杂，需要多主体合作治理。中国的贫困人口不仅数量多，而且结构复杂，贫困结构是以生存贫困为内核，包括随着社会经济发展而拓展的能力贫困、人文贫困等各个层面，它通常在区域结构、家庭结构、民族结构、性别结构等方面以复合形式表现出来。其次，贫困致因多种、表现多样，需要多主体合作治理。对于贫困致因，学术界进行了多方位解释，以"物质贫困"为出发点进行研究的学者多从经济增长的角度探讨贫困致因；持"能力贫困"观点的学者多从人力资本、健康状况以及个人技能水平等方面来考察导致贫困的个体能力因素；持"社会排斥"观点的学者侧重分析导致贫困的宏观制度建构，或着重考察引致个人或群体贫困状况的社会关系网络（主要是社会资本）（姚毅，2010）。贫困有多种表现，有经济贫困、能力贫困、权利贫困、空间贫困、生计贫困、文化贫困、相对贫困、绝对贫困，等等。从时间的角度来看，单一时点上贫困状况的产生是制度因素、经济增长因素、人力资本因素以及社会资本因素共同作用的结果，且各个因素之间存在较为明显的交互效应。贫困问题是一个动态问题，处于不断变化过程之中，单一时点上的贫困状况仅仅是贫困动态演化和中间过程的外在表现，而非最终结果。

(四) 贫困的社会治理的路径

贫困的社会治理路径需要不断累积贫困群体的社会资本、加强贫困地区人群的能力建设，以此不断增强贫困地区人群的社区参与能力、凝聚社会资本。资本的凝聚远比物质资本的积累更为重要。在贫困治理的不同阶段，关注的核心内容不断提升（由物质资本到人力资本再到社会资本），这使得贫困的社会治理成为必然趋势。首先，在贫困的社会治理过程中，我们需要更加注重社会资本的建构、改善弱势群体的生存环境和制度环境，从而增加弱势群体的社会资源，促进弱势群体融入社会和参与发展。对于处于不同发展阶段的贫困人口，在贫困治理的战略选择和政策组合中，需要区别对待。例如，处于绝对贫困状态的区域和人口，首要突出物质资本供给，保证其基本生活与生产，在此基础上，才能再谈人力资本提升及社会资本建构（尤其是纵向社会资本建构）；对于处于相对贫困状态的区域及其贫困人口，当其物质资本保障已经不成问题时，人力资本提升以及社会资本的建构才具有十分重要的现实意义。其次，我们需要更加强调内助外应型发展。贫困治理既可以是内源式，也可以是外生式，而在实践中，其常常是内源式与外生式的结合。脱贫的实现，既有赖于落后地区、贫弱群体的自我努力，也有赖于外部资源输入。贫困治理的结构模型转换的基本过程是，发达地区、富强群体向落后地区、贫弱群体输入各种资源，包括人力资源、物力资源、财力资源、智力资源、制度资源等；落后地区和贫弱群体结合本身资源和实际，采取减贫行动，努力减少贫困人数、降低贫困程度；贫困人数减少、贫困程度降低将向全社会带来积极正效应，由此反馈、回馈到发达地区和富强群体。由贫困治理的结构转换模型可以推知，发达地区、富强群体愿意并能够向落后地区、贫弱群体输入各种资源，这既涉及各种规制，也涉及相关治理主体的有序参与和良性互动。以定点扶贫（对口支援）、行业扶贫为例，对口支援地区的社会治理状况越好，越有利于向贫困地区输出各种资源。贫困地区良好的社会治理，也有助于贫困治理的顺利进行。

参考文献

中文文献

Ariel Fiszbein、Ravi Kanbur、Ruslan Yemtsov，2013，《社会保障、贫困与2015年后的发展议程》，中国国际扶贫中心译，《国际减贫动态》第9期。

阿玛蒂亚·森，2001，《贫困与饥荒》，王宇译，商务印书馆。

阿玛蒂亚·森，2002，《以自由看待发展》，任赜、于真译，中国人民大学出版社。

阿玛蒂亚·森，2003，《评估不平等和贫困的概念性挑战》，《中国社会科学文摘》第3期。

阿玛蒂亚·森，2005，《论社会排斥》，《社会学》（人大复印资料）。

阿玛蒂亚·森，2009，《贫困与饥荒——论权利与剥夺》，王宇等译，商务印书馆。

阿瑟·奥肯，1999，《平等与效率》，王奔洲译，华夏出版社。

艾德加·莫兰，2001，《社会学思考》，阎素伟译，上海人民出版社。

安东尼·吉登斯，2000，《第三条道路：社会民主主义的复兴》，郑戈译，北京大学出版社。

鲍莫尔等，1999，《经济学：原理与政策》，叶伟强等译，辽宁教育出版社。

彼得·华莱士·普雷斯顿，2011，《发展理论导论》，李小云、齐顾波、徐秀丽译，社会科学文献出版社。

蔡德奇、胡献政、龚高健，2006，《社会扶贫的意义和机制创新》，《发展研究》第10期。

蔡昉主编，2003，《中国人口与劳动问题报告NO.4（2003）》，社会科学文献出版社。

蔡荣鑫，2011，《包容性增长：理论发展与政策体系——兼谈中国经济社会发展的包容性问题》，《领导科学》第1期。

参考文献

蔡荣鑫，2009，《"包容性增长"理念的形成及其政策内涵》，《经济学家》第 1 期。

曹婉莉、杨和平，2009，《韦伯夫妇的福利济贫思想》，《西华师范大学学报》（哲学社会科学版）第 2 期。

查尔斯·威尔伯主编，1984，《发达和不发达问题的政治经济学》，高铦、徐壮飞等译，中国社会科学出版社。

陈传胜，2011，《斯密与正义——〈国富论〉的正义思想研究》，《石家庄学院学报》第 1 期。

陈端计，2006，《构建社会主义和谐社会中的中国剩存贫困问题研究》，人民出版社版。

陈端计、詹向阳、何志远，2006，《新中国 56 年来反贫困的回顾与反思》，《青海社会科学》第 1 期。

程民选、龙游宇等，2006，《经济学视域中的社会资本——经济学关于社会资本的研究述评》，《社会科学研究》第 4 期。

程胜利，2007，《经济全球化与当代中国城市贫困》，社会科学文献出版社。

程振源、剑玉阳，2013，《中国经济增长的亲贫性：1989—2009》，《统计研究》第 7 期。

楚永生，2008，《发展战略贫困理论的演进、比较及其理论意义》，《老区建设》第 1 期。

慈勤英，1998，《社会进步与城市贫困概念的发展》，《湖北大学学报》（哲学社会科学版）第 5 期。

崔巍，2008，《贫困规模与程度的测量》，《青海师范大学学报》（自然科学版）第 2 期。

戴维·波普诺，2007，《社会学》（第十一版），李强译，中国人民大学出版社。

戴维·赫尔德等，2001，《全球大变革：全球化时代的政治、经济与文化》，杨雪冬等译，社会科学文献出版社。

戴旭宏，2008，《构建贫困主体、基层组织和 NGO 在扶贫开发中联动参与机制的思考——基于四川省的实证分析》，《农村经济》第 10 期。

丹尼斯·米都斯，1997，《增长的极限——罗马俱乐部关于人类困境的报告》，吉林人民出版社。

德鲁克，2009，《新社会》，石晓军等译，机械工业出版社。

德斯蒂芬·克林格比尔，2000，《社会发展与联合国体系》，《国际社会科学杂志》第 4 期。

邓小平，1987，《建设有中国特色的社会主义》增订本，人民出版社。

邱军莲，2004，《科学发展观——发展理念、执政理念和价值理念的统一》，《陕西省资本论研究会 2004 年学术年会"资本论与科学发展观"论文集》。

丁军、陈标平，2009，《新中国农村反贫困行动的制度变迁与前景展望》，《毛泽东邓小平理论研究》第 6 期。

窦玉沛主编，2005，《社会管理与社会和谐》，中国社会出版社。

杜强、李苗，2011，《扶贫标准提至 2300 元/年全国"贫困人口"增 1 亿》，《南方都市报》10 月 30 日。

杜志雄、肖卫东、詹琳，2010，《包容性发展的理论脉络、要义与政策内涵》，《中国农村经济》第 11 期。

樊怀玉等，2002，《贫困论——贫困与反贫困的理论与实践》，民族出版社。

范恒山，2007，《新形势下加强和改善扶贫工作的重要性与紧迫性》，国家发改委地区经济司。

方福前，2003，《新自由主义及其影响》，《高校理论战线》第 12 期。

方竹兰，2003，《从人力资本到社会资本》，《学术月刊》第 2 期。

费孝通，1997，《反思·对话·文化自觉》，《北京大学学报》（哲学社会科学版）第 3 期。

费孝通，2003，《试谈扩展社会学的传统界限》，《北京大学学报》第 3 期。

冯希莹，2009，《社会福利政策范式新走向：实施以资产为本的社会福利政策——对谢若登的〈资产与穷人：一项新的美国福利政策〉的解读》，《社会学研究》第 2 期。

弗朗西斯·福山，2002，《大分裂》，刘榜离、王胜利译，中国社会科学出版社。

付民，1995，《中国政府消除贫困行为》，湖北科学技术出版社。

高波、张志鹏，2008，《发展经济学：要素、路径与战略》，南京大学出版社。

高德步，2001，《英国工业革命时期的"城市病"及其初步治理》，《学术研究》第 1 期。

高珮义，2009，《城市化发展学原理》，中国财政经济出版社。

龚亮保，2008，《关于建立"大扶贫"格局的几点思考》，《老区建设》第 9 期。

龚晓宽，2006，《中国农村扶贫模式创新研究》，四川大学博士论文。

关键，2002，《中国贫困问题研究综述》，《财政政法咨询》第 2 期。

贵州财经学院欠发达地区经济发展研究中心编，2009，《欠发达地区经济发展研究（一）》，中国经济出版社。

郭家宏，2009，《工业革命与英国贫困观念的变化》，《史学月刊》第 7 期。

郭建宇，2011，《社会资本视域下的贫困农户减贫分析》，《商业研究》第 3 期。

国家统计局，2008，《中国农村贫困监测报告（2003—2007）》，中国统计出版社。

国家统计局，2013，《2012 年全国农民工监测调查报告》，http：//www. stats. gov. cn/tjsj/zxfb/201305/t20130527_ 12978. html。

国家统计局住户调查办公室，2009，《2009 中国农村贫困监测报告》，中国统计出版社。

国家统计局住户调查办公室，2010，《2010 中国农村贫困监测报告》，中国统计出版社。

国家统计局住户调查办公室，2011，《2011 中国农村贫困监测报告》，中国统计出版社。

国家统计局住户调查办公室，2012，《2012 中国农村贫困监测报告》，中国统计出版社。

国务院扶贫开发领导小组办公室，2003，《中国农村扶贫开发概要》，中国财政经济出版社。

哈瑞尔·R. 鲁德斯，1990，《贫困与生活收入计划》，载斯图亚特·S. 那格尔编，《政策研究百科全书》，林明等译，科学技术出版社。

哈耶克，2000，《致命的自负》，冯克利译，中国社会科学出版社。

海伦·克拉克，2011，《分享中国的减贫经验》，《人民日报》（海外版）10 月 24 日。

韩安庭，2020，《从输血到造血：引入市场机制转变反贫困思想》，《中国社会学网》第 5 期。

韩民青，2008，《新工业化发展战略研究》，山东人民出版社。

何永军，2007，《论洛克的私立救济思想》，《法制与社会发展（双月刊）》第 5 期。

赫茨勒，1963，《世界人口的危机》，何新译，商务印书馆。

宏量，2002，《新自由主义遭遇困境》，《当代思潮》第 4 期。

洪朝辉，2003，《论中国城市贫困是社会权利的贫困》，《江苏社会科学》第

2 期。

胡鞍钢等,2009,《四类贫困的测量:以青海省减贫为例》,《湖南社会科学》第 5 期。

胡鞍钢、胡琳琳,2004,《中国人类不安全的最大挑战:健康不安全》,《国情报告》第 85 期。

胡鞍钢、李春波,2001,《新世纪的贫困:知识贫困》,《中国社会科学》第 3 期。

胡鞍钢、童旭光,2010,《中国减贫理论与实践:青海视角》,《清华大学学报》(哲学社会科学版) 第 4 期。

胡德江、廖焕水、严传高,2014,《对整合社会扶贫资源的理论探讨》,《求实》第 5 期。

胡锦涛,2007,《高举中国特色社会主义伟大旗帜为夺取全面建设小康社会新胜利而奋斗》,新华社。

胡锦涛,2009,《合力应对挑战、推动持续发展》,《人民日报》。

胡锦涛,2012,《坚定不移沿着中国特色社会主义道路前进为全面建成小康社会而奋斗》,新华社。

胡艳辉,2011,《均等化视角下农民工公共服务体系建设研究》,《湖湘论坛》第 2 期。

胡永和,2011,《中国城镇新贫困问题研究》,中国经济出版社。

华勒斯坦,1997,《开放社会科学》,刘锋译,三联书店。

华正学,2010,《新中国 60 年反贫困战略的演进及创新选择》,《农业经济》第 7 期。

华中师范大学、中国国际扶贫中心,2013,《中国反贫困发展报告 (2012)》,华中科技大学出版社。

环球时报,2013,《美媒:世界第一人口大国中国贫困率下降 3/4》,http://oversea.huanqiu.com/economy/2013-12/4693156.html。

黄承伟、王小林等,2010,《贫困脆弱性:概念框架和测量方法》,《农业技术经济》第 8 期。

黄健,2010,《家庭结构视角下的农村贫困代际传递研究——以广西马山县为例》,中南民族大学硕士学位论文。

黄健荣、向玉琼,2009,《论政策移植与政策创新》,《浙江大学学报》(人文社会科学版) 第 2 期。

黄颂文,2004,《西部民族地区农村反贫困的思路》,学术论坛第 4 期。

黄毅、文军，2014，《从"总体—支配型"到"技术—治理型"：地方政府社会治理创新的逻辑》，《新疆师范大学学报》第 2 期。

吉利斯等，1989，《发展经济学》，彭刚、杨瑞龙等译，经济科学出版社。

加尔布雷思，2009，《富裕社会》，赵勇译，江苏人民出版社。

贾建芳，2006，《深入研究构建社会主义和谐社会的重大问题》，《北京社会科学》第 5 期。

贾建芳，2009，《中国社会建设的阶段性特征》，《学习论坛》第 7 期。

贾若祥、侯晓丽，2011，《我国主要贫困地区分布新格局及扶贫开发新思路》，《中国发展观察》第 7 期。

贾亚迪·戈什，2012，《中印减贫比较》，《研究报告》总第 56 号。

江亮演，1990，《社会救助的理论和实物》，（台北）桂冠图书公司。

江明敏，1999，《东西扶贫协作：回顾与展望》，《中国贫困地区》第 10 期。

江时学，1992，《边缘化理论述评》，《国外社会科学》第 9 期。

江泽民，2002，《全面建设小康社会，开创中国特色社会主义事业新局面》，http：//news. xinhuanet. com/newscenter/2002 – 11/17/content_ 632239. htm。

姜守明，1997，《英国前工业社会的贫困问题与社会控制》，《史学月刊》第 2 期。

蒋逸民，2011，《西美尔对现代都市精神生活的诊断》，《华东师范大学学报》（哲学社会科学版）第 6 期。

蒋志永、何晓琦，2006，《中国减贫策略中的微观政策》，《经济问题》第 5 期。

杰弗里·萨克斯，2007，《贫穷的终结：我们时代的经济可能》，邹光译，上海人民出版社。

金家厚，2011，《西方社会福利制度范式的流变——兼评福利理论范式的变迁》，《理论界》第 9 期。

金一虹、刘伯红，1998，《世纪之交的中国妇女与发展》，南京出版社。

景晓芬，2004，《社会排斥：理论研究综述》，《甘肃理论学刊》第 3 期。

巨文辉，2005，《国外劳动力市场分割研究的方向及其特点》，《中国劳动关系学院学报》第 3 期。

凯恩斯，1997，《预言与劝说》，赵波、包晓文译，江苏人民出版社。

凯恩斯，2005，《就业、利息和货币通论》，宋韵声译，华夏出版社。

康晓光，1995，《中国贫困与反贫困理论》，广西人民出版。

柯卉兵，2006，《新自由主义社会福利理念及政策实践评析》，《南都学坛》

（人文社会科学学报）第 3 期。

匡远配、汪三贵，2010，《中国民间组织参与扶贫开发：比较优势及发展方向》，《岭南学刊》第 3 期。

匡远配，2005，《中国扶贫政策和机制的创新研究综述》，《农业经济问题》第 8 期。

劳埃德·雷诺兹，1986，《微观经济学》，马宾译，商务印书馆。

雷启立，2004，《坚持一种可能》，《读书》第 1 期。

雷吟天，1996，《在社会主义市场经济条件下加快民族贫困地区的发展——对民族贫困地区扶贫的几点思考》，《今日民族》第 6 期。

李慧莲、李成刚，2004，《区域协调发展势在必行》，《中国经济时报》。

李建华、张效锋，2010，《从伦理视域审视我国社会保障的偏差》，《伦理学研究》第 1 期。

李明锦，2002，《我国城市贫困群体解析》，《社会》第 3 期。

李强，1993，《当代中国社会分层与流动》，中国经济出版社。

李强，1997，《中国扶贫之路》，云南人民出版社。

李强，2014，《创新社会治理体制》，《前线》第 1 期。

李仁贵，2005，《西方区域发展理论的主要流派及其演进》，《经济评论》第 6 期。

李少荣，2006，《马克思主义反贫困理论的发展及其指导意义》，《理论探讨》第 1 期。

李胜，2009，《新发展主义与后现代解构》，《国外理论动态》第 1 期。

李石新，2006，《经济增长、收入分配与农村贫困的减少》，华中科技大学博士论文。

李薇，2008，《保障与发展的双赢——社会保护政策框架下的城市反贫困战略研究》，《中共桂林市委党校学报》第 8 卷第 1 期。

李卫英，2009，《民族学校教育中的隐性力研究——对黔南石龙乡布依族苗族学校教育的田野考察》，中央民族大学博士学位论文。

李小云、唐丽霞、武晋，2009，《国际发展援助概论》，社会科学文献出版社。

李晓红、龙游宇等，2006，《论社会资本对经济发展的影响》，《南昌大学学报》（人文社会科学版）第 1 期。

李学术、刘楠、熊辉，2010，《面向特殊困难群体和特殊困难区域的农村扶贫开发思路与对策》，《经济问题探索》第 8 期。

李迎生、乜琪，2009，《社会政策与反贫困：国际经验与中国实践》，《教学与研究》第 6 期。

李雨停、丁四保、王荣成，2009，《我国贫困区域发展问题研究》，《经济问题探索》第 7 期。

李中锋，2009，《论社会排斥、经济排斥与市场排斥》，《重庆大学学报》（社会科学版）第 6 期。

李周，2001，《社会扶贫中的政府行为比较研究》，《中国扶贫论文精粹》（上），中国经济出版社。

里亚·格林菲尔德，2004，《资本主义精神：民族主义与经济增长》，张京生、刘新义译，上海人民出版社。

丽贝卡·格林斯潘，2013，《2013 年全球减贫与发展论坛上的讲话》，http：//www.undp.org/content/china/zh/home/presscenter/speeches/2013/10/speech_rebeca_grynspan_2013_poverty_reduction_forum.html。

联合国教科文组织亚太地区办事处，1999，《基础教育促进扶贫》，联合国儿童基金会资助翻译与出版。

联合国全球治理委员会编，1995，《我们的全球伙伴关系》，牛津大学出版社。

梁煜璋，2010，《也谈胡锦涛提"包容性增长"有何深意》，http：//opinion.people.com.cn/GB/12776905.html。

林乘东，1999，《中国：走出贫困》，云南教育出版社。

林万龙、钟玲、陆汉文，2008，《合作型反贫困理论与仪陇的实践》，《农业经济问题》第 11 期。

林毅夫，2004，《中国减贫面临新挑战》，《经济研究考察》第 7 期。

林志斌，2001，《性别与发展教程》，中国农业大学出版社。

刘慧，1998，《我国扶贫政策演变及其实施效果》，《地理科学进展》第 4 期。

刘坚主编，2009，《中国农村减贫研究》，中国财政经济出版社。

刘娟，2009a，《我国农村扶贫开发的回顾、成效与创新》，《探索》第 4 期。

刘娟，2009b，《中国农村扶贫开发的沿革、经验与趋向》，《理论学刊》第 8 期。

刘民权、俞建拖，2007，《国际扶贫的理论和政策实践》，中国发展研究会基金会研究项目。

刘伟忠，2012，《我国地方政府协同治理研究》，山东大学博士论文。

刘晓靖，2011，《阿玛蒂亚·森以"权利"和"可行能力"看待贫困思想论析》，《郑州大学学报》第1期。

刘晓昀、毛学峰、辛贤，2006，《农产品贸易自由化对中国农村贫困的影响》，中国农业出版社。

刘艳梅，2005，《西部地区生态贫困与生态型反贫困战略》，《哈尔滨工业大学学报》（社会科学版）第6期。

刘杨，2011，《拓展扶贫发展道路与构建和谐新农村》，《清江论坛》第3期。

刘迎秋，2009，《国际金融危机与新自由主义的理论反思》，《经济研究》第11期。

卢汉龙，《民间组织与社会治理》，探索与争鸣，2006年第5期。

鲁志国，2005，《人力资本理论的思想渊源及发展》，《中国西部科技》第13期。

陆学艺，2008，《关于社会建设的理论和实践》，《国家行政学院学报》第2期。

吕冰洋、余丹林，2009，《中国梯度发展模式下经济效率的增进——基于空间视角的分析》，《中国社会科学》第6期。

吕方，2010，《"新发展主义"与发展社会学研究的转向》，《社会科学战线》第2期。

吕露光，2004，《城市居住空间分异及贫困人口分布状况研究——以合肥市为例》，《城市规划》第6期。

吕世辰，2011，《农民流动与中国社会结构变迁》，新华出版社。

罗淳，1999，《舒尔茨的人力资本理论及其启示》，《南方人口》第4期。

马克思、恩格斯，1965，《共产党宣言》，《马克思和恩格斯全集》，人民出版社。

马克思、恩格斯，1995a，《马克思恩格斯全集》第1卷，人民出版社。

马克思、恩格斯，1995b，《马克思恩格斯全集》第2卷，人民出版社。

马新文，2008，《阿玛蒂亚·森的权利贫困理论与方法述评》，《国外社会科学》第2期。

麦克南、布鲁伊，2004，《经济学，原理、问题与政策（第15版）》，李绍荣等译，中国财政经济出版社。

米尔顿·弗里德曼、罗斯·弗里德曼，2008，《自由选择》，张琦译，机械出版社。

民政部，2011，《民政部发布 2010 年社会服务发展统计报告》，http：//www.mca.gov.cn/article/zwgk/mzyw/201106/20110600161364.shtml。

民政部政策研究中心，2003，《中国社会福利与社会进步报告（2003）》，社会科学文献出版社。

莫泰基，1993，《香港贫穷与社会保障》，中华书局。

M. 克罗齐埃，1999，《后工业社会》，王大东、马燕译，《国外社会科学》第 7 期。

帕迪森（Paddison, R.）编，2009，《城市研究手册》，郭爱军等译，格致出版社、上海人民出版社。

庞庆明，2007，《论当代中国农民贫困新特点与民间组织参与式扶贫》，《甘肃理论学刊》第 2 期。

佩鲁，1987，《新发展观》，张宁等译，华夏出版社。

彭华民，2006，《福利三角：一个社会政策分析的范式》，《社会学研究》第 4 期。

普雷斯顿，2011，《发展理论导论》，李小云等译，社会科学文献出版社。

钱宁，2004，《从人道主义到公民权利——现代社会福利政治道德观念的历史演变》，《社会学研究》第 1 期。

曲天军，2002，《非政府组织对中国扶贫成果的贡献分析及其发展建议》，《农村经济问题》第 9 期。

饶会林主编，2003，《中国城市管理新论》，经济科学出版社。

阮凤英，2004，《社会保障通论》，山东大学出版社。

萨瓦斯，2002，《民营化与公共部门的伙伴关系》，周志忍等译，中国人民大学出版社。

塞林斯，2001，《原初丰裕社会》，载汪晖、许宝强主编《发展的幻象》，中央编译出版社。

沙莲香，2002，《社会心理学》，中国人民大学出版社。

沈红，1992，《经济学和社会学：判定贫困的理论》，《开发研究》第 3 期。

沈红，1995，《中国历史上少数民族人口的边缘化——少数民族贫困的历史透视》，《西北民族学院学报》（哲学社会科学版）第 2 期。

沈红，2000，《中国贫困研究的社会学述评》，《社会学研究》第 2 期。

时蓉华，1989，《现代社会心理学》，华东师范大学出版社。

史东辉，1999，《后起国工业化引论：关于工业化史与工业化理论的一种考察》，上海财经大学出版社。

世界银行，1991，《1990年世界发展报告》，中国财政经济出版社。

世界银行，1996，《贫困与对策》，经济管理出版社。

世界银行，2001a，《国别报告：中国战胜农村贫困》，中国财政经济出版社。

世界银行，2001b，《2000/2001年世界发展报告》，中国财政经济出版社。

舒尔茨，1992，《论人力资本投资》，吴珠华等译，北京经济学院出版社。

舒尔茨，1990，《人力投资：人口质量经济学》，贾湛等译，华夏出版社。

斯蒂格利茨，1998，《社会主义向何处去》，周立群、韩亮、于文波译，吉林人民出版社。

苏明、刘军民，2011，《我国减贫形势及未来国家扶贫战略调整的政策取向》，《地方财政研究》第6期。

速水佑次郎、神门善久，2009，《发展经济学：从贫困到富裕》，李周译，社会科学文献出版社。

孙本文，1975，《社会学原理》（下册），（台湾）商务印书馆。

孙同全，2008，《战后国际发展援助的发展阶段及其特点》，《北京工商大学学报》第4期。

孙晓莉，2005，《公正：社会治理的重要维度》，《中共云南省委党校学报》第4期。

孙中山，2000，《三民主义》，岳麓书社。

Salehuddin Ahmed，2010，《孟加拉国的减贫策略及发展历程》，《中国国际扶贫中心研究报告》第6期。

檀学文、李成贵，2010，《贫困的经济脆弱性与减贫战略述评》，《中国农村观察》第5期。

唐彬，2006，《市场还是政府？——经济自由主义与干预主义的斗争历程》，《理论月刊》第5期。

唐钧，1997，《确定中国城镇贫困线方法的探讨》，《社会学研究》第2期。

唐钧，1998，《中国居民城市贫困线研究》，上海社会科学出版社。

唐钧，2003，《中国城市贫困与反贫困报告》，华夏出版社。

陶春芳、蒋永萍，1993，《中国女性社会地位概观》，中国妇女出版社。

田毅鹏，2009，《东亚"新发展主义"研究》，中国社会科学出版社。

田毅鹏、陶宇，2010，《新发展主义的理论谱系及问题表达》，《福建论坛》（人文社会科学版）第10期。

童剑，2011，《新贫困标准高低之辩》，http：//news.ifeng.com/opinion/

gundong/detail_ 2011_ 12/02/11059502_ 0. shtml。

童星、林闽钢，1993，《我国农村贫困标准线研究》，《中国社会科学》第 3 期。

托马斯·弗里德曼，2006，《世界是平的：21 世纪简史》，何帆等译，湖南科学技术出版社。

万俊毅等，2007，《扶贫攻坚、非营利组织与中国农村社会发展》，《贵州社会科学》第 1 期。

汪三贵，2008，《在发展中战胜贫困——对中国 30 年大规模减贫经验的总结与评价》，《管理世界》第 11 期。

王彩波、靳继东，2004，《西方近代自由主义传统：从霍布斯到约翰·密尔》，《社会科学战线》第 1 期。

王国敏，2007，《农业自然灾害的风险管理与防范体系建设》，《社会科学研究》第 4 期。

王兢，2007，《我国农村贫困线及贫困规模测定》，《统计与咨询》第 2 期。

王俊文，2008，《国外反贫困经验对我国反贫困的当代启示——以西方发达国家美国为例》，《社会科学家》第 3 期。

王丽敏，2011，《我国城镇贫困现象及对策探析》，《湖北经济学院学报》第 9 期。

王仁贵，2014，《从六方面推进扶贫机制改革》，《瞭望新闻周刊》第 5—6 期。

王蓉，2001，《我国传统扶贫模式的缺陷与可持续扶贫战略》，《农村经济》第 2 期。

王瑞芳，2009，《告别贫困：新中国成立以来的扶贫工作》，《党的文献》第 5 期。

王尚银，2005，《中国社会问题研究引论》，浙江大学出版社。

王永红，2011，《美国贫困问题与扶贫机制》，上海人民出版社。

王雨林，2008，《中国农村贫困与反贫困问题研究》，浙江大学出版社。

王云龙、陈界、胡鹏，2010，《福利国家：欧洲再现代化的经历与经验》，北京大学出版社。

王志伟，2002，《现代西方经济学流派》，北京大学出版社。

王佐芳、赵群等，2003，《妇女和扶贫政策措施专题报告》，非正式出版物。

威廉·伊斯特利，2008，《白人的负担：为什么西方的发展援助收效甚微？》，崔新钰译，中信出版社。

魏后凯，1990，《我国宏观区域发展理论评价》，《中国工业经济研究》第 1 期。

魏良亮、屠梅曾，2005，《西方区域发展理论及对中国区域开发的启示》，《安徽农业科学》第 3 期。

沃尔夫冈，2000，《现代化与社会变迁》，陈黎、陆宏成译，社会科学文献出版社。

沃勒斯坦，2002，《所知世界的终结——21 世纪的社会科学》，冯炳昆译，社会科学文献出版社。

吴国宝，1996，《对中国扶贫战略的简评》，《中国农村经济》第 8 期。

吴海杰，2010，《基于社会排斥视角的农村贫困与反贫困新思路》，《经营管理者》第 12 期。

吴海燕，2005，《当前我国农村反贫困社会心理支持系统构建研究》，《兰州学刊》第 1 期。

吴海燕，2005，《构建农村反贫困社会心理支持系统》，《中国国情国力》第 4 期。

吴忠主编，2010，《国际减贫理论与前沿问题 2010》，中国农业出版社。

向德平，2011，《包容性增长视角下中国扶贫政策的变迁与走向》，《华中师范大学学报》（人文社会科学版）第 4 期。

向德平、黄承伟，2013，《中国反贫困发展报告（2012）》，华中科技大学出版社。

向德平，2013，《连片开发模式与少数民族社区发展》，民族出版社。

向荣，1999，《论 16、17 世纪英国理性的贫穷观》，《武汉大学学报》（哲学社会科学版）第 3 期。

肖诗顺、胡琴，2013，《农村妇女小额担保贷款现状及国际经验借鉴》，《农村金融》第 4 期。

肖巍、钱箭星，2008，《"第三条道路"政治哲学的一个标本——关于"社会投资国家"》，《当代世界社会主义问题》第 2 期。

熊秉纯，2009，《客厅即工厂》，蔡一平、张玉萍、柳子剑译，重庆大学出版社版。

熊光清，2008，《欧洲的社会排斥理论与反社会排斥实践》，《国际论坛》第 1 期。

熊跃根，1999，《论国家、市场与福利之间的关系：西方社会政策理念发展及其反思》，《社会学研究》第 3 期。

徐延辉、林群，2003，《福利制度运行机制：动力、风险及后果分析》，《社会学研究》第 6 期。

徐月宾、刘凤芹等，2007，《中国农村反贫困政策的反思——从社会救助向社会保护转变》，《中国社会科学》第 3 期。

许宝强，2001，《发展、知识、权力》，载汪晖、许宝强主编《发展的幻象》，中央编译出版社。

许飞琼，2000，《中国贫困问题研究》，《经济评论》第 1 期。

许源源，2007，《中国农村扶贫：对象、过程与变革》，中南大学出版社。

亚当·斯密，2005，《国民财富的性质和原因的研究》，唐日松等译，华夏出版社。

闫志英，2004，《从梯度推移理论看西部大开发战略》，《理论探索》第 3 期。

严瑞珍，1998，《当前反贫困的紧迫任务是向市场机制转换》，《改革》第 4 期。

严瑞珍、郑凤田、贾文儒，1992，《我国经济地区的经济界定及梯度发展战略》，《农业经济问题》第 6 期。

严书翰，2011，《继续推进我国社会建设的有利条件和基本途径》，《中国特色社会主义》第 5 期。

颜宪源等，1998，《90 年代联合国发展观的新进展》，《未来与发展》第 3 期。

杨聪敏，2009，《改革开放以来农民工流动规模考察》，《探索》第 4 期。

杨科，2009，《论农村贫困人口的自我发展能力》，《湖北社会科学》第 4 期。

杨立雄，2003，《社会保障：权力还是恩赐——从历史角度的分析》，《财经科学》第 4 期。

杨立雄、陈玲玲，2005，《欧盟社会救助政策的演变及对我国的启示》，《湖南师范大学社会科学学报》第 1 期。

杨山鸽，2009，《福利国家的变迁——政治学视角下的解析》，《首都师范大学学报》（社会科学版）第 2 期。

杨团，2000，《社会政策的理论和探索》，《社会学研究》第 4 期。

杨团主编，2013，《中国慈善发展报告（2013）》，社会科学文献出版社。

杨伟民，1996，《社会保障的理念基础及运行规则》，《社会学研究》第 6 期。

杨文武，1997，《印度政府反贫困的政策》，《南亚研究季刊》第4期。

杨雪冬，2005，《"治理"的九种用法》，《经济社会体制比较》第2期。

姚雪萍，2007，《转型期我国城市贫困的特点、成因以及反贫困的对策探析》，《改革与战略》第12期。

姚毅，2010，《中国城乡贫困动态演化的理论与实证研究——基于经济增长、人力资本和社会资本的视角》，西南财经大学博士论文。

叶普万，2006，《贫困概念类型及其类型研究述评》，《经济学动态》第7期。

叶裕民，2006，《中国城市化之路——经济支持与制度创新》，商务印书馆。

伊恩·戈尔丁、肯尼斯·瑞尼特，2008，《全球化与发展问题研究：贸易、金融、援助、移民和政策》，张蓝予、王林译，经济科学出版社。

伊斯特利，2008，《白人的负担》，崔新钰译，中信出版社。

尹世洪，1998，《当前中国城市贫困问题》，江西人民出版社。

尹蔚民，2013，《推动实现更高质量的就业全面建成覆盖城乡居民的社会保障体系》，《中共中央关于全面深化改革若干重大问题的决定辅导读本》，人民出版社。

余斌，2003，《资本雇佣劳动的逻辑问题——与张维迎先生商榷》，《东南学术》第1期。

俞国斌，2006，《科学发展观与新发展主义：中外新发展理论比较》，《当代世界与社会主义》第6期。

俞可平，2000，《经济全球化与治理的变迁》，《哲学研究》第10期。

俞可平，2012，《社会管理最佳状态是善治应促进公平正义》，《理论参考》第1期。

郁建兴、何子英，2010，《走向社会政策时代：从发展主义到发展型社会政策体系建设》，《社会科学》第7期。

约瑟夫E. 斯蒂格利茨，2004，《全球化及其不满》，夏业良译，机械工业出版社。

曾小溪、曾福生，2012，《基本公共服务减贫作用机理研究》，《贵州社会科学》第12期。

詹姆斯·C. 斯科特，2011，《国家的视角：那些试图改善人类状况的项目是如何失败的》，社会科学文献出版社。

张保民、任常青等，1997，《资源流动与缓贫》，山西经济出版社。

张德亮、周梁，2011，《哥伦比亚减贫概要》，《中国国际扶贫中心研究报告》第 8 期。

张海冰，2011，《中国对非洲发展援助的阶段性特征分析》，《上海商学院学报》第 5 期。

张海迪，2013，《自强不息团结奋斗为残疾人兄弟姐妹创造美好生活——在中国残疾人联合会第六次全国代表大会上的报告》。

张建伦、邱励予、王小林，2011，《印度尼西亚减贫概要》，《中国国际扶贫中心研究报告》第 6 期。

张静、张陈，2004，《"第三条道路"福利改革评析》，《南华大学学报》（社会科学版）第 1 期。

张明龙，2004，《区域发展理论演进的纵向考察》，《云南社会科学》第 2 期。

张汝立，2005，《农转工——失地农民的劳动与生活》，社会科学文献出版社。

张塞，1994，《中国统计年鉴》，中国统计出版社。

张山，2006，《我国经济发展与减贫研究》，《内蒙古科技与经济》第 19 期。

张新伟，2001，《市场化与反贫困路径选择》，中国社会科学出版社。

张岩松，2004，《发展与中国农村反贫困》，中国财政经济出版社。

张艳萍，2007，《我国城市贫困演变趋势分析》，《经济问题》第 5 期。

张永光、谭桂娟，2011，《论胡锦涛同志关于社会主义社会建设的基本方略》，《毛泽东思想研究》第 4 期。

赵昌文、郭晓鸣，2000，《贫困地区扶贫模式比较与选择》，《中国农村观察》第 6 期。

赵群、王云仙，2011，《社会性别与妇女反贫困》，社会科学文献出版社。

赵曦，1997，《人力资本理论与反贫困问题研究》，《改革与战略》第 4 期。

赵曦，2000，《中国西部农村反贫战略研究》，人民出版社。

赵晓彪等，1998，《城市贫困人口问题初探》，《人口学研究》第 1 期。

赵雪雁，2004，《我国城市贫困的特点及扶助对策》，《发展研究》第 1 期。

郑秉文主编，2011，《拉丁美洲城市化：经验与教训》，当代世界出版社。

郑长德，2003，《中国西部民族地区贫困问题研究》，《人口与经济》第 1 期。

郑功成，2002a，《中国的贫困问题与NGO扶贫的发展》，《政策研究》第 7 期。

郑功成，2002b，《从慈悲到正义之路——社会保障的发展》，《人大复印资料》（社会保障制度）第 8 期。

郑杭生，2004，《社会学概论新修》，中国人民大学出版社。

郑杭生，2007，《社会建设：改善民生与公平正义》，《中国社会科学院报》。

郑杭生，2009，《社会学概论新修（精编版）》，中国人民大学出版社。

郑杭生，2010，《社会建设：改善民生与公平正义》，《中国社会科学院报》12 月 8 日。

郑杭生、杨敏，2008，《关于社会建设的内涵和外延——兼论当前中国社会建设的时代内容》，《学海》第 4 期。

中国法治研究基金会，2007，《在发展中消除贫困》，中国发展出版社。

中国国际扶贫中心、德国国际合作机构（GIZ）、华中师范大学社会学院，2011，《集中连片特殊困难地区（武陵山区）扶贫开发研究基线调查报告》（内部报告）。

中国国际扶贫中心课题组，2010，《世界各国贫困标准研究》，《中国国际扶贫中心研究报告》第 1 期。

中国经济报告杂志社，2013，《中国经济前景分析——2013 年春季报告》，社会科学文献出版社。

中国人民银行，2011，《2010 中国区域金融运行报告》。

中国社会科学院人口研究所，1994，《当代中国妇女地位抽样调查资料》，万国学术出版社。

中华人民共和国国务院新闻办公室，2011，《中国农村扶贫开发的新进展》白皮书。

周穗明，2003，《西方新发展主义理论述评》，《国外社会科学》第 5 期。

周怡，2002，《贫困研究：结构解释与文化解释的对垒》，《社会学研究》第 3 期。

周毅，1998，《从文化角度探讨少数民族贫困问题》，《贵州师范大学学报》（社会科学版）第 2 期。

朱坚真等，2000，《西部地区扶贫开发的模式转换与重点选择》，《中央民族大学学报》（哲学社会科学版）第 6 期。

朱力，2002，《社会问题概论》，社会科学文献出版社。

朱亚鹏，2010，《政策创新与政策扩散研究述评》，《武汉大学学报》（哲学社会科学版）第 4 期。

祝建华、林闻刚，2010，《福利污名的社会建构——以浙江省城市低保家庭调查为例的研究》，《浙江学刊》第 3 期。

外文文献

Alcock, Peter. 2006. *Understanding Poverty*. Palgrave Macmillan Limited.

Benjamin Seebohm Rowntree. 1941. *Poverty and Progress：A Second Social Survey of York*. Longmans, Greeon Co.

Bodley, John H. 2008. *Victims of Progress*. Altamira Press.

Bresser-Pereira, Luiz Carlos. 2007. Estado y mercado en el nuevodesarrol-lismo, julio-agosto, 2007, NuevaSociedad, disponibleen en, http：//www.bresserpereira.org.br/ver_file.asp? id=2412.

Corbridge, Stuart (ed.). 2002. *Development：Critical Concepts in the Social Sciences*. Rutledge.

DeNavas-Walt, Carmen, Bernadette D. Proctor, and Jessica C. Smith. 2013. U.S. Census Bureau, Current Population Reports, pp.60-245, *Income, Poverty, and Health InsuranceCoverage in the United States：2012*. Washington, DC：U.S. Government Printing Office.

Escobar, Arturo. 1995. *Encountering Development：The Making and Unmaking of the Third World*. Princeton University Press.

Fraser, Derek. 1982. *The Evolution of the British Welfare State—A History of Social Policy since the Industrial Revolution*. Macmillan.

Giddens, Anthony. 1984. *The Constitution of Society：Outline of the Theory of Structuration*. University of California Press.

Government of India Planning Commission. 2013. Press Note on Poverty Estimates, http：//planningcommission.gov.in/news/pre_pov2307.pdf, 2011-12.

Government of India Planning Commission. 2011. Press Note on Poverty Estimates, http：//planningcommission.gov.in/reports/genrep/Press_pov_27Jan11.pdf.

Government of India Planning Commission. 2013. Press Note on Poverty Estimates (2011—12), http：//planningcommission.nic.in/news/pre_pov2307.pdf.

Government of India Planning Commission. 2012. Press Note on Poverty Estimates (2009—10), http：//planningcommission.nic.in/news/press_pov1903.pdf.

Lammers, Nancy, John Felton, Barbara Karni, and Janet Sasser (eds.). 2013. *The World Bank Annual Report 2013*. Washington, DC：World Bank.

Lenski, G.E. 1966. *Power and Privilege：A Theory of Social Stratification*. McGraw Hill.

Marglin, Stephen A. and Dominating Knowledge. 1990. *Development, Culture and Resistance.* Clarendon Press Oxford.

Olinto, Pedro, Kathleen Beegle, Carlos Sobrado, and Hiroki Uematsu. 2013. *The State of the Poor: Where are the Poor, Where is Extreme Poverty Harder to End, and What is the Current Profile of the World's Poor?* Economic premise.

Pinto, A. & J. Kňákal. 1972. The Center – periphery System 20 Years Later. *International Economics and Development*, 97 – 128.

Prebisch, R. 1950. *The Economic Development of Latin America and Its Principal Problems.* United Nations Publication.

Pritzker, Penny, Patrick D. Gallagher, Mark Doms, and John H. Thompson. 2013. *Income, Poverty, and Health Insurance Coverage in the United States: 2012.* DC: U. S. Government Printing Office.

UK Department for Social Development. 2013. *Households Below Average Income: Northern Ireland 2011 – 12.* Analytical Service Unit.

U. S. Census Bureau, 2013, http://www.census.gov/hhes/www/poverty/data/threshld/.

UNDP. 2001. *Human Development Report.* Oxford University Press.

United Nations, Department of Economic and Social Affairs, Population Division. 2015. World Population Prospects: The 2015 Revision, Key Findings and Advance Tables. Working Paper No. ESA/P/WP. 241.

United Nations Department of Economic and Social Affairs. 2013. World Population Prospects: The 2012 Revision, http://esa.un.org/unpd/wpp/Excel-Data/population.html.

Wallerstein, Immanuel. 1991. *Development: Lodestar or Illusion? —In Unthinking Social Science.* Pohty Press.

World Bank. 2013a. *Annual Report 2013: End Extreme Poverty, Improve Shared Prosperity.* Washington, DC: World Bank.

World Bank. 2013b. *Global Monitoring Report 2013: Rural-Urban Dynamics and the Millennium Development Goals.* Washington, DC: World Bank.

World Bank. 2013c. *India Development Update.* Washington, DC: World Bank.

World Bank. 2015. GINI Index (World Bank estimate), http://data.worldbank.org/indicator/SI.POV.GINI.

后　记

　　减贫是经济社会发展的重要议题。经过几十年的发展，中国在减贫方面取得了巨大的成就，同时也面临重大的挑战。中国的减贫与发展问题，引起国内外学术界、政策界的高度关注。研究减贫与发展的关系、探寻新形势下的减贫路径，不仅是社会学、社会工作学科发展与理论研究的需要，也是实践的需要。本书从减贫与发展的关系着手，梳理国内外减贫理论，总结世界和中国的减贫轨迹与发展过程，分析中国减贫政策的走向。

　　本书由武汉大学中国减贫发展研究中心组织编写。向德平、黄承伟设计写作框架、确定写作思路，并承担全书的修改审定工作。参与写作的人员为：第一章，吕方；第二章、第三章，李雪萍；第四章，宋雯；第五章，陈琦；第六章，田丰韶、申可君；第七章，程玲；第八章，王志丹；第九章，高飞、周爱萍。

　　国务院扶贫办中国国际扶贫中心对本书的出版给予了高度关注和大力支持。本书从策划到出版历时五年。五年前，社会科学文献出版社策划编辑杨桂凤老师将《减贫与发展》纳入出版计划。杨桂凤老师不仅一直关心稿件的撰写进度，还对稿件提出具体的修改建议。责任编辑刘德顺老师为本书的出版付出了辛勤的劳动。感谢所有关心、支持本书出版的人！

图书在版编目(CIP)数据

减贫与发展/向德平,黄承伟主编.—北京:社会科学文献出版社,2016.1

(社会工作硕士专业丛书)

ISBN 978-7-5097-7835-7

Ⅰ.①减… Ⅱ.①向… ②黄… Ⅲ.①贫困问题-研究-中国 Ⅳ.①F124.7

中国版本图书馆 CIP 数据核字(2015)第 167129 号

社会工作硕士专业丛书
减贫与发展

主　编 / 向德平　黄承伟

出 版 人 / 谢寿光
项目统筹 / 杨桂凤
责任编辑 / 刘德顺

出　　版 / 社会科学文献出版社·社会政法分社(010)59367156
　　　　　 地址:北京市北三环中路甲29号院华龙大厦　邮编:100029
　　　　　 网址:www.ssap.com.cn

发　　行 / 市场营销中心(010)59367081　59367090
　　　　　 读者服务中心(010)59367028

印　　装 / 三河市尚艺印装有限公司

规　　格 / 开 本:787mm×1092mm　1/16
　　　　　 印 张:18.75　字 数:357千字

版　　次 / 2016年1月第1版　2016年1月第1次印刷

书　　号 / ISBN 978-7-5097-7835-7

定　　价 / 39.00元

本书如有破损、缺页、装订错误,请与本社读者服务中心联系更换

版权所有 翻印必究